# 伝統主義と文明社会

エドマンド・バークの政治経済哲学

小島秀信
*Kojima Hidenobu*

一七九〇年のジェームズ・ギルレーの戯画「ネズミを嗅ぎつけたぞ」。論文を執筆している急進派のプライスのところに現れた、王冠と十字架を掲げ、頭に『フランス革命の省察』をつけた巨大なバーク。『フランス革命の省察』を執筆したバークの重要な目的の一つは、フランス革命に共感するプライスの思考様式と、自らの思考様式（バークにとっては全イギリス人の伝統的思考様式を代弁したものでもあったが）との決定的な違いを明らかにすることであった。（James Gillray, Smelling out a rat, or, The atheistical revolutionist disturbed in his midnight “calculations” : vide a troubled conscience. © Courtesy of The Lewis Walpole Library, Yale University）

バークの『フランス革命の省察』で描かれていたマリー・アントワネットとの出会いのシーンをパロディ化した一七九〇年の戯画。騎士の格好をしたバークと、十六年ぶりに再会したマリー・アントワネットとが抱擁しているその後ろで、バークの妻が悲しそうに泣いている。当時、バークをドン・キホーテ的騎士として描く戯画が多く作られ、騎士道と宗教の精神を擁護するバークの議論があまり理解されず、同時代人にも滑稽に映っていたことが分かる。（Don Dismallo, after an absence of sixteen years, embracing his beautiful vision! © The Trustees of the British Museum）

# 目次

# 凡例

・引用文中の傍点についてであるが、原著者のイタリックによる強調（•••）と引用者による強調（、、、）とを区別する。

・引用文中の［ ］は引用者の補足である。

・テクストの訳文については、既存の邦訳を参照しつつも、文脈に応じて適宜改訳してある。

・バークのテクストについては、最新のバーク全集たる *The Writings and Speeches of Edmund Burke*, Clarendon Press, 1981–（略記号WS）が現在刊行中であるが、未完のため、現在も入手が容易で、なおかつ完結しているボストン版底本の *The Works of Edmund Burke*, 9 vols, Kessinger, 2004–2005.（略記号W）を主として使用し、WSは適宜参照することとする。読者の便宜をはかるため、中野好之編訳『バーク政治経済論集――保守主義の精神』（法政大学出版局、二〇〇〇年、『論集』と略記）で訳出されているものは参照し、該当頁数を併記した。主著の『フランス革命の省察』については、*Reflections on the Revolution in France*, edited by J. G. A. Pocock, Hackett, 1987.（略記号R）を使用し、中野好之訳『フランス革命についての省察』（上下巻、岩波文庫、二〇〇〇年）を参照して、上下巻の区別と頁数を本文中に併記した。また、バークの書簡集としては *The Correspondence of Edmund Burke*, 10 vols, University of Chicago Press, 1958–1978.（略記号C）を使用する。

# 序章　バーク研究の論点

エドマンド・バーク（Edmund Burke, 1729-1797）は十八世紀イギリスの多面的な思想家にして実際的な政治家であるが、近代保守主義の父として政治思想史・社会思想史的には知られている。バークの主著『フランス革命の省察（*Reflections on the Revolution in France*）』（一七九〇年、以下『省察』）は、その激越な反革命論によって「保守主義の聖典」[1]としての地位を獲得したが、それをフランス革命に対する「反（anti-）」[2]としてのみ捉えていたのでは、バークの保守主義の意義を捉え損なってしまうように思われる。本書の基本的な問題意識は、バークのフランス革命期の論考を、フランス革命批判論としてよりも、それに反照的に示されたイギリス社会擁護論＝文明社会擁護論として捉え返して見るというところにある。特に、フランス革命とは、一つには階層制秩序に対する世界史的な異議申し立てでもあったのであり、反革命の旗手としてのバークが、いかなる論理構造と合理的理由をもって、その当時のイギリスにおける構造化された階層制秩序を擁護しようとしていたのか、そこが本書の重要なポイントとなってくるのである。

しかし、これまでのバーク研究が主に、対外的な状況に対する「反」の側面に重点が置かれてきたことは否定できない。特に第二次大戦後のアメリカの学界では、バークの反革命論をファシズムや共産主義に対する対抗理論として援用しようとする研究が隆盛した。十九世紀には、ジョン・モーリィ(3)やレスリー・スティーヴン(4)らによって、慎慮に基づく状況判断を重視する功利主義的政治家として賞揚され、リベラルな十九世紀的立憲君主政の預言者として位置付けられてきたバークが、第二次大戦後のアメリカでは一転して、スタンリス(5)やキャナバン(6)らによって、諸状況判断を超えた普遍的価値を重視するキリスト教的自然法の擁護者として高く評価されるようになってきたのも、ファシズムや無神論の帝国たるソビエト連邦との対立構造を反映していることは、J・G・A・ポーコックも指摘している通りである。第二次大戦後のアメリカで、「バーク・リヴァイバル」とまで呼ばれたキリスト教的自然法論者としての新たなバーク像の登場は、《『ヒトラーやスターリンの野蛮性に抗して普遍的な人間社会を擁護』(7)しようとしたバーク》という高度に政治的なメッセージを背負わされていたのである。そうであれば、キリスト教的自然法論者としてバークを描いた代表的な研究書であるスタンリスの『エドマンド・バークと自然法』(初版一九五八年)が、ちょうどイラク戦争の開戦時期と重なる二〇〇三年にルイスの序文(8)を付して新たに刊行され直したのも、単なる偶然とは言えなくなるだろう。キリスト教的価値やキリスト教的共同体を、武力をもってしてでも擁護せんとしたバークの姿勢は、現代アメリカの保守層の模範であり続けたのである。

このように、時局的問題と格闘した実際のイギリス下院議員たるバークの思想研究は、その時代の社会問題意識とも当然無関係ではなかったのだが、もちろん、アカデミックな研究対象としても多様な解釈がなされてきたことは言うまでもない。ただ、やはりバークの実際的政治家にして哲学者であるという特異な立場から、その研究アプローチは極めて多様化していた。例えば、アリストテレスの弁論術の影響を受け、演説を思想展開の主な手法としていたバークのテクストは、レトリック分析、修辞学的研究の対象でもあったし(9)、オリエンタリズムやポストコロニアリズムの流れの中で、バークの植民地論、とりわけバークのインド論やアイルランド論を分析する研究[10]も近年盛んになってきている。

しかし、バークに関する膨大な研究史を全方面にわたって詳細に敷衍することは不可能であろうし、不要でもあろう。本書が主題とするバークのイギリス階層制秩序擁護論に関する国内外の研究について見ると、近年の「バーク問題」の一つは、彼の経済的な自由主義と封建的な階層制秩序擁護論との両側面をどのようにして親和的に解釈するかという点にあるように思われる。例えばクラムニックは、バークにおける経済的近代性と政治的封建性との両側面に、バークの精神分析上の二面性を見出し、さらにその二面性は、近代と中世の移行期であった十八世紀末の同時代的二面性が反映されていたとする。[11]しかし、その解釈は、バークにおける二面性の時代的意味を仮説的に明らかにしたとは言えるものの、その二面性を統合的に解釈するものであったとは言い難い。一方で、マルクス主義的政治学者のマクファーソンは、この「階層制秩序の擁護者」であり、「自由主義的市場社会の支持者」でもあるという両義的なバーク像を、「彼の伝統的秩序は既に資本主義的な秩序であった[12]」と考えて和解させようとした。例えば、血縁によらぬ「自然的貴族」による支配の擁護は、資本主義的な「能力主義の思想[13]」と大差ないと指摘し、バークは、伝統的秩序を表象する言説によって実際には資本主義的秩序を擁護していたと言うのであるが、端的に述べて、このマクファーソンの解釈は、ブルジョア・イデオローグとしてのバークというマルクス的評価に沿ったものであり、[14]バークにおける騎士道論などの封建的要素を軽視することで統一的に解釈しようとしたに過ぎない。

著名な政治思想史家J・G・A・ポーコックは、このマクファーソンの問題意識と基底的に重なりつつも、別様の解答を試みている。ポーコックのバーク論は大きく分けて古来の国制（Ancient Constitution）論に関するものと、フランス革命分析を中心とする政治経済論に関するものとに分けられるが、古来の国制論についてはさておくとして、[15] バークの政治経済論に関するポーコックの読解には非常に興味深いものがある。ポーコックは、ヒュームやスミスが「商業は『技芸の進歩』と作法（manners）の洗練の前提条件である」と考えたのに対して、バークは「作法が商業自体の発達の前提条件をなす」と考えていたとして、[16] マクファーソンによっても問題視されていたバークにおける政治的保守主義と経済的自由主義との関係性を、封建的な作法や習俗に支えられた自由市場の擁護論という形で解決させようとした。この「作法」の観点からのバーク研究は近年の主要なアプローチの一つとなっており、ヒューム、ファーガスン、ロバートソン、ミラーらスコットランド啓蒙派の歴史家たちとバークとの知的交流をも視野に入れたD・I・オニールによる優れた研究なども生み出しつつあるが、[17] バークの経済思想と作法との関係性については、ほとんど討究されていない。この点については第三章および補論Ⅱで私見を述べるが、商業社会を基本的に擁護した点で、アダム・スミスなどのスコットランド啓蒙派の系譜に立ったバークは、ポーコックが指摘した通り、近代市場社会における「紳士の精神と宗教の精神」として象徴化された伝統文化的契機の重要性に気付いていたと思われる。しかし、ポーコックは、その重要なポイントを軽く触れるに止まり、何故に封建的な習俗や作法が自由社会にとって必要であったのか、また、何故にバークの思考の中では封建的階層制秩序と自由社会とが結び付けられていたのか、という肝心の論点について明確な答えを出すことはなかった。

クラムニック、マクファーソン、ポーコックらによってさまざまになされてきたバークにおける政治的封建性と経済的近代性との両面性を読み解く作業は、日本においても近年、盛んになりつつある。本書もそれを重要なテーマの一つとしているが、問題となるのが『省察』で主に示されたバークのこうした思考様式の析出である以上、政治史的観点からバークを読み解くという日本においてはオーソドックスな論述のスタイルを、本書は採用していない。

これまで、小松春雄[18]、鶴田正治[19]、中野好之[20]、岸本広司[21]らによるバークの政治史的位置付けを重視する緻密で水準の高い研究の蓄積は少ないながらも存在していた。下院の政治家であったバークの思想を、当時のイギリスの政治史的状況を絡めつつ論じるのは極めて正当かつ重要な研究手法ではある[22]。その点は何度強調してもし足りないであろう。しかし、バークの思想は政治史的状況に常に埋め込まれていなければならないという研究手法のみでは、バークの哲学者としての側面が看過されてしまう可能性がある。バークが普遍的に読み継がれるべき古典であり続ける以上、その時々の政治的立場を考慮しつつも、バークのテクストそのものやそこに含まれる普遍的な「哲学」を重視する研究も重要であろう。例えば、政治学者のハロルド・ラスキは、「実際、彼の政治学は、一見すると下院での当面の問題に没頭しているように見えるが、それらを通じて現れる全ての諸原理は、一貫した全体を形成している」[23]と述べ、バークにおける諸状況を超えた「原理」の存在を指摘していた。また、十八世紀に『省察』を独語訳したフリードリヒ・ゲンツもその序文で、「事件が永遠に転変し続ける中でわれわれの内にある原則が揺るがないとしても、その適用は絶えず変わらざるを得ない」のが常であるから、バークが時局的にさまざまな発言をしていたとしても、「この点に論理的一貫性の欠如を見る者は、言葉にしか論理的一貫性を求めない」[24]者に過ぎないのだと述べていた。そうであるならば、バークが実際的政治家として時局論を主に展開していたとしても、彼が歴史に名を残す普遍性をもった思想家の一人であるとするならば、時局論に通底している確固たる原理原則やその思考様式を抽出し、バークを「哲学者」(「行動する哲学者 the philosopher in action」[25]!)として論ずることもまた可能であろう。実際、欧米ではバークの「哲学」的思考様式を討究する研究も多く存在している。例えば、本書でもしばしば言及するファーニス[26]は、デリダを駆使してバークのテクストを分析し、初期の美学論における、自己維持や恐怖と結び付く「崇高」の原理と社交や温和と結び付く「美」の原理との対比を、ブルジョア的原理と貴族的原理との対比として読み替え、後期の『省察』との関係性を論じている。しかし、そういった研究手法は、バークを政治史的文脈においてのみ捉えようとする日本の学界では全くなされてこなかったものである。日本のバーク研究では、バークの演説を年代ごと、作品ごとに討究してゆく手法が主流であるが、バークの思想を単なる状況主義的言説に矮小化させずに、多角的に明らかにしようとすれば、バークの多様な言説を基底的に貫通している思考様式を掴み取る、こうした哲学研究的アプローチも必要なのではあるまいか。

　近年、ようやく日本でもバークの政治史的位置付けではなく、その社会哲学に着目する研究書が公刊されてきている。坂本義和の『国際政治と保守思想』[27]（二〇〇四年）は、バークの体制論や伝統主義、国際政治観などを多様な年代の著作から共通項を抽出して再構成した本格的な研究書であり、バークの思想を哲学研究的に分析している。ただ、著書全体を通じて、バークの貴族主義的思考様式の意味を討究するというよりも、むしろその貴族性を否定的に捉えており、本書とは大きく方向性を異にする。本書は、バークにおける貴族主義や階層制秩序擁護論といった封建的要素を単に反動的要素として棄却するのではなく、その意味やロジック――何故バークは貴族主義や階層制秩序が自由社会にとって必要だと考えたのか――を明らかにすることが肝要であると考える。

　一方で坂本とは異なり、バークの思想に反動性ではなく、積極的な側面を読み取ろうとする哲学研究も近年国内で刊行されつつある。佐藤光は『リベラリズムの再構築』[28]（二〇〇八年）で、バークは頑迷固陋な守旧派ではなく、むしろ「善きもの」を保守するための積極的なコミットメントを重視していたということを明らかにし、バークの「反」の側面のみに注目する既存のバーク研究に異議を唱えている。そして、バークが貴族の階級精神として擁護した公共的な徳目[29]、ノーブレス・オブリージェを、階級や階層制を離れて、現代の政治指導者や経営者が具備すべき徳目の一つとして新たに捉え直し、バークの保守思想を現代において活かす方途を探究している。また、中澤信彦の『イギリス保守主義の政治経済学』[30]（二〇〇九年）は、バークの政治経済思想をマルサスとの比較の中で、啓蒙派、特にスコットランド啓蒙派の一ヴァリアントとして位置付けようとするものであり、バークの経済思想の本格的討究を含む日本では稀有な研究である。バークは貴族や聖職者の奢侈的消費を経済循環の重要な駆動力の一つとして捉えており、そうすることで「経済的自由主義と政治的保守主義とを結合した」[31]。つまり、「単なる保守反動から区別された近代思想としての保守主義は、経済的自由主義や漸進的改革主義を自身の内に含みうる」のであり、「従って、近代思想としての保守主義の成立を……啓蒙思想の『末子』あるいは『一ヴァリアント』としても捉えるべきである」[32]とする。そして、佐藤光も中澤信彦も、クラムニックやニスベットら[33]によって萌芽的に論じられてきた「存在の連鎖」の思想的伝統とバークの階層制的思考様式との関係性をより深く論じている点で、本書の第三章の議論にとっても示唆に富むものであった。

　本書はこうした内外のバーク研究史の中で、バークにおける階層制秩序擁護論と経済的自由主義との論理的関係性を明らかにすることを主題とするが、問題は、バークが階層制秩序の正当性そのものが問われようとしていたフランス革命期にあって、いかなるロジックによって階層制秩序を擁護しようとしていたのか、ということにある。ここでの階層制秩序とは、貴族および聖職者と、労働者や農民などの平民層との間の固定的な（もしくは流動性の低い）階層的秩序構造を指すものであるが、当然、これは統治者と被治者との間の相対的な区別という側面とも不可分であるし、貴族や聖職者らの巨大な土地財産の保持という視座とも密接に結び付いている。よって、本書における階層制秩序とは、貴族政の存在、財産権の保護、支配—服従関係、職分関係、さらには後述する「存在の連鎖」の概念等々といった諸契機を内包する総体的な秩序概念である。そして、バークの見るところ、これらのいずれもがフランス革命派によって（現実的に否定されたかはともかく）原理的に否定されようとしていたのであった。フランス革命派の試みた「水平化」は、統治者階級としての貴族政の否定とそれに伴う平民層の統治者化をもたらすという点では階層制秩序の否定を意味するものであったし、階層制秩序を否定する第一の手段として行われた貴族や聖職者たちに対する財産没収は、バークが自由の基礎としていた財産権の否定を意味するものであった。内外の先行研究においても、バークがこうした広義の階層制秩序を重要だと考えていた理由をさまざまな角度から――「存在の連鎖」の観点からにせよ、中間団体論の観点からにせよ、政治的叡智の観点からにせよ――明らかにしようとしているが、その強大な歴史的挑戦を受けつつある階層制秩序をいかにして
バークが反時代的に守ろうとしていたのか、というイデオロギー戦略の点については、これまで全く論じられてこなかった。階層制秩序そのものが疑問視されていたフランス革命期において、何の観念的装置もなく階層制秩序が維持されているとバークが考えていたとしたら、全くの楽天家であったとしか言いようがないが、無論、バークはそのような単純な政治哲学者ではなかった。

本書は、バークが重視した騎士道と宗教の精神を、そうした広義の階層制秩序――言うまでもなく、それは長い歴史過程の産物であり、バークにとっては文明そのものであったが――を支えるエートスとして位置付けようとする一試論である。そのテーマについては主に第三章で論じるが、まずはそれに先立って、フランス革命期のイギリスにおいて、階層制秩序はいかなる論理によって批判されていたのか、その点をバークの『省察』執筆の機縁の一つともなった論敵リチャード・プライスの急進主義を読み解く第一章で明らかにし(34)、さらに、いかなる合理的理由をもって、急進派によって批判されていた階層制秩序(ないしはそれを前提としたイギリス国制)をバークが擁護しようとしていたのか、という点を第二章で見てゆく。無論、バークの思想には階層制秩序を前提とする十八世紀末のイギリス社会という時代的制約があったことは否定できないが、バークの思想に現代的意義が全くないと考えることも同様に誤りであろう。そこでインド論の分析やハイエクとの比較を通じてバークの今日的意義を考察した補論を最後に付しておいた。

既に指摘したように、政治家バークの思想は、時局的問題に一定程度規定されており、バークの多様な時局的言説の中から基底的な哲学的思考様式を抽出することを重視するとしても、やはり無頓着にバークの言説をその歴史的背景を無視して引照することには問題がある。よって、本書では、バークの主著『省察』のテクストに焦点を絞って、階層制秩序と自由社会の関係性についてのバークの論理を明らかにしてゆく。当然ながら、一七九〇年代の後期バークの諸論考・演説が本書の検討対象の中心となるが、あくまでそれらのテクストを理解する一助となる限りにおいて、政界進出前の論考やアメリカ革命期の演説なども参照するつもりである。

## 注

（1）岸本広司『バーク政治思想の展開』（御茶の水書房、二〇〇〇年）五五一頁

（2）「反革命」という場合、Anti-Revolution と Counter-Revolution の二通りの英語表記があるが、ここでは明確に区別しておこう。この区別はさまざまな研究者によってなされている。P・デイビスによれば、Anti-Revolution は感情的な「敵意」を伴うものであり、反対に、Counter-Revolution は「持続的な反対」を前提にしたものであるとされる（Davies, P., *The Extreme Right in France, 1789 to the Present: From de Maistre to Le Pen*, Routledge, 2002, p. 28.）。コリン・ルーカスも、Anti-Revolution は革命に失望した一般の人々の不幸を表現する「怒り、不満、不平の声」の広がりを表わすとし（Sutherland, D. M. G., *The French Revolution and Empire: The Quest for a Civic Order*, Blackwell, 2003, p. 99.）、メイヤーは、下からの大衆的な組織立っていない Anti-Revolution と、エリート主義的で上からの複合的で組織化された Counter-Revolution とを区別せねばならないとしている（Mayer, A. J., *The Furies: Violence and Terror in the French and Russian Revolutions*, Princeton U. P., 2000, p. 7.）。それらを踏まえて、ここでは「反（anti）革命」を理論化も組織化もされていない、革命や変化に対する感情的な抵抗を意味するものであるとし、これを理論的かつ思想的な反論ないしは対抗理論を含むものである「反（counter）革命」とは区別しておきたい。後に述べるように、バークを——その横溢する感傷主義的レトリックの数々にもかかわらず——単なる感情的な懐古主義の立場から革命に反対

しただけの「反(anti)革命」論者と捉えるのは決定的に誤りである。ただし、いずれにせよ反革命というものが、革命を契機として形成された思想を意味するものだとすれば、バークの思想は、完全なる「反革命」思想ではない。なぜなら、バークの思想の核心部の多くがフランス革命の勃発前に既に形成されていたからである。バークの思想形成を歴史的に追うことは、本書の目的ではないので、その点については、岸本広司『バーク政治思想の形成』(御茶の水書房、一九八九年)および『バーク政治思想の展開』を参照されたい。したがって、丸山眞男に倣って「消極的で反対的な」含意をもつ「反革命」や「反動」ではなく、「保存すべき価値の積極的な選択」である「保守」であるとバークの立場を規定すべきであるかもしれないが、丸山によれば、「保守」は革命を反省的に捉えるために時間がかかり、十九世紀において遅れて現れてきた概念であるとする(丸山眞男「反動の概念」『岩波講座・現代思想Ｖ／反動の思想』所収、岩波書店、一九五七年、九頁)。レトリカルに言ってしまえば、バークは革命前から丸山の言う「保守」であったがゆえに、フランス革命への反論をいきなりここで言う「反(counter)革命」の立場から即座に行うことができたのであろう。丸山が反革命や反動について論じた名論文『反動の概念』(一九五七年)で、バークについて一切言及していないのは興味深い。つまるところ、丸山にとっても、バークは決して単純な「反動」ではなかったのではあるまいか。丸山が半澤孝麿にバークを研究するよう勧めていたことにも、そのことは示唆されていたように思われる(半澤孝麿『ヨーロッパ思想史における〈政治〉の位相』岩波書店、二〇〇三年、三八一頁)。

(3) Morley J., *Burke* (1879), Kessinger, 2004.

(4) Stephen, L., *History of English Thought in the Eighteenth Century*, 3rd ed., Smith, Elder & Co., 1902.〔中野好之訳『十八世紀イギリス思想史』全三巻、筑摩書房、一九六九—一九七〇年〕

(5) Stanlis, P. J., *Edmund Burke and the Natural Law*, The University of Michigan Press, 1958.

(6) Canavan, F. P., *The Political Reason of Edmund Burke*, Duke U. P., 1960.

(7) Pocock, J. G. A., Introduction, in R, p. xlviii.

(8) Lewis, V. B., Introduction to *Edmund Burke and the Natural Law*, by P. J. Stanlis, Transaction, 2003.

(9) 例えば、バークは政治哲学の中身のみならず演説という表現技法そのものを重視していたというBrowne, S. H., *Edmund Burke and the Discourse of Virtue*, University of Alabama Press, 1993. や、トマス・ペインがバークの『省察』を「芝居じみたもの」と批判したように、バークのレトリックに演劇的要素を見るHindson, P. and Gray, T., *Burke's Dramatic Theory of Politics*, Gower Pub., 1988. を挙げておこう。

文学的な研究対象としてバークを見た場合、若き頃の美学論の観点からの研究も重要である。日本についてだけ見ても、桑島秀樹『初期バークにおける美学思想の全貌 ― 18世紀ロンドンに渡ったアイリッシュの詩魂』（大阪大学文学研究科博士学位論文、二〇〇四年）や同『崇高の美学』（講談社、二〇〇八年）、小田川大典「崇高と政治理論 ― バーク、リオタール、あるいはホワイト」『年報政治学』（Ⅱ二〇〇六年）、末冨浩『エドマンド・バーク ― 政治における原理とは何か』（昭和堂、二〇一四年）などがある。

（10） インドについてはWhelan, F. G., *Edmund Burke and India: Political Morality and Empire*, University of Pittsburgh Press, 1996. が、アイルランドについてはGibbons, L., *Edmund Burke and Ireland: Aesthetics, Politics, and the Colonial Sublime*, Cambridge U. P., 2003. が参照さるべきであろう。バークのインド論については本書の補論Ⅰで概観しておいた。特にバークのインド論におけるオリエンタリズム批判の要素が再評価されつつあるが、その点については、Suleri, S., *The Rhetoric of English India*, University of Chicago Press, 1992.〔川端康雄・吉村玲子訳『修辞の政治学 ― 植民地インドの表象をめぐって』平凡社、二〇〇〇年〕、Whelan, F. G., Burke, India, and Orientalism, in *An Imaginative Whig: Reassessing the Life and Thought of Edmund Burke*, edited by Ian Crowe, University of Missouri Press, 2005. も参照。また、このギボンズの『エドマンド・バークとアイルランド』の内容については、本書の【資料】の「解題」でも少し触れておいた。本書とは研究アプローチを異とするが、バークのインド論やアイルランド論の背後にある政治史的背景については、O'Brien, C. C., *The Great Melody: A Thematic Biography of Edmund Burke*, University of Chicago Press, 1992. などのテーマ別の伝記的研究を参照のこと。

（11） Kramnick, I., *The Rage of Edmund Burke: Portrait of an Ambivalent Conservative*, Basic Books, 1977.

（12） Macpherson, C. B., *Burke*, Oxford U. P., 1980, p. 5.〔谷川昌幸訳『バーク ― 資本主義と保守主義』御茶の水書房、一九八八年、九頁〕

（13） *Ibid.*, p. 72.〔一一四―一一五頁〕

（14） マルクスはバークについて以下のように論評している。「この追従屋［バーク］は、かつてはアメリカの動乱の初期に北アメリカ植民地に雇われてイギリスの寡頭政府にたいして自由主義者の役割を演じたことがあり、それとまったく同様に、イギリスの寡頭政府に雇われてはフランス革命にたいしてロマン主義者の役割を演じたこともあったが、どこまでも平凡なブルジョアだった。……恥を知らない無節操が横行して『商業の法則』が最も厚く信仰される今日では、その後継者たちとはただ才能の点が違っているだけのバークのようなやからには、何度でも繰り返して焼き印を押すことが義務なのだ！」（マルクス『資本論』第一巻第二分冊、全集刊行委員会訳、大月書店、一九六七年、九九二頁）。ここから、プレンダーガストの如くマルクスすらバークの「才能」を認めていたのだと肯定的（皮肉的）に捉えることも、もちろん可能であるが（Prendergast, R., The political economy of Edmund Burke, in *Contributions to the History of Economic Thought*, edited by Antonin E. Murphy and Renee Prendergast, Routledge, 2000, p. 271.）、基本的にはポーコックの言うように、「マルクスが残したバークへの言及の大部分は、単に無教養なものであり、彼はバークの議論を考察することなくその動機を非難したのだ」と考えるのが妥当であろう（Pocock, J. G. A., *Virtue, Commerce, and History: Essays on Political Thought and History, Chiefly in the Eighteenth Century*, Cambridge U. P., 1985, p. 208.〔田中秀夫抄訳『徳・商業・歴史』みすず書房、一九九三年、四〇八頁〕）。

ちなみにマルクスとバークが思想的に（経歴的にも）共通していると指摘する研究も存在する。ビバンによれば、マルクスもバークも人間を社会的存在として捉えており、社会を歴史的形成物として見る「歴史的経験主義」に立脚していたとする（Bevan, R. A., *Marx and Burke: A Revisionist View*, Open Court Pub., 1973.）。それゆえ、両者とも人間を社会的文脈から引き離して考えようとする形而上学者やユートピアンを批判したのだと論じているが、両者の比較にさほど意義があるとは思われない。

(15) バークの古来の国制（憲法）論で興味深いのは、バークが、法の進化過程は「記憶にないほど古い（immemorial）」ものであり、歴史的に再構成不可能であるとしたヘイルのコモン・ロー思想を批判し、歴史的に討究しうる対象として法の進化過程を捉えていたということである。ポーコックによれば、その意味でバークは十八世紀啓蒙の影響を受けており、特にモンテスキューやスコットランド啓蒙派からは「諸民族や彼らの諸制度が『精神』や歴史的性格をもつという考え」を学んでいたという（Pocock, J. G. A., *Politics, Language, and Time*, University of Chicago Press, 1989, p. 225.）。これは、後述するように、制度や秩序を時効的な産物と見なし、その基底に、それを支える慣習的なエートスや歴史的・文化的なコード体系が存在すると論じていたバークの一貫した思想にも通底する視座である。ポーコックのバーク論に関しては、末冨浩『エドマンド・バーク』付論2に簡単なサーヴェイがある。

(16) Pocock, *Virtue, Commerce, and History*, pp. 188–189.〔三四九—三五〇頁〕

しかし、私見では、ポーコックのこの対比は、スミスの史的発展段階論という通時的次元と、市場社会を支える文化的基盤へのバークの洞察という共時的次元とを、次元が異なるにもかかわらず、直接対置させた点で問題があるように思われる。実際、バークは『イギリス法史論断片』で、法は「商業や社交によって改善され高められる」（Burke, *An Abridgment of English History* (1757–?), in W-5, p. 716.）と述べていたように、ヒュームやスミスの如く、習俗や規範が商業的発展によって規定され、改善されてゆくとも考えていた。オゴーマンが指摘しているように、「出来事を環境的原因に起因すると考える点において、バークが歴史学的にモンテスキューに負っているのは明らか」

（O'Gorman, F., *Edmund Burke: His Political Philosophy*, George Allen & Unwin Ltd, 2004, p. 20.）であり、バークがこうしたモンテスキュー流の風土・習俗論を受容していることを鑑みれば、習俗や規範が商業によって相互浸透的に変容すると――スミスとともに――バークが考えていたとしても首肯しうるであろう。逆に共時的には、スミスも――バークと同様に――市場社会の伝統文化的基盤についての考察に達していたと思われるが、この論点については、拙稿「価格と倫理の根源的関係に関する一考察――アリストテレスとアダム・スミスを中心として」（『経済社会学会年報』第二六号、二〇〇四年）で少し論じている。

(17) O'Neill, D. I., *The Burke-Wollstonecraft Debate: Savagery, Civilization, and Democracy*, The Pennsylvania State U. P., 2012.

(18) 小松春雄『イギリス保守主義史研究――エドマンド・バークの思想と行動』（御茶の水書房、一九六一年）、同『イギリス政党史研究―エドマンド・バークの政党論を中心に』（中央大学出版部、一九八三年）

(19) 鶴田正治『イギリス政党成立史研究』（亜紀書房、一九七七年）

(20) 中野好之『評伝バーク――アメリカ独立戦争の時代』（みすず書房、一九七七年）、同『バークの思想と現代日本人の歴史観――保守改革の政治哲学と皇統継承の理念』（御茶の水書房、二〇〇二年）

(21) 岸本広司『バーク政治思想の形成』（御茶の水書房、一九八九年）、同『バーク政治思想の展開』（御茶の水書房、二〇〇〇年）

(22) 海外におけるバークの政治史的研究の最高峰が浩瀚な Lock, F. P., *Edmund Burke*, 2vols., Oxford U. P., 1998-2006. であろう。バークの伝記的研究・政治史的研究としては何よりも詳細かつ緻密である。

(23) Laski, H. J., *Political Thought in England: Locke to Bentham*, Oxford U. P., 1920, p. 148.〔堀豊彦・飯坂良明訳『イギリス政治思想Ⅱ』岩波書店、一九五八年、一二八頁〕

(24) フリードリヒ・ゲンツ「『フランス革命についての省察』への序文」（薗田宗人編訳『ドイツ・ロマン派全集』第二〇巻所収、国書刊行会、一九九二年）一九一頁

(25) Burke, *Thoughts on the Present Discontents* (1770) in W-1, p. 426.〔『論集』八一頁〕

(26) Furniss, T., *Edmund Burke's Aesthetic Ideology: Language, Gender and Political Economy in Revolution*, Cambridge U. P., 1993.

(27) 坂本義和『坂本義和集Ⅰ／国際政治と保守思想』（岩波書店、二〇〇四年）

(28) 佐藤光『リベラリズムの再構築――「自由の積極的な保守」のために』（書籍工房早山、二〇〇八年）

(29) 徳目の具体的内容については、同書（二〇四―二〇九頁）を参照。

（30）中澤信彦『イギリス保守主義の政治経済学 ―― バークとマルサス』（ミネルヴァ書房、二〇〇九年）

（31）同書、二三六頁

（32）同書、二四四頁

（33）Kramnick, *The Rage of Edmund Burke*.; Nisbet, R., *Conservatism: Dream and Reality*, Open U. P., 1986.〔富沢克・谷川昌幸訳『保守主義 ―― 夢と現実』昭和堂、一九九〇年〕

（34）十八世紀における急進派と保守派との対立の大きな流れは、Dickinson, H. T., *Liberty and Property: Political Ideology in Eighteenth-Century Britain*, Weidenfeld and Nicolson, 1977.〔田中秀夫監訳『自由と所有 ―― 英国の自由な国制はいかにして創出されたか』ナカニシヤ出版、二〇〇六年〕を参照。

# 第一章　文明社会の危機——プライスとバーク

## はじめに

エドマンド・バークの主著である『省察』の全体の約十五％がリチャード・プライス批判に充てられていたと言われているが[1]、実際、『省察』の成立過程におけるプライスの役割は巨大なものであった。

フランス革命勃発後、『省察』を書くまでに、バークは、自らの革命に対する所見を書簡で表明しているが、それは極めて抑制的なものであった。最初にバークがフランス革命に言及したものとして、一七八九年八月九日のチャールモント宛の書簡があるが、そこでバークは「イギリスは驚きをもってフランス人の自由を求める闘争を見つめており、これを非難すべきか賞賛すべきか分からないでいる。実際、この事件は……未だに逆説的で謎めいたものを含んでいる[2]」とし、既にフランス革命に対する批判的視座を垣間見せつつも、全面的な論評を差し控えていた。また、『省察』の直接的な基となったドゥポン宛の一七八九年十一月の書簡でも、「私がその正確な政治情勢について全く把握しきれていない状況で、ある国で進行している事柄についての積極的な意見を早計に述べるということは、私にはよくないことのように思われる。実際、既に、全ての思索の範囲を大きく越えた物事が発生しているので、私より遥かに聡明な人であっても、何らかの原理の作用や何らかの政策の効果について自信をもって推論しようとすることは恥ずべきことだと思う。自分の人生において自己懐疑(self distrust)という重要な教訓を充分に学んでいるべき私のような者は、とりわけ自信過剰になってはならないだろう(3)」と自制的に述べている。この書簡では既に後の『省察』で展開される「相続財産」としての自由論が展開され、かなり政治哲学的に踏み込んだ著述も見られるが、判断は依然として控えめである。このフランス革命への判断留保を打破し、バークをして激越な反革命書を書かしめた原因の最たるものは、リチャード・プライスの演説『祖国愛論』(一七八九年)の出現であろう。

　ユニテリアン派の非国教徒牧師であったプライスは、一七八九年十一月四日、ロンドンの名誉革命協会(the Revolution Society)でフランス革命を支持する演説を行った(4)。プライスの当該演説が『祖国愛論』として協会の議事録とともに刊行された後の一七九〇年一月に、下院の召集のためにロンドンに上京していたバークは、それを読んで激怒し、今までの慎重な態度を一変させて即座に反駁の書の執筆に取り掛かった。続く二月には『軍事予算演説』で、これまでルイ十四世の専制の脅威に晒されてきたイギリスは、「中庸(medium)を知らない性格」であるフランス人たちによって今度は「アナーキー」と「無神論」の脅威に晒されているのであり、「非常に短期間に、君主政、教会、貴族、法、歳入、陸海軍、商業、技芸、工業を完全に破壊した」フランス人たちは、「これまでの世界で最も有能な廃墟の建築家(5)」であるとはじめて公式にフランス革命を非難している。モーリィの表現を借りれば、プライスの『祖国愛論』を読了した後のバークの怒りは、「その原因とは並外れて不釣合いなほどの」激しいものであったし、プライス批判に取り掛かる早さは、メッセージを半分も聞かずに全速力で走り出した召使についての「アリストテレスの比喩(6)」を髣髴とさせるほどのものであった。無論、既述したように、『省察』におけるバークの政治・社会哲学の根幹部が、プライスの『祖国愛論』を知る前の書簡で一部展開されていたことを鑑みるならば、『省察』におけるバークの思想形成に果たしたプライスの役割は限定的であったとも言いうるが、プライスの急進的な政治哲学がバークの保守的な政治哲学を反照的に一層明確化させたということは確かであろう。ドライヤーが指摘するように、「プライスと『祖国愛論』は、『省察』におけるバークの目的にとっても彼の議論にとっても決定的なものであった(7)」のである。では、バークはプライスとどこで対立したのであろうか。それを明らかにすることは、バークの『省察』の目的を明らかにすることにもなるはずである。

## 一、『市民的自由』をめぐって

バークとプライスの闘いは、フランス革命の評価をめぐって行われた論争のときが最初なのではない。プライスとバークの対立はアメリカ革命期にまでさかのぼる。プライスは『市民的自由』(一七七六年)で植民地側を擁護し、その意味で、バークとは政府批判・アメリカ支持という点では共通していた。実際、プライスは、『市民的自由』でバークの『和解演説』を「優れた賞賛すべき演説(8)」と高く評価していた。

このプライスの『市民的自由』における基本思想は、「自己指示ないしは自己統治(self-direction or self-government)」としての自由であると言ってよい(9)。プライスは、まず自由を、「いかなる外的原因の作用」にもよらず主体的に行為しうる「自発性ないしは自己決定の原理」としての「身体的自由」と、「いかなる反対原理にも従わず」に「自らの内省的かつ道徳的な原理に従う」自由たる「道徳的自由」、自らの良心が最善とする宗教様式を「妨害なく遂行する」自由たる「宗教的自由」、そして、「民衆が関係しないし統御もできないような命令や指示を下す権力の押し付けに従うことなく、自分自身の判断もしくは自ら制定した法によって、自らを統治する政治社会ないしは国家の権力」としての「市民的自由」という四種に分類している。この自律的な「自己統治」を重んじる自由論が、アメリカ革命期において、イギリスからの支配という他律的な帝国支配に対する対抗理論として提示されたことは容易に理解できよう。そしてこの自律的な「自己統治」としての自由論は、民衆自らに対する政治的決定は民衆自ら自律的に行うべきだとする民主政治論にも適用され、自由な政府は「民衆の創造物」であると宣せられるに至る。

　全ての自由な国家においては、全ての人間は彼自身の立法者である。全ての租税は公共サービスに対する自由な贈与（free-gifts）である。全ての法は、保護と安全とを得るために共通の同意により作られた特定の約定もしくは規則である。そうして全ての行政官は、それらの諸規則を実行に移すための受託者もしくは代理人である。[10]

「自己統治」としての自由論を貫徹させれば、各人は各人の立法者であり、自らを拘束する法律の根拠は自らの同意に存しなければならないとされるのは当然であり、真の自由政体は直接民主制であるということになる。「市民的自由が、その最も完全な程度においては、全ての独立した主体が自らの賛成票を投ずることができ、また公職に選ばれうる小国においてのみ、享受されることができるのは明らかである」[11]。よって、プライスによれば、国家の構成人数が増大するにつれ、「自由の減少」が生じるのであるが、代理人や代表者を指名し、自らの立法権力を「委託」すれば、「完全な自由に対する近似的な接近」は可能であるとする。「統治の信託を委ねられている人々が短期間その地位に就くのであれば、そして、彼らが国家の大多数の偏見のない声によって選ばれ、その指示に従うのであれば、自由は最高度に享受されるであろう」[12]。このようにプライスは代議制を直接民主制の次善の策として擁護するのであるが、直接的であれ、間接的であれ、基本的には民衆を統べる政府の根拠を民衆そのものの自己決定に求めるプライスは、「統治は、統治される人々の利益のための制度であり、それを彼らは、彼らの好むままに（as they please）作る権力をもっている」[13]と考え、抵抗権を一定程度是認することになる。ここに信託理論と抵抗権理論との融合を見たジョン・ロックの影響を看取することは可能であろうが、それはプライスも自認するところであった[14]。しかし、プライスはさらに進んで、この自己決定としての自由論は、自らを拘束するものの根源を自らに求めるものであるから、法の支配と人の支配との区別を最終的には解消してしまうであろうと考えていた。

> それゆえ自由は、「法による統治であって、人による統治ではない」と言われる場合には、あまりに不完全に定義されているのである。もし法が、一国において、一人の人間もしくは一徒党により作られ、共通の同意によるのでなければ、法による統治は奴隷状態と変わらない[15]。

つまり、法が民衆を規定する以上、プライスの自己決定としての自由論からすれば、その法の法源は民衆の同意に存しなければならず、民衆の同意によらぬ法が支配するような「法の支配」は、全く自由なものではないとされるのである。法の支配は事実上、人（民衆）の支配へと還元され、そこにあった区別は完全に相対化される。こうしたイギリスのコモン・ロー思想の歴史的蓄積を全面的に否認するプライスの自由論は、民衆による専制を是認しうる余地を残すものであったとも言え、これは、後の『祖国愛論』でのフランス革命の人民主権賛美へと繋がることになる。プライスの自己決定としての民主主義論をいささか単純化して言えば、民衆は、外的な障害を全く受けずに、民衆に対して全てを決定し、全てをなしうるのである。後述するように、コモン・ローの思想系譜に立脚していたバークは、ここにアナーキーの素地を見出した。既にフランス革命期におけるプライス・バーク論争の基本的な視座がアメリカ革命期に一部表面化していたのである。

バークは、この『市民的自由』に対する反論を『ブリストル執政官への手紙』(一七七七年)で行っているのではないかと推測されるが、[16] 政府批判・アメリカ支持という共闘関係にあったからか、プライスを名指ししていない。実際、一七七六年三月にバークは、リチャード・チャンピオンに向けて、政府の対米政策に反対する人たちと争うのは避けるべきであるとの旨の書簡を送付している。[17] この時期のバークのプライス批判は、政局的ないしは党派的に言えば、植民地に対して立法する権限は本国議会にあるとする一七六六年の宣言法(the Declaratory Act)を支持したロッキンガム派のバークと、それに反対したシェルバーン派に近しいプライスとの対立を反映したものなのであるが、[18] そこには単なる政局に還元されない哲学的な懸隔が確固として存在していたように思われる。

バークが宣言法を支持したのは、議会に対して、その権威を公的に認めてやれば、議会も印紙法の廃止に賛成するだろうとの実践的な政治判断が働いたからであると思われる。[19] 下院の植民地課税権を否定しようとしたピットの一月十四日の説得も不成功に終わり、議会の強硬姿勢が和らぐ気配がない以上、議会の植民地に対する立法権と課税権を法的に確認することによって、議会の面子を保つ一方、実害が生じていた印紙法を廃止させようとするのは、バークの政治哲学の要諦の一つたる「妥協と融通」の好例であったと言ってよい。実際、バークは、一七六六年二月三日の宣言法決議へと至る議事過程で、宣言法の精神に則り、本国議会の植民地への立法権・課税権は「考えうる限り最も明白な権利」であるとしたが、「多くの明白な権利の実践的な行使は、時間や状況の変化によって、不可能になるかもしれないし、不公正になるかもしれない」[20] とし、議会の権利行使に、状況を読み解く慎慮を要求していた。同様に、印紙法廃止・宣言法制定の三年後の一七六九年に刊行された『「現在の国情」考』では、植民地への課税権が「大ブリテンの手中に神聖な信託として保持されていなければ、全帝国の頭領、決定者、指令者としての大ブリテンの統括権力は、影響力も指導力もない空疎な名ばかりのものへと消え去るだろう」と改めて宣言法原理の公式の意義を支持した後、「そのような権力が習慣的に行使されては……自由の痕跡がアメリカに残されることはありえない[21]」とし、議会の全面的な立法権・課税権の行使に慎重な姿勢を示していた。バークは、現に実害のある印紙法を廃止するために、現時点では実害の発生していない議会の全面的な立法権・課税権を文面上規定した宣言法を支持したが、フォークナーが述べるように、「依然として問題は、将来の内閣がこの権利を行使するのを控えるかどうかということにある[22]」。よって、戦術的には宣言法を支持しつつも、逆に、バークにとっては、その宣言法の権利の行使を差し控えることは、ブリテン帝国を維持するための欠くべからざる慎慮に他ならなかったのである。

周知のように、印紙法の撤回で英米関係は、一旦は小康状態となるが、早くも一七六七年には宣言法の権利の全面的行使とも言うべきタウンゼンド諸法によって再び英米関係は急速に悪化することになる。よって、バークが本国議会の全面的な立法権・課税権を謳った宣言法の権利の行使を慎重に差し控えることによって、帝国の統一と植民地の自由との融和を図ろうとしたのとは対照的に、プライスのような親米急進派は宣言法の存在そのものを批判するようになっていた。プライスは『市民的自由』で本国議会の万能を宣する宣言法の原理を論難する。

議会の万能について若干の人たちが教えた理論ほど不合理なものはありえない。それらの議会は、それらがその執行のために作られている信託の限界を超える権力をもたない。もしそれらがこの信託を否認すれば、それらは、その選挙人を裏切ることになるのであり、よって自らを解体させるのである。全ての代理権力は、従属的で制限されていなければならない。もし万能が何らかの意味で立法府に帰せられるとすれば、それは、全ての立法権力の起源である民衆のうちに宿っていなければならない。(23)

このように、議会を選挙人に従属する代理機関として一貫して理解するプライスの政治思想は、議員そのものの自律的判断を軽視するものであり、議会を単なる媒介と見なし、議員を完全に統御する選挙人たる一般民衆を万能の統治主体とする実質的な人民主権論であったと言える。その意味で、この論争において「プライスは鋭くも議会主権に人民主権を対抗させた(24)」とフォークナーが指摘したのは正しい。バークが、議員は選挙人の信託に依拠することを認めつつも、「もし民衆が……単なる媚びてくれる人、従順な人、公的事柄に全く関与せず関心ももたない人という基準で公僕を選ぶようになれば、国家は全面的に不健全となろう(25)」と述べ、自律的に公的判断を下す慎慮ある主体として議員を捉えていたのとは対照的である。プライスが直接民主制を最善とし、代議制を人数や規模の大きい国におけるそれへの「近似的接近」としてしか捉えられなかった以上、議員の自律的な判断は不要なものであり、当然極力排されるべきものでしかなかった。人民主権論と、宣言法の否定は、「自由であることは、その人自身の意志により導かれることである(26)」とするプライスの自己決定としての自由論の必然的な帰結なのであった。

おそらくバークは、こうしたプライスの自己決定としての自由論に、抽象的な自由の危うさを鋭くも嗅ぎ取っていたのだと思われる。実際、プライス自身、自らの自由論の考察が「かなり一般的かつ抽象的な性格(27)」のものだと認めていたが、バークにとって問題であったのは、自由を抽象的な思弁的議論の対象にすることが、必然的に、自由を実現しているイギリス国制をも抽象的な議論の遡上にのせてしまうことになるということであった。究極的な理想から構成される抽象的な国制像を判断基準とすれば、およそ全ての現実的な国制は否定の対象とならざるをえない。以下のバークの記述は、抽象的理想論を振りかざすプライスの『市民的自由』への批判的応答としても読めるものである。

市民的自由（Civil freedom）なるものは、多くの人々が諸君に納得してもらおうとしているような、難解な学問の奥底に隠されているようなものではない。それは、祝福であり、利益なのであって、抽象的思弁ではない。……中間を認めず、その範囲の全体において正解か不正解かのどちらかでなければならない幾何学や形而上学の命題とは全く違って、社会的市民的自由は、日常生活における他のさまざまな物事と同様に、多様に混和し、変形され、極めてさまざまな程度において享受され、各々のコミュニティの性格と状況に応じて無限に多様な形態をとる。したがって自由の極致（それは抽象的には完全であるが、実際には間違っている）は、どこでも行われず、また行われるべきではない。(28)

ここでバークは、二つの重要な自由の原理を提起している。一つは、一般的な意味で自由を論ずることは不可能であり、自由は共同体の個別具体的な状況に埋め込まれているのであって、多様な形でしか存在しえないということである。この考え方は、補論Ｉで述べるインド論においても貫徹されていたし、フランス革命期においては、革命派が提起した抽象的な「人間の権利」を批判して、「あなた方が関心をもつべきは、具体的な人間であり、普通の人間の生活や人間の行動なのである」(29)と論じて、個別具体的な「イギリス人の権利」を擁護した周知の論理にまで一貫している。

もう一つは、自由とは抽象的に定義されたものではなく、「祝福であり利益」であるとするバークの功利主義的な視点である。換言すれば、民衆の自己決定という形式性に自由を見たプライスに対して、バークは、民衆の幸福や利益という実質性に自由を見たのである。これは、実際的政治家たるバークの統治者としての視点であると言ってよい。確かに、プライスも自由な政府は「人々の指示の下で運営され、彼らの幸福以外のものを目的としていない」[30]と論じていたが、そこには民衆の自己決定と、民衆の幸福や利益の実現とを無媒介に結び付ける楽観主義が伏在している。バークのイギリス国制論を見てゆく次章で述べるが、バークは、民衆の自己決定と民衆の利益の実現とが無媒介には結び付かないと考えていた。つまり、「欲求を満足させる権利や社会から便宜を受ける権利は、政治権力に参与する権利と必ずしもイコールではない」[31]のである。バークによれば、民衆が自己の真の利益を常に熟知しているとは限らないのであって、民衆の自己決定に全てを委ねれば、民衆の利益が実現されるとするのは誤りである。そのことは、アイルランドを苦しめていた貿易規制を撤廃し、自由貿易を行うことで英愛双方が幸福になると信じていたバークの訴えが、当時、ブリストルの商工業者たちの重商主義的な「民意」には理解されず、最終的に議席を失うはめになったことで端的に証明されていた[32]。民衆の幸福は、「全体の一般的理性（the general reason of the whole）」たるべき政治家が、慎慮と民意に基づいて、あくまで自律的に判断して実現させてゆかなくてはならないものであった。

　具体的な共同社会における民衆の幸福や利益を第一に考慮するならば、その利益＝自由を実現する統治は、「幾何学や形而上学の命題」のように単純なものとはなりえず、多様な個別的状況に適応した極めて複雑なものとならざるをえない。だからこそ、バークは、「人間の本性は複雑であり、社会の諸目的も最も複雑でありうるから、権力の単純な配置もしくは方向付けは、人間本性にも、人間に関わる事柄の性質にも適合しえない」(R: 54 上 114) と述べ、「あらゆる自由な国制は複雑[33]」であり、「単純な統治は根本的に欠陥品」(R: 54 上 114) であると考えたのである。そうした個別的状況に適合した複雑な統治体制が実現すべき具体的な自由というものは、抽象的な原理に還元できないものであろう。しかし、こうしたバークの基本的な発想は、自由を一義的には明示化しえないとする点で､事実上､自由をブラックボックスに入れるものであったと言ってよい。したがって、自由な統治とは、プライスの如く定義からはじまるア・プリオリなものではなく、民衆の利益や幸福が実際に実現されている統治こそが自由な統治であるという経験主義的ないしは帰結主義的にしか説明されえないものとなる。レオ・シュトラウスが指摘するように、バークは「体制の適合性は、自然的な正しさによってではなく、ただ経験によって決定されうる」[34]と考えていたのである。逆に言えば、統治が幸福や利益を実現できなくなってはじめて、幸福や利益を実現させるための思弁的理論が現れる。だからこそ、バークは、同じ演説のすぐ後で以下のように述べたのである。

大部分の人間は、彼らが現実に幸福である限り、何らかの理論について過度に興味をそそられるようなことはない。国家の統治が悪いことを示す確実な兆候のひとつは、理論に訴えかける人々の傾向である。[35]

ここには抽象的な「理論」と具体的な民衆の「幸福」との相反性に関するバークの信念が如実に表わされている。プライスは、こうした「あらゆる秩序を破壊するのは思弁である」というバークの基本姿勢に一七七八年版の『市民的自由』の序文で、宣言法の議論を意識しつつ反論している。バークは『ブリストル執政官への手紙』で、「自由な政府についての教説を、あたかもそれが形而上学的な自由と必要に関する抽象的な問題であって、道徳的慎慮と自然的感情に関する事柄ではないかのように分析した人々」がいて、彼らが「全ての自由を破壊」するのに対して、逆に、思弁的な「扇動者たち」は、「実践的な自由とともに人間社会の全ての基礎、全ての公正と正義、宗教と秩序を破壊しようとしている」[36]と批判していた。プライスは、自分は秩序破壊を企図しているどころか、自分もバークも権威を確立したいという点では同じだが、「違いは、一方は権威を民衆から引き出し、それを制限されたものにするのに対して、他方は権威を天上から引き出し、それを無制限なものにしている」[37]と反論していた。バークが『ブリストル執政官への手紙』で帝国の統治は「神聖なる摂理が我々の手に委ねた」[38]ものであると当然視し、「我々の立法上の無制限の権威を謳った宣言は、全く何の不満も引き起こさなかった」[39]として宣言法の非を認めなかったことに対するプライスの反応であろう。

しかし、バークが「摂理」などの神秘的言辞によって統治の根拠を人間的なるものから覆い隠したのは、統治の根拠を暴露する「理論」ないしは「思弁」の破壊力に気付いていたからこそである。バークが後年、フランス啓蒙思想、社会契約論、人民主権論に一貫して反対し、逆に国家を聖別しようとしたのも、そこに一因がある。「人々がコモンウェルスの基礎を詮索せざるをえなくなることは、常に悲しむべきことである」[40]と終生考えていたバークにとって、民衆の幸福と利益を実現している既存のイギリス国制の基礎を、人民主権の観点から吟味し、再定義しようとしたプライスの議論は唾棄すべきものに他ならなかった。実際、「アメリカ革命の大きな利点の一つは、それによって統治の諸原理が発見され、統治の欺瞞が白日の下に晒されたことである」[41]と述べたペインに明らかなように、アメリカ革命は、イギリスの統治構造を根本から批判的に吟味してゆく好機となっていた。既に、バークは『「現在の国情」考』(一七六九年)で、印紙法が制定される前までは、「歳入を上げるための課税は、アメリカでは控えめに試みられて」きており、「……政治学よりも形而上学に属し、さらに人間の叡智によって設立された最善の統治の基礎を揺るがさずにはいられないような腹立たしい問題にかき乱されることもなかった」が、印紙法の制定によって、「危険な探究精神(dangerous spirit of disquisition)」[42]が解放されてしまったと嘆いていた。アメリカの騒乱の本当の問題点の一つは、それによって、ただ即自的な「幸福な享受(happy enjoyment)」の対象であったイギリスの「最善の統治の基礎」が、思弁的ないしは「形而上学」的な「危険な探究精神」の格好の攻撃対象として批判的に吟味されることにあったのである。プライスの如く、自由な統治とは何かを一般的に問い、そうした「形而上学」的で抽象的な問題に従って既存の統治体制を持続的に批判、吟味してゆくことは、まさしく際限のない体制批判、ひいてはアナーキーに結び付くことになろう。なぜなら、「自由の極致」というものが、不完全な人間存在には永遠に実現できない以上、既存の統治体制は常に批判に晒されざるをえないからである。[43] バークは、民衆の利益ないしは幸福の実現という功利主義的観点を統治体制の評価基準として導入することによって、逆に、民衆の利益と幸福を実現している限り、統治体制それ自体の正当性の問題は不問に付すことができると考えた。アメリカ革命期のバークが危惧していたのも、イギリスの抑圧法規が民衆の実利を破壊し、これまで当然かつ自然的なものであった統治体制――この場合は宗主国と植民地という当然の統治関係――が思弁による批判的吟味の対象となってしまうことであった。

しかし、もし諸君が、難解な推論や諸君の統治する人々にとって憎むべき結論を強く押し付けて、無節操にも、愚かにも、致命的にも、統治の起源そのものを歪曲して害してしまうならば……諸君は、そうすることによって主権そのものを疑問視するよう彼らに教えることになろう。[44]

体制の批判的吟味を回避させるためには、民衆の実益と幸福を実現せねばならず、バークにとって、それこそが統治者の一つの重要な責務であった。参政という体制の〝形式〟を思弁的に問うことよりも、実質的な民衆の福利を重視するのが政治家の使命であるとするバークの考え方は、「政治家ないしは立法者の科学」の目的の一つとは、慎慮をもって、国民と国家を実質的に富ませることであると考えていたスミスの実利主義的な側面にも通ずるものがあったと言えよう。[45] そして、バークは実際に、民衆の全面的政治参加をこそ断固拒否していたものの、既存のイギリス国制こそが、民衆の実利と幸福を実現する最良のシステムであると考えていた。しかし、バークにとっての最大の問題であったのは、「この啓蒙された時代」(R: 76 上 160) においては、民衆の政治参加を国制の正当性の第一の根拠に据える急進的な議論が激しく唱えられ――プライスもその中心人物の一人であった――、民衆による全面的な政治支配を拒絶する既存のイギリス国制の存立基盤が脅かされていたということであった。

確かに、急進派といえども、プライスらのイギリス国制批判は、名誉革命を賛美しつつ、その解釈を急進化させることで、議会の民主化をさらに求めるという漸進主義的な議会改革の形をとっていた。よって、当時の急進派の多くは、保守派とともに名誉革命を一様に支持している。ここでバークが、国制を支持する論拠として、民衆の自己決定という形式的正当性の論理ではなく、民衆の利益の実現という実質的正当性の論理にすりかえたことは、既存の統治体制を強力にバックアップするものであったと言ってよい。それに対して、「われわれに諮ることなく、良き秩序をいたるところに確立できたとしても、われわれの知らぬところで、自分のことが決められるのには我慢がならない[46]」とシェイエスが断言していたように、後のフランス革命の推進者たちは、明確に、良き秩序であるか否かよりも、第三身分自身で決定したか否かというプライス流の自己決定的自由に通ずるような形式的正当性を優先する論理を思考様式として包有していた。逆にバークは、民衆にとって、秩序の成立の根拠が重要なのではなく、実際に福利をもたらす「良き秩序」であるか否かが重要であると、政治家的な責任倫理の観点から思考していたわけである。こうして、体制の正当性は、民衆の全面的な参与がなくとも、民衆の利益を実現しているということで担保される。ここには、民衆を唯一の政治的規定者としない混合国制の真価は「この啓蒙された時代」の民衆には理解されえないであろうというバークの絶望的な諦念が背後にあるように思われる。

アメリカ革命期は、共同戦線を維持するために、プライスに対する明示的な批判を控えていたバークも、ロッキンガムが死去し、シェルバーンが半ば引退したフランス革命期においては、最早何のしがらみにも囚われることなく、プライス批判を存分に展開してゆくことができるようになっていた。その結晶が『省察』である。そして、その際のプライス批判の論理は、アメリカ革命期のそれとほとんど通底していたと言える。ドライヤーの指摘するように、「一七九〇年代にバークがプライスを批判していた事例は、彼が一七七〇年代にプライスを批判していた事例の延長なのである」(47)。では、バークとプライスは、フランス革命に対する評価をめぐって、いかなる点において対立していたのか、それを見てゆくことにしよう。

## 二、『祖国愛論』をめぐって

バークの主著である『省察』執筆の大きな動機の一つがプライスのフランス革命賛美論たる『祖国愛論』の刊行にあったことは既述したが、バークの激怒の根底にあるのは、プライスがフランス革命の原理をイギリスに輸入しようとしたことである(48)。いわゆる「イギリスにおけるフランス革命」であるが、あくまでフランス革命が他国の政変に止まるのであれば、バークの判断留保はもうしばらく続いたことであろう。しかし、一七九〇年一月にプライスの『祖国愛論』を読み、「ヨーロッパ諸政府に全面的な改革を導入し、世界を自由かつ幸福にする(49)」というフランス革命の性質について述べたプライスの国民議会への賛辞を知って、フランス革命の原理がまさしくイギリスの国制に適用されようとしていると考えたバークは、フランス革命の原理の徹底的な糾弾に着手する。折しも同月、バークを同志と信じ、「フランス革命はヨーロッパにおける他の革命の前触れとなるでしょう(50)」と嬉々として報ずるペインの書簡を見ることになったバークは、ますます「イギリスにおけるフランス革命」の現実化に脅威を感じたことであろう。「これまで貴国の出来事は単に貴国自身にだけ関わることであった。我々は人間としてそれらに関心を寄せたが、フランスの市民ではない以上、それらに対して距離を置いてきた。だが今日、我々に対してこの範例が提示された以上、我々はイギリス人として関心を寄せねばならないし、関心を寄せつつ、我々はイギリス人として準備を整えておかねばならない」(R: 78 上 163–164)という『省察』での発言には、イギリスへの革命原理の侵入に対する並々ならぬ対抗心が窺われる。ゲンツが言うように、「バークはフランス革命の中にフランスのみを見ていたわけではなかった」[51]のである。

『祖国愛論』が名誉革命協会での演説を基にしているように、プライスは、アメリカ革命期からフランス革命期まで一貫して名誉革命を支持していた。しかし、バークにとっての問題は、その解釈にあった。既に『省察』の刊行に先立って、自らの反革命的姿勢をはじめて公言した『軍事予算演説』(一七九〇年)において、バークは「フランスにおける革命と呼ばれているこの奇妙な出来事が、イングランドにおける革命と通常呼ばれている栄誉ある出来事と同じと見るべきだとされていることに懸念を感じていた」と述べ、名誉革命の原理とフランス革命の原理との理論的峻別が急務であると考えていた。その演説でバークは、フランスにおける軍の反乱と名誉革命時のイングランドにおける軍の離反とが同じだとされている思潮を批判し、オレンジ公は「あらゆる差異を水平化するためではなく、古代の国制を守るため」に招請されたのであり、したがって、一革命を成し遂げたのではなく、革命を避け」たのが名誉革命であり、「破滅ではなく修繕(reparation)からはじめた」がゆえに、「我々の(いわゆる)革命の状況とフランスの状況とでは、ほとんどあらゆる点で、そして、その処置の全ての精神において、ちょうど互いに逆である」[52]と断言していた。この名誉革命とフランス革命との原理的な差異については、『省察』におけるプライス批判の要点ともなっていく。

では、プライスは名誉革命をいかに解釈していたのか。プライスは『祖国愛論』において、「第一に、宗教的諸問題における良心の自由の権利」、「第二に、権力濫用の場合に抵抗する権利」、「第三に、我々自身の諸統治者を選択し、暴政を理由に彼らを追放し、我々自身で政体を作り上げる権利」の三つを名誉革命の原理として列挙し、特に最後の原理に名誉革命は基礎付けられていたとする。[53] プライスが名誉革命体制を基本的に支持していたとしても、それを、民衆が統治者を任意に選定しうる体制だと解していたとすれば、実質的にイギリス国制を人民主権に基づかせることになり、フランス革命体制とは親和的なものとなろう。それゆえ、プライスは英仏同盟すらも提唱していたのである。この三つの原理は、アメリカ革命期の『市民的自由』における自己決定としての自由論に基づくものであることは明白であり、プライスの思想はほとんど一貫していると言ってよい。

プライスが名誉革命の基本原理としたこの第三の原理に対するバークの反論は有名であろう。バークは第三の原理を「一、我々自身の諸統治者を選択する権利」、「二、暴政を理由に彼らを追放する権利」、「三、我々自身で政体を作り上げる権利」に分解し、逐条批判してゆく。「我々自身の諸統治者を選択する権利」について言えば、名誉革命は、君主を世襲的継承の原理によって制定法的に基礎付けたのであり、民衆の選択という原理によって基礎付けたのではないとする。確かにウィリアムは世襲的継承順位から逸脱していたが、それは必要やむをえない非常時だったからである。「我々が形而上学的な詭弁の迷宮に迷い込むことがない限り、不変的な規則の適用と一時的な逸脱との間に矛盾は全く存在しない。つまり、我々の政体における継承という世襲原理の神聖さは、極限的な緊急事態の場合におけるその適用の変更に関する権限と両立しているのである。……何らかの変更の手段を欠く国家は、自らを保守するための手段をもたない」(R: 19 上 44–45)。この君主の世襲制の意義については、バークのイギリス国制論を見てゆく次章で明らかにしたいが、この「世襲原理」こそが、民衆の選挙に付随する不安定性を除去し、国家に安定性を付与するのである。ここで注目しておきたいのは、バークが、基本的な世襲原理と例外的な変更原理との両立は、「形而上学的な詭弁」によって阻害されない限りほとんど可能であると考えていたということである。「形而上学的な詭弁」とは、前述の「理論」であると言い換えてもよいが、バークにとって、国制の根本原理は、世襲原理という既定的なレールによって半ば非作為的な領域に措定されているのであって、バークが国制レベルでの変革を一定程度認めていたと言っても、それは人間が意識的に行えるようなものではなかった。

> アナーキーに訴えることを唯一正当化しうるのは、選択されるのではなく選択する必然性、人間の熟慮を超越した必然性、つまりは、議論することも全く許さず、証拠も全く必要としないような、最高の究極的な必然性だけである。この必然性は、規則に対する例外ではない。なぜなら、この必然性そのものが、人間が合意にせよ強制にせよ従わねばならない、事物の道徳的・物理的な配置の一部であるからである。しかし、もし、必然性への単なる服従に他ならないものが選択の対象にされるならば、法は破壊され、自然（nature）は破られるだろう。この反乱者たちは、法の保護を奪われ、放り出され、この理性、秩序、平和、美徳、そして実り多き悔い改めの世界から、狂気、不和、悪徳、混乱、無益な嘆きという対照的な世界へと追放されるのである（R: 85 上 178–179）。

バークにおいては、人間による国制レベルの意識的作為の余地が事実上「革命」という言葉とともに放擲されている。それは摂理ないしは必然性によってのみ可能なのである。無論、何もせずとも国制が適切に維持されるわけではなく、「保守するための改革」は必要であり、そのための慎慮も要請されるのであるが、それは立法・政策レベルに止められる。この点は、実はプライス批判の要所であり、次の第二の権利批判においても同様に見られるものである。プライスの言う第二の「暴政を理由に彼らを追放する権利」について言えば、バークは、「超法規的な国家非常時の問題」としてはそれを一定程度認容しつつも、名誉革命によって、そうした超法規的な事態を今後一切招かなくても済むような制度的措置が講じられたとする。名誉革命の指導者たちは、「議会の継続的な監視、弾劾裁判という実際上の要求といった権利宣言において政府に課せられた規則を、『彼らの諸統治者の追放』という実際上困難で、核心において不確かで、しばしばその結果において有害であるような権利を留保しておくよりも、自分たちの国制上の自由にとってのみならず、行政の弊害を防止するためにも、より安全な保証になると大いに考えたのである」(R: 25 上 56)。つまり、名誉革命によって、立法・政策レベルの変革はありえても、より根源的な国制レベルの変革の必要性は完全になくなったのであり、これによって、イギリス社会の根本的枠組みたる国制を人為ないしは思弁的考察――「形而上学的な詭弁」――の対象から明確に除外することができるようになったのである。プライスの第三の権利たる「我々自身で政体を作り上げる権利」もこの観点から同様に批判される。[54]「我々が過去に行った全ての改革は、古代に対する敬愛の原理に基づいて進められた。それゆえ、将来的に成されうる全ての改革も、類似した先例、権威、事例に基づいて、注意深く行われるだろう、と私は希望し確信する」(R: 28 上 62) とし、当然、名誉革命も「古来の国制」を継承しつつ改善するためのものであって、新たな国制の白紙からの創造ではなかったとする。[55]バークにとって、名誉革命といえども、国制を意識的に新しく創造した事例なのではなく、過去の範を参照した「改革」に過ぎないものであった。よって、民衆の意のままに統治体を改変しうる範例として名誉革命を捉えたプライスは、バークによれば、完全に誤っているのである。

プライスが基本的には名誉革命体制を受容し、あくまで名誉革命の解釈枠組みにおいて人民主権的な言説を展開していたがゆえに、バークとの論戦は主に名誉革命の解釈をめぐるものになっていた。しかし、おそらく、プライスの根本思想たる自己決定としての自由論を徹底させようとすれば、名誉革命そのものの批判にまで進まざるをえなくなるはずであろう。実際、同時代のトマス・ペインやジョン・カートライトらは、最早プライスのように名誉革命体制の擁護に拘泥することなく自由に人民主権論を徹底させていた。よって、ディキンスンが「プライスは、フランスを賞賛しながらもあきらかにブリテンの混合政府と均衡国制を平和的手段によって再建しようとしていた。その寛容性、慎慮深い真理や徳への洞察、自由への強い信念など、バークの認識と共通するものが多くあった」[56]と指摘しているように、プライスは、バークが考えていた以上に保守的な側面をもっていたと言えるのである。[57]しかし、バークは、『省察』の草稿を見せたP・フランシス宛の書簡で「私はプライス博士やシェルバーン卿一派と論争するつもりはない。私は彼らの不正な原理とどす黒い心から生じる危険を白日の下に晒すつもりである。つまり、私は彼らと正反対の論拠に基づいて、教会と国家における我が国制の真の原理を述べるつもりである」[58]と書いており、『省察』がプライスの政治理論のみに正確に的を絞った批判であるというよりも、プライスを重要だが一つの契機として、そこから敷衍して生じる危険や自らの国制論の開陳を含む幅広い論点を扱うものであることを充分認識していた。よって、プライスが実際にいかに保守的であったとしても、その点はバークにとって、さほど重要ではなかったのである。バークはプライスの思想の思弁性を突き詰めていけば社会秩序の破壊を帰結する要因になりうるということを即座に嗅ぎ取っていたのであり、そのことは、アメリカ革命期にプライスの『市民的自由』の議論を秩序破壊的な「抽象的思弁」として暗黙裡に批判していたことと見事に符合している。まさしく「思弁への懐疑は、バークの哲学にとって、なくてはならないもの」[59]なのであったが、この論戦の根底には、プライスとバークに端的に示される二つの思考様式の激突があったと言ってよい。それは米仏革命期に通底する、文明社会の《理性による啓蒙》を狙う急進主義的な思考と、経験による漸進主義的な改革を志向しつつも、文明社会の《理性による啓蒙》を阻止しようとする保守主義的な思考との激突である。

無論、この場合の「啓蒙」とはヒュームやスミスなどに代表されるスコットランド啓蒙のようなものではなく、社会契約論的、大陸合理主義的なフランス型の「啓蒙」のことを主に指している。[60]確かに、ルソーを「啓蒙」主義者と呼ぶかは意見が分かれるにしても、彼の社会契約論とは、民衆を文明社会の構成に直接参与させることによって、暗部なき透明な文明社会を一から創り直そうと企図したものでもあったのであり、バークによれば、それはフランス革命の思想的バックボーンの一つを成していた。実際、バークは、フランス革命派が「ルソーの著作から」学び取った、「あらゆる国において、民衆こそが正当な主権者である」という「根本的かつ致命的な原理」は、「等しく有害かつ愚かな仕方で、民衆に統治が由来するということと民衆の手にそれが存しているということとを混同している」[61]と批判していた。ルソーの社会契約論に鼓舞されたフランス革命とは、まさしく統治構造を民衆に由来するものに再編しようとする試みであったが、バークは、明確にその起源を民衆の中には有していないイギリス国制こそが、現実として民衆に恩恵を、つまり「今あるがままの国制の恩恵」[62]をもたらしており、実質的代表制を通じて、安全な形で民意を政治に反映させることのできる最良の統治システムであると確信していた。しかし、民衆に恩恵をもたらし、民意を政治に反映させることと、統治の起源が民衆にあるということとは全く別のことであるにもかかわらず、「この啓蒙された時代」(R: 76 上 160)においては、民衆の意志を起源とする理想上の統治体制と、民意の反映や民衆への恩恵とが無媒介に結び付けられ、民主的起源を有していないイギリス国制が批判的吟味の対象となっていたのである。一七八〇年の書簡でバークは、確かにイギリス国制にも欠点があるかもしれないが、そうした欠点を判断するには、「国制全体が一緒に観察されねばならないし、人々の実際の状態やそのときの事情と比較考量されねばならない」と論じ、「個々に単独で取り上げられたものは、誤っているように見えるかもしれないが、他のものとの関係で考察されれば、完全に正しいかもしれない。あるいは、少なくとも、より悪いものを避ける手段として、根気強く我慢されるべきものかもしれない」[63]と述べ、イギリス国制の評価は相対的になされるべきであるとしていた。つまるところ、このことは、明確にイギリス国制の評価をそれ自体の絶対的評価のみならず、他国の状況やその社会的な影響をも加味して広く評価することで、急進派の如き絶対的かつ超越的な観点からの国制批判を挫き、イギリス国制を相対的かつ実質的な観点から正当化しようとするものであったと言えよう。この実質的な視点に立てば、たとえ、イギリス国制の起源が非民主的なものであったとしても、「実際の状態」としては、現行の国制は「他の全ての国民にとって賞賛の的」であったのであり、相対的には民主的であり、イギリス国民を他国よりも富裕にしたのであるから、完全に正当化しうるものとなる。この相対的な視座は、フランス革命期においても堅持されており、『省察』のいわゆる第二部において、革命後の悲惨なフランスの社会状況と豊かなイギリスの社会状況とが対比的に描かれていたのも、それによってイギリス国制の優越性と正当性を示すことができるとバークが考えていたからに他ならない。

後述する中で明らかにしてゆきたいが、おそらくバークは、文明社会の構造を批判的に吟味する《理性による啓蒙》が貫徹されれば、民主的起源を有していないイギリスの文明社会は破壊されると考えていたのであり、そのような「恩恵の制度」(R: 51 上: 109) たる文明社会の喪失は、最終的にはイギリス国民の恩恵の喪失ないしは不幸に繋がるという政治家的な危機感を抱いていた。

実際、プライスの『祖国愛論』は、文明(政治)社会の現存構造における非民主的な暗部を暴露し、それを明るみに出して国民を啓蒙することを重要な目的の一つにしていた。「祖国を愛するものとして我々の第一の関心は、祖国を啓蒙(enlighten)することでなければならない」[64]。プライスは、『祖国愛論』において、「人間本性の主要な天恵は、以下の三つである。つまり、真理・美徳・自由である」[65]とし、この三つの原理から文明(政治)社会を批判的に吟味している。プライスによれば、世界中で専制に服する国民が存在しているのは、知識を欠いているからであり、世界の既存の統治機関は、ほぼ全てが人間の権利を侵害し、少数者が多数者を抑圧するための機関になっていると批判する。しかし、統治とは民衆の権利保護機関であるという「真理」によって民衆の蒙が啓かれれば、そのような既存の統治機関に「彼らが服従することは不可能となるであろう」[66]。「無知は、頑迷、不寛容、迫害、隷属の親なのである」[67]。よって、バークとは逆に、真理を把握した「学者ないしは哲学者（the scholar or philosopher）」の啓蒙的役割がプライスにおいては高く評価されているのであり、ここから、フランス啓蒙思想が引き起こしたフランス革命への礼賛が生まれるのは当然であろう。服従が蒙昧の結果であるとするならば、反服従＝革命は啓蒙の結果なのである。「人類の全ての友がいま歓喜している諸革命は、彼ら［哲学者たち］がその著作により伝えた知識のおかげなのである」[68]。よって、プライスの言う「真理」とは、服従する民衆を覚醒させ、自律化させることで既存秩序を揺さぶるものであり、それは他の天恵たる「美徳」や「自由」の意義を貫く一本の軸でもあった。プライスの「美徳」とは、「知識」に教導された宗教的義務のことであるが、非国教徒プライスとしては当然なことに、この「美徳」は国定化されるべきではなく、各人に委ねられるべきであるとする。「公権力によって定められている礼拝様式を好まない人々は……自分自身で別個の礼拝を定めるべき」であり、それを認許しうる寛容ある指導者たちであれば、彼らは「人間の改善を妨害し、誤謬を永久化する、特定の信仰様式の支持のための政治権力の使用に抗議することとなるであろう」[69]と述べる。宗教が重要な社会的紐帯であり、人間存在にとって不可欠の慰藉であることは、プライスもバークもともに認めるのであるが、バークが共同社会としての国家と社会的紐帯としての宗教を不可分のものとしたのに対して、プライスは信仰を個人に還元させ、国教体制を批判する。無論、プライスの一貫した哲学である自己決定としての自由論からすれば、信仰の問題を個人の自己決定に還元させることは論理的に自然ではある。しかし、このプライスの立論が、国教制を一つの機軸とするイギリス国制への重大な挑戦であるとバークに捉えられたのは至極当然のことであろう。そして、プライスが三つ目の天恵たる「自由」について、それをもつことによって、「祖国は奴隷の国とは区別される」と指摘し、民衆に由来する権威以外のものへの服従を隷属だと全面的に批判するに至って、プライスの本意とは別に、イギリス国制、階層制秩序、そして文明社会全体を揺るがす言説に完全に転化しうるものとバークには思われたのである。いかに名誉革命が偉業であったとしても、不完全な宗教的寛容に加えて、議会制度の不平等こそが不満であるとプライスが述べたのも、被治者自身が同時に自らのことを定めうる統治者となることが、その統治機構への服従を正当化し、自己決定としての自由を確保する大前提であると考えていた以上、当然なのである。「議会制度が公正かつ平等であり、また同時に我々の下院がもっているような権力を備えている場合に、王国は自らを統治しており、また、したがって真の自由を有していると言いうるのである」(70)。

既に少し触れたように、ここには、統治機構ないしは国制の根拠、もっと言えば、民衆の服従の根拠を民衆そのものに由来させることで、言わば、民衆の「盲目的奴隷的服従（a blind and slavish submission）」を否定して民衆の服従意識を対自化ないしは自覚化させようとするプライスの戦略が見え隠れしている。被治者たる民衆を啓蒙する「知識（illumination）」は、「人々の心を、自己の諸権利を取り戻すことに備えさせることを助け、そうして聖職者の策略と専制制度との廃止を早める」(71)のであり、プライス自身も、世界を啓発し、民衆の権利意識を覚醒させ、専制体制を打破した偉大な啓蒙哲学者たちに連なりたいと考えていた。しかし、プライスは、そうした民衆を啓蒙させる「知識」の負の一面も確かに見据えていたのである。

> 統治の問題を正しく教えられた人たち（Persons justly informed on the subject of government）は、……全ての公的権威を足蹴にし、社会の秩序が必要とする公的権威を与えられた人々を尊敬する、という態度を投げ捨ててしまう恐れがある。……疑いなく、政治的行政官に対しては、彼らの地位と役職のゆえに正当な、特定の

敬意と臣従（a particular deference and homage）がある。[72]

このように、プライスは、民衆の盲目的隷属を打破する正しき啓蒙的知識が、その反動として放縦的無秩序を生み出すという可能性をも自覚していたのであり、この点では、バークの有していた思弁的理論の政治適用に対する慎重さと通ずる面があったと言えよう。そしてプライスは、自らの自己決定としての自由論がアナーキーに結び付く可能性を自覚した上で、第一等の行政官としての君主への臣従を強く説く。これは、あくまで名誉革命体制を擁護していたプライスの保守性を物語るものであろうが、しかし、「私は、私の王としてだけでなく、その王位が人々の選択に基づいている唯一のもの（the only one who owes his crown to the choice of the people）であるからこそ、世界におけるほとんど唯一の合法的な王として、あなたを尊敬致します[73]」という彼のイギリス君主観を鑑みれば、事態はそれほど単純ではない。プライスの自己決定としての自由論がアナーキーに結び付くことを防ぐために、君主を要とする社会秩序に服することが求められるとしても、服するに値する社会秩序の源泉は、民衆の自己決定に帰せられており、事実上、民衆の自己決定としての自由にかせられる箍は放擲されている。民衆がイギリス国王に服することによって、社会秩序が維持され、民衆の専制が防がれるとしても、イギリス国王支持の根拠が民衆の選択の結果であるということにあるとするならば、無限定的な民衆の専制の要求、つまりは既存のイギリス国制の否認、アナーキーの危険性は依然として残るのである。実際、イギリス国王以外の国王は専制君主と見なされ、フランス革命の如き秩序破壊がプライスによって熱烈に支持されていたし、先述のように、名誉革命の最重要点は「我々自身の諸統治者を選択し、暴政を理由に彼らを追放し、我々自身で政体を作り上げる権利」の確立にあったとプライスが述べるとき、民衆の放縦を防ぐために統治者に対する民衆の服従を力説したところで、同語反復に過ぎないものとなろう。

よって、いかにプライスが名誉革命を支持し、君主への臣従を説いたとしても、その意味での保守性というのは極めて限定的なものであり、問題は、その名誉革命観、君主観の内実なのである。このプライスの思想を受けたバークによる反論が、名誉革命解釈に集中したのも当然であろう[74]。プライスが民衆に服するように求めた統治者は民衆が選定した者であるというのであれば、それは実質的な人民主権に他ならず、理論的には既存のイギリス国制・階層制秩序と真っ向から対立する思想となるのである。実際の名誉革命体制がこうした自らの自己決定としての自由論の現実態であると考えた点で、プライスが的外れな保守性を帯びていたとしても、バークにとっては、その思想の破壊性は明らかであった[75]。

実際、同時代のジョサイア・タッカーは、一七八一年に既に、プライスやジョセフ・プリーストリーらの「立法における、自己統治的たるべきだという各個人の不可譲の権利というロック主義的観念（Lockian Idea of the *unalienable Right of each Individual to be Self-governed*）」に依拠すれば、究極的には「人民それ自身以外に立法者が存在してはならないし、少なくとも民衆が明示的にその目的を達成するために任じた人々以外に立法者が存在してはならない」という帰結に至るのは必定であり、よって、民衆に由来しない「行政官、裁判官、治安判事、文官武官、その他のいかなる執政権力も存在すべきではない[76]」という論理に行き着かざるをえないのは当然であると批判していた。タッカーもバークも、君主や貴族を中核とするイギリスの階層制的支配構造が民衆の選任によるものなどではないがゆえに、民衆の自己決定的同意を統治の正当性の根拠とすれば、イギリスの社会構造は全面的に否定されざるをえないと考えていた。よって、タッカー曰く、プライスの思想的源流たるロック主義は、「地上のあらゆる政府を必ず混乱させ破壊する[77]」のである。プライスが、民選君主政という奇妙な論理を導入せざるをえなかったのも、自己決定としての自由論と名誉革命体制の擁護とを両立させるためには仕方のないことであった[78]。プライスの『市民的自由』などにおける自己決定としての自由論の本質を看破していたタッカーは鋭くも、「同意理論を分析して、もしこの説の信奉者たちが論理的であろうとすれば、アナーキストであることを自認しなければならぬ」[79]と指摘していた。自己決定としての自由論の前提となる人間観は、当然、自律的な個人であって、そうした社会的関係性の否定が、「市民社会分析の欠如」としてプライスの経済思想史的後進性を示すものであったことは、永井義雄によっても指摘されている通りであるが[80]、それゆえにこそ、プライスは、社会的統合ないしは秩序化のために不可欠な統治体制を否定することができず、自己決定としての「アナーキスト」的な自由論と名誉革命体制の擁護という相反的要素を同時に抱懐せざるをえなかった。その点では、「人間は極めて自然に社会的動物である」と考えたトマス・ペインが、社会の自生的秩序形成原理を妄信し、「文明は、完全になればなるほど、自分自身のなすべきことを自ら規制し、自らを統御してゆくため、政府を必要とする根拠を失ってゆく」[81]と述べ、「アナーキスト」的要素を自覚的に強調していたのとは対照的である。プライスは、社会の自生的秩序化をペインのようには理解できず、人間の社会性をも否定して、自律的・自己決定的個人を措定してしまったがゆえに、秩序形成の枠組みを君主政に委ねざるをえず、先述のように、自己決定的個人の前提と論理一貫性を保つための民選君主政論を提示せざるをえなかったのである。その意味では、保守性と急進性が混在しているプライスよりもペインの方が論理一貫している。

さらにタッカーは、プライスやプリーストリーが非国教派ロック主義者であり、彼らが「我々の国教に対する反感と、教会と国家における全ての秩序を、それが自分たち自身より上位にあると分かれば、全て引きずり倒そうとする情熱」[82]をもっていると批判する。タッカーは、非国教徒が、宗教や社会制度も人間理性の自律的な選択物とすることで、既存の国教会や階層制秩序を否定し、一切の支配―服従関係を拒絶しようとしていると考えた。「彼らは差し迫った必要によって厳粛な契約を結び、自己保存のために彼らの諸力を合わせざるをえなくなるまでは、自然に、あらゆる種類の服従（every Kind of Subordination）に対して嫌悪と反感を示すのである」[83]。タッカーは、ロック主義者とは逆に、「人間は、隣人や社会的存在として、一緒に生活したり会話をしたりして、自生的に、言わば無意識的に（*imperceptibly*）、身分的な区別や階級の違いを生み出す[84]」とし、支配―服従関係は自生的な関係であり、歴史的経験の中で人間は自然的に社会関係を内面化させてきたのだと論じ、自覚的な自己決定による社会関係の承認というプライスやプリーストリーらの原子論的社会観に真っ向から異を唱えた。秩序が人間の任意による自己決定の産物でないとするならば、それを前提とした税の支払いも任意で民衆による「贈与」であるとするプライスの議論も誤りということになる。タッカーのこうした社会理論は、ほぼヒュームやバークの社会関係の慣習的形成論と同一であり、後のハイエクがタッカーをヒュームやバークとともに自生的秩序論の先駆者の一人に数えているのも一面では妥当であろう[85]。このタッカーによるプライス批判、プリーストリー批判が、後のフランス革命期におけるバークのプライス批判と相同性を有しているのは興味深い[86]。プライスがいかに名誉革命体制を擁護し、君主政や上院の存在も承認していたとしても、その自己決定としての自由論の論理的帰結が、民衆の自己決定的選択によらぬ支配―服従関係の否認、つまりは君主や貴族、国教制といった非民主的要素から成る既存の自生的な文明社会の秩序、特にその階層制秩序の否認に至るであろうということを、タッカーやバークは明敏に感じ取っていたのである。

実際、こうした支配の基礎を民衆の自己決定に求めるロックの社会契約論的思考が、ルソーの社会契約論に流れ、さらに、民衆が社会秩序を最高度に自己決定してゆく試みとしてフランス革命を捉えて、それをイギリスに導入しようとしていたプライスら急進派の思考へと流れ込んでいるというのが、バークの思想史的考察であった。「我々は、海峡のどちら側にいようとも、一部の徒党が二重の詐術によって、全く我が国の風土とは異質のものなのに、ブリテン産の原料品だとして不法な船でフランスへ輸出され、その後、逆にイギリスに密輸入するために、改良された自由というパリの最新ファッションで仕立て上げられた、まがいものの商品をつかまされてはならない」[87]（R: 22-23 上 51-52）。タッカーは、アメリカ革命期にバークの対米融和論に対して強い反感を抱いていたが、それというのも、ロック主義に染まった親米急進派がアメリカに共和政体を樹立することで、共和主義原理をイギリスにもち込むことを恐れたからであり、それを防ぐためには、対米融和ではなく、英米の完全分離、つまりはアメリカの完全放棄しかないと早くから見抜いていたからであった。その意味では、アメリカ革命期にロック主義のイギリスにおける破壊的な政治的影響力を予見し、警戒していたタッカーの方が、『省察』でそれをようやく完全に理解するに至ったバークよりも、数段優れた思想史的見通しを有していたと言えるだろう[88]。実際に、ロック主義に依拠したプライスは、フランス革命を媒介として、アメリカ革命期に唱えていた実質的な人民主権原理を再度イギリスにもち込もうとしていたのである。

こうして米仏革命期を通じてプライスを嫌ったバークにとって、ロック主義者プライスの一貫した企図とは、無自覚的・即自的であった支配―服従関係ないしは階層制秩序の啓蒙主義的対自化であり、そうした旧来の秩序が有する盲従的構造を全て破壊して、それを人民主権的に再編成させようとする試みであった。換言すれば、プライスは、イギリス社会の支配構造を人々に自然的に受忍させてきた伝統的思考様式を非啓蒙的な「無知」だとして否認し、体制の基礎が人間理性の意識的選択の産物ではない非民主的なものであることを「知識」によって暴露し、否定しようとしているとバークには思われたのである。既述したように、プライスが「知識」や「学者ないしは哲学者」の役割を高く評価したのも、それらによって体制の非民主的な構造が暴露され、民衆の「盲目的奴隷的服従」が一掃されると考えていたからに他ならない。体制を支えてきた既存の慣習的服従を疑問視させ、民衆自ら服すべき秩序を自己決定してゆくべきだとするプライス流の啓蒙主義のプロジェクトは、フランス革命によって最高度に具現化されることになるのだが、バークはその意味で、「知識」や理性によって体制の基礎に光を当てよう（enlighten）とする急進主義者の《理性による啓蒙》に自覚的に抗した最初期の反革命家の一人であった。

*

したがって、重要な点は、こうしたプライスらの文明社会の《理性による啓蒙》戦略に抗して、バークはいかなる戦略をもって立ち向かっていったのかということである。以下では、このバークにおける文明社会の《理性による啓蒙》への対抗戦略の重要な要素として、「イギリス国制」と「紳士の精神［騎士道］と宗教の精神」という言説（物語）を取り上げようと思う。急進派がイギリス国制の基礎の非自己決定性（自生性）を暴露し、貴族や聖職者の支配を糾弾したのに対して、バークは、イギリス国制を人知の触れえぬ古来のものとすることで時効的に正当化させ、騎士道と宗教の精神を文明社会の基礎に据えることで、それらを体現する非自己決定的な制度である貴族と聖職者の存在を、民衆の利益と結び付いているとして擁護しようとしていた。「イギリス国制」については本書の第二章で、「紳士の精神と宗教の精神」については本書の第三章で詳述するが、バークの『省察』は、こうした急進派による文明社会の《理性による啓蒙》戦略と、それへの対抗という背後の激烈な思想的闘争を前提として読解せねば、その真の意義は見出せないであろう。

私見では、バークの対抗戦略の根本にある苦悩は、イギリス国制の基礎が「この啓蒙された時代」(R: 76 上 160)の人々には受容され難い非人為的なものであったにもかかわらず、その国制こそが、人々の幸福や利益をもたらしてきたのだという確信に起因するものであった。つまり、人々の幸福や豊かさを現に実現している、この掛け替えのないイギリスの文明社会を根本的に支えている構造が、「この啓蒙された時代」の人々には受け入れ難い非人為的なものであり、非自己決定的なものであったというところに大きなジレンマが存在したのである。逆に言えば、バークは、イギリス国制を否定して、社会契約論的に社会を人為的に設計することが民衆の利益に結び付くという保証はないと考えていたのであり、いわゆる『省察』の第二部は、人間の社会設計の試みたる革命の結果が、フランスの社会的・経済的な破綻であったことを示す修辞的戦略の中核を成すものであった。それと対比されて、形式的には非人為的・非民主的ではあるが、漸進的な改革を受け入れてきたイギリス国制が、終始イギリス国民の利益を保持してきたことが一貫して示される。したがって、バークにとって、あくまで享受の対象であって設計の対象ではない国制そのものの基礎を問おうなどという啓蒙的態度そのものが誤りなのであった。それまで疑問にすら感じていなかった国制の基礎を一旦意識化させてしまえば、民主的構成という〝形式〟を重視する啓蒙的近代人は、国民の利益を保持しているか否かと関係なく、民衆に基礎を置かないという理由それだけでイギリス国制そのものを破壊しようとするであろう。国制の基礎を完全に明らかにする、もしくは改めて明らかなものに人為的に再構成してゆこうとする啓蒙的な思考は、まさしくウェーバーが指摘したように[89]、事物の完全なる把捉を志向する近代の脱魔術化された合理主義的思考そのものであると言えようが、その意味では —— ハーシュマンの卓抜した表現を借りれば —— バークは、「近代」という「敵地の中にいた」[90]と言ってよい。国制の基礎を理性による討究の対象とする啓蒙主義的近代合理主義が猛威を振るう中にあって、その大きな時代の潮流に逆らうかのようにバークが『省察』の随所で強調的に述べていることは、イギリス国制はイギリス人の思考様式と即自的に融合しており、自らの国制擁護論は、フランス革命という危機に直面しなかったならば、本来は論ずる必要のないもの、否、論ずるべきではないものであるということであった。「あたかも常に我々の国制が享受（enjoyment）の対象であるというよりも論争（altercation）の対象であるかのように、全てが議論の対象たるべきだと考えるのは、（これらの紳士が考えるように栄光ではなく）この時代の不幸である」（R: 80 上 168）というのがバークの根本的な時代診断であった。

実際、バークは、自らのフランス革命の人権思想批判、階層制的なイギリス国制擁護論がイギリス人にとって即自的なものであり、生来のものであるとまで述べていた。

> イギリスでは、我々はまだ自分たちの自然的な臓器を完全には引き抜かれていない。我々はまだ、自分たちの義務の忠実なる保護者にして積極的な忠告者であり、我々の全ての自由で勇敢な道徳の真の支持者である生得的な感情（inbred sentiments）を自らの胸奥に感得していて、これを愛惜し育成している。我々は……人間の権利についての粗末な薄汚い紙屑を詰め込むために、内臓を抜かれたり、縛り付けられたりしたことなどない。我々は、自分たちの感受性を全て、衒学と背信で洗練されずに、自然のまま、完全のままで保持している。……我々は、神を畏れ、国王を畏怖の念で仰ぎ見る。我々はまた、議会を愛情込めて、為政者を義務の念で、聖職者を敬虔な気持ちで、貴族を尊敬の念で眺める。何故かって？ それは、これらの観念が我々の心に宿るときには、そのような気持ちになるのが自然（*natural*）だからである（R: 75–76 上 158–159）。

階層制秩序の水平化を断行したフランス革命に抗して、バークは、イギリス階層制社会の擁護の究極的な論拠をイギリス国民の生得的な自然感情に求める。こうした高位者を仰ぎ見るのが「自然」であるとする言説は当時、バークに限ったことではなかった。スミスも、「［高位者に対して］服従のための服従をし、彼らの高貴な地位の前に震え、頭を下げ、そして彼らの微笑みをあらゆる奉仕を埋め合わせるに充分な報酬であると見なし、彼らの不機嫌さを……あらゆる無念さの中でも最も辛いものだと恐れるよう我々に教えた」のは、「自然」[91]であると論じていた。貴族や聖職者の正当性そのものが問われているフランス革命に直面して、彼ら高位者を仰ぎ見るのが「自然」だというだけでは全く反論の論拠としては弱いと言わざるをえないであろうが、バークにとっては、これで充分であったのである。『省察』が第一にイギリス国内に向けて書かれたパンフレットであることを考えれば、イギリス国民が長きにわたって君主政や貴族政、国教制を現に受容しているということそのもの、そうしたイギリス国民の即自的な時効的「偏見」こそをバークが擁護しようとしていたことは明らかである。マックーが指摘するように、そのような無自覚的な「偏見」を自覚化させる「理論」が出現するのは、「暗黙の信仰が破られたときにのみ起こってくるのである」[92]。バークが繰り返しフランス革命を「教義と理論的ドグマの革命」と呼び、「宗教改革」[93]に類比させて論じていたように、フランス革命の最も重大な問題点は、この革命が、単なる体制変革というだけではなく、「全ての革命の中で最も重大な……感情、作法と道徳的観念における革命」(R: 70 上 147)であったということであり、イギリス国民の内面的な観念体系、つまり、こうした自然的・無自覚的な「偏見」を対自化させ、動揺させる事態でもあったということであった[94]。したがって、イギリス国民に根付く階層制秩序を受容する伝習観念ないしは偏見は、理論的に説明すべきではないし、説明されてはならない。よって、バークにとって、そうした偏見は、「自然」的なものとしてしか描けなかったのである。

＊

かくて、バークは一つのジレンマに直面することになる。意識化され、理性の精査に晒されてはならないイギリス国民の自然的な慣習的観念体系(偏見)を維持しつつ、フランス革命の原理に対して、イギリスの社会体制の原理を意識的に擁護せねばならない。このジレンマは、「何故私が敬愛するプライス博士や彼の説教の意向を採用しようとする平信徒たちとそれほどまでに違った感じ方をするのか？——それは明快な理由からであり、私がそうするのは自然(*natural*)だからである」(R: 70 上 147)と断言しつつも、一方で、プライスの名誉革命観と自説との違いを意識的に詳述していたことにも端的に表わされていた。バークはその点について自覚的であり、フランス革命について自説を詳述する理由について、「我々の外ではあらゆる尊敬すべき物事が破壊され、我々の内ではあらゆる尊敬の原理が破壊されようとしている現状では、人は、人間の常識的な感覚(the common feelings of men)をもつことに対して弁明せざるをえなくなる」(R: 70 上 147)からであるとしていた。つまり、バークが『省察』において述べていることは、イギリス人の「自然」の感情であり、「常識的な感覚」に過ぎず、それを敢えて理論的に擁護せざるをえないのは、まさにこうした「ずっと昔からこの瞬間まで我々の間で継続的かつ一般的に是認され、他人から学んだことなのか、自分の熟慮の結果なのか区別できないまでに私の精神と渾然一体となっている意見」(R: 87 上 181)が動揺させられていたからに他ならない。キャナバンは、「[バークの社会秩序観が]フランス革命期の著作においてのみ完全に成熟していると我々が考えるのは、それまで当然と思っていたことを深く考察せざるをえなかったのが、その[フランス革命の]時だけだったからである」[95]と指摘しているが、アメリカ革命期におけるプライスとバークの水面下の対立を見てきた我々にとって、それがフランス革命期だけだったというのは首肯しえないとしても、フランス革命期において、バークが、即自的に受容されていた(されているべき)観念を対自的に擁護せざるをえなくなったというのは正しいであろう。急進派や革命派の思想を撃破すべく論戦せねばならないとしても、それは同時に、イギリス国民の中の自然的・常識的感覚を対自化させ、討究の対象としてしまう危険性と隣り合わせであった。このジレンマは、まさしくシェイエスが「貴族たちは、論戦の火蓋を切ったものの、その際いくつかの問題に触れてしまうというこの上ない不手際を犯したことには思い至らなかった。隷属に慣れきっている人々のところでは、真理を眠らせたままにしておくことができる。しかし、もし注意を喚起したなら、……精神は……真理に引き寄せられる。……真理は権利と結びついて[おり、]……自己の権利を意識することにより、心の奥底から……あの自由の気概がわき上がってくる」[96]と論じていた通りのものであろうが、バークに限って言えば、そのことに「思い至らなかった」のではなく、それを知りつつも論戦せざるをえなかったのである。民衆がシェイエスら革命派の抽象的な「真理」ないしは「権利」に惑わされて、これまで自然的に従ってきたイギリスの繁栄と結び付いた文明社会の秩序と、それを根底において支えてきたイギリス国制や伝習観念を疑問視するようになり、ひいてはそれらを拒否するようになることをバークは恐れていた。「イギリスにおけるフランス革命」さえなければ、これまで民衆が文明社会の秩序に自然的に服従していたことを対自化させる危険を冒すような論戦を敢えて展開する必要はなかったのである。バークが、「全てが議論の対象たるべきだと考えるのは……この時代の不幸である」(R: 80 上: 168) と嘆いたのも、そのためであろう。

私見では、バークの修辞戦略を読み解く一つの鍵は、このバークの葛藤にあると思われる。無論、こうした葛藤はレオ・シュトラウスが指摘するように、ソクラテスからはじまる社会の深層への考察に達した偉大な哲人たちが皆、直面したものではある。レオ・シュトラウスによれば、絶対的な真理は、人間社会の実践的な便宜性とは別に存立しているために、むしろそれらと対立する場合さえある。[97] 絶対的に正しいものが政治的ないしは実践的にも正しいとは限らず、よって、「自然的な正しさは、文明社会にとってはダイナマイトとして機能する」[98] ことになるかもしれないのである。確かにバークの根本思想の一つとして語られる理論に対する実践の優位というテーゼは、「理論が政治に侵入すると、不安定化と扇情の効果が生じざるをえない」[99] ことを熟知した政治家バークの、社会防衛のための一つの実践的な智慧であった。人間社会が抽象的ないしは純粋な形の真善美のみで構成されねばならないというのは思弁的理論家の絵空事であり、人間社会を根底から支えているのは、歴史・伝統・慣習・偏見といった(フランス啓蒙派や革命派が批判するところの)《反啓蒙的》なものでしかないのかも知れないのである。[100]

バークが社会は伝統や偏見などから成り立っていると言っても、それは、社会を構成する〝正しいもの〟は、絶対的な真理といった純粋な形で万人に開示されているのではなく、伝統や偏見、実践等々の中に具象化された形で存在せざるをえないのだということを意味しているに過ぎない。だからこそバークは、偏見の体系たる国教や国制といった具体的なものに結晶している〝正しいもの〟を、急進派の抽象的理性に対抗して「具体的理性（concrete reason）」と呼んで敢えて擁護したのである。つまり、バークが偏見の筆頭が国教であるという場合、佐藤光が指摘するように、「バークは、イギリス国教会が真理の可能性を秘めているという意味での良質な偏見、すなわち国民の多くに長い歴史を通して分かち持たれ、かつさまざまな失敗や成功の経験を経て理性を折り込まれることになった『一般的な偏見』の代表的なもの(101)」であると考えていたわけである。バークが恐れたのは、イギリス人が自然に受容してきたこの偏見の体系がこれまでのイギリスの成功を見れば時効的に正しさを証明しているのに対して、急進派が革命の指針とする抽象的かつ思弁的な真理が全く正しさを証明していないにもかかわらず、彼らは社会の基礎にそれらを措定しようとしていることであった。バーク曰く、「いかなる人間も、社会の公共目的に何年もよく応えてきた［時効的な］体系を敢えて打ち壊し、有用性が公然と認められているモデルや手本もないのに、それを再構築しようとする試みには、限りなく慎重であるべきである」（R: 53-54 上 114）。レオ・シュトラウスは、バークが急進派とは逆に、人間社会の基礎として時効的な習慣や偏見を見出していたことをレトリカルに以下のように指摘している。

> ［バーク曰く］「古くからの慣習が……世界中の全ての政府の偉大な支えなのである」。確かに社会は同意に基づくものである。しかし同意は推論だけで達成されるものではない。特に共同生活の利点を単に計算することによって――短期間で完了しうる計算によって――ではなく、長い期間をかけてのみ成長することができる習慣や偏見によってはじめて達成されうるものである。理論は誤謬や偏見や迷信を退けるが、政治家はそれらを利用する(102)。

そこで、レオ・シュトラウスは端的に、真理が社会の基盤なのではなく、「この議論の決定的な前提は、意見（opinion）が社会の構成要素なのであるという命題である[103]」と言うのであるが、社会を支えているのは、「理論」が求めるような絶対的な真理（と思われるもの）ではなく、あくまで意見（臆見）＝ドクサであるとするならば、ドクサを排除しようとしたソクラテスが逆にポリスから排除されたのも、ある意味では社会の側の自己防衛であったと言うこともできよう。無論、真理ではなく臆見という場合、バークにおいてはその二つは完全に相反的に捉えられていたわけではなく、重要なのは、一人の限定的な理性には社会を支えるための実践上の真理を精査峻別し、抽象化するだけの能力はないのであり、通常、我々は、社会的真理を具象的な「偏見」ないしは「意見（opinion）」に含まれた形で利用することしかできないということなのである。一人の人間の理性などは、諸制度に内包された歴史的な叡智や偏見に比すれば、「一夏の蝿（the flies of a summer）」の浅知恵の如きものに過ぎず、バークの比喩を用いれば、「各人の蓄えは少ないので、個々人が諸国民と諸時代の共同の銀行と資本を利用した方がよい」（R: 76 上160）のである。急進派のように、人間理性が真理を純粋な形で認識しえて、それを基に社会を構成しうると考えるのは、「自分自身の叡智への過度の盲信」（R: 77 上161）であり、ハイエク流に言えば「致命的な思い上がり（fatal conceit）」以外の何ものでもない。だからこそ、バークは「人間の力の及ばぬものがあるとすれば……、それは偏見を作り出すことである[104]」と述べたのであろう。人間が客体的に知悉しきれないものを人間が完全に作り出すことはできないのである。既述したように、キリスト教はバークの「偏見」の筆頭であるが、それが人間の文明化に寄与するとしても、その寄与している要素のみを取り出して利用するということが限定的な人間理性には不可能である以上、キリスト教の文明化作用を利用するためには——いかにフランス革命派がキリスト教を謬見だとして批判しようとも——キリスト教を真理も謬見も含めてそのままの形で受容して、長い時間をかけて漸進的に不具合を改革してゆくしかない[105]。それは、オークショットに倣って言えば、「破壊と創造の政治」ならぬ、「繕いの政治（the politics of repair）」であるということになろう。そうであるならば、大規模な人間社会は（真理を含んだ）「偏見」から構成されるしかないが、その点を理解しえない合理主義者の目には、外見上、迷信や謬見から成る誤った社会にしか映らないのである。

〝正しいもの〟が偏見や伝統に含まれた具象的な形態によってのみ人間に活用できるのだとすれば、そうした偏見や伝統こそが〝正しいもの〟へと辿り着くための不可欠の土台なのだということになろう。実際、言語や文化そのものが偏見の体系でしかありえない以上、偏見は全ての認識の土台でもある。これは科学哲学的知見でもあるが、「偏見という私たちの認識にとっての宿命は、私たちの認識を制約すると同時に可能とするものなのである」[106]。真理へと漸進的に到達するための土台とも言えるそうした偏見や伝統を否定して、純粋な真理（と彼らが思いこんだもの）を直截的に社会に適用させようとする急進派の思考は、ある意味で社会を危険に陥れる「ダイナマイト」ではあろう。限定的な人間理性では純粋な形で真理を直接抽出することはできないという前提を一旦受け入れてしまえば、時効的に真理を含むと推定しうる社会的に有用な歴史的かつ実践的な「偏見」の方が、純粋な形で抽出されたと急進派が思い込んでいる（括弧付きの）「真理」よりも遥かに確実かつ安全である。バークが「理論家たちの偽りの権利［人間の権利］はすべてが極端であり、それらが形而上学的に真であればあるほど道徳的・政治的には虚偽となる」（R: 54 上 115）と強調したのも、理論家たちの思弁上の（「形而上学的」な）真理と、政治的実践に適用すべき具象化された社会的な真理（偏見）との相違性に対する鋭い洞察からであろう。思弁的空理を弄することが可能な著述家や哲学者たちと、現実にコミットしてゆく政治家とでは全く思考の性質が異なるのであり、トクヴィルが述べるように、「著述家において賞賛に値するものは、時には政治家においては欠陥」[107]となることもある。プライスが、真理を捉える知識と哲学者を重視し、それらによる社会の啓蒙を企図していたことは既述したが、現実社会の基礎が抽象的ないしは純粋な形での真善美のみでは構成されえない以上、その単純な試みは必ずや「社会を危険に陥れる」[108]。ディンウィディは、「バークは政治を『便宜の上にではなく真理の上に』築こうとした人々と論戦していた」[109]と述べているが、正確に言えば、思弁上の真理の上に政治を築こうとしていた急進的な哲学者たちと論戦していたのである。既述した通り、バークは、人間社会を支えるものは、思弁が生み出す純粋な真理ではなく、歴史的に正しさが証明されてきた具体的な便宜性に宿った真理であり[110]、そうした真理は、伝統や偏見として、つまりは国教会やコモン・ローなどの具体的な形態（「具体的理性」）として、そのまま受容し、漸進的改革を行いつつ活用してゆくしかないと考えていたわけである[111]。バークが「剥き出しの理性（the naked reason）」ではなく、また、理性なき偏見でもなく、「理性を含んだ偏見（the prejudice, with the reason involved）」を擁護したのもその意味においてであろう[112]。だからこそバークは、イギリス人による諸制度の受容を、意識的な選択のゆえにではなく、それを尊重するのが「自然」であるがゆえにであると論じたのである[113]。イギリスの繁栄という形で時効的に正しさが証明されているイギリスの諸制度には、人知の達しえない具象化された真理が含まれていると蓋然的には推測しうるのであり、ここに至って完全に真理と実践は融和している。しかし、急進派は、既存の具体的制度に真理が含まれているとは考えず、未経験で純粋形の思弁的真理による社会制度の再編を企図していた。人間社会は純粋形の真理といった抽象的な奇麗事のみで構成されることはないし、されるべきでもない。無理に社会を思弁的真理に基づいて人為的に再構成しようとすれば、フランス革命の如く社会秩序の崩壊を招くだけである。社会を守ろうとすれば、社会を支える実践上の便宜性である偏見の体系に含まれた真理をこそ擁護せねばならない。よって、バークは、急進的啓蒙思想家にとって謬見とされる騎士道やキリスト教というイギリス国民の「偏見」[114]を文明社会の実践的な基礎として強硬に擁護したのである。

第三章で論じるが、バークへの賞賛を惜しまないレスリー・スティーヴンでさえ、「修辞家的臭み」とか「単なる感傷主義」だと難じる有名なバークの騎士道への愛惜にも国家政策上の積極的な意味があったのである。

確かに、現実の社会体制を支えているのはキリスト教や騎士道といった封建的な「迷信」や「謬見」であるという考え方は、啓蒙主義的急進派の体制批判に共通するものであり、その意味でバークと急進派とは、封建的観念が現体制の基盤の一つであるとする点では同じ判断をしていた。実際、バークの論敵の一人メアリー・ウルストンクラフトは、「全ての人間の制度は不可避的に不完全」であり、なぜなら、「国制は、人間の精神が最も酷い偏見と最も不道徳な迷信に縛られていた無知なる暗黒の時代に確立された」[115]からであると論じ、現体制の基礎を偏見や迷信といった反啓蒙的要素に求め、理性の光による啓蒙を説いた。この啓蒙主義的発想は、トマス・ペインやウィリアム・ゴドウィンら反バーク論者に大方共通するものであるが、時代遅れの宗教制度や封建的観念を取り除かんとする彼らにしてみれば、「バーク氏は空しくも知識の進歩を押し止めよう（stop the progress of knowledge）としきりに努力している」[116]と思われたのも当然ではあろう。現体制を総じて擁護するバークと啓蒙主義的急進派とでは、現体制の基礎の一つにキリスト教や騎士道といった封建的な観念を据える点では同意するが、それらを維持して現在の文明社会を保守するか、それらを啓蒙して新たな社会を作り上げるかで大きく分岐する。[117] しかし、実践的なイギリスの政治問題として見た場合、重大な論点は、封建的な迷信や無知が取り除かれ、理性によって構成された（と思われる）「啓蒙」的な社会が、現在のイギリスよりも幸福かつ自由な社会であるかどうかにある。バークの結論は明確に否であり、「現状保存と新規計画との利点が同程度であるならば、現状変更の動機は存在しない。しかし、現在の事例では、恐らくこの二つは同量でなく、むしろ現状保存の利点の方が大きいはずである」（R: 141–142 下 52）と考えた。この実証となるイギリスの繁栄状況と革命後のフランスの社会的経済的破綻状況との対比は、既述の通り、『省察』のいわゆる第二部の主題となるが、バークの判断は、旧来の偏見や宗教など合理主義的啓蒙思想が迷信として退けた封建的要素によってこそ、文明社会の繁栄は一定程度支えられていたということであり、つまるところ一見して迷信や誤謬と見えるものにも具体的な形態での真理が内包されていたということであった。

> 古来の観念や生活規則が取り除かれるならば、その損失は計り知れないものとなるだろう。その瞬間から、我々は自らの行動を律する羅針盤をもたなくなって、自分が向かう港が何なのかさえも明確には分からなくなるだろう。疑いもなく、全体的にヨーロッパは、君たちの革命が完遂されたときには繁栄の状態にあった（a flourishing condition）。その繁栄の状態のうちのどれぐらいが我々の旧来の作法（manners）と観念の精神［騎士道と宗教の精神］に負っていたのかは断定し難いが、そのような諸原因が大して作用していないということはありえない以上、我々は、全体としてはそれらの作用が有益であったと推定せねばならない（R: 68-69 上 144）。

急進派が迷妄と難じる「古来の観念や生活規則」が保持されていたときには、ヨーロッパは繁栄していたのであり、そこに含まれる有益なものが何であったのかについては、限定的な人間理性によっては知悉しきれない以上、バークは、ヨーロッパがそのとき確かに「繁栄」していたという事実によって、そうした「古来の観念や生活規則」が、「理性を含んだ偏見」であったことが実証されていると考えた。そうであるならば、逆に、繁栄のためには「古来の観念や生活規則」の受容と保持が求められるはずであろう。この論理は既に、政界進出前の若きバークによる『カトリック刑罰法論』（一七六五年）において、カトリックを反社会的と非難する論者を批判して、「社会は現在、この迷信（superstition）をもちながら、多くの国々で、またあらゆる統治形態の下で、存在しているだけでなく、繁栄している」[118]と述べて、アイルランドにおける古来の宗教たるカトリックを「繁栄」という実質性によって帰結主義的に正当化していたことにも端的に示されていた。こうした帰結主義的思考は、バークにおいてはかなり一貫した視座であったと言ってよい(119)。

プライスが社会秩序の自己決定的再定義を主張することによって、イギリスの社会体制の《理性による啓蒙》を目指したことに文明社会の危機を看取したバークは、以上のように、旧来の偏見や社会的慣習観念を、文明社会の「繁栄の状態」を支える一つの重要な土台として擁護していた。したがって、当然、ウルストンクラフトやペイン、ゴドウィンといった反バーク主義的啓蒙主義者たちは、バークを、「知識の進歩を押し止め」、社会体制の反啓蒙を企図する人類の敵と非難することになるのだが、バークに対抗して彼らは、君主や貴族や国教会を自然的に仰ぎ見るイギリス国民の「偏見」を啓蒙し、国制の暗部を暴露することによって、社会体制の《理性による啓蒙》をプライスに続いて再び力説しようとしていた。実際、フランス革命を先導したシェイエスは「非特権者で、その才能ゆえに自身分の利益を主張するのに一番であると思われる者も、迷信や強制によって貴族をむやみにありがたがるように躾けられて(120)」いるとし、そうしたバークの言う「自然（*natural*）」（R: 76上: 159）的に貴族を尊敬してしまう「封建的な迷信」こそを打破せねばならないと強く主張していた。ゴドウィンの言葉を借りれば、そうした「世論の魔法（the magic of opinion）が解けたとき、鉄鎖はひとりでにほどけてゆく(121)」というわけである。しかし、無知や迷信だと急進的啓蒙派が退けた封建的観念を文明社会の基礎の一つだと考えるバークは、「世論の魔法」が解けたときこそ、現存の文明社会の自由が崩壊するときであると考えた。つまり、バークにとって、イギリス国制に支えられた自由なる文明社会の基礎には、むしろ「魔法」がかけられていなければならなかったのである(122)。レオ・シュトラウスがルソーについて逆説的に述べた、「自由社会は、哲学ならば必ず否定するようなある種の蒙昧化（a specific obfuscation）に依拠している(123)」というレトリカルな発言はバークにこそ当てはまる。

全てがオープンで、理性的な奇麗事のみで構成された政治体制や社会状態を理想とする急進派たちの思想は、政治家として生臭い現実を生き抜いてきた老練なバークには青臭い危険な思想に映ったことであろう。デュポン宛の書簡で、「明確に邪悪で乱れた統治は、改革されえないならば……変えられるべきであるし、必要であれば暴力によってでも変えられねばなるまい。しかし、問題が、多かれ少なかれ、統治組織における完全性（*perfection*）に関わる場合、許容される手段はさほど多くはない。事物の本質的かつ根本的な構造上、あらゆる人間の考案物には根源的な脆弱性がある」[124]と述べていたバークは、統治体制の問題点を除去することを目的とした消極的な革命以上に、統治体制の理想的な「完全性」を目指した積極的な革命の危険性について警鐘を鳴らしていた。完全な存在にはなりえない人間にとっては、「不完全な善は依然として善」なのであって、「慎慮（あらゆることにおいて美徳であるし、政治においては第一の美徳であるもの）は、より完璧なプランを求めるよりは、むしろ、抽象的観念の全き完全性には至らない限定的なプランに従うよう我々を導くだろう」と論じ、革命派の思弁が生み出す完全な理想的統治体制の実現に一気に邁進するのではなく、不完全で「限定的」ながらも地に足のついた既存の統治体制の現実的な改革を行うよう提言していた。バークの見るところ、「人間の叡智の考案物について、いかなる完全性にも近付きうると信じているような人は、高望みし過ぎであるし、それゆえに脆弱かつ妄想的に考えている人なのである」[125]。これは、オークショットが述べるところの「不完全性の消失という幻想（the illusion of the evanescence of *imperfection*）を回避[126]」しようとするイギリス経験主義の政治的伝統に連なった考え方であろう。[127] 問題となるのは、思弁上はいくらでも完全な統治体制を構想できるが、現実の統治体制にはどんなものであれ必ず「脆弱性」ないしは不完全な部分がある以上、常に現実の統治体制は批判に晒されざるをえないということであり、さらに合理主義的啓蒙主義者たちはその統治体制の「脆弱性」を暴露し、不断に民衆をして体制を対自的に疑問視させることこそ、民衆の蒙を啓くことであると考えていたということなのである。ウルストンクラフト曰く、「恣意的な権威と暗い伝統に規定されない」ためには、「休みなき探究（the restless enquiries）[128]」が不可欠なのであった。

合理主義的啓蒙主義者がイギリス国制を批判して代置しようとする完全で「啓蒙」的なシステムというものが、現実に適用される場合、不確かで危ういものであったにもかかわらず、フランス革命に見られるように、民主的な理想的国制の樹立という青写真が、貴族や聖職者に服属し続けてきた民衆に対して一定の魅惑的訴求力を有していた以上、その理想的国制像と照らし合わせて、既存の文明社会の機構《エコノミー》＝経済を民衆に「探究」させ、その不完全性を自覚化させることは、それ自体バークにとって極めて危険なことであった。これはまさしく「理論上の完全性（the Theoretick Perfection）が生み出すであろう害悪[129]」なのであって、だからこそ、後に述べるように、バークにおいては、啓蒙主義的急進派の企図とは逆に、文明社会の基礎は「聖なるヴェール」にて聖化され、覆い隠されていなければならなかったのである。そうした反啓蒙主義的イデオロギー戦略とでも言うべきバークの決意は、次の一七九〇年の書簡の中で明確に表明されている。土地を「本性的にあらゆる安定的な統治の確固たる基盤[130]」であると考えていたバークは、土地財産の起源を「啓蒙」することに対しても極めて慎重な態度を取っていた。

［土地財産］は『無知と迷信の時代』に移譲されたものである。……それらの移譲は大昔になされたものである。これが時効（*prescription*）である。そして、これこそが権利と権原を付与するのである。あなたの周りの多くの土地財産は、原初的には武力によって、つまりは迷信や無知とほとんど同じぐらい悪しきものである暴力によって獲得されたものかもしれない。しかし、それは古の暴力（*old violence*）なのである。それは原初においては誤っていたかもしれないが、時によって聖化され、合法的なものになっている。これは、私の中

の迷信かもしれないし、無知なのかもしれない。しかし、私は、法と自然的正義の第一原理から啓蒙され(enlightened)、純化されるぐらいなら、むしろ無知と迷信の中に留まりたいと思う(remain in ignorance and superstition)[131]。

バークは、一七八二年に「時効は、財産に関する全ての権原のみならず、その財産を守るための統治に関する全ての権限の中でも、最も堅実なものである。[財産と統治]は互いに調和し合い、互いに他方を補強し合うものである[132]」と明言し、この土地財産の正当性をもたらす時効概念を、イギリスの統治体制全体の正当化の論理にまで拡大させていた。「あらゆる権原は時効を終極とする」とまで述べ、その時効という権原は「原理において自然法そのものに根付いている[133]」として、神と結び付けて神秘化さえもしていた。急進派も、時効と統治体制や財産との結び付きを熟知しており、例えばウルストンクラフトは土地財産を「違法な下付」とか「詐欺的奪取」に起因するものとし、「時間が犯罪を聖化する……ということ以上に反道徳的な意見があるだろうか[134]」とバークの神秘化された時効概念を否定し、その上で、「財産は……変動(fluctuating)すべきである[135]」と述べて、土地財産に基づくイギリスの固定的な階層制秩序とそれを前提にしたイギリスの統治構造を攻撃していた。シェイエスも、貴族の出自は平民や強盗であったとし、「時とものごとの道理が変化をもたらしたのであって、特権者が、そのことに目をつぶろうとしても、無駄である[136]」とし、貴族の卑しい起源を暴露し、それが時効によって正当化されることを否定していた。

実はバークも、文明社会の悲惨を皮肉的に描いた初期の『自然社会の擁護』(一七五六年)においても、ベッドフォード公爵の財産的起源を没収によるものと論難した後年の『一貴族への手紙』(一七九六年)においても、同じように一貫して、土地財産、王制、地主貴族、イギリス国制といった文明社会を支える諸価値の根幹が非民主的で暴力的なものであることを明確に認識していた。しかしながら、そうした諸価値によってこそイギリスの「繁栄の状態」が長きにわたって生み出されてきたのだとすれば、それらは、盲目的にではなく、その歴史的実績によって、既に「時効（*prescription*）」的正当性を獲得しているはずであり、それらをそのまま保持する方が、イギリス国制の非民主的根幹を暴露し、民主的で理性的なものに置き換えようとする啓蒙主義的革命派の不確かな企図よりも遥かに安全で有益だという現実的な判断があった。バーク曰く、時効は「人間精神の構造におけるもう一つの権威の基礎である推定（presumption）を伴う。その下で、ある国民が長く存在し、繁栄してきたということは、未だ試みられていない計画に反対し、既存の統治体制を支持するための推定の根拠となる[137]」。

ペインの述べた通り、バークは民衆が「目を覚ます危険（the danger of its coming to its senses）[138]」に確かに怯えていたのであるが、それは正確に言えば、急進派が啓蒙の光によって「無知と迷信」から民衆の目を覚まさせたと思い込み、不確定的な彼らの言うところの「真理」に基づく社会体制の革命的構築へと民衆を扇動してゆくことを恐れたのであり、民衆が、現実に繁栄をもたらしている現行のイギリス国制に具象化されている実践的な真理に目覚めるのであれば、バークはその覚醒をむしろ喜んだことであろう。しかし、問題は、その現行国制に具象化されている実践的な真理というものが、乏しい「蓄え」しか有していない人間の理性には完全には把捉しえず、イギリスの繁栄という状況証拠によってまさしく「推定」されるしかない以上、合理的明証性を重んずる啓蒙的近代人には受け入れ難いというところにあった。「この啓蒙された時代」（R: 76 上 160）において、イギリス国制の根幹が非民主的で暴力的なものであったということが暴露されればどうなるかはバークにとってあまりに自明であった。実際、革命派は「民主政でない全ての統治は簒奪である」とし、「全ての国王はそれ自体で簒奪者である[139]」と叫んでいたのである。だからこそ、戦略として、そうした全イギリス国民の繁栄と幸福を考える「全体の一般的理性（the general reason of the whole）」たらんとした政治家バークにとって、現行のイギリス国制の非民主的根幹を暴露することは何としても阻止されねばならず、その意味では、現在のイギリスの繁栄と文明社会の保持は、まさしくレオ・シュトラウスの言う「蒙昧化」、つまりバークの言う「無知と迷信の中に」留まるということに掛かっていたのである。そのように考えたバークが、社会契約説の影響などで民衆が文明社会の民主的基礎を重視するようになった「この啓蒙された時代」において、自己決定としての自由論を名誉革命解釈に導入し、それをイギリス国制の根幹に据えようとしたプライスの政治哲学と対決せざるをえなかったのは必定であった。バークにとって、いかにプライスが名誉革命を支持していようとも、国制の根幹は民主的でなくてはならないとするその思考様式そのものが問題であったのである。啓蒙主義的懐疑主義を文明社会の基本価値にまで徹底させれば、民主的起源という形式的正当性を重視する啓蒙の時代においては、必ずや文明社会そのものが破壊される。実際にそのことはフランス革命で見事に証明されていたのである。

*

こうしたバークの自覚的な反啓蒙戦略の方法論的萌芽は、政界進出前の逆説的な作品である先述の『自然社会の擁護』（一七五六年）で既に一定程度開陳されていた。この『自然社会の擁護』でバークは、理神論的なボリングブルックの論理を援用する形で激烈な文明社会批判を展開し、キリスト教のような啓示宗教ないしは人為宗教がいかに人々に「盲目と隷従」を強いてきたかを暴露し、理性による合理主義的自然宗教の確立を唱え、ルソーの如く自然社会を単純かつ幸福な世界として描いて、それに対置される不幸な政治社会、文明社会を批判した[140]。一見すると後のバークの議論とは正反対の内容であるが、この匿名で発表された文明社会批判の書物は大きな反響を呼び、当時の人々は、本当に五年前に死去したボリングブルックの遺稿であると考え、近代アナーキズムの祖と言われるゴドウィンは、これに感銘を受けて、急進主義的な主著『政治的正義』(一七九三年)の一部を執筆したほどであった。しかし、バークは翌年の第二版の序文で自らの筆になるものであることを公表し、さらにこの論文執筆の目的を明らかにする。「その意図とは、あまり大きな力を使わずとも、宗教の破壊のために使われたのと同じ装置が政府の転覆に使われても、等しく成功しうることを示すことであった[141]」。つまり、迷信や謬見に塗れた既存の啓示宗教を批判し、奇跡や神秘を排した合理主義的な自然宗教を確立しようとしたボリングブルック流の理神論の論理を徹底させていけば、その論理で文明社会の秩序も同じように否定することができるということを示すために、『自然社会の擁護』を執筆したと言うのである。逆に言えば、文明社会を擁護しようとするのであれば、理神論者たちの啓示宗教批判を否定せねばならないということになろう。本章の議論において重要なのは、既にこの『自然社会の擁護』において、バークが啓示宗教を批判する理神論に含まれていた、文明社会の根幹に合理主義的懐疑主義を差し向けることそのものに対する危機意識が明確に表れていたという点である。この『自然社会の擁護』の真意を語った第二版の序文で、バークは以下のように明言している。

精神が、それ自身の弱さの意識、そして創造におけるその従属的地位の意識、さらにある主題について想像力を解放するのは極度に危険であるという意識から何の制限も受けないのであれば、そうした精神は、最も優れていて尊敬すべき全てのものを非常にもっともらしく攻撃するであろう……。……全ての道徳的義務の実践や社会の基礎が、その根拠を全ての人々に対して明らか(clear)にし、証明する(demonstrative)ことに掛かっているとしたら、世界は一体どうなるであろうか[142]。

バークは明確に、文明社会の擁護は、その成立根拠の理論的明示化に掛かっているのではないと考えていた。こうしたバークの反啓蒙的視座は、プライスとバークの思想的闘争をこれまで見てきた我々にとっては明らかなように、政界進出後にも一貫してバークの思考様式を規定していた。この政界進出前の『自然社会の擁護』の目的が、逆説的な形で表現された啓蒙主義的ないしは合理主義的懐疑主義の、文明社会分析への適用に対する警鐘であったとするならば、その意味ではバークのスタンスは、政界進出前、アメリカ革命期、フランス革命期を通してある程度一貫していたと言うことができよう。バークにとって、政界進出前に対決したボリングブルックの理神論はもちろん、フランス革命期に対決したプライスの自己決定としての自由論もルソーの社会契約論も、すべからく唾棄すべき危険な思考実験なのであった。そのような思考実験こそまさしく、「極度に危険」な「想像力」の悪しき「解放」であり、「理性の乱用（the abuse of reason）」[143]に他ならなかったのである。文明社会の根拠が万人に「証明」されていなければならないと考えることによって、イギリス国制に支えられた文明社会の正当性が批判的吟味の対象となり、それが決定的に揺らいでしまうことをバークは非常に恐れていた。特に経験的に繁栄をもたらしてきたという時効的正当性以外をもたず、合理的かつ民主的な理論的根拠を証明できないイギリス国制にとって、国制の基礎を批判的に吟味しようとする啓蒙主義的懐疑主義ほど致命的なものはなかったであろう。だからこそ、いかにプライスが名誉革命体制を民衆による自己決定によるものであったと考えてお門違いの支持を与えていたとしても、バークにとっては絶対に看過できるものではなかったのである。バークは、その国制の基礎を詮索し、民衆の自己決定という合理主義的基礎のみを是とするプライスの思考様式そのものに、イギリス国制――それは明確に民主的起源を有していない――の危機、そして文明社会の危機を確実に感じ取っていた。啓蒙の時代においてイギリス国制のもたらす繁栄や恩恵を守り抜こうとすれば、イギリス国民は、その基礎を「啓蒙」的に詮索するのではなく、むしろ「無知と迷信の中に」留まることが何としても必要であった。しかし、その反啓蒙戦略を熟知していた急進派は、逆にイギリス国制、文明社会の基礎を啓蒙的に詮索しようと企図していたのである。実際、反バーク論者の急先鋒であったトマス・ペインは、「[強盗]団のリーダーは、見事に君主という名前で強盗という名前を消し去った。これこそが君主政と国王の起源なのである」(144)と述べ、君主政国家の起源を強盗団に求め、それに代わる理性的・民主的政治制度の樹立を声高に唱えていた。イギリス国制とは反対に、ペインによれば、フランス革命体制は民主的な「事物の合理的秩序(a rational order of things)」に基づいているがゆえに、「[国民議会は]人類を啓蒙しさえすれば維持されうる。無知を育むのではなく、無知を一掃することこそ、その利益となる」(145)のであった。「強盗」や「征服」を起源とする不合理なイギリスの統治体制が維持されているのは国民が無知だからであり、無知を一掃し、国民を啓蒙すれば、イギリスの統治体制もフランスのように「事物の合理的秩序」に変革されるであろうと考えたわけである。ペイン曰く、「教育と習慣から人々が獲得したある統治の形態や制度を支持する偏見について言えば、それらの偏見はこれからは理性と反省のテストに耐えねばならないのである」(146)。バークにしてみれば、イギリス国制の起源を「理性と反省のテスト」に晒し、思弁的にその基礎を詮索することは、偏見的安定性を確保していた国制を対自化させ、そのグロテスクな起源を嫌悪した啓蒙的市民による国制の否定と破壊を招き、国家全体をアナーキーに陥らせかねない。それこそ、バークが最も恐れていた事態であった。

## おわりに

こうした戦略としての反啓蒙はバークに限ったことではなかった。ヒュームは『人間本性論』(一七三九—一七四〇年）で、「我々がたまたま住む国に樹立されていると見出される統治体制に、その起源や最初の設立に関してあまり好奇心旺盛に討究せずに静かに服従すること以上に、慎慮と道徳に適合する格率はない。そんな厳しい討究に耐えうる統治体制は、ほとんどないであろう[147]」と喝破したが、ヒュームもまた『原始契約について』（一七四八年）で、統治の基礎が「暴力」であることを熟知していた。同様に、統治の起源のグロテスクさを充分認識していたバークにとっても、民衆の「慎慮と道徳」とは、統治の起源への過度な詮索を控え、静かに服従することであった。バーク曰く、「統治体制への服従の基礎は継続的に議論されるべきではない。我々がここにいるということは、その議論が既になされ、その論争が決着しているということを意味している[148]」。よって、ヒュームが指摘する通り、「厳しい討究」に耐えうる統治体制などほとんど存在しない以上、ペイン流の「理性と反省のテスト」を経ることは必ずや既存の統治体制の否定とそれへの服従の拒否を帰結するに違いない。既に『自然社会の擁護』の序文で吐露されていた「全ての道徳的義務の実践や社会の基礎が、その根拠を全ての人々に対して明らかにし、証明することに掛かっているとしたら、世界は一体どうなるであろうか」というバークの不安は、終生彼自身の心に付きまとっていたと言っても過言ではない。バークの『省察』を一七九三年に独語訳し、「ドイツのバーク」と呼ばれたフリードリヒ・ゲンツもその序文で指摘していたように、「過度の知識は、かつて無知がそうであったのと同じように、人類にとって有害なものとなり得る[149]」のである。再度強調しておけば、バークにとってイギリス国制とは、その民主的基礎を明示化することによって理論的に「証明」、正当化されるべきものではなく、それを受容したイギリスの経験的な繁栄によってのみ「推定」的に正当化されるべきものであった。

しかし、イギリス国制の正当化がバークにおいて完全に盲目的であったかというとそうではない。バークが単なる狂信的な体制擁護論者ではないとするならば、バークにおいて、何故に君主政や貴族政といった非民主的要素を擁する既存のイギリス国制は擁護されねばならなかったのか、そして、何故、文明社会において騎士道や宗教という封建的な「偏見」が求められねばならなかったのか、その点が明らかにされねばならないであろう。第二章では、バークのイギリス国制観を概観し、第三章では、「紳士の精神と宗教の精神」という封建的な「偏見」が、何故近代の文明社会において必要であったのかを明らかにしたいと思う。

## 注

（1） 岸本広司『バーク政治思想の展開』五五二頁
F・P・ロックは、『省察』の約三分の一がプライスの教説への応答であるとする（Lock, *Edmund Burke*, II, p. 285.）。いずれにしてもプライスの存在は大きく、プライスとの思想的対決を理解せねば『省察』を理解できないことは確かである。

（2） Burke to Charlemont (9 August 1789), in C–6, p. 10.

（3） Burke to Depont (November 1789), in C–6, p. 41.

（4） プライスの急進主義思想に、ユニテリアン派非国教徒であった自身の立場が影響している点については、永井義雄『イギリス近代社会思想史研究』（未来社、一九九六年、二九一―三〇頁）を参照。『祖国愛論』をめぐるバークとプライスの関係については、Lock, *Edmund Burke*, II. の第六章と第七章、岸本広司『バーク政治思想の展開』第八章、真嶋正己「バークとプライス ―― フランス革命勃発をめぐって」『広島女子商短期大学紀要』（第六号、一九九五年）、永井義雄『自由と調和を求めて ―― ベンサム時代の政治・経済思想』（ミネルヴァ書房、二〇〇〇年、第九章）などが参考になる。

（5） Burke, *Speech on Army Estimates* (1790), in W–3, pp. 5–7.

（6） Morley, *Burke*, pp. 146–147.

（7） Dreyer, F, The Genesis of Burke's *Reflections*, in *The Journal of Modern History*, Vol. 50, No. 3, Sep., 1978, p. 464.

（8） Price, R, *Observations on the Nature of Civil Liberty* (1776), Da Capo Press, 1972. p. 72.〔永井義雄訳『市民的自由』未

来社、一九六三年、一〇六頁〕

（9）プライスの『市民的自由』における社会思想の全般的紹介については、永井義雄『イギリス急進主義の研究』（御茶の水書房、一九六二年）第二章第二節を参照。

（10）Price, R., *Two Tracts on Civil Liberty* (1778), in *Political Writings*, Cambridge U. P., 1991, pp. 23–24.〔永井義雄訳『市民的自由』未来社、一九六三年、二〇頁〕

租税を自由な「贈与」と見なすのは親米的なチャタム（ピット）派の常套句でもあった。真嶋正己「バークとアメリカ植民地問題：1766–1770〔I〕——印紙法撤廃を中心に」『立志舘大学経営学会誌』（第一号、二〇〇二年）九二頁を参照。

（11）*Ibid*., p. 24.〔二〇—二一頁〕

（12）*Ibid*., p. 25.〔二三—二四頁〕

（13）*Ibid*., p. 27.〔二六—二七頁〕

（14）*Ibid*., p. 20.〔七頁〕

（15）*Ibid*., p. 24.〔二〇頁〕

（16）バークの『ブリストル執政官への手紙』がプライスの『市民的自由』批判を含意するものであったという推察については、Dreyer, The Genesis of Burke's *Reflections*, p. 467. を参照。その政治史的背景については、Faulkner, J., Burke's First Encounter with Richard Price: The Chathamites and North America, in *An Imaginative Whig: Reassessing the Life and Thought of Edmund Burke*, edited by Ian Crowe, University of Missouri Press, 2005, pp. 109–110. を参照。

（17）Burke to Champion (19 March 1776), in C-3, p. 254.

（18）宣言法を支持したバークが、宣言法を批判するプライスを否定的に意識していたことは、一七七六年のチャンピオン宛書簡からも明らかである（Ibid., pp. 253–255.）。

（19）バークが、宣言法制定と印紙法撤廃、つまり飴と鞭をセットにした議会戦術を高く評価していたのは、『課税演説』でも明らかであるが、宣言法制定と印紙法撤廃を行ったのがバークと親密なロッキンガム内閣であったという政治史的背景も無論考慮せねばなるまい（岸本広司『バーク政治思想の展開』一八九頁）。

（20）Burke, *Speech on Declaratory Resolution* (1766), in WS-2, p. 49.

（21）Burke, *Observations on a Late State of the Nation* (1769), in W-1, p. 317.

（22）Faulkner, Burke's First Encounter with Richard Price, p. 94.

(23) Price, *Two Tracts on Civil Liberty*, p. 28.〔三〇頁〕
(24) Faulkner, Burke's First Encounter with Richard Price, p. 114.
(25) Burke, *Speech at Bristol Previous to the Election* (1780), in W-2, p. 239.〔『論集』三九四頁〕
(26) Price, *Two Tracts on Civil Liberty*, p. 26.〔二五頁〕
(27) *Ibid*., p. 21.〔一四頁〕
(28) Burke, *A Letter to the Sheriffs of Bristol* (1777), in W-2, p. 121.〔『論集』二七三頁〕
(29) Burke to Depont (November 1789), p. 46.
『省察』ではさらに、人間の個別具体的な風習や関心、利害等々を無視して、集権的に選挙区割りをする国民議会を「人間ノ味ガシナイ」(R: 160 下 89) と批判している。バークは一貫して、具体的な状況と結び付けて、人間の問題は考察されねばならないと考えていたのである。
(30) Price, *Two Tracts on Civil Liberty*, p. 23.〔二〇頁〕
(31) Strauss, L., *Natural Right and History*, University of Chicago Press, 1971, p. 297.〔塚崎智・石崎嘉彦訳『自然権と歴史』昭和堂、一九八八年、三〇八頁〕
(32) もちろん、ブリストルにおけるバークの敗北は自由貿易問題のみが原因ではない。選挙区をあまり訪れなかったことやビーチャム卿の債務者法案への支持など、多様な原因が重なり合っていたが、特にカトリックやアイルランドに対する融和的態度は強く非難されていた（岸本広司『バーク政治思想の展開』三三八頁）。ただ、バークは、票欲しさのために、つまりは「民意」に従うために、カトリックやアイルランドを苦しめる政策に積極的に加担することはできなかった。「私は、善を行い、悪に抗うという自分の役割を担うために、議会の一員でありたいと思う。それゆえ、議席を得るために私の目的を放棄することは馬鹿げたことであろう」（*Speech at Bristol Previous to the Election*, p. 279.〔『論集』四三六頁〕）。
(33) Burke, *Speech on Middlesex Election* (1769), in WS-2, p. 229.
本演説のW版テクストは、複数の草稿を恣意的に編集したものであるため、ＷＳ版を使用する。
(34) Strauss, *Natural Right and History*, p. 230.〔三〇九頁〕
(35) *A Letter to the Sheriffs of Bristol*, p. 122.〔『論集』二七四頁〕
(36) *Ibid*., p. 120.〔『論集』二七二―二七三頁〕
中野好之によれば、前者の批判は王権神授説論者と教皇至上主義者に向けられていたという（『論集』訳注九七四頁）。後者の批判については、明示的ではないが、F・P・ロックもドライヤーもプライス批判の箇所だと解している。おそらく、バークの真意が何であれ、プライスはこれを自らに対する批判だと考えたことは確かであろう。そして、バークとプライスの思想史的対立を考えるに、この点こそが重要となるのである。

（37）Price, R., *Two Tracts on Civil Liberty: General Introduction* (1778), in *Political Writings*, Cambridge U. P., 1991, p. 16.

（38）*A Letter to the Sheriffs of Bristol*, p. 119.〔『論集』二七一頁〕

（39）*Ibid.*, p. 126.〔『論集』二七八頁〕

（40）Burke, *Speech on Duration of Parliaments* (1780), in W-5, p. 388.〔『論集』三七六頁〕

（41）Paine, T., *Rights of Man*, Part II (1792), in *The Writings of Thomas Paine*, vol. 2, AMS Press, 1967, pp. 410-411.〔西川正身訳『人間の権利』岩波文庫、一九七一年、二一八頁〕

（42）*Observations on a Late State of the Nation*, p. 307.

（43）後述するように、この姿勢はバークにおいてフランス革命期でも終始一貫していた。バークの『省察』を独語訳したゲンツは、その序文でこのように指摘している。「悪を完全に除去することは、絶対に不可能なこと」であるにもかかわらず、「悪が存続する限り、革命へのひそかな憧れは人類の大部分の心の中に消し難く残っている」（ゲンツ「『フランス革命についての省察』への序文」一七七頁）。バークが形而上学や思弁を批判したのも、思考実験の上ではいかようにも自由で善のみで構成されたユートピア社会を空想できるが、現実社会ではそうはなりえないからであった。革命的にユートピア社会像を現実社会に当てはめようとすれば、必ず現実社会の方が破壊される。しかし、問題なのは、そうしたユートピア的な社会観が人々の心に一定の訴求力をもっていたということであった。なぜなら、「古い体制の誤りと欠点は、目に見え、容易に知覚できる」のに、思弁が生み出す「今まで試みられたことのないものの中には、一切困難が生じない」（R: 148-149 下64）からである。

無論、プライスのこうした思弁的ユートピアニズムに対する批判は、バークのみならず、アダム・ファーガスンによるものなど当時にも多く存在していたことは言うまでもない。バークと異なり、ファーガスンはイギリス政府寄りの論調であるが、このファーガスンのプライス批判については、天羽康夫『ファーガスンとスコットランド啓蒙』（勁草書房、一九九三年）後編第二章、田中秀夫『文明社会と公共精神 ―― スコットランド啓蒙の地層』（昭和堂、一九九六年）第六章を参照のこと。

（44）Burke, *Speech on American Taxation* (1774), in W-1, pp. 489-490.〔『論集』一四五頁〕

（45）Smith, A., *The Wealth of Nations* (1776), Bantam Classic, 2003, p. 537.〔山岡洋一訳『国富論』下巻、日本経済新聞出

版社、二〇〇七年、三頁〕
『道徳感情論』では「全ての統治体制は、その下で暮らす人々の幸福が増進されるのに応じて価値があると見なされる。これこそが統治体制の唯一の機能であるし、目的である」としている（Smith, A., *The Theory of Moral Sentiments* (1759), Prometheus Books, 2000, p. 266.〔米林富男訳『道徳情操論』未来社、一九六九年、三九五頁〕）。したがって、J・コニフが指摘しているように、「スミスにとってと同様に、バークにとっても、政策はそれらの帰結によって判断されるべき」ものなのであった（Conniff, J., *The Useful Cobbler: Edmund Burke and the Politics of Progress*, State University of New York Press, 1994, p. 122.）。

（46）シィエス『第三身分とは何か』（稲本洋之助他訳、岩波文庫、二〇一一年）七四頁

（47）Dreyer, The Genesis of Burke's *Reflections*, p. 478.

（48）プライスは、後述するように、フランス革命の原理を名誉革命の原理の徹底化として捉え、イギリス国制をフランス革命体制と接続させたが、バークはフランス革命の原理と名誉革命の原理は全く異質であると反論した。よって、真嶋正己が正しく指摘するように、プライスがフランス革命の原理をイギリスに輸入しようとしたというのは、正確に言えば間違いなのであるが（真嶋正己「バークとプライス」五四―五五頁）、バークの社会思想を読み解くにあたっては、プライスが名誉革命の原理とフランス革命の原理を接続させることによって、フランス革命の原理をイギリスにもち込むことになるとバークが考えたということこそが決定的に重要なのである。

（49）Price, R., Appendix, in *A Discourse on the Love of our Country*, 3rd. ed., Printed by George Stafford, for T. Cadell, 1790, p. 13.〔永井義雄訳『祖国愛について』未来社、八二頁〕

（50）Thomas Paine to Burke (17 January 1790), in C-6, p. 70.

（51）ゲンツ「『フランス革命についての省察』への序文」一八八頁

（52）*Speech on Army Estimates*, pp. 13–14.

（53）Price, R., *A Discourse on the Love of our Country* (1789), in *Political Writings*, Cambridge U. P., 1991, pp. 189–190.〔永井義雄訳『祖国愛について』未来社、四七―四八頁〕

（54）バークが、プライスの「政府（government）」を「国制・憲法（constitution）」と混同して批判している点については、岸本広司『バーク政治思想の展開』五六〇頁を参照。この government をバークが広く捉えていることを鑑み、ここでは「政府」ではなく、「政体」と訳した。

（55）復古としての「革命（revolution）」概念については Arendt, H., *On Revolution* (1963), Penguin Classics, 1990.〔志水

速雄訳『革命について』ちくま学芸文庫、一九九五年）を参照。「古来の国制」論のイギリス史的背景については、土井美徳『イギリス立憲政治の源流 ── 前期ステュアート時代の統治と「古来の国制」論』（木鐸社、二〇〇六年）が有益である。

(56) 田中秀夫・村井路子「ディキンスン教授のリチャード・プライス研究」『経済論叢』（第一七六巻第五・六号、二〇〇五年）一四二頁

(57) プライスの保守性については、水田洋「解説」（『世界大思想全集／社会・宗教・科学思想篇⑪』所収、河出書房、一九五七年）も参照。プライスに限らず、当時の急進派の多くが所有権を認め、無産者の参政についてはほとんど考慮していないなど、この時代の急進主義の限界については、Dickinson, *Liberty and Property*. を参照。

(58) Burke to Philip Francis (20 February 1790), in C-6, pp. 91-92.

(59) Laski, *Political Thought in England*, p. 172.〔一五一頁〕

(60) 当然ながら、バークが国制の《理性による啓蒙》を批判したということと、バーク自身が反啓蒙主義者ないしは神秘主義者であったということとは全く別のことである。バークの思想は中澤信彦が『イギリス保守主義の政治経済学』で指摘しているように、啓蒙の一ヴァリアントであったとも言いうるし、端的にポーコックのように「保守的啓蒙」と表現してよいものであった（Pocock, J. G. A., Conservative Enlightenment and Democratic Revolutions: The American and French Cases in British Perspective, in *Government and Opposition*, 24-1, 1989.〔福田有広訳「『保守的啓蒙』の視点 ── 英国の啓蒙と米・仏の革命」『思想』第七八二号所収、一九八九年〕）。スミスと終生親交があり、また、スミスの如く商業社会を基本的には擁護していた点で、スコットランド啓蒙派の思想にバークが親和的であったことは明らかである。しかし、この場合の「啓蒙」とは、社会の構成を理性による人為に求めるのではなく、その背後の深遠なる歴史性に求める点で、フランスの啓蒙思想とは真っ向から対立するものであった。経験や慣習といった歴史性を重視するスコットランド啓蒙派の思想は、当然、急進的な社会変革を排して、漸進主義的な改革を重視する。ヒュームやスミスもそうであったし、バークの「保守するための改革」という思想の要諦もそこにあった。その意味で、ヒュームやスミス、バークは、文明社会を《理性による啓蒙》によって分析しようとするのではなく、言わば《歴史的経験による啓蒙》によって分析しようとしていたのである。その意味で確かにバークはある種の啓蒙派でもあった。
しかし、スコットランド啓蒙のような漸進的かつ経験主義的な知的潮流ではなく、フランス革命の知的支柱ともなった《理性による啓蒙》、つまりフランス啓蒙のような大陸合理主義的な知的潮流の急激な伸張にバークが敏感になっていたのは確かである。そうしたバークの危機意識を端的に表わすのが、宗教や騎士道といった封建的な「偏見」を

擁護する際にバークが吐露した「大胆（bold）」とか「恥ずかしい（shame）」といった皮肉めいたレトリック表現であろう。「この啓蒙された時代において私は大胆にも公言するが、我々は概して、自然に身についた感覚をもつ者たちであって、我々の古来の偏見を全て捨て去るどころか、それらを非常に慈しんでおり、さらに一層恥ずかしいことに、我々はそれらが偏見であるからこそ、それらを慈しんでいるのである」（R: 76 上 160）という『省察』における有名な偏見擁護の一節には、自説が反時代的なものであることの自覚が如実に表明されているのであり、既にバークにおける古来の封建的言説が十八世紀の時代状況において異質なものであったことを物語っている。バークは明確に自説がイギリスの近代人たちに理解され難い反時代的なものであったことを熟知していたのであり、つまり、自説が「この啓蒙された時代」においては違和感を感ずべき反時代的＝反主流的なものであることを自覚していたのである。フランス啓蒙にイギリスが全体的に毒されつつあるというこのバークの時代判断が、スコットランド啓蒙の大きな存在を考えるといささか被害妄想じみたものであり、レトリックの一種である可能性が高いが、バークは、イギリス国民の幸福のために、その時代においては反時代的なものであっても（バークのメタ的判断においては合理的理由を有しており、反時代的でも神秘的でももちろんなかったけれども）、敢えて強硬に封建的な言説を展開していたのである。つまり、問題は、バークにとっては自明であった封建的要素に支えられたイギリス国制やそれを中軸とする文明社会の有利性が、「この啓蒙された時代」で多数を占める近代人には理解され難いということであり、それゆえ、バークは、イギリスの社会構造を意識的討究の対象外とすることによって、無反省的に近代人にそれらを受け入れさせる方が、イギリス国民の利益に適うとメタ的に判断したのである。そして、重要なことは、第三章で論じるように、騎士道や宗教といったバークの封建的言説は、実は大きく近代化された内実を伴っていたということである。

(61) Burke, *Observations on the Conduct of the Minority* (1793), in W-4, p. 179.
(62) Burke, *Letter to Sir Hercules Langrishe* (1792) in W-3, p. 485.〔『論集』七四三頁〕
(63) Burke, *Letter on the Duration of Parliament* (1780), in W-5, p. 233.
(64) Price, *A Discourse on the Love of our Country*, p. 181.〔一一六頁〕
(65) *Ibid.*, p. 181.〔一一五頁〕
(66) *Ibid.*, p. 181.〔一一七頁〕
(67) *Ibid.*, p. 182.〔一一七頁〕
(68) *Ibid.*, p. 182.〔一一八頁〕
(69) *Ibid.*, pp. 183–184.〔一二三頁〕

(70) *Ibid.*, p. 192.〔五四頁〕

(71) *Ibid.*, p. 182.〔二八頁〕

(72) *Ibid.*, p. 187.〔四一頁〕

(73) *Ibid.*, p. 186.〔四〇頁〕

(74) まとまったバークの名誉革命観に関する研究としては、真嶋正己「E・バークの名誉革命論［I］［II］」『広島女子商短期大学紀要』（第七号、一九九六年）も参照のこと。

(75) 真嶋も、バークのプライス批判は、プライスのみの打倒を企図したものではなく、プライスの思想を「呼び水」として、さらなる急進的言説が生み出されることを防ぐために行われたとする（真嶋正己「バークとプライス」五九頁）。

(76) Tucker, J., *A Treatise Concerning Civil Government in Three Parts*, Printed for T. Cadell, 1781, p. 202. 実際、既に述べたように、プライスは、ロック主義者であることを自任していた。タッカーとバークの関係については、Pocock, *Virtue, Commerce, and History*, pp. 157–191.〔二九九―三七〇頁〕および小林昇「重商主義の解体――ジョサイア・タッカーと産業革命」（『小林昇経済学史著作集』第四巻所収、未来社、一九七七年）を参照。

(77) Tucker, J., *A Letter to Edmund Burke*, Printed by R. Raikes and sold by T. Cadell, 1775, p. 11.

(78) 名誉革命体制は民衆の自己決定的選択の結果であるというプライスの「ロック主義」的歴史観は、イギリスにおいては言論界の主流とはなりえず、むしろバークの反「ロック主義」的歴史解釈の方が一般的となっていった。「さまざまな著作家は……、ロックの『統治論二編』が一六八八―八九年に起きたことの説明としては受け入れられず、バークが『省察』で示した名誉革命解釈こそ正統（orthodox）であり、反動的ではないと明言していた」（Pocock, Introduction, pp. xii–xiii）。

(79) Laski, *Political Thought in England*, p. 137.〔一一八頁〕

(80) 永井義雄『イギリス急進主義の研究』第二章第二節を参照。

(81) Paine, *Rights of Man*, Part II, p. 408.〔二一四―二一五頁〕
興味深いことに、ペインは、君主政国家は莫大な歳入を維持するために戦争を好んでいると論じ、平和と減税を同時に実現するには「統治制度の革命」が不可欠であるとする。つまり、彼の革命論は、理性的な民主政府の実現という側面と、税負担の少ない小さな政府の実現という経済的自由主義の側面を有している（*Ibid.*, p. 403.〔二〇九頁〕）。ペイン曰く、「政府それ自体は、さほど負担のある制度ではないのである」（*Ibid.*, p. 427.〔二四三頁〕）。

(82) Tucker, *A Letter to Edmund Burke*, p. 19.
(83) Tucker, *Treatise Concerning Civil Government*, p. 22.
(84) *Ibid.*, p. 22.
(85) Hayek, F. A., *Individualism and Economic Order*, Routledge & K. Paul, 1949.〔嘉治元郎・嘉治佐代訳『新装版ハイエク全集③』春秋社、一九九七年〕の第一章を参照。
(86)「『ロック主義的』立場に対するタッカーの批判の要点は、我々が長いこと本質的にはバーク主義的だと考えてきたものである」とポーコックも指摘している（Pocock, *Virtue, Commerce, and History*, p. 169.〔三一八頁〕）。ちなみに、タッカーが、明示的な社会契約の有無ではなく、「全体の福利」を実現しているかどうかによって統治を正当化させようとしていた点は、まさしくバークが社会契約という形式的正当性ではなく、イギリスの繁栄という実質的正当性によってイギリス国制を正当化しようとしていたこととも符合する。タッカーの「全体の福利」からの統治の正当化論については、小林昇「重商主義の解体」（二〇九―二一〇頁）を参照。
(87) この一節の意味を半澤孝麿も以下のように解する。「ロックというイギリス哲学が十八世紀フランスに入って啓蒙思想となり、そこからルソーの契約説が生まれて、それが新しい十八世紀型人権理論としてプライスその他のイギリス急進主義に強い影響を及ぼした」（半澤孝麿訳『新装版フランス革命の省察』みすず書房、一九九七年、訳注三二四頁）。小林昇もイギリス急進主義を「ルソーにおいて屈折し急進化したロック主義」と規定していたが（小林昇「重商主義の解体」一九九―二〇〇頁）、その意味ではここでのバークのイギリス急進主義理解は一面では正当であろう。
　しかし、プライスの急進主義には、その自作農擁護論に見られるように、シヴィック的な要素が含まれており、その要素も彼の大貴族批判に繋がっていたように思われる。よって、永井義雄は、『イギリス近代社会思想史研究』においてプライスの急進主義を「小市民的急進主義」から「ロック主義的急進主義」へと規定し直したが、「小市民的」という規定もシヴィック的要素を鑑みれば全くの的外れとも言えないのではないかと思われる。そもそもロック的な所有権論は、大地主批判・自作農擁護の論理を内包しうるものであったのであり、プライスの中で、シヴィック派の思考様式と重層的に共鳴し合ったとしても不思議ではあるまい。イギリス急進主義と所有権概念との関係については、Dickinson, *Liberty and Property*. が最も有益である。ちなみに、ポーコックとは異なる共和主義理解を示すQ・スキナーは、プライス流の自己決定としての自由論を共和主義的な「ネオ・ローマ的理論」の重要な一側面として捉えているが、その「ネオ・ローマ的理論」の主張者たちはロックの同意理論をさらに急進化させていたと論じている（Skinner, Q., *Liberty Before Liberalism*, Cambridge U. P., 1998, p. 27n.〔梅津順一訳『自由主義に先立つ自由』聖学院大学出版会、二〇〇一年、五八―五九頁〕）。そのように考えると、共和主義とロック主義との共鳴関係も看過しえないものがあるように思われる。だからこそ、A・プラサートが指摘するように、イギリスでは、フランス革命の過激化とともに「シヴィック的な共和主義とロック主義的権利に関する言語への信用が大いに失われた」のであろう（Plassart, A., *The Scottish Enlightenment and the French Revolution*, Cambridge U. P., 2015, p. 6.）。

(88) タッカーの洞察力の鋭さについては、小林昇「重商主義の解体」（一七二―一七四頁）を参照。確かにアメリカ革命を支持する原理であったプライスらのロック主義は、その後、「イギリスにおけるフランス革命」論争を通じてイギリスに襲い掛かってきたのであり、実際、プライスも明確に米仏革命を同じ原理によるものと捉えていた。プライス曰く「あなた方が点けた光は、アメリカを自由にした後、フランスに反映した……」（Price, *A Discourse on the Love of our Country*, p. 196.〔六四頁〕）。バークとタッカーは対米政策に関して激しく対立したが、小林は「かかる敵対感情はまた、保守派ながらその思想に変節のなかったタッカーに、やがて変節すべきバークの本質が映じていたからでもあろう」と、タッカーと後年のバークの思想的共通性を鋭く指摘している（同書四七頁）。ただ、私見では、米仏革命期を通じてバークは「変節」せず、強調点などは変われども思想的にはほぼ一貫していたと考えるが、バークの実際的政治家としての「妥協と融通」の精神、政局的な配慮、漸進主義的思考といったものが、当時は過激なアメリカ放棄論を自由に展開できたタッカーに比して、判断を甘くさせてしまったとは言えるかもしれない。

(89) Weber, M., *The Vocation Lectures: Science as a Vocation, Politics as a Vocation*, edited and with an introduction by David Owen and Tracy B. Strong; translation by Rodney Livingstone, Hackett, 2004, pp. 12-13.〔出口勇蔵訳「職業としての学問」『世界の大思想Ⅱ⑦／ウェーバー宗教・社会論集』所収、河出書房、一九六八年、三七二頁〕

(90) Hirschman, A. O., *The Rhetoric of Reaction: Perversity, Futility, Jeopardy*, Harvard U. P., 1991, p. 11.〔岩崎稔訳『反動のレトリック――逆転・無益・危険性』法政大学出版局、一九九七年、一三頁〕

もっとも、ハーシュマンは、この場合の「近代」を進歩主義が蔓延する時代として捉えている。

(91) Smith, *The Theory of Moral Sentiments*, p. 74.〔一三五頁〕

(92) McCue, J., Edmund Burke and the British Constitution, in *The Enduring Edmund Burke: Bicentennial Essays*, edited by Ian Crowe, Intercollegiate Studies Institute, 1997, p. 176.

(93) Burke, *Thoughts on French Affairs* (1791), in W-4, p. 10.〔『論集』六九六―六九七頁〕

(94) 実際、プライスは、自らの啓蒙の目的を作法と慣行を変えることだと述べていた。「我々の啓蒙の努力は、究極的には作法と有徳者ぶった慣行の改革を目的とするものでなくてはならない」（Price, *A Discourse on the Love of our*

*Country*, p. 182.〔三〇頁〕)。

(95) Canavan, *The Political Reason of Edmund Burke*, pp. 95–96.

(96) シィエス『第三身分とは何か』一二七頁

(97) 「秘教的読解」の議論などに見られるように、シュトラウスは、真理の領域と実践や日常性の領域とを峻別していたが、正確に言えば、バーク自身は便宜性と真理を別のものと考えていたのではなく、便宜性の中に真理を見出していた。よって、急進派の思弁的な真理と、便宜性の中の実践的な真理とを区別していたと言った方がよい。バークの言を借りれば、「剥き出しの理性」と「理性を含んだ偏見」（偏見の中の理性）との区別である。

(98) Strauss, *Natural Right and History*, p. 153.〔一六七頁〕

(99) *Ibid*., p. 311.〔三三二頁〕

(100) 自由社会の基底の一つに伝統や歴史といった《反啓蒙的》とされる要素を見出した点で、後のハイエクはバークと通底している。この点については、拙稿「伝統主義と市場主義 ―― バークとハイエク」『経済社会学会年報』（第三〇号、二〇〇八年）を参照のこと。

(101) 佐藤光『柳田国男の政治経済学 ―― 日本保守主義の源流を求めて』（世界思想社、二〇〇四年）一六五頁

(102) Strauss, *Natural Right and History*, pp. 310–311.〔三三二頁〕

(103) Strauss, L., *What Is Political Philosophy: and Other Studies*, The Free Press, 1959, p. 222.〔石崎嘉彦編訳『政治哲学とは何か ―― レオ・シュトラウスの政治哲学論集』昭和堂、一九九二年、二一四頁〕

(104) Burke, *Letter to William Smith* (1795), in W-5, p. 292.

(105) 佐藤光は、このように対話や試行錯誤を通じて偏見を内在的に吟味してゆき、より正しいものへと偏見の体系を漸進的に改革してゆくことを偏見の「高次化」と呼んでいるが、これはガダマーの偏見論にも見られる視座だと言う（佐藤光『柳田国男の政治経済学』一六四―一六五頁）。

(106) 佐藤光『柳田国男の政治経済学』一六四頁

(107) Tocqueville, Alexis de., *The Ancien Régime and the French Revolution*, translated by Arthur Goldhammer, Cambridge U. P., 2011, p. 134.〔小山勉訳『旧体制と大革命』ちくま学芸文庫、一九九八年、三一七頁〕

思弁的理論をそのまま現実の実践的領域へと適用したフランス革命を批判的に捉えるという点では、トクヴィルもバークと同じ考えであった。トクヴィル曰く、「我が国の革命史を研究すれば、革命を導いた精神が、統治に関する抽象的な書物を非常に多く生み出した精神と全く同じであったことが分かる。すなわち、一般的理論・完全な法体系・

法における厳密な調和への愛好、既成事実の蔑視と理論への信頼、独創的で創意工夫に富んだ奇抜な制度への愛着、部分的な改善よりも論理の規則と一貫した計画とに基づいて国制全体を再構築しようとする欲求、こうしたものと同じ精神なのである。ぞっとするような光景だ！」(*Ibid.*, p. 134.〔三一七頁〕)。

(108) Strauss, *What Is Political Philosophy*, p. 221.〔二二四頁〕

(109) Dinwiddy, J. R., *Radicalism and Reform in Britain: 1780 to 1850*, The Hambledon Press, 1992, p. 249.

(110) よって、私見では、第二次大戦後のバーク像を規定した、真理を重んずる自然法論者バークと便宜性を重んずる功利主義者バークとの解釈上の対立は表層的に過ぎると思われる。バークが初期の『カトリック刑罰法論』でホッブズ流の法実証主義を批判し、キケロの『義務論』における「自然と合致した功利」という概念に賛意を表していたことを鑑みれば、本来、バークの中で道徳的自然法と功利主義とが対立的に捉えられていたとは考えにくい(Burke, *Tract on the Popery Laws* (1765), in W-5, pp. 256-257.)。キケロ曰く、「有益と思われるものは不道徳的であってはならないし、それが不道徳的なものであれば、それは有益だと思われてはならないのである」(Cicero, *On Obligations*, translated by P. G. Walsh, Oxford U. P., 2000, p. 111.〔泉井久之助訳『義務について』岩波文庫、一九六一年、一八五頁〕)。例えば、専制が——それが慣行として確立されていたとしても——絶対に正当化されえないのは、道徳的自然法によって認められていないのと同時に、専制は社会を破滅させるため、帰結主義的な時効によっても正当化されえないからである。角田俊男が指摘しているように、「自然法が公平な一般基準であることは多数者の損害という明確な指標によって保障されている」のである(角田俊男「コモン・ローと東インド会社総督ヘースティングズ弾劾」『成城大学経済研究』第一五九巻、二〇〇三年、三四五頁)。

この点を考察するにはバークに対するキケロの影響を考察することが不可欠であると思われるが、キケロとバークの自然法観を比較した稀有な研究に、高田康成「バークとキケロ」(高松雄一編『想像力の変容』所収、研究社出版、一九九一年)がある。また、バークの思想的淵源の一つにキケロを据えたものとして、Browning, R., The origin of Burke's ideas revisited, in *Eighteenth-Century Studies*, 18, 1984. を参照。

(111) 漸進的改革を可能にするためには、傍観するだけではなく、対象への積極的なコミットメントが必要であるということから、佐藤はバークの保守思想を守旧的ではない「能動的伝統主義」と位置付けている(佐藤光『リベラリズムの再構築』一九六頁)。

(112) バーク曰く、「〔イギリス人は、〕偏見のコートを脱ぎ捨てて、剥き出しの理性以外の何ものをも残さないようにするよりも、理性を含んだ偏見を維持する方が賢明であると考えている」(R: 76 上 160-161)。何故「剥き出しの理性」

ないしは純粋形の真理ではなく、偏見や意見の「コート」をまとった真理でなくてはならないのか、その点がバーク偏見論の重要なポイントであろう。

(113) 国教や国制を尊重するのが「自然」であるとしか述べえないバークのある種の判断停止は、受容されてきた伝統的諸価値を徹底的に懐疑することへの「本能的な躊躇い」によって英米系リベラリズムの自壊は免れてきたとするマイケル・ポランニーの議論と一致している（佐藤光『リベラリズムの再構築』一六三頁）。

このことは、統治制度の問題を抽象的一般的議論の俎上にのせないということでもあるが、オークショットは、同様のイギリス人の性向を「イギリス政治の非形式性（informality）」として論じていた。「（長い間、我々が政治行動に高い価値を置き過ぎ、政治の成果に高い望みを掛け過ぎるのを回避すること —— 少なくとも政治においては、不完全性の消失という幻想を回避すること —— を可能にしてくれた）イギリス政治の非形式性によって、〔抽象的イデオロギーによって社会を革命的に設計し直そうとする政治的合理主義は〕暗黙の抵抗を受け、妨害されていた……」(Oakeshott, M., *Rationalism in Politics and Other Essays*, New and Expanded Edition, Liberty Fund, 1991, p. 26.〔嶋津格・森村進他訳『増補版・政治における合理主義』勁草書房、二〇一三年、二二頁〕)。トクヴィルは、このイギリス人の「非形式性」を、具体的思考を好むイギリス人と抽象的一般的思考を好むフランス人の対比を通じて描いているが、興味深いのは、具体的差異を前提とする階層制秩序が崩壊し、差異を捨象した人間一般という抽象的観念の伸長とともに、一般的観念への嗜好が強まると指摘している点である。「私は、古来の国制が弱くなるにつれて、一般化への嗜好は大きくなると、ある程度は自信をもって言うことができる」(Tocqueville, A., *Democracy in America*, translated by G.Bevan, Penguin Classics, 2003, p. 505.〔松本礼二訳『アメリカのデモクラシー』第二巻、岩波文庫、二〇〇八年、上・三五頁〕)。

(114) 既に騎士道原理の中核概念の一つである「名誉」を「偏見（préjugé）」ないしは「先入見」と呼び、君主政国家の基盤であると述べていたのはモンテスキューであった（Montesquieu, C., *The Spirit of the Laws* (1748), translated by Anne M. Cohler, Basia C. Miller, Harold Stone, Cambridge U. P., 1989, p. 34 n.〔野田良之他訳『法の精神』上巻、岩波文庫、一九八九年、七九、九三頁〕)。第三章で述べるように、バークもその「偏見」を文明社会の基盤であるとして積極的かつ反時代的に再定位させたのである。

(115) Wollstonecraft, M., *A Vindication of the Rights of Men*, in *A Vindication of the Rights of Men with A Vindication of the Rights of Woman and Hints*, edited by S. Tomaselli, Cambridge U. P., 1995, p. 11.

ウルストンクラフトのバーク批判については、真嶋正己「急進主義者によるバーク批判（I）—— M・ウルストンクラフトとC・マコーリを中心に」（『広島女子商短期大学紀要』第八号、一九九七年）を参照。

（116）Paine, T., *Rights of Man*, Part I (1791), in *The Writings of Thomas Paine*, vol. 2, AMS Press, 1967, p. 360.〔西川正身訳『人間の権利』岩波文庫、一九七一年、一四九頁〕

（117）換言すれば、このような迷信や偏見と言われているものに実践的な《真理》を見出したか否かという点で革命派とバークは大きく分岐しているということでもある。興味深いのは、同時代人であるギボンが、フランス革命の思想的基盤を提供した合理主義的啓蒙派の中心人物としてバークに批判されていたヴォルテールすらも、おそらくフランス革命を見ていたら、バークの言う騎士道や宗教などの「古来の迷信」の重要性に同意していたであろうと推察している点である。「私がバーク氏のフランス革命論に賛同するのをお許し願いたい。私は、彼の雄弁に敬服しているし、彼の政治思想も認めているし、彼の騎士道も尊敬している。私は、国教制度に対する彼の崇敬もほとんど大目に見ることができる。私は、ルキアノス、エラスムス、そしてヴォルテールが、盲目的かつ熱狂的な大衆の軽蔑に古来の迷信が晒されることは危険であるとお互いに認め合っているのを描いた死者の会話を書こうと時々考えていた」（Gibbon, E., *The Autobiography* (1796), Dent, 1911, pp. 178–179.〔中野好之訳『ギボン自伝』ちくま学芸文庫、一九九九年、二九一―二九二頁〕）。

（118）*Tract on the Popery Laws*, p. 271.

（119）だからこそ、バークは、フランス革命派が忙しさにかまけて自らの政策の帰結を顧みないと批判していたのである。バーク曰く、田舎で休むのが好きなイギリス人とは異なり、「貴国の労働好きの性向（your disposition to labor）」によって閑暇を失ったフランス人たちは、「自分たちがしたことで、民衆がどのくらい向上し改善されたか、もしくはどのくらい悲惨になり悪化させられたかを、明確に感じ取ることができない」のである（Burke, *Letter to a Member of the National Assembly* (1791), in W-3, p. 328.〔『論集』五七五頁〕）。ここには、モンテスキュー流の国民性の議論の影響が垣間見られると同時に、労働と公的判断力との相反性という古代ギリシア以来の伝統的な視座の影響も看取されうる。有閑階級ではない「常に働く彼らは真の判断を行うことができない」（*Ibid.*, p. 328.）というのがバークの判断であった。

（120）シィエス『第三身分とは何か』三五頁

（121）Godwin, W., *Enquiry Concerning Political Justice* (1793), Oxford U. P., 2013, p. 44.

（122）国制の起源を不明瞭化させることで、さらに国制に対する恐怖や崇敬の念を喚起させ、それによって民衆への抑制力としての国制の機能を強化させようとするバークの反革命的（反「啓蒙」的）戦略は、既に初期の『崇高と美の観念の起源』（一七五七年）に垣間見られるものである。「適切に伝達された場合には、曖昧な観念は明確な観念よりも心を動かすということには自然的な理由があると私は考える。我々全ての感嘆を引き起こし、我々の情念を主として喚起するのは、事物に関する我々の無知なのである。……一般大衆についてはこの通りなのである。……永遠や無限といった観念は、我々がもつ観念の中で最も魅力的なものの一つであるが、しかし恐らくこの無限や永遠といった観念ほど我々が実際ほとんど理解していないものはないのである……」（Burke, E., *A Philosophical Inquiry into the Origin of Our Ideas of the Sublime and Beautiful* (1757), in W-1, p. 102.〔中野好之訳『崇高と美の観念の起源』みすず書房、一九九九年、六七―六八頁〕）。だからこそ、バークは『省察』において、コモン・ローヤーの言説をもってイギリス国制（憲法）を「記憶にないほど古い」ものであるとし、イギリス国制の基礎の不明瞭化と民衆に対する抑制力の強化を図ったのである。その点については次章でも触れるが、バークは、この「無限」などの人知の及ばぬものが人間に不安と恐怖をもたらし、それが権力の強化に繋がることを熟知していた。「自然的に、もっと明晰でハッキリしたイメージよりも、暗くて混乱した不確実なイメージの方が、より偉大な情念を形作るための空想に働きかける大きな力をもっている。……私は権力の変形物でない崇高というものを知らない。そしてこの部門は……崇高なる全ての物事の共通の源泉である恐怖から自然的に生起するものである」（*Ibid.*, pp. 103-104.〔六九―七一頁〕）。逆に、人間論の観点からすれば、無限性や不明瞭性への恐怖を基底的に有する崇高は、人間の有限性（human finitude）を反照しているのであり、この人間の有限性というキーワードこそ、バークの後期政治思想の要諦の一つであるとするのが、ホワイトの解釈である。その意味では、人間は社会を全面的に改変しうるとするフランス革命思想は、むしろ人間の無限性（infinitude）を前提にしているのであり、そこにバークは人間論における政治的近代主義を垣間見たのである（White, S., *Edmund Burke: Modernity, Politics, and Aesthetics*, Sage, 1994.）。その論点は人間理性の構造的限界を論じた後のハイエクに受け継がれることになろう。

（123）Strauss, *Natural Right and History*, p. 288.〔二九八頁〕

（124）Burke to Depont (November 1789), p. 48.

（125）*Speech on the Duration of Parliaments*, p. 388.〔『論集』三七六頁〕

（126）Oakeshott, *Rationalism in Politics and Other Essays*, p. 26.〔二二頁〕

（127）思弁的完全性についての疑義は、ケネーたちの教条主義を批判したスミスにも見られる。「完全な自由と完全な正義を享受していないような国は繁栄することができないというのであれば、世界でこれまで繁栄しえた国はないということになろう」（Smith, *The Wealth of Nations*, p. 857.〔下・二六四頁〕）。このスミスの発言に、「完全性」や「自由の極致」といった考え方を批判したバークと同じ、イギリス経験主義の思考様式を読み取ることができる。

(128) Wollstonecraft, *A Vindication of the Rights of Men*, pp. 18–19.

(129) Burke to Depont (November 1789), p. 48.

(130) Burke, *Third Letter on a Regicide Peace* (1797), in W–4, p. 540.

(131) Burke to Captain Thomas Mercer (26 February 1790), in C–6, p. 95.

(132) Burke, *Speech on Reform of the Representation of the Commons in Parliament* (1782) in W–5, p. 405.〔『論集』四四六―四四七頁〕

(133) Burke, *Letter to Richard Burke* (1792), in W–5, pp. 324–325.

(134) Wollstonecraft, *A Vindication of the Rights of Men*, p. 52.

(135) *Ibid.*, p. 23.

(136) シィエス『第三身分とは何か』一二九頁

(137) *Speech on Reform of the Representation*, p. 405.〔『論集』四四七頁〕

(138) Paine, *Rights of Man*, Part II, p. 473.〔三一七頁〕

(139) Burke, *First Letter on a Regicide Peace* (1796) in W–4, p. 391.〔『論集』九〇七頁〕

(140) この『自然社会の擁護』の概略については、岸本『バーク政治思想の形成』第七章を参照。

(141) Burke, *A Vindication of Natural Society* (1756), in W–1, p. 2.〔水田珠枝訳「自然社会の擁護」（『世界の名著㊶／バーク・マルサス』所収、中公バックス、一九八〇年）三五一頁〕

(142) *Ibid.*, pp. 3–4.〔三五三頁〕

(143) *Ibid.*, p. 4.〔三五三頁〕

(144) Paine, *Rights of Man*, Part II, pp. 411–412.〔二二〇頁〕
ウルストンクラフトも「酷い陰謀、邪悪な犯罪、我々の本性を堕落させる全ての悪徳こそ、この［王位という］高貴な地位へと至る道のりであった」と批判していた（Wollstonecraft, *A Vindication of the Rights of Woman*, in *A Vindication of the Rights of Men with A Vindication of the Rights of Woman and Hints*, edited by S. Tomaselli, Cambridge U. P., 1995, p. 83.〔白井堯子訳『女性の権利の擁護 —— 政治および道徳問題の批判をこめて』未来社、一九八〇年、三七頁〕）。

(145) *Ibid.*, p. 332.〔一〇八―一〇九頁〕

（146）*Ibid.*, p. 399.〔二〇三頁〕
（147）Hume, D., *A Treatise of Human Nature* (1739–1740), Prometheus Books, 1992, p. 558.〔大槻春彦訳『人性論』第四巻、岩波文庫、一九五二年、一六一頁〕
（148）Burke, *Speech on the Petition of the Unitarians* (1792), in W-5, p. 374.〔『論集』七九四頁〕
（149）ゲンツ「『フランス革命についての省察』への序文」一七二頁
ドイツにおけるフランス革命の思想的影響については、十河佑貞『フランス革命思想の研究――バーク・ゲンツ・ゲルレスをめぐって』（東海大学出版会、一九七六年）が詳しい。

# 第二章　文明社会の政治的基礎──イギリス均衡国制

## はじめに

思想史的に見て、バークほど毀誉褒貶の定まらぬ思想家は稀であろう。「生前と同様、彼の死後も、イギリスの偉大な人物の間に与えられるべき地位についての意見は、全くの両極端に達していた[1]」というモーリィのバーク評はおそらく正しいものであろうが、それは、バークが体系的思考を要求される書斎の哲学者ではなく、時局的問題と格闘せざるをえなかった実際的政治家でもあったからである。そこからバークの多様な評価に繋がる多様な発言が紡ぎ出されるわけであるが、そうしたバークの多様な政治的発言の中から一本、確固たる軸を選び出すとすれば、それはイギリス国制（British Constitution）の擁護ということになろう。坂本義和も述べるように、「イギリスの伝統的体制の擁護こそ、バークが二つの革命［米仏革命］のみならず彼の生涯を通じてその目的としたところであった[2]」。よって、バークの政治哲学を明らかにするためには、まず彼のイギリス国制観を明らかにせねばならないのであるが、バークの多面的にして時局的な言説群から彼のイギリス国制観を一括して抽出することは容易ではない。よって、本章では、特に一七九〇年代の著作を中心に、バークのイギリス国制論を、君主政、貴族政、民主政の各構成部分から成る混合国制論として捉え、(3)その各構成部分に関する議論を機能面から再構成してゆくことで、バークがイギリス国制の中にどのような合理性を見出していたのかについて明らかにし、前章を踏まえて、その政治哲学上のイデオロギー的意義を考察してゆきたいと思う。

『省察』の補遺とも言うべき『新ホイッグから旧ホイッグへの訴え』(一七九一年、以下『訴え』)において、バークは、イギリス国制を三つの勢力の抑制均衡システムとして描いていた。

イギリス国制が、三つの器官から、つまり三つの非常に異なった本性から成り立ち、実際にそう構成されていると考える彼[バーク]は、また、それぞれの器官を適切な場所で、さらにその適切な権力バランスで維持するのが自分の義務だと考えている彼は、(それぞれの器官が攻撃されたとき)、これら三つの各々の部分を、それぞれに固有な原理において擁護しなければならない。彼は君主政を支持する原理においてその民主政的部分を擁護できないし、民主政の原理においても君主政を支持できず、さらに貴族政を他の二つの原理の基礎において維持することもできない。彼はこれら全てを全く異なった基礎において支持せねばならない。そしてそれらは実際上は可能性として一つの調和態に至るであろうが、幸運にも我々[イギリス人]に関して言えば、現にそうなっている。(4)

十八世紀の多くの政治思想家たちと同じく、バークも、イギリス国制とは君主政・貴族政・民主政の三つの部分から成る混合政体であり、それは王室・上院・下院として具体的国家制度に結晶していると考えていた。

各部分は、各々固有の原理に根差しており、互いに抑制し合い、各部分の暴走を抑止する機能を具えている。この抑制均衡システムとしての国制によって、互いが互いを侵食することなく、「調整された自由（regulated liberty）」（R: 7 上 20）ないしは「秩序と結び付いた自由（a liberty connected with order）」[5]が確保される。「この国制において、私は自由でありつつも、自分ないしは他の人々にとって危険なほど自由ではないことを知り、誇りに感じるのである」[6]。

ポーコックが的確に指摘しているように、バークの時代の政治哲学を規定した危急の問題意識とは、大衆の情念の暴発が生み出す内乱への恐怖であり、それを防ぐための確固たる社会体制と、それによって確立された社会秩序と融和しうる最大限の自由（「秩序と結び付いた自由」）の構想というものであった。キャナバンは、バークが「秩序と結び付いた自由」と言う場合、「最も重要なのは秩序であって、自由は副次的で機能的なものであった」[7]と論じているが、それもこうした同時代の問題意識が反映されていたと考えれば自然ではあろう。ポーコックによれば、清教徒革命を頂点とする十七世紀の混乱期を特徴付ける「内乱（civil war）」、「政府の分解」、「大衆の宗教的熱狂による支配の間隙」という三つの経験が、十八世紀の「イングランドの支配階級の思考を最も深く震撼させた三つの歴史的記憶」であった。そして、名誉革命はこの再発を抑止する出来事として高く評価され、この結果、「イングランドとスコットランドの政治思想はひどく反革命的（antirevolutionary）」[8]なものになったのである。バークも、一七九二年に「コモンウェルスの善とは安寧に支えられた支配のことであり、これに対して他の全てのものは完全に従わねばならない」[9]と述べ、熱狂に溺れやすいカトリック貧民の全面的な政治的寛容に一定の留保を認めていたが、明らかにこの宗教的対立に淵源を有する十八世紀的な危機感を継承していた。バークによれば、イギリス人の中のこの「内乱への恐怖心」こそが、ジャコバン主義に抗する「我々の唯一の防御手段」[10]となるのである。

無論、十八世紀イギリスの政治的思潮が基本的に保守的なものとなったのは、十七世紀の悪夢に対する恐怖心からのみならず、実際にイギリスの現体制が名誉革命等を経て漸次自由を拡大させてきたという自負心に由来するものでもあった[11]。ロイ・ポーターが指摘しているように、「十八世紀のイギリス知識人が直面した遠大な問題とは、旧体制を批判する、あるいは、製図板のうえで新しい体制をデッサンする必要があるということではなく、むしろ、すでに改革された政治体制を守りつつ、それをどう機能させるかであった[12]」。名誉革命の結果、獲得された自由なイギリス国制に対する信頼は、当時のイギリスの知識人たちに広く共有されていたのであり、保守的なバークの名誉革命解釈がロックやプライスらの理論に依拠した解釈よりも「正統（orthodox）[13]」なものであるとされたのも、そうした背景の思潮を考えれば至極当然であった。特にイギリス国制の利点としてモンテスキューからも着目されていた、個人の自由の拡大と秩序の維持とを上手く両立させるための「混合政体におけるチェック・アンド・バランスというメカニズムの長所[14]」が、イギリス国制に対する彼らの自負心の根幹にあったのは疑いない。

この十八世紀的な内乱への恐怖心とイギリス国制への自負心とを共有していたバークも、内乱を生み出し、文明社会を破壊しかねない情念の暴走が、民衆のみならず、君主や貴族にも起こりうるとし、それゆえに各階層の情念を抑制する社会体制として、君主政・貴族政・民主政の「チェック・アンド・バランス」から成るイギリス均衡国制を最良のものだと考えていた。つまり、バークにとって、イギリス国制の構成原理たる「均衡と平衡こそ、あらゆる階層（any of the orders）に広がりうる暴力的な精神に確固たる矯正策を与えるもの[15]」であったのであり、したがって、民衆の専制のみならず、君主や貴族の専制をも拒否していた。「私はあらゆる形態の専制を嫌ってきた……。それが国王によるものであろうと、聖職者によるものであろうと、軍人によるものであろうと、裁判官によるものであろうと、民衆によるものであろうと、私には等しく不快に思われる[16]」。

フランス革命が専制民主政に至ることをバークが予見しえたのも、一つには革命派が、「良き国制」になる改善の余地がまだ存在した均衡的な三部会を全否定し、(17)君主政と貴族政の原理を破壊し、「相互的な限定」(18)という、「暴力的な精神」の矯正装置を失ったからであった。では、抑制し合い、均衡し合った君主政・貴族政・民主政から成るイギリス国制とはいかなる制度であったのか。これを明らかにするために、まずはバークの言に倣って、各構成部分の機能内容を個別に見てゆくことにしよう。

## 一、君主政的要素

バークにとって、イギリス国制における君主政的部分は、ある意味で、他の二つの部分に比して最大のプライオリティを有していた。実際、バークは自らを「偉大な古い『君主政』の構成員」だと称し、他の二つの部分を「偉大な本質的な諸要素」としつつも、「君主政はその固有な存在においてのみならず、その卓越性においても、全体の主導的かつ結合の原理として確保されるべきだと考えた(19)」としている。したがって、バーク最大の批判者であったトマス・ペインが、バークを君主主義者であると理解しているのは、その意味で正しいのだが、君主による「人の支配」としてバークの述べる君主政を理解している点で決定的に誤っている。ペインによれば、君主政は民衆を世襲的に相続する「圧政」であり、統治のための叡智が王統のみに世襲的に相続されるとしている点で非合理的なものであった。政治的叡智は王統に相続されるとは限らないのであり、王族でなくとも叡智ある人間が選挙によって選任されればよい。ペインによれば、「叡智を世襲することは不可能だ(20)」というわけである。

しかし、バークは政治的叡智をもって民衆を実効的に支配する存在として君主を理解していたわけではない。王位継承法で将来の君主に指名されたソフィア妃についてバークは、「我が国王への相続の家柄と根源であると指名されたのであって、彼女が行使すべきでないし、実際彼女自身これまで行使してこなかった権力の一時的な遺産管理人としての優秀さ（merits）からではない」（R: 21 上 49）と述べ、明確にバークは、君主の能力ではなく、王統の継続性、「継承」こそをより重要な要素だと考えていた。これには、ジェームズ二世の「公然たる不正行為」を排した名誉革命の指導者たちが、それ以後、「このような暴力的治療」をしなくても済むように、「王冠を一層軽くするために国務大臣の責任を重く」させ、「統治全体を民衆の代表と王国の有力者の継続的な監督と実際の統制の下に置く」（R: 24–25 上 55–56）ようにした、つまり、統治の主役が君主から議会ないしは貴族たちへと決定的に移行した出来事として名誉革命を捉えるバークの議会主義的思考が色濃く反映されている。よって、「愛国者たる国王は……絶対君主（the most absolute monarch）が有するのと同じくらい広汎な権力をもって、そして、行使においては遥かに効果的であることはもちろん、享受においても遥かに好ましい権力をもって、「イギリスを」統治しうるのだ[21]」としたプラトンの「哲人王」にも比せられる強力な「愛国王」の理念を提示し、ジョージ三世にも影響を与えていたボリングブルックにバークが終生批判的であったのも当然ではあろう。一七七七年のバークの言を用いれば、君主は大権を有しているものの、「その行使そのものは賢明にも自制されてきた（wisely forborne）[22]」のであり、大権の自制こそが、強いて言えばバークにとっての君主の慎慮であった。ここでバークが君臨すれども統治せずという近代的な立憲君主政原理を唱えていたとは必ずしも言えないが、実効的統治者としての君主による専制支配の擁護とはバークの意図するところでは全くなかった[23]。では、君主の主要な存立意義たる王統の継続性とはいかなる政治的意味を有していたのであろうか。

坂本義和は適切にもバークの君主政論が君主を君主ゆえに正当化する論理に基づいていたのではなく、君主の機能・効用を根拠としていた点を指摘している。[24] 坂本によれば、その機能とは、一つは、王権は統一のシンボルとして社会を安定的に統合しているということ、もう一つは、王権は世襲制をとることで恒常性を体現し、社会の歴史的安定性を担保しているということである。[25] 加えて、私見では、バークがこの連綿たる王統によって保持しようとしたものは、「人の支配」ではなく、逆説的ながら、むしろペインも擁護した「法の支配」であったように思われる。君主を血統によってではなく、選挙によって選任してしまえば、これまでの選挙によらぬ君主の御璽によって担保されてきた法の一貫した正統性は失われ、まさしく無法となってしまうであろう。「選挙以外に合法的な王位は存在しないという、このような不当な行動原理が一旦確立されると、この架空の選挙の時代より前の君主の法規は、全くの無価値となりうる」(R: 20 上 47)。王統の継承性が民衆に対する法・権利の継続性と正統性を担保するのであれば、バークが、民衆は「王冠の合法的な世襲的継承を、自分の権利侵害としてではなく権利の一つとして、不平の種ではなく利益として、隷属の印ではなく［民衆の］自由の保障として見なすだろう」(R: 23 上 52) と述べたのも首肯しうる。王統の断絶は、御璽によって担保された法の継続性を破壊し、その法によって担保されていた民衆の自由と権利までをも脅かす。君主は全面的な統治者ではないがゆえに、むしろ第一義的には政治的能力を問われず、御璽によって担保された過去の法体系の継続性と正統性を象徴するシンボルとなる。それによって君主は、必然的に自らマグナカルタ以来のイギリス憲法体系を担保することとなり、それに君主自身も拘束されるのである。[26]「［王冠の継承を規定するコモン・ローと制定法という］二種類の法は……国家の公共的合意と原初協約に起源を有する同一の権威に由来し、そういうものとして、国王と民衆を等しく拘束する」(R: 19 上 44)。確かに、バークは、君主を尊崇せねばならないと言うが、それは文明社会における法の支配、つまるところ、法・秩序を尊崇せよと述べているに等しい。その真意は、バークが、「彼［君主］が我々に従うのではなく、我々が彼の中の法に従う (he is not to obey us, but as we are to obey the law in him）」（R: 26 上 58）のだと述べるとき、最も明白なものとなろう。我々は君主という個人に従うのではなく、法の継続性と正統性のシンボルたる君主に体現された法そのものに従っているのであり、だからこそ、世襲的な君主政の破壊は、憲法体系（国制）の破壊に繋がるのである。「王冠と君主の個人的安全は我々の憲法［国制］の基礎である」[27]。したがって、バークは、君主政を廃棄して国民議会が至高権力を一身に握り、法の改廃を何にも拘束されることなく恣意的に行う革命後のフランスを、神聖なる君主のみが正当に統治しうるとした独善的な王権神授説論者の愚説とともに唾棄すべきものであるとしている（R: 23 上 53）。

実際、「あらゆる時代およびあらゆる世代は、それ以前の時代や世代と同様、いかなる場合にも、自らの欲するままに行動する自由がなければならない」とし、プライスと同様の自己決定としての自由論を展開していたペインは、今の民衆の自己決定的認証を経ていない権利章典などの過去の法体系は「無効かつ無意味である[28]」として、イギリス憲法体系を根底から否認していた。興味深いことに、ペインは、「国王が死の床で意志によって自らの王冠を譲渡し、野獣の如く、自らが任命した後継者に民衆を引き渡す」世襲君主政原理と、過去の法体系が現在も拘束力を有するという意味では、「［一六八八年の］議会で制定した条項とは……同じ本質をもっている[29]」と喝破し、明確にバークと同じく、世襲君主政原理とコモン・ロー体系の原理との表象的連関性に鋭くも気付いていた。過去の法体系に拘束される不自由と世襲君主政の下における不自由とを結び付けて非難していたペインは、まさしくイギリス国制の根幹を見抜いていたのであり、その非民主性を執拗に攻撃することで、革命をイギリスにもたらそうとしていた。プライス流の自己決定としての自由を重んずるペインにとって、フランス革命憲法のような理性的・民主的に制定された憲法体系を有していないイギリスは、「憲法をもたない（without a constitution）[30]」非法治国家ということになろうが、ペインの認識とは逆に、バークにとっては、法の支配が貫徹されていないのは、イギリスではなく、まさしく革命後のフランスであった。なぜなら、一世代の民衆が過去の法体系を全否定できるとするならば、その民衆は何ものにも拘束されえぬ王権神授説的絶対君主に等しいものとなるからである。民衆の自己決定のみを自由と見なすことは、必然的に、民衆が法を恣意的に改変する専制民主政を自由と見なすことに繋がる。

こうした自己決定としての自由論への批判的視座は、一七八九年のドゥポン宛の書簡で、フランス革命における自由が「あらゆる人間が自分自身の意思で自らの全ての行動を統御するかのような」ものであるのに対して、バークの擁護する「社会的自由（*social* freedom）」とは、「抑制の平等によって保障され……賢明な法によって確かめられ、よく構成された諸制度によって保障された正義の別名である」[31]と述べられていたことからも窺える。そのような法や制度によって担保される「抑制の平等」とは、国制の「相互的な限定」という均衡原理はもちろんのこと、法の支配、法の下の平等を含意しうるものであったことは言うまでもない。過去の法・制度を全否定したフランスとは異なり、イギリスでは、過去の法体系に一定程度拘束されるコモン・ローによる支配が貫徹されているがゆえに、誰もが法体系の全否定者とはなりえず、その法によって「国王と民衆を等しく拘束する」ことが可能となるのである。[32]そして、このコモン・ローとしての法の歴史的継続性を担保するものこそ、御璽によって法に正統性を付与してきた君主政の歴史的継続性なのであった。

であるならば、バークの君主政論は、ペインが批判するような「人の支配」論ではなく、「法の支配」論として、イギリス自由主義思想の系譜に位置付けることができるものであろう。「国民は全ての源」であるがゆえに、「国民は、全ての実定法の源泉であり最高の主人であるのだから、いかなる実定法も、その意思の前には効力を失う」[33]と論じたシェイエスを挙げるまでもなく、民衆の多数派という名の下に、自由に「自分たちの計画に適した憲法［国制］を制定する権力」を握った国民議会は、それゆえ、「無制限の権力（unbounded power）」（R: 39–40 上 85–86）を有するのであり、イギリスにおける法の支配（専制批判）の体制思想とは全く対立するものでしかなかったのである。[34]

無論、イギリスの君主政も民衆とは無縁ではありえない。憲法体系（国制）の権威的護持を通じて民衆の自由を担保する君主が「ある意味で疑いなく民衆の下僕である」とバークが述べたのは正しい。なぜなら、「［君主の］権力は、一般的利益以外には全く合理的な目的を有していないからである」（R: 26上57）。よって、バークも暴君の処罰は必要やむをえない場合に限っては認めている（R: 73上152）。ただ、「威厳的部分」（W・バジョット）としての威厳を考慮した処罰でなくてはならないとしているのも、憲法体系（国制）を体現する君主のシンボル性が有する威厳の破壊は、同時に法や秩序が有する威厳の破壊をもたらし、バークが最も恐れた無秩序を引き起こすからであろう。[36] 実際、バークは、名誉革命によって王統の逸脱があったことはやむをえないことであったとしつつも、権利章典の起草者のソマーズ卿によって「いかに手際よく、この［王統の］連続性の一時的な断絶が人目から隠されたか（kept from the eyes）」（R: 16上39）を見るのはとても興味深いと評しているように、王統の断絶が表面化し、民衆に対する憲法体系（国制）の権威的正統性が揺らぐことを何よりも危惧していたのである。王統の断絶には「賢明かつよく飾り付けられたヴェール（veil）」（R: 17上40）が被せられなければならない。ここに、君主政を制度機能的に捉える客観的な姿勢と、王統の断絶を覆い隠す《高貴なる嘘》の要請というバークの現実政治家としてのリアリズムを看取することは可能であろう。[37] バークは盲目的な君主政論者では全くなく、むしろ、君主政の威厳を維持することによって、法の下での民衆の権利・自由を保護するとともに、民衆や貴族の暴発を抑止する憲法体系（国制）の威厳こそを保持しようとしていたのである。そして、この君主政は、貴族政や民主政の上に権威として君臨し、各部門への抑制力として機能すると同時に、権力を担う議会は予算権限等を通じて「王冠への制限」を確保し、抑制均衡し合う。これによって政治の恣意性・暴発性が抑止され、「秩序と結び付いた自由」が現象するのである。しかし、フランス革命は君主政と貴族政の部分を破壊したために、法の支配と抑制均衡の体系を失い、民主政の暴発としての専制を招いてしまう。「諸身分の破壊以後、国民議会は、自己を抑制するいかなる基本法も、厳格な約定も、顧慮すべき慣習も、全く有していないのである」(R: 39 上 85)。国家の歴史的統体性や世襲的財産たる法権利の継続性を象徴的に体現する王統の世襲的継続性は、バークにとって、「ヴェール」で断絶を覆い隠してでも維持されねばならぬ表象なのであった。

## 二、貴族政的要素

バークにとっての貴族政は、文明社会における政治のみならず、文化、経済にまで及ぶ極めて幅広い役割を担わされていた[38]。イギリス国制について言えば、貴族政的部分は、上院と、「常に大部分上院のように構成される」下院によって担われる (R: 45 上 97)。したがって、議会主権の下では貴族政的部分は極めて強力でありうるのだが、それゆえにこそますます、その暴発にも箍がはめられねばならず、均衡国制が正当化されてゆくことになる。「私は、[貴族の] 階層を冷静かつ慎み深く尊敬している。私は彼らを国制において絶対に不可欠であると考えるが、彼らが適切な限界内に止められるときにのみよいものであると思う[39]」。

ただし、ここで強調しておかねばならないことは、バークにおける「貴族」とは、血統のみに規定される存在ではなかったということである。その意味で貴族は、第一義的に血統の継続性が重視されるシンボルとしての君主とは異なり、「有効的部分」(W・バジョット) を担うに相応しい階層として、以下述べるように、ある種、能力的な存在と見なされていた。バーク曰く、「統治の資格は、現実的ないしは推定的な美徳と叡智以外には何もない」(R: 44 上 94) のである。

貴族が政治的叡智の担い手の重要な一要素として位置付けられていたのは、第一に、彼らが世俗的利害から遊離した有閑的教養層として、(蓋然的には) 適正な政策的判断を下しうる慎慮ある審判者であったからである。バークによれば、議会内の指導者が提起する政策に「冷静さ (sobriety)」が担保されるためには、議会内がこの慎慮ある審判者によって満たされている必要があった。

> [議員は] また、自然な重みと権威をもった審判者でなければならない。議員の主要部分が、終身的ないしは恒久的な財産、教育、理解力を拡大し寛大にするような習慣といった条件の点で、きちんと構成されること以外に、そのような議会で、堅実かつ温和な指導を確保することはできない (R: 36 上 79)。

また、有閑階級でない者には、以下の点で、その公正な統治者としての資質に欠けるところがあるという。

> 人間は、余りにも専門的な能力の習慣に限定され、狭い範囲で繰り返し仕事をするのに慣れ過ぎてしまうと、人間に関する知識や複雑な事象における経験、さらには国家と呼ばれる多様な事物の形成に携わるための多彩で複雑な内外の利害を考える包括的かつ総合的な視座、といったものに依拠せねばならない全ての事柄に、適合するというよりも、むしろ不適任になってしまう (R: 39 上 84–85)。

つまり、文明社会の分業化に巻き込まれない土地貴族階級は、能力的単純化を免れ、的確に公益を判断しうるだけの閑暇と総合的な学識 (教養) を有しているとされ、それは統治者としての必須条件であると考えられたのである。[40] バークが『省察』で、「学識ある人間の叡智は、閑暇の機会から生まれる。ほとんど仕事をもたない人は賢者となるだろう」(R: 70 上 93) という一節を『ベンシラの知恵』から好意的に引用していたのも、この意味においてである。アダム・スミスが、労働もせず、収入を得るために頭も使わない怠惰な地主貴族は、「無知であるだけでなく、公的な規制の結果を予想し理解するために必要な思考力を働かせることができない」[41]と論じ、閑暇ないしは怠惰と、公的ないしは長期的判断力の保持とを短絡的に結び付けることのない、ある種の近代性を有していたのとは対照的であるが、その意味では、バークは古代ギリシア以来の伝統的な閑暇と政治的資質との関係性という視座を継承していたと言えよう。そのような伝統的視座に立ったバークが、政治家は、「高所にいるがゆえに我々が見渡しうるよりも広い視野を」もち、「我々が……断片的にのみ観察しうるものを統体的に把握する」[42]ことのできる存在でなくてはならないとして、統治者たる職務は、学識を獲得しうるだけの閑暇をもち、政治的実践知をも体得しうる貴族にこそ実際上は主として担われるべきであると考えたのも当然であった。言うなれば、ラスキが述べているように、バークは「注意深くも、「統治の叡智が」機械的な技芸を実践している人々に見出される可能性を放擲した」[43]のであり、アダム・ファーガスンやタッカーらと同様、分業化と、統治者―被治者という階層化との相関性を必然的なものとして把握していたのである。よって、バークの見るところ、階層制秩序を否定し、民主的水平化を推し進めるフランス革命下の国民議会は、当然ながら「劣悪で無学（unlearned）で機械的な（mechanical）、つまり単なる道具的な（instrumental）、職業をもったメンバー」（R: 37 上 80）から構成されることになった。この「無学」「機械的」「道具的」といった表現は、先述の分業体系に組み込まれることによる能力的単純化を踏まえて理解されるべきレトリックであろうが[44]、この場合、専門的な職人の才と統合的な統治者の才とは必然的に異なるのだということを意味しているに過ぎない。恒産によって裏付けられた冷静な判断力や総合的な学識をもたぬ第三身分は、バークにとって「道徳的にも、ほとんど肉体的にも、この「統治者の」仕事には向かない人間」（R: 40 上 86）なのであった[45]。

また、バークは貴族を、教養や閑暇、財産の観点からのみならず、その世襲的な歴史性の観点からも考察していた。バークの考えでは、統治の技芸（art）に関する叡智は、教科書などによって習得されうるような明示的な「技術知」に属するものではなく、むしろ実践の中から体得してゆくような、明示化されえない「実践知」（M・オークショット）に属するものであった。[46] オークショットが看破していたように、「活動の実践の中でのみ、我々はそれを実践するための方法に関する知識を獲得することができる」[47] のだとすれば、政治的叡智とは統治の経験者によってのみ獲得されうるものとなろう。無論、政治的叡智が明示化され、教科書化されて習得しうるものであれば、誰もが一朝一夕に政治家になっても問題はないのであるが、バークによれば、政治的叡智とは、そのような教科書的に習得されうる机上の「理論的学知（theoretic science）」などではなく、代々続く政治的実践によってのみ蓄積される「実践的叡智（practical wisdom）」（R: 28 上 63）に属するものであった。

政治学は、それゆえ、それ自体とても実践的であり、実践的目的を志向するものであるから、これは経験を必要とし、いかなる人間をもってしても一代のうちで得られる以上の経験を必要とする事柄なのである（R: 53 上 113–114）。

この統治に関する「実践的叡智」としての歴史的智慧は、時代とともに練磨され、国制や法に具象化されて継承されてゆくのであるが、一部は実際に政治を執り行った人々の中の習俗、礼節、作法（manners）としても結晶化している。統治に携わってきた貴族の子（後継者）は、親の政治家としての姿、立ち居振る舞いを見て育つことで、親自身にも自覚化されなかった徳性としての統治術を身体知として継承してゆく。よって、言わばバークにとって、世襲的貴族階級それ自体が知識の集積なのであった。既に一七七二年にバークはこのことを以下のように明示的に述べている。

貴卿のような生活上の身分にある人物は長期的な視野をもたなくてはならない。偉大な家系と世襲の義務と財産をもつ貴卿たちは、私のような者とは違う。……我々は、我々の生きた季節とともに滅び、我々の後には何の痕跡も残らないような一年生の植物でしかない。もし貴卿があるべき姿であるならば、貴卿は、国家を覆い、世代から世代へと貴卿の恩恵を永続化させるオークの大木のようなものである。私見では、リッチモンド公やロッキンガム侯のもつ直接的な権力は、瞬間的なものではなく、もしこのような人々の原理が、行動や範例によって相続人へと伝えられてゆくならば、そのときには、その方たちの屋敷は、国制のための公的貯蔵庫、記録保管所となろう……。[48]

上流階級の洗練された礼節、社交、雰囲気等々を通じて、貴族たちは、統治に関する「実践知」を自覚的ないしは無自覚的に体得し、そこに含まれる一代では到達しえない政治に対する冷静さや慎慮を「行動や範例」によってまた次世代へと伝達してゆく。バークの家族観を討究しているE・H・ボティングは、「バークは、作法が大部分、家族において教えられ、伝達される」と考えていたと指摘しており、「少年は父親を見習うことで騎士道的で果敢であることを学び、少女は母親を見習うことで慎み深く温和であることを学ぶ。若き貴族は年長の親類を見習うことでいかにして高貴で気高くあるべきかを学ぶ。それゆえ、バークは、性別や年齢や階級に基づくフランスの家族的階層制の破壊は『作法の革命』を引き起こし、行為の伝統的コードを急進的で革新的な社会的行動の様式に置き換えたと結論付けたのである」[49]。言うなれば、フランス革命が破壊した貴族の家系や作法そのものが、知識の伝達システムであったのであり、だからこそバークにとって、それらは「国制のための公的貯蔵庫、記録保管所」なのであった。プラムナッツも指摘するように、「バークは、上層階級は共同社会の安寧が依拠しているところの『共同の知恵』の主たる貯蔵庫であると信じていた」のであり、貴族たちは「一つには実際に統治することによって、また一つには彼らの階級の相応しい成員となるように成長してゆく過程で、良き政治にとって必要とされる態度やコツや信頼を身につけることによって、いかに統治するかを学ぶのである」[50]。このような支配階級的環境とは無縁だった者のみで政府が構成される場合、統治権力に慣れた貴族層が冷静に政治を行うのとは逆に、バークの危惧した恣意的で熱狂的な政府が現出する。「これらの人々が突然、言わば魔法によって下位の卑屈な位階から救い上げられ、予期せぬ栄光に熱狂しないと誰がうぬぼれようか?」(R: 37 上 81)。第三身分から成る国民議会の「専門家たちは、それゆえ貴族の感情に慣れている人々の特性をもっていないのである」(R: 38 上 83)。

こうした支配階級的環境の中で涵養される統治上の「実践的叡智」は、当人たちが明示的に意識化できない知識であるために、具象的な制度や財産の継承(相続)という表層的形態でしか保存・伝承することができない。このことは、バークと同じく、明示化できない知識の重要性を認識し、自らを「バーク主義的ホイッグ」と称したハイエクによって自覚的に論じられるところとなった。

事実、稀にしか一世代では獲得されないが、二、三世代の絶え間ない努力によってのみ一般的に形成されるいくつかの社会的に価値のある才能が存在すると考える正当な理由がある。このことは、家族を通じてより効果的に伝達されうるある社会の文化的遺産の一部があるということを端的に示している。……家族が道徳、趣味そして知識の伝達の媒介としては望ましいということに同意する多くの人々でも、物質的財産の伝達の望ましさについてはまだ疑問に思っている。しかし、前者が可能であるためには、規範や生活の外面的形式の連続性が必須であること、そして非物質的のみならず物質的優越性をも伝達することができる場合にのみ、これが達成されるということはほぼ疑いないことである。[51]

だからこそバークも、政治的叡智の継承主体たる貴族政を失った革命後のフランスについて、「彼らの学知は尊大な無知（ignorance）である」（R: 70 上 146）と論ずることができたのである。バークの財産権擁護論は、実践知としての政治的叡智の議論とも結び付いていたのである。

バークによれば、この貴族たちの巨大な土地財産は民衆にとっても恩恵たりうるものであった。例えばバークは、マンデヴィルの如く、土地保有者の奢侈的消費は多くの民衆を雇用して、「この怠惰はそれ自体労働のバネ」（R: 140 下 50）であると述べる。貴族と民衆は利己心を各々追求する中で相互依存的になるのであり、この論理が『穀物不足論』（一七九五年）での労使の利害調和の議論と結び付いていることは容易に推察できるところであろう。この貴族や聖職者による土地財産の封建的所有がさらに民衆の利益と結び付いていたのは、土地財産が「高貴なる者の義務（noblesse oblige）」とも結び付いていたからである。聖職者の土地財産には「卓越した敬虔さと道徳と学識」が伴い、土地を所有することは「何らかの義務を遂行すること」であり、少なくともそうした土地所有者は、「外面的な礼節と作法の荘重さが求められ、……その収入の一部を慈善のための信託物だと考えねばならない」（R: 143 下 54）。実際に、市場介入的救貧政策を批判したバークは、一七九五―一七九六年の飢饉の際、私財を投じて貧民のためにパンを安価に販売するなど、「高貴なる者の義務」を自ら実践していた[52]。つまり、F・P・ロックが指摘していたように、「この［貴族］階級によって享受される大きな経済的特権は、彼らの社会的責任によって正当化されていた[53]」のである。その意味で、金融資本家ら新興勢力の有する財産と、封建的土地貴族や聖職者らの有する財産とは明確に区別されねばならない。経済循環の観点からは両者の役割はほぼ同じでありうるが、社会的義務の観点から見れば大きく異なる。「土地財産は、義務を負う人々よりも、全く義務を負わぬ人々に所有された方がよいのか？――その性格と目的が美徳に向けられている人々よりも、自分たち自身の意志や欲望のままに土地財産を費消しようとしている人々に、それが所有された方がよいのか？」(R: 143 下 55) とバークが問うたのもそのためである。

つまるところ、貴族や聖職者における財産の相続とは、公的奉仕の義務の相続でもあったのであり、これによって、バークは貴族階級と民衆との利害関係の調和を示し、階級対立の存在を否定しようとしていた。「実際、貴族は国家の他の諸階層の権利侵害において存在するのではなく、それらによって、それらのためにこそ存在するのである」[54]。したがって、バークにとって名誉や義務を犠牲にして、低劣な私利を優先させるような高位者は唾棄すべきものに他ならなかった。「貴族が、明確な意図もなく野心のために威厳の全ての観念を犠牲にし、低劣なもののために低劣な手段で行為するとき、この階層全体が低劣かつ卑劣になる」(R: 41 上 89)。このように、バークが封建的貴族階級の義務感が欠如しうることにも気付いていたとすれば、公共精神の体現者としての「貴族階級」というものがまさに理想型であり、非実際的なものでもあるということは明白であろう。一七七〇年に「私は少なくともその語が通常理解されるような意味における貴族政の支持者ではない」と断言し、「神よ、我が国の貴族の欠点がありあまる覇気である、というのが本当であれば！」[55]と貴族の精神的退廃を嘆いていたのもバークであった。晩年の一七九五年の書簡では、「民主政の犯罪も、貴族政の狂気や愚かさも、同じように私を恐動させ当惑させる」[56]と述べられ、『一貴族への手紙』(一七九六年)では、大貴族をその起源にまで辿って批判していた。公共精神を体現した「貴族」とは、ある種の理想型としての貴族であり、この理想型としての貴族をバークは「真の自然的貴族（a true natural aristocracy）」[57]と呼んでいた。無論、バークにおいては、この「真の自然的貴族」は現実の貴族と大幅に重なりうるものであったが[58]、これは先述したように、統治術を含む教養、恒産、閑暇を有する階級が実質的には当時の現実の貴族階級でしかありえず、よって、彼らは労働者などの他階級に比して、蓋然的には有能な統治者になりうると判断されたからであった。では、バークの均衡国制論における民衆の布置はいかなるものでありえたのか、節を改めて論じよう。

## 三、民主政的要素

バークにおいて、民主政を担うべき真の「民衆（the people）」とは、人間の単なる数多性から成る「豚のような群衆」（R: 69 上 145）とは明確に区別された存在であり、端的に言えば、「自然的秩序」に服する存在であった。自然的秩序とは、各人の多様な本性（nature）に従った位置付けがなされた秩序であり、万人を一律に統治者とする革命派の「水平」的な秩序観とは全く異なる秩序観であったと言ってよい。「市民の多様な階層から成り立つ全ての社会では、ある階層が必ず上位になるはずであり、それゆえ、水平主義者は事物の自然的秩序を改変し歪曲するだけである」（R: 43 上 92）。政治家にはその役割に相応しい叡智が求められるはずであり、誰もが政治家として一律に適任であるはずがない[59]。先述の「真の自然的貴族」には、政治家としての自然的かつ合理的な資質があり、彼らが自然の配剤によって統治者階級の一翼を構成するのはまさしく「自然」であった[60]。バークによれば、閣僚などの主要政治家は、「我々の自然的な支配者であるのみならず、自然的な案内者でもある」[61]。しかし、水平主義者の「純粋民主主義」は万民を統治者と見なすことを体制原理としていた。バークにとって、統治者階級に相応しくない者でも自由の名の下、統治者階級に祭り上げられるこの「純粋民主主義」は、「不自然な、転倒された支配」（R: 82 上 173）に他ならない。バークは、「大群集があの自然の規律（discipline of nature）のもと、ともに行動するとき、私はこれを『民衆』（the PEOPLE）と認める」[62]と述べ、自然的貴族による指導という「自然の規律」を欠いた人々は、政治家が顧慮すべき文明社会の「民衆」には値しないと考えていた。つまり、バークは、階層制秩序を有する文明（政治）社会の状態こそを「自然」の状態だと考えたわけである[63]。「この貴族階級を必然的に生み出す文明社会の状態が自然状態である」[64]。バークにとって、統治者と被治者、貴族と民衆といった階層制秩序を前提とした社会状態こそ、自然的秩序の状態であったのであり、そして、文明（政治）社会の状態なのであった。したがって、「民衆」の前提となる貴族政や階層制秩序を破壊したフランス革命の暴民たちは、当然ながら「民衆」ではなく、「民衆だと自称している軽率な……人間たちの群れ（the crowd of men）」[65]に過ぎないものであった。

こうしたバークにおける階層制秩序を前提とする文明社会観が、民衆を被治者としてのみ規定する旧来の世襲的な位階制に完全に還元されるかと言えば、そうではない。「私が権力、権威、そして名誉を、血や名前、称号に限定したがっていると思って欲しくはない」（R: 44 上: 94）。ただ、「全てが万人に開放されるべきだが、無頓着にではない」（R: 44 上: 95）と述べているように、名誉ある地位に栄達するためには、偉大な功績を挙げることで、統治者に相応しい資質たる責任感や義務感、不屈の精神を証明せねばならない。よって、バークは、「その国の財産と同様に、才能（ability）をも代表しないものは、その国の正当かつ適切な代表制ではありえない」（R: 44 上: 95–96）と述べ、平民から統治者階級へのダイナミックな流動性の余地を一定程度確保していたのだが、「名誉の殿堂は高みに置かれるべきである」（R: 44 上: 95）として、それを極めて限定的に捉えていたのである。

したがって、当然ながら、バークは決して普通選挙制を容認することはなかった。バークによれば、イギリスの代表制を支えるに相応しい公民の数は約四〇万人であった。

> イングランドとスコットランドには、人生の衰期ではないが壮年の人々、議論のための多少の閑暇をもてる人々、そして情報手段をいくらかもっている人々、賤業への依存を免れている人々、そういう人々（ないしは実質的にそのようなもの）が約四〇万人に達しうると私は算出する。民衆の自然的代表というべきものは、これである。……法的選挙人よりも、この集団にこそ、人為的代表は依存しているのである。[66]

既にヒュームが、『完全な共和国論』（一七五二年）の中で、イギリスの選挙人は「見境のない烏合の衆（an undistinguishing rabble）」であり、「財産と教育を有する人々」に選挙権を委ねるべきであると論じていたが[67]、同じくバークも、実際の「法的選挙人」ではなく、真に閑暇と知識をもち、公正な政治的判断が期待できる有産者（主に地主）階級による代表制を企図していた。そうであれば、バークにおける民主政的部分の実質的担い手が極めて限定された有産者階級に他ならないことは自ずと明らかであろう。「代表制は、各地域から選ばれたにせよ、等しく全体に関わる義務であろう」（R: 164 下 97）と考え、「ブリストルの一員ではなく、「イギリスの」議会の一員」[68]であると自任していたバークにとって、これは、地域的利害の代表ではなく、全国民の利益代表として、政治家が自律的に行動しうるための大前提であった。恒産と教養を有する有産者は、利害関係に敏感な無産者よりは、地域的で瑣末な利害に囚われることなく公的な判断を蓋然的には下しうる。そして、この「民衆の自然的代表」以外の人々は、「庇護」の対象であり、戦時の兵力と見なされるのであるが、彼らの民意は一切下院に反映されないかと言うとそうではない。バークは、全ての民意が「共感」の媒介によって下院議員と間接的に接続されるべきだと考えていた。

> 実質的代表制とは、あらゆる種類の人々の名のもとに行動する者たちと、彼らがその名に基づいて行動している民衆との間に、共同の利益や要望・感覚の共有が、実際にはその受託者たちが彼らによって選出されていないのに、存在していることである。これが実質的代表制である。そのような代表制は、多くの場合、現実的〔代表制〕よりましであるとさえ思う。……それは、人間事象の移ろいやすい流行りや異なる公益の影響などで当初の方向性から不正にも逸れてしまったとき、文字通りの代表制がもつ変転を修正するのである[69]。

シェイエスが、「代表される権利を持つ者の頭数に、影響力が比例せねばならない」として、多数者の支配を主張し、「代表機関は常に、その任務の範囲内では、国民自身と同じ立場に立つ[70]」と述べて、政治家の意思と民意とを直接結合させ、言わば政治家を民意の傀儡としたのに対して、バークの実質的代表制論は、政治家の意思と民意との直接的結合を拒否するものであったと言える。それが、国会議員とは選挙区の利益代表ではなく全国民の利益代表であるとする先述の国民代表概念とも結び付いていることは言うまでもない。確かに多数者の支配を唱えるシェイエスらの言う通り、「二四〇〇万人は二〇万人に優先されるべきだ」というのは、「王国の国制が算術的問題であるとするならば真であろう」（R: 45 上 97）。しかし、バークの実質的代表制論の根底にあるのは、「多数派の意思と彼らの利益は非常によく食い違うはずであり、彼らが悪しき選択を行うとき、その違いはひどくなるだろう」（R: 45 上 98）というバークの確信であった。反対に、多数者の支配を唱えるシェイエスには、「個人的利益は、共通の利益とかくもうまく結びついている[71]」という発言に見られるように、そうした民意と公益との緊張関係は存在しない。実際、民意と公益との乖離の可能性というバークの確信は、前にも述べたように、彼がイギリス国民のためにもなると信じていたアイルランドを貧困化させる貿易制限の緩和をブリストル市民の多くが非難していたことでも実証されていた[72]。このブリストル市民による不支持で一七八〇年に立候補を断念せざるをえなくなったバークは、民意に直接規定される政治制度への恐怖を一層実感したことだろう。「我々［一般民衆］の欲望と我々の利益との相反が、我々の統治者にとって明らかである場合、彼らは後者を犠牲にして前者を満たすべきではない[73]」。民衆のためになることと、民衆自身が下す政治的決定とがしばしば食い違うために、政治家は民衆と乖離することなく、しかし一定の距離を空け、常に「慎慮と状況への適応の観念（Ideas of prudence and accommodation to circumstances）」に基づく公益的判断を自律的に行わねばならない。むしろ、これこそが選挙民の私的要求から離れて、政治家が公的な責任主体たりうるための前提条件なのであった。なぜならば、「多数派によって犯された悪事なら何であれ処罰されえない」(R: 82 上 172)というのが民主主義的真理なのであれば、民意と政治家との完全なる一致は、政治家の政治責任を失わせ、政治的判断に伴うべき慎慮をも失わせてしまうからである。

> 民衆の利害への全き献身ではなく――それは民衆の権利である――、民衆の一時的な意志への屈従を、公職にある人々に強要することは、民衆に奉仕する全ての人々の中から一切の道徳原理、威信の感覚、判断力の行使、人格の一貫性を失わせることになる(R: 82 上 173)。

民衆の権利たる、政治家の「民衆の利害への全き献身」は、「民衆の一時的な意志への屈従」と完全なイコールではない。民意と直接無媒介にイコールではないからこそ、バークは、民衆のための慎慮に基づく政治家の政治的決断は、「神からの一つの信託(a trust from Providence)であり、その乱用に対して彼は深い責任を負わねばならない」[74]と考えたのである。つまり、実質的代表制においてのみ、政治責任は問われうるのである。

略言すれば、バークにおける民主政的部分とは、下院議員と選挙権を有する有産者層との直接的信託関係のみならず、下院議員と全民衆との共感を媒介とした間接的信託関係をも含む総体として捉えられていたわけである。民主政を担うべき下院は「国民感情の明示化された鏡像(image)」[75]として、民衆と利害ではなく「共感」で結び付き、「民衆のための抑制(a controul *for* the people)」として、行政や司法のチェックや民意の反映に基本的には尽力せねばならない[76]。制度的な多数決原理ではなく民意の反映こそを「民主政」の目的であると捉えたバークは、民意に共感でき、民意を的確に捉えられる「真の自然的貴族」というエリートを介在させることで、貴族政と民主政とを実質的に融和させようとしていた。よって、バークは、民衆の利益のための「政治」という実質的目的に関して言えば、普通選挙制ではないものの、「我々の代表制はこれまでおよそ民衆の代表制が希望ないしは考案しうる全ての目的に完全に対応してきた」(R: 49 上 105) と断言しえたのである。民衆は、議会を通じて君主や政府を抑制するのみならず、実質的代表制によって、逆に、民意の暴走にも安全弁が設けられる。これは全ての部分が影響を与えつつ暴走を抑止される抑制均衡の体系としてのイギリス国制において、不可欠の一機能を成しており、なおかつ自由の条件を構成していたのであった。

# おわりに

以上、イギリス国制の三要素を機能面から分析してきたが、民主政的部分と貴族政的部分の結節点が下院にあり、バークにとって、実質的には下院が政治システムの中枢であったことは疑いない。民意に規定されるとしてもあくまで議員の自律的判断が重視され、国王大権に拒否権があるとしても、『経済改革演説』(一七八〇年)に見られるように議会が王室費をも左右する以上、実質的に主権は議会に移行している。[77] しかし、バークは、議会を「有効的部分」として認めつつも、君主政を「威厳的部分」としてあくまで重視し続けた。それは、既に述べてきたように、君主政こそ、イギリス国制全体を保守するための砦の一つであったからである。この点を踏まえることによってはじめて、「イギリスにおけるフランス革命」論争において、バークの国制論が果たしたイデオロギー的役割について理解することができる。

既述の通り、『省察』執筆の機縁の一つとなったプライスの『祖国愛論』(一七八九年)は、名誉革命後のイギリス国制を支持し、その理由の一つとして特に、名誉革命が「我々自身の諸統治者を選択し、暴政を理由に彼らを追放し、我々自身で政体を作り上げる権利」に基づいていたことを挙げた。よってプライスは、君主や統治制度を支持する正当性の根拠に《民衆の選択》という明確なものを据えたわけであるが、まさしくバークが恐れたものの一つは、こうした君主政の根拠、ひいてはイギリス国制の根拠を明確化しようとする啓蒙主義的態度そのものであった。[78]「あたかも常に我々の国制が享受（enjoyment）の対象であるというよりも論争（altercation）の対象であるかのように、全てが議論の対象たるべきだと考えるのは……この時代の不幸である」（R: 80 上 168）と指摘していたように、バークにとって、国制を論ずることは一つのジレンマを伴っていた。というのも、統治の結果よりも民衆による統治そのものに第一義的意義を置く急進派とは逆に、「政府とは、人間の諸必要（*wants*）を満たすための、人間的叡智の発明品である」（R: 52 上 111-112）と考え、[79]人間の必要や実利を実現するための統治という責任倫理的観点を実践的政治家として有していたバークにとって、このイギリス国制のもとで富裕国に成りえたという帰結主義的な実績によって既に、イギリスの公益とイギリスの国制とがリンクしていることが実証されていたからである。それは、『省察』における「その価値が長い経験の確実な試験と増え続ける国力と国家的繁栄によって立証された国制の確固とした形態」（R: 50-51 上 108）という表現にも端的に示されていたが、そのような実利的正当性を獲得したイギリス国制をバークは「時効的国制（a prescriptive constitution）」と呼び、全面的に擁護していた。つまりバークは、国制の正当性の根拠をイギリスの繁栄という実利に置き、《民衆の選択》という〝形式〟には置かなかったのである。だからこそ、イギリス国制は、正当性の根拠を議論する「論争」の対象ではなく、既に確立された「恩恵の制度」（R: 51 上 109）として、ただ「享受」の対象たるべきであった。しかし、フランス革命とは、まさしくこのような民主的根拠を有しないアンシャン・レジームを破壊し、「時効的国制」を、民衆の意識的選択によって改めて正当性を付与された「幾何学的かつ算術的な国制」（R: 47 上 102）に人為的に組成し直す試みでもあった。よって、プライスは、民衆が自由に統治者を選択し、自ら国制を組成し直した革命として、名誉革命とフランス革命を同一視しえたし、反面、バークはプライスの名誉革命観とフランス革命の双方に、イギリス国制の危機を感じ取ったのである。初期の『自然社会の擁護』で、「全ての帝国は、血の中で固められてきた[80]」と皮肉的に語っていたように、バークにとっても、イギリス国制が民主的な起源を有していないことは明白であったが、十八世紀イギリスの繁栄を鑑みれば、その国制は誤っていなかったと帰結主義的に推定できるはずである。バーク曰く、「古い制度はその結果によって判断される。……我々は、善が生み出される事物を善だと結論する。……経験が教える手段の方が、当初の計画で考えられていた手段よりも政治目的に一層適合するかもしれない。……私は、このことは全てイギリス国制［憲法］の中に興味深くも例示されていると考える」(R: 151 下 72-73)。プラムナッツが、バークはイギリス国制を、「より清潔であると考えたからではなくして、それが概してよりよい安全とより多くの自由を提供すると思われた[81]」がゆえに支持していたのだと適切にも述べているが、逆に言えば、急進派は、国制の起源に社会契約論的な「清潔」さを断固要求し、革命を含む現行国制の民主的再編を企図していたわけである。実際にペインは「一国の憲法（constitution）は、その政府の行為ではなく、その政府を構成する民衆の行為である[82]」と述べ、憲法〔国制〕の基礎に民衆の自己決定性を据えようとしていた。ペインによれば、そうした民主的起源を有さぬイギリスの統治は「社会からではなく征服から生起した[83]」ものであり、イギリスの統治構造の根幹における非民主性を暴露し、その点を執拗に攻撃する戦略をとっていた。フランス革命を思想的に先導したシェイエスも、自覚的に支配的貴族の起源の一つが「征服」だと暴露することで、「第三身分は、今度は自らが征服者になることで、貴族となるであろう[84]」と述べ、貴族による統治体制を転覆させる根拠として、その起源の非民主性、野蛮性を提起していた。したがって、イギリス国制を何としても守り抜かんとしていたバークにとって、その非民主的な起源は、人間知性の探求力に触れぬよう――バークのレトリックを用いれば――「聖なるヴェール」ないしは「神秘的なヴェール」で覆い隠されていなければならなかったのである。

全ての統治の起源の上には掛けられるべき聖なるヴェール（a sacred veil）がある。……たいていの統治の起源には、時間というものが、それらの上にこの神秘的なヴェール（this mysterious veil）を投げ掛けている。慎慮と賢明さが、もっと最近の［統治の］基盤にも同様のカーテンのようなものが投げ掛けられるのを必要としているのだ。[85]

ここにバークのイデオロギー化されたコモン・ローヤーとしての姿を読み取ることも可能であろう。なぜなら、コモン・ローヤーこそ、イギリス国制（憲法）の起源を「記憶にないほど古い（immemorial）」ものであるとし、国制の起源に、「時間」という判断停止のヴェールを投げ掛けていたからである。[86] 実際、バークは『省察』（R: 28 上 62）で、コモン・ローヤーのコークやブラックストンに言及しつつ、「我々の最古の改革」たるマグナカルタすらも「王国のさらに古い永続的な法の再確認」に他ならなかったと述べ、国制の起源を無限の太古に遡ることで事実上ブラックボックスに入れていた。[87] そして、国制（憲法）の継続性は、既に述べたように、王統の継続性によって担保されていた。「［王冠の］継承の方針はイギリス国制の健全な性質である」（R: 22 上 50）と考え、王冠の継承とイギリス国制は不可分だと確信していたバークは、名誉革命でも「方向を変更しながら原則を保持した」（R: 20 上 45）として継承原理が依然として保持されていることを力説する。「［王冠の］世襲原理は、あらゆる変遷を通じて一種の不死性（immortality）をもって存続した」（R: 20 上 46）と王冠の世襲性を神秘化させるバークのレトリックは、その意味で、イギリス国制そのものをも神秘化させるものであったと言えよう。国家社会というものは、「生きている人々の間の共同事業だというのみならず、生きている人々、亡くなっている人々、これから生まれてくるはずの人々との間の共同事業」（R: 85 上 178）であるとして、永遠なる相のもとにイギリス国制を位置付けることによって、その背後に長大な歴史的物語性を付与し、民衆の服従心と信仰心とを喚起させ、そして権威をも帯びさせる。[88] これはホイッグの伝統的なイデオロギーである「古来の国制」の語り方でもある。もし、啓蒙主義的合理主義の精神によって国制の神秘的権威が剥ぎ取られ、《民衆の選択》という根拠を有していないことが判明するならば、社会契約論的な形式的正当性が重視される「この啓蒙された時代」(R: 76 上 160) においては、実利的な時効概念によってのみ正当性を担保されてきたイギリス国制は間違いなく破壊の対象となるであろう。そして、イギリス国制の基礎をヴェールで覆い隠そうとするバークに対して、ペインたち革命派は、明確にそのヴェールを剥がすことで、既存のイギリス国制を破壊し、合理的秩序に再編しようとする戦略を描いていたのである。

> 米仏革命は世界に一条の光を投げかけ、それは人々の中へと届いた。……一旦、ヴェール (the veil) が引き裂かれはじめると、修繕の余地はなくなる。……言語の領域には、反革命をもたらす手段でさえ、それを表現するための言葉の配列は存在しない。その手段は知識の遮蔽 (obliteration) でなくてはならないが、自分の知識を知らないようにしたり、自分の考えを考えないようにしたりするための方法は未だ発見されていないのである。[89]

「イギリスにおけるフランス革命」論争は、実はイギリス国制に掛けられた「ヴェール」をめぐる闘争という一側面を有していたのであり、ヴェールが剥がされることでイギリス国制の非民主的基礎が露見することは、バークにとって、精妙な抑制と均衡の体系としての国制そのものをも失うことを意味し、「時代と世代をいくつも経た慎重な選択結果」[90] たるこの国制に体現されてきた歴史的叡智とイギリスの繁栄を同時に失うことを意味していたのである。フランス革命に見られた如く、社会的抑制たる均衡国制の喪失は、大衆の情念を暴発させ、必然的に内乱と混乱を引き起こし、目指すべき平安と豊かさの中の「秩序と結び付いた自由」をも破壊するであろう。先述の十八世紀的危機感を共有していたバークにとって、これほど戦慄すべき状態はなかった。このことに明らかに自覚的であったバークは、明確に、意識的な反理性主義的啓蒙主義者として現れたのであり、自覚的なイデオローグとなったのである。ラスキが述べるが如く、「疑いなく、彼の考察は、書斎の中の思想家のものというよりは、演壇の中の雄弁家のものであった[91]」。

「イギリスにおけるフランス革命」論争におけるバークのイギリス国制論の意義は、前章で述べたような、急進派による国制の《理性による啓蒙》と、バークによるそれへの理論的対抗という背後の思想的闘争を踏まえて理解されねばならないであろう[92]。これまで述べてきた「威厳的部分」としての君主政と「有効的部分」としての貴族政（民主政）という彼の混合国制論の論理は、そうした思想的闘争のバイアスを一定程度受けていたのである。次章では、この《理性による啓蒙》に対抗するバークのイデオロギー戦略の一環として、『省察』の中でも最も有名な「紳士の精神と宗教の精神」という封建的言説の意義を読み解いてゆきたい。

## 注

（1） Morley, *Burke*, p. 1.
（2） 坂本義和『国際政治と保守思想』三三頁
（3） 坂本義和は、バークのイギリス国制論を君主政・貴族政・民主政・国教制の四部門に分けて論じている。本章で国教制の問題を論じないのは、バークにおける国教制は他の構成要素よりも高次の包括的な位置を付与されており、君主政や貴族政、民主政の部分とは位相が異なるからである。よって、広義にBritish Constitutionという場合、バークにおいては、国家と一体化していた国教制を含めるのが自然であるが、本章でも引用したように、バーク自身明示的には、イギリス国制は君主政・貴族政・民主政の三つの部分から成ると論じており、本章ではバークにおけるこうした狭義の国制概念に限定している。

(4) Burke, *An Appeal from the New to the Old Whigs* (1791), in W-3, p. 359.〔『論集』六〇三頁〕

(5) *Ibid.*, p. 362.〔『論集』六〇六頁〕
*Speech at the Conclusion of the Poll* (1774) からバークが自らの言葉を再引用したものである。

(6) *Speech on Reform of the Representation*, p. 410.〔『論集』四五二頁〕

(7) Canavan, *The Political Reason of Edmund Burke*, p. 93.

(8) Pocock, J. G. A., Introduction, p. xi.
実際、バークは、プライスらによる「イギリスにおけるフランス革命」を、清教徒革命と同質なものとして理解していた（R: 58 上 123）。

(9) *Letter to Sir Hercules Langrishe*, p. 493.〔『論集』七五一頁〕

(10) *Appeal*, p. 440.〔『論集』六七七頁〕

(11) 十八世紀後半期におけるイギリス人の自国憲法に対する「優越感と自己満足感」については、小松春雄『イギリス保守主義史研究』（七四—七五頁）を参照。自国が漸進的に達成してきた秩序、富裕、自由に対するイギリス人の自負心は、十九世紀中頃に至っても広範に保持されていた（Hirschman, *The Rhetoric of Reaction*, p. 101.〔一一七頁〕）。

(12) ロイ・ポーター『啓蒙主義』（見市雅俊訳、岩波書店、二〇〇四年）八〇頁

(13) Pocock, Introduction, p. xiii.

(14) ロイ・ポーター『啓蒙主義』八〇頁

(15) Burke, *Speech on Army Estimates*, p. 9.

(16) Burke to the Archbishop of Nisibis (14 December 1791), in C-6, p. 459.

(17) Burke, *Speech on Army Estimates*, p. 9.

(18) *Appeal*, p. 451.〔『論集』六八七頁〕

(19) *Ibid.*, p. 363.〔『論集』六〇七頁〕

(20) Paine, *Rights of Man*, Part I, p. 357.〔一四五頁〕
「ソロモン」並みの政治的叡智は世襲できないとしてバークの世襲君主政論を批判したという事実そのものが、ペインがバークの君主政論を君主の人格的支配の擁護論として理解していたことを物語っている。よって、ペインは君

主なき共和政体（代議制）を構想することになる。

(21) Bolingbroke, H. S. J., *The Idea of a Patriot King* (1738), in *The Works of Lord Bolingbroke*, II, A. M. Kelley, 1967, p. 384. ボリングブルックは均衡国制も制限君主政も擁護していたが、バークは、彼の思想を反ホイッグ的にして、「国王専制の合理づけの論証」だと解したわけである（中野好之「解説」『論集』一〇八二頁）。バークはプラトンに批判的であったが、ボリングブルックの愛国王論こそは、まさしく「プラトンの実現不可能な共和国論を遥かに凌ぐ君主政」に他ならなかったのである（*Discontents*, p. 364.〔『論集』二二一頁〕）。無論、このバークによるボリングブルック解釈の当否は別に論じられるべきであろう。

(22) *A Letter to the Sheriffs of Bristol*, p. 119.〔『論集』二七一頁〕

(23) 言うまでもなく、国王が実質的な統治主体たるべきでないということと、実際にそうであったということとは全く別のことである。名誉革命によってイギリスの君主が完全なシンボルになったわけではなく、一般的に、現代的な立憲君主政は十九世紀中頃のヴィクトリア女王および二十世紀初頭のジョージ五世からだと言われる。バジョットが君主の役割を「威厳的部分」に限定されつつあると指摘したのもヴィクトリア女王治世である。ただバークは、十八世紀末の過渡期において、イギリスの君主政が象徴的存在に限定されつつあることを先見的に看取していたという解釈はありうる。実際、十九世紀から二十世紀初頭にかけて、バークはリベラルな十九世紀的立憲君主政の予言者として高く評価されていた（Lock, F. P., *Burke's Reflections on the Revolution in France*, George Allen & Unwin, 1985, pp. 176–189. 鶴田正治『イギリス政党成立史研究』第三章第一節）。

(24) 坂本義和『国際政治と保守思想』五四頁

バークの君主政に対する機能的な見方は、リチャード宛の書簡でも披歴されている。「財産、秩序、調和の原理、そのためにのみ、あらゆる理性的な人間は君主が存在してほしいと願っている」（Burke to Richard Burke, Jr. (26 September 1791), in C–6, p. 413.）。

(25) バークの君主政観については、それが君主の実効的な政治的役割を重視するものであったか、それとも君主の象徴的役割を重視するものであったかで微妙に解釈が分かれている。その両要素がバークの多面的な思想に含まれていることは言うまでもないが、坂本は後者に近いと言える。反面、例えばJ・コニフは、バークが「全ての国家は、いかなるより高き権威にも従わない至高の法制定権力をもたねばならないという主権理論」を念頭に置いており、君主の実効的な法制定権力を大きく認め、君主が議院・内閣に影響力をもつのは「それ自体不道徳的でも不法でもない」と考えていたとし、前者に近い解釈をとる（Conniff, *The Useful Cobbler*, p. 93.）。しかし、コニフも引証する『現代の不満』

では、「君主の個人的恩寵と意向」で公職が決まれば、「独立心の偉大なる支え」であった議員としての義務感や名誉心が失われると批判されており（*Discontents*, p. 360.〔『論集』一七頁〕）、また、バークの提起した王室費削減案の真の目的は「あの腐敗した影響力の削減」にあるとされていた（Burke, *Speech on Economical Reform* (1780) in W-2, p. 153.〔『論集』三〇二頁〕）。よって、一応、コニフも制限君主政論者としてバークを理解しているように、バークが君主による過度の議会介入を批判し、議会主権を堅持しようとしていたことは明白であろう。「イングランドの国璽による一切の恩赦は、議会の下院による弾劾に対抗できない」（R: 25 上 56）という議会優位を確立した名誉革命の成果は、バークにとって象徴的なものであったのである。ただし、ウィルクス事件への対応でバークが実感したように、議会の専制もまた好ましいものではなかった。一七七〇年の演説では、「問題の本質は、法の支配と法の原理によって貴卿ら自身の権力に制限を設けることである。私が感じるに、これは人間本性の堕落した貪欲かつ野心的な部分にとっては難しいことである。しかし、まさにこの難しさこそが、その必要性を主張し、強化するのである。第一に、権限が大きいほど、その乱用の危険性はますます増えるからである。少なくとも革命以来、国家のあらゆる権力は大挙して下院に流れ込んだ。……第二に、下院は、最も強力であるがゆえに、国制のあらゆる部分の中でも最も腐敗しやすい部分であるからだ」（Burke, *Speech on Parliamentary Incapacitation* (1770), in WS-2, p. 234.）。

本章は、バークが君主をその「象徴的機能」のゆえに評価していたとする坂本の解釈に近いが、後述するように、それをコモン・ロー的な法の支配の擁護と結び付け、バークの国制（憲法）論における君主政の新たな意味を付与した点でオリジナリティを有する。そして、本章の「おわりに」で述べるように、このようなコモン・ロー的思考は、バークにおける国制の反《理性による啓蒙》戦略の要なのであった。

(26) バークの初期作品『イギリス史略』では、一二一五年六月一五日、ジョン王の「無制限の大権を取り上げた」マグナカルタによって、「イギリスの自由の基礎が据えられた」としている（*An Abridgment of English History*, p. 703.）。バークの考えでは、王権の制限は、イギリスの自由を保持する条件の一つであった。興味深いことに、バークは、そのマグナカルタで、バロンは、「国王およびその相続人からバロンとその相続人へと与えられた自由を保持する」とされていたと述べており（*Ibid.*, pp. 705–706.）、言うまでもなく、これは後の『省察』における相続財産としての自由という考えに通ずるものであろう。バロンたちの「自由の観念は……完全に自由というわけではなかった。そして、彼らは、自然的な原理ないしは独立した根拠（any natural principle or independent bottom）に基づく特権を有すると主張したのではなく、ちょうど彼らが保有する土地のように、国王から頂いた特権を有すると主張したのである。このことは注目するに値する」（*Ibid.*, p. 706.）。ここには、自由と法権利の根源としての君主という考え、相続財産としての自由という考え、さらには自由を自然的権利ないしは抽象的権利と見なすことに対する否定的視座の萌芽が見られる。

(27) *Letter to Sir Hercules Langrishe*, p. 501.〔『論集』七五九頁〕

(28) Paine, *Rights of Man*, Part I, p. 278.〔二四頁〕

(29) *Ibid.*, p. 278.〔二六頁〕

(30) *Ibid.*, p. 310.〔七六頁〕

ペイン曰く、「権力の野蛮な衝動を抑制し、統御するためのイギリス憲法がないため、その法律の多くは、非合理的で専制的で、その執行は、曖昧で、問題が多い。……定まった法律はと言えば、そんなものはほとんど存在していないのである」(*Ibid.*, p. 440.〔二六二頁〕)。

(31) Burke to Depont (November 1789), p. 42.

(32) 同様に、バークは、国王から最下層民まで等しく拘束しているという点で、イスラム法を高く評価していた(Burke, *Speeches on the Impeachment of Warren Hastings* (Second Day of Reply: 30 May 1794) in W-8, p. 71.)。

(33) シィエス『第三身分とは何か』一〇五、一一〇頁

シェイエスは、国民も自然法にだけは従うとしている。

(34) バークにとって、専制と法の支配とは両立しえないものであった。「法と恣意的権力は永遠に対立する。……〔法〕の代わりに意志を用いようとする者は神の敵である」(Burke, *Speeches on the Impeachment of Warren Hastings* (Fourth Day: 16 February 1788) in W-7, p. 119.)。「恣意的権力は法における反逆である。法でそれに言及することは、語義矛盾となる」(Burke, *Speeches on the Impeachment of Warren Hastings* (First Day of Reply: 28 May 1794) in W-8, p. 41.)。

(35) 一七九一年のリチャード宛書簡では、フランス国王について以下のように述べられているが、ここから、バークが君主権力の限界をいかに考えていたのかについて推察することができる。フランス国王は、「どれだけ自由な認可によるものであっても、自らの玉座を破壊することも、貴族を破壊することも、教会を破壊することも、裁判所を破壊することも、団体を破壊することも、秩序を破壊することも、臣民の一般的な財産保有権を破壊することもできないのだ」(Burke to Richard Burke, Jr. (18 August 1791), in C-6, pp. 361-362.)。

(36) バジョットは、君主という「威厳的部分」が華麗で神秘的で民衆の心を打つような「演劇的要素」を保持することが重要であるとし、さらに人間は伝来の古きものに感銘を受けるがゆえに、「人間の最も印象的な制度は最古の制度である」と喝破し、そうした君主政における演劇性と永続性が民衆の忠誠心をもたらすと論じていた(Bagehot, W., *The English Constitution* (1867), Oxford U. P., 2009, pp. 9-10.〔小松春雄訳「イギリス憲政論」『世界の名著⑫/バジョッ

ト・ラスキ・マッキーヴァー』所収、中公バックス、一九八〇年、七一―七二頁〕)。バークが王統の連続性と威厳を重視したのも、バジョットと同様、それが民衆の忠誠心をもたらす社会秩序の要であることを見抜いていたからであろう。だからこそ、すぐ後で述べるように、民衆の目から王統の一時的断絶は覆い隠されなくてはならなかったのである。

また、トクヴィルによれば、君主の威厳は、君主権力の限定のためにも不可欠となる。彼は旧体制下の王権は、威厳があったがゆえに限定されていたと指摘している。「幾人かの臣下の権力が君主の圧政に抗する越え難い防壁を打ち立てていた。そして、さらに君主も、自分が民衆の目にほとんど神性を有するように映っていると感じ、そうした敬意があるからこそ、権力の濫用をしたいとも思わなかった」(Tocqueville, *Democracy in America*, p. 17.〔松本礼二訳『アメリカのデモクラシー』第一巻、岩波文庫、二〇〇五年、上・一八頁〕)。「宗教、臣民の愛情、王侯の善意、名誉心、家門の精神、地方の偏見、慣習、世論が、目に見えない輪の中に君主の権威を封じ込め、その権力を抑え込んでいた。……君主は、臣民の愛を慈しむが、なぜなら、それこそが玉座を支えているからである」(*Ibid.*, p. 366.〔第一巻、下・二五八頁〕)。ここには、バークが『省察』で述べた「社会的尊敬なる柔らかい首輪(the soft collar of social esteem)」(R: 67 上 141)という洞察と通ずるものがあろう。

(37) 逆に言えば、「一般的に言って、習慣的に欠点を見出し、それを見えるようにさせること(displaying faults)を生業としている人々は、改革という仕事には向かないのである」(R: 150 下 69)。

(38) 十八世紀のイギリス国制において、貴族政的部分がいかに重要であったかについては、トクヴィルが、均衡のとれた混合国制は「幻想」であり、十八世紀のイギリス国制は、民主政的部分を含みつつも、「本質的には貴族政国家」であったと指摘していたことを想起すればよい(Tocqueville, *Democracy in America*, pp. 293-294.〔第一巻、下・一四八頁〕)。したがって、当然ながら、バークの政治思想においても、貴族政的部分は最重要の位置を占めていた。

バークが「貴族」について透徹した分析眼を有していたのは、カール・マンハイムも指摘するように、バーク自身が生まれながらの貴族ではなかったというところに起因するのかもしれない。バークが生来の貴族ではなかったからこそ、貴族をある意味で客観的・分析的に見ることができたのである。「ある社会的存在形態の輪郭は、この存在形態のなかに生まれついた者には、ただ例外的にしか可視的にならない。社会学には(弁明的な意図をもった社会学にでも)距離が、生産的立場が、自覚存在的に創造された豊かな視座が必要である」(カール・マンハイム『保守主義的思考』森博訳、ちくま学芸文庫、一九九七年、一四七頁)。マンハイムが『イデオロギーとユートピア』(一九二九年)で「浮動する知識人」に期待を寄せたのも同じ理由による。

(39) Burke, *On a Bill for Repealing the Marriage Act* (1781), in W-5, p. 433.

(40) スミスの如く、分業化と能力的偏向との関係性について論じていた点で、バークのシヴィック的側面がここに垣間見られるが、ファーガスンと同様、分業批判はバークの統治者論と結び付いていただけであり、労働者に関しては、分業を全面的に否定すべきものとしては捉えられていなかった。バークのシヴィック的側面については、中澤信彦『イギリス保守主義の政治経済学』第五章を参照。

(41) Smith, *The Wealth of Nations*, p. 337.〔上・二七二頁〕

ただしスミスは、労働者も、生活の厳しさや教育環境などから、公共の利害を理解できないとしている。そこから教育の重要性も導出されるのである。

(42) *First Letter on a Regicide Peace*, p. 413.〔『論集』九二七頁〕

(43) Laski, *Political Thought in England*, p. 162.〔一四二頁〕

(44) 古代ギリシアで手仕事が「メカニック」な労働と呼ばれ、公職に不適であると見なされていたことを想起されたい（今村仁司『近代の労働観』岩波新書、一九九八年、四頁）。スパルタを理想視していたファーガスンも、技芸（arts）が、分業によって、精神労働たるliberal artsと肉体労働たるmechanic artsとに分裂すると論じていた。それは、ファーガスンにとって、古典古代における自由人と奴隷の、近代文明社会における再現なのであった（佐々木武「『スコットランド学派』における『文明社会』論の構成（二）——'natural history of civil society'の一考察」『国家学会雑誌』八五巻九—一〇号、一九七二年）。

(45) 貴族の巨大な世襲的財産は、無秩序を恐れたバークにとって、社会の安定化のために必要不可欠な「錘」でもあった。「我々の家産を永続化させる権限は……社会そのものの永続性に最も貢献するものである」(R: 45 上 96)。所有を否定しなかったシェイエスも、貴族の「土地所有の影響力」が革命にとっての障害であることを認識していた（シィエス『第三身分とは何か』三六頁）。

さらに、バークにとって、安定的な土地所有は、私有財産という私的領域を確保することで、圧政に対する防波堤の役割も果たす。「精神の独立は財産の独立によって多かれ少なかれ影響される」(*Speech on the Duration of Parliaments*, p. 394.〔『論集』三八一頁〕)。

(46) M・ポランニーは、バークの政治的叡智を経験的な「知」だと捉えており、伝統によってのみ伝達されうるとする（Polanyi, M., *Personal Knowledge: Towards a Post-critical Philosophy* (1958), Routledge, 1998, p. 54.〔長尾史郎訳『個人的知識』ハーベスト社、一九八五年、五〇頁〕）。また、岸本広司も、「道徳的教訓や政治的実践知識」を包含したバークの「偏見」を、ポランニーの暗黙知に近いと指摘している（岸本広司『バーク政治思想の展開』五九八頁）。

(47) Oakeshott, *Rationalism in Politics and Other Essays*, p. 121.〔一一六頁〕

(48) Burke to the Duke of Richmond (post 15 November 1772), in C-2, p. 377.

おそらく、ここでの「オークの大木」という比喩は、清教徒革命期に王統を守護した「ロイヤル・オーク」の逸話を前提としているものであろう。国家を確固たるものにする《歴史的継続性》の象徴として王統や貴族の血統を捉えるバークの視座を如実に物語るレトリックであると言える。さらに、十七世紀において、ヘンリー・ピーチャムの『完全なる紳士』（一六二二年）に見られたように、オークがその卓越性によって高位に位置付けられるべき「森の王様」として、「存在の連鎖」の概念を表象するものとしても描かれていたことに留意が必要である（Patrides, C. A., Hierarchy and Order, in *Dictionary of the History of Ideas: Studies of Selected Pivotal Idea*, II, edited by Philip P. Wiener, Charles Scribner's Sons, 1973, p. 435.〔村岡晋一訳「ヒエラルキーと秩序」『ヒストリー・オヴ・アイディアズ⑰／存在の連鎖』所収、平凡社、一九八七年、一三―一四頁〕）。

(49) Botting, E. H., *Family Feuds: Wollstonecraft, Burke, and Rousseau on the Transformation of the Family*, State University of New York Press, 2006, p. 115.

ノルベルト・エリアスが指摘しているように、上流階層の作法や振る舞いの継承というものは、裏を返せば、彼らの没落や威信喪失に対する不安の継承でもあり、その不安ゆえに、さらなる下流階層との差異を強調すべく作法や振る舞いが洗練されてゆくのである。言うまでもなく、この不安から生じる「規制や禁令」も、意識的にせよ、無意識的にせよ、「言葉を通じてと同じ位身振りを通じて子供に伝えられる」（N・エリアス『文明化の過程』波田節夫他訳、法政大学出版局、一九七八年、下・四七一頁）。

(50) プラムナッツ『近代政治思想の再検討Ⅲ』（藤原保信他訳、早稲田大学出版部、一九七八年）二九頁

F・P・ロックも、「富と閑暇を有する世襲貴族階級」の教育のみが「彼らの受け継がれた文化的価値の保存と伝達に向けられうる」とバークが考えていたと指摘している（Lock, *Burke's Reflections on the Revolution in France*, p. 20.）。

(51) Hayek, F. A., *Constitution of Liberty*, I, Routledge & Kegan Paul, 1960, p. 90.〔気賀健三・古賀勝次郎訳『ハイエク全集⑤』春秋社、一九八六年、一三二頁〕

(52) Canavan, F. P. *The Political Economy of Edmund Burke: the Role of Property in His Thought*, Fordham U. P., 1995, p. 140.

(53) Lock, *Burke's Reflections on the Revolution in France*, p. 19.

(54) Burke, *Letter to a Noble Lord* (1796) in W-4, p. 325.〔『論集』八四六頁〕
(55) *Discontents*, p. 368.〔『論集』二四—五頁〕
(56) Burke to Mrs. John Crewe (circa 23 March 1795), in C-8, p. 216.
(57) *Appeal*, pp. 424-5.〔『論集』六六二—三頁〕
オットー・ブルンナーは、こうした公共精神、自己抑制、克己の美徳と結び付いた貴族という古代ギリシア・ローマ以来の貴族観が十八世紀中頃になって大きな変容を被ったとする。「ギリシアのポリスからローマの貴族、キリスト教による古典古代文化の受容を経て、騎士的＝宮廷的文化や人文主義や近世初期の国ごとの貴族類型のそれぞれの貴族的人間像にいたるまでの、美徳の歩み……を通じてつねに現れるのは、貴族と『美徳』(arete, virtus) の密接な関係である。しかもこれは、貴族のみが美徳を有し、美徳をもつべく生まれついてはいるが、しかし美徳は苦しい努力によってそれを身につけるように自己を陶冶してゆくきびしい義務を含む、というかたちでの結びつきなのである」(オットー・ブルンナー『ヨーロッパ——その歴史と精神』石井紫郎他訳、岩波書店、一九七四年、一六九頁)。しかし、こうしたことは、家の構成員を支配すべき家長の美徳論を含む古典古代以来の多彩な「家政学」(エーコノミーク)が十八世紀において「商業」に関する専門的な「国民経済学」の勃興によって衰退させられることで、力を失う。したがって、ブルンナーも指摘しているように、アリストテレスが『政治学』の家政学の章で不平等性を端的に示す奴隷制を扱ったのも故なきことではないのだが、「政治学のすべての文献のなかで、はじめて奴隷制に対し原理的な反駁を加えたのはルソーの『社会契約論』であったとするならば(同書一六二頁)、人間の「同胞の前」における平等を求める近代民主主義(フランス革命における水平化)の思想こそ、国民経済学と並んで大きな痛撃を家政学の伝統に対して加えるものであったと言えよう。家政学が不平等性を基礎とする「家長・家父の学」であり、古代ギリシアにおける「倫理学、すなわち『実践哲学』は、核心において、個別的人間、家長、為政者の美徳論であった」とするならば(同書一六六頁)、高位者たる貴族の徳を唱えるバークは古代ギリシアの「実践哲学」をこそ反時代的に再興しようとしていたのであり、後に述べる水平化に抗して再提示した自然的な階層制秩序という考え方はその大前提となるものであった。
(58) ディキンスンは以下のように指摘している。「バークの自然的貴族の概念——統治すべき人々に対する彼の見解——は、十八世紀末のブリテンにおいて権威を実際に行使していた有産者階級と実際上は一致していた」(Dickinson, *Liberty and Property*, p. 317.〔三二九頁〕)。
(59) この点は、当時のイギリス国民の識字率など社会史的背景も考慮される必要があろう(佐藤光『柳田国男の政治経済学』一三七―一四一頁)。

(60) この自然的秩序の政治経済思想的意義については、本書の第三章を参照。また、上田辰之助『上田辰之助著作集Ⅲ/西洋経済思想史』(みすず書房、一九八九年)第三部も参考になる。

(61) *First Letter on a Regicide Peace*, p. 413.〔『論集』九二七頁〕

(62) *Appeal*, p. 426.〔『論集』六六三頁〕

(63) このバークの反転された自然状態観を理解することによってはじめて、フランス革命派の「自然」的な「人間の権利」を批判し、「イギリス人の権利」を擁護したバークの周知の言説についてのアレントの指摘を理解することができる。アレントが述べる通り、「生まれたという理由で全ての人々がもつという譲渡不可能な政治的権利というものは、我々自身の時代に先立つ全ての時代にとっても――バークにとっても――語義矛盾であるように思われる」(Arendt, *On Revolution*, p. 45.〔六三頁〕)。政治的権利とはそもそも政治状態においてのみ意味をもつにもかかわらず、フランス人権宣言のように、政治的権利を政治状態に先立って、自然状態における「動物としての人間」が生まれながらに有する権利として規定してしまうのは本来、ナンセンスである。よって、言わば、「文明〔政治〕社会の状態が自然状態である」として自然を政治に還元しようとしたバークとは逆に、フランス革命派の人権理論は「実際、政治を自然に還元しようとしたのである」(*Ibid.*, p. 108.〔一六一頁〕)。確かに、シェイエスは「地上の諸国民は、社会的結びつきがまだ存在しない、すなわちいわゆる自然状態にある個人と同様に考えられねばならない」とし、一切の社会的形式の拘束を受けることなく、法的・政治的権力の根源たる「国民は、決して自然状態を離れない」と断言していた(シィエス『第三身分とは何か』一〇九頁)。フランス革命派は「人間の権利」を社会形式以前の生まれながらの自然的権利と規定したがゆえに、それが「生命の必要に対する人間の権利」へと変質し、貧困などの社会問題の解決へと革命の目的が歪められてゆくことになったというのがアレントの見方であったが、その意味で、生得的な「人間の権利」を否定し、イギリスの文明社会という政治状態を前提とする「イギリス人の権利」を認めたバークの議論は、確かに「時代遅れなものでも『反動的(reactionary)』なものでも」なかったのであり、フランス革命派の生得的人権という概念こそが歴史的には異質なのであった。アレントによれば、古代ギリシアでは、自由も平等も人間本性に固有の権利ではなく、「生まれたということによってではなく、市民になること(citizenship)によって」獲得するものであると考えられていた(Arendt, *On Revolution*, p. 31.〔四一頁〕)。公的(政治的)領域を自然的領域に還元することがなかったという意味では、バークの権利論は古代ギリシア的な権利観に近い側面があったと言えるのかもしれないが、バークにとって、貴族政や、統治者と被治者の関係などを必然的に生み出す文明(政治)社会を前提としてのみ、はじめて政治的権利は意味をもつのであり、それこそが自然的な在り方なのであった。つまり、その自然的な在り方に服従する者のみをバークは権利主体たる「民衆」として認めたのである。そのように考えると、政治的権利や「民衆」という概念そのものが貴族政的部分の存在を前提にしているとも言え、いかにバークの政治思想において貴族政的部分が大きな位置付けを付与されていたかが分かるであろう。

（64） *Appeal*, p. 425.〔『論集』六六三頁〕

ここにファーガスンの影響を看取することも可能である。ファーガスンは、「我々が、どこで自然状態というものを見出せるのか?と聞かれたら、こう答えよう。それはここである」と述べていた（Ferguson, A., *An Essay on the History of Civil Society*, Cambridge U. P., 1996, p. 14.〔大道安次郎訳『市民社会史』白日書院、一九四八年、一七頁〕）。オニールは、こうしたファーガスンによって展開された、社会状態を「自然」と見なす思考はスコットランド啓蒙派の中で広く共有されたとする。フランス啓蒙派の非社会的な自然状態という仮定を否認し、この社会性や時間などを無視した社会契約説的フィクションを統治の正当性の根拠とすることに反対した経験主義的なファーガスンに、それを読んだバークも同調したであろうことは想像に難くない（O'Neill, *The Burke-Wollstonecraft Debate*, pp. 33–34, 79–80.）。

また、既に十三世紀にトマス・アクィナスは、現世の国家社会を、神へと至る階層的な宇宙全体（「超自然的秩序」）に包摂された、それ自体階層的な「自然的秩序（ordo naturalis）」であると正当化していたが、その点については、柴田平三郎『トマス・アクィナスの政治思想』（岩波書店、二〇一四年）の第四章を参照。キャナバンやジョセフ・パッピン三世らが言うように、バークが伝統的自然法思想の影響下にあったとするならば、自然的貴族の指導とそれへの民衆の服従が存在する状態を自然の状態であるとしたバークの自然状態観に、トマス主義的自然観——「目的論的自然観と階梯的秩序観」（柴田平三郎）——の影響を看取することも可能であろう。トマスは、「神によって確立された自然的秩序そのものからして、自然的事物においては下位のものは上位のものの動かしに従属することが必然的であるごとく、そのようにまた人間的な事柄においては自然法ならびに神法の秩序からして、下位の者はかれらの上位の者に従わなくてはならないのである」と述べ（稲垣良典訳『神学大全』第二〇冊、創文社、一九九四年、四五頁）、バークも、「人間に対する人間のあらゆる支配は、神の配剤の結果である」と考えていたのである（*Speeches on the Impeachment of Warren Hastings* (Fourth Day: 16 February 1788), p. 117.）。

（65） *Appeal*, p. 423.〔『論集』六六一頁〕

（66） *First Letter on a Regicide Peace*, p. 372.〔『論集』八八九頁〕

(67) Hume, D., Idea of a Perfect Commonwealth, in *Essays, Moral, Political, and Literary*, Revised Edition, Liberty Fund, 1994, pp. 523-524.

(68) Burke, *Speech at the Conclusion of the Poll* (1774) in W-2, p. 13.〔『論集』一六五頁〕

(69) *Letter to Sir Hercules Langrishe*, p. 521.〔『論集』七七七頁〕

(70) シィエス『第三身分とは何か』一二〇頁

(71) 同書、一四三頁

(72) アイルランドに対する貿易制限の緩和を難航させる要因の一つが、ブリストル商人たちの「嫉妬」にあるとバークが論じていることは、ヒュームの『貿易の嫉妬について』（一七五八年）の議論を踏まえると興味深い。「他の人々が繁栄する可能性の中に、我々自身の破滅の確実性を見ること」は、「自然」なことではあろうが、「貿易というものは、相互の需要と消費の対象が我々の嫉妬（our jealousies）の限界を超えて広がることができないような、限定されたものではない」とバークは鋭くも見抜いていた（Burke, E., *Two Letters to Gentlemen in Bristol* (1778), in W-2, pp. 146-147.〔『論集』二九七頁〕）。イギリスにとって、アイルランドが「貿易の嫉妬」の的の一つであったことは Hont, I., *Jealousy of Trade: International Competition and the Nation-State in Historical Perspective*, Belknap Press, 2005, p. 58.〔田中秀夫監訳『貿易の嫉妬――国際競争と国民国家の歴史的展望』昭和堂、二〇〇九年、四四頁〕を参照。

(73) *First Letter on a Regicide Peace*, p. 413.〔『論集』九二七頁〕

(74) *Speech at the Conclusion of the Poll*, p. 12.〔『論集』一六四頁〕
宗教と政治責任の関係については、『省察』（R: 81-83 上: 171-173）も参照。

(75) *Discontents*, p. 395.〔『論集』五一頁〕

(76) 民意に政治がある程度規定されるという意味では、「民衆は、権威に対する自然的な抑制」（*Appeal*, p. 416.〔『論集』六五四頁〕）なのであるが、民意は、「早期に世論の方に目を向ける」（*Ibid.*, pp. 424-425.〔『論集』六六二頁〕）べき自然的貴族による「共感」によって具象化される一方、統治者への異議申し立てという直接的な形態をとって顕在化する場合もある。よってバークは、民衆の生活実感からの抵抗については、民意を政治へ反映させるルートとしてはある程度認めていた。実際、『現在の不満』（*Discontents*, p. 353.〔『論集』一〇―一一頁〕）では、民衆は「無秩序」に利益を見出さないのであるから、民衆の抵抗は、政府の側に問題があることを立証しているとし、後の『訴え』でも、実際的な「苦痛の感覚（a sense of grievance）」による抵抗と、抽象的な「何らかの観念に対する熱狂（zeal for some opinions）」による抵抗とを峻別し、制限のない後者に比して、前者は苦痛の種が除去されれば治まるため問題は少ないとしていた（*Appeal*, pp. 438-439.〔『論集』六七六頁〕）。抽象観念による抵抗は「政府の善政も悪政も、民衆の享受する保護も民衆が苦しむ抑圧も」関係がないとされ、逆に言えば、「苦痛の感覚」による抵抗は社会の実体を反映しているがゆえに政治家にとって無意味ではないのである。これは、政界進出前の『カトリック刑罰法論』での限定的な抵抗権の議論を、体制側となった政治家バークが、限界で体制内に取り込んだものであると見ることもできよう。

言うまでもなく、革命派のペインは、フランス革命が圧政下ではなく寛大な国王の統治下で起きたことから、国王の「人格」に対してではない、「原理」によるはじめての革命であり、過去の革命とはその点で異質であることを賞賛していた。ペイン曰く、「我々の見るところ、フランスの場合、革命が、人格と原理をはじめから峻別し、人間の権利を合理的に考えることから生起した」のである（Paine, *Rights of Man*, Part I, p. 286.〔三七頁〕）。バークはこの「原理」からの熱狂的反乱こそ、社会を徹底的に破壊するまで止まるところを知らない恐ろしいものであると考えていたのである。

（77） 十八世紀における下院の強力さについては、Hume, D., Of the Independency of Parliament, in *Essays, Moral, Political, and Literary*, Revised Edition, Liberty Fund, 1994. を参照。坂本も述べるように、「一八世紀ホウィッグたるバークにとって議会主権は一つの自明な原理であり、従って王権や国教会との抑制均衡を内包しつつも下院が優位に立つべきことは疑う余地がな」かった（坂本義和『国際政治と保守思想』九三頁）。

（78） 実際、同時代のバーク批判者たちは、イギリス国制の根拠が不明瞭であることを攻撃していた。「マグナカルタは、それ以前の権利関係に主として依拠せねばならないのか。そして、それは、混沌（chaos）が強大な建築物の基礎になるまで、さらに前の権利関係に遡るのである」（Wollstonecraft, *A Vindication of the Rights of Men*, p. 9.）、「バーク氏はイギリス憲法〔国制〕をここに提示することができるか？　できないならば、……憲法のようなものは現在もなければ、これまでもなかったのであり、結局、民衆はこれから憲法を作り出さねばならないのだ……」（Paine, *Rights of Man*, Part I, p. 310.〔七六頁〕）。

（79） 実利的な側面から政府機構を正当化させる姿勢は、青年期からバークにおいては一貫していた。学生時代の『改革者』第七号では、「その下に生きる人々の生命と財産を守ることが、あらゆる賢明な政府の責務である」と述べられていた（Burke, The Reformer, no. 7 (10 March 1748), in WS-1, p. 96. ＷＳの編者はここにロックの影響を看取している）。それに対して、国家社会、文明社会は道徳的な側面からも正当化されてゆく。

（80） *A Vindication of Natural Society*, p. 12.〔三五九頁〕

晩年の『一貴族への手紙』でも、バークは大貴族の起源を強奪などの不正行為に求めていたが、時効的正当性を有する国制の起源が実際はグロテスクなものであることを充分に認識していたことを窺わせる。しかし、バークにとって、現行国制の起源が非民主的であることと、現行国制が有利性を有していることとは別問題であったのであり、国制の民主的再構成によってはじめて有益な国制になると考え、国制の起源の民主性と国制の有利性とを結び付けた急進派とはその点で真っ向から対立していた。よって、バークは、国制の暗部を全く知らなかったわけではなく、それを熟知した上で —— 不確定的な新規の国制を作り上げるよりも —— 確実な現行国制の有利性を保守するために、自覚的な保守主義者となったのである。

(81) プラムナッツ『近代政治思想の再検討Ⅲ』四頁

(82) Paine, *Rights of Man*, Part I, p. 310.〔七四頁〕

(83) *Ibid.*, p. 310.〔七六頁〕

(84) シィエス『第三身分とは何か』二四頁

また、シェイエスは、貴族の出自は元々、九九%が平民、百姓、土百姓であり、残余は強盗であったとも述べている（同書一二九頁）。

(85) *Speeches on the Impeachment of Warren Hastings* (Fourth Day: 16 February 1788), p. 72.

(86) マシュー・ヘイルらのコモン・ロー思想とバークの初期思想との関係については、Pocock, *Politics, Language, and Time*, pp. 202–232. を参照。ポーコックが指摘するように、確かにバークは政界進出前の『イギリス法史論断片』（一七五七年）で、イギリス法の起源がオープンになっていないとし、法の起源が追えないとするならば、「法の歴史はほとんど無用のものと見なされるに違いない」と批判していた（*An Abridgment of English History*, p. 717.）。法の起源にヴェールを投げ掛けようとしたコモン・ローヤーの問題点を論じつつも、政界進出後の諸演説ではコモン・ローヤー的言説へと接近したとするならば、バークはコモン・ローヤー的言説に新たな政治的意義を見出したと考えるべきなのではないだろうか。ブローニングによれば、バークは、こうした古来の国制論とコモン・ローの思想をコート・ホイッグ派のコモン・ローヤーであるハードウィックに負っているとする（Browning, The origin of Burke's ideas revisited.）。古来の国制論やコモン・ロー思想とバークの関係については、土井美徳「エドマンド・バークの政治的保守主義 —— 神の摂理としての自然と『古来の国制』」『創価法学』（第四〇巻第一号、二〇一〇年）、同「時効の政治学としての『古来の国制』論 —— バークの保守主義とイギリス立憲主義」『創価法学』（第四〇巻第二号、二〇一〇年）、同「初期バークにおける政治的保守主義の形成（下） —— 自然的感情、古来の慣習、神の摂理」『創価法学』（第四三巻第三号、二〇一四年）が参考になる。

バークの中で、こうした法学の位置付けがいかなるものであったのかは判定し難い。F・P・ロックは、若い頃に法学の勉強を放棄して文学や政治学へと走ったバークには、法学そのものに対する両義的な感情があったとしている（Lock, *Burke's Reflections on the Revolution in France*, p. 20.）。無論、議員となる以上、法学に無知であるわけにもいかず、一七八〇年には「私は非常に若い時分から、他の国や他の時代の法律や憲法に関するテーマはもちろん、我が国の法律や憲法［国制］というテーマについても本を読んだり、思索したりして詳しくなっていた」と述べている（*Letter on the Duration of Parliament*, p. 233.）。

（87）バークがコモン・ロー的な法の支配を擁護していたことについては、Stanlis, *Edmund Burke and the Natural Law*, pp. 38-40. を参照。記憶にないほど古い法という概念によって法秩序を神秘化ないしは聖化させるというのは、ヨーロッパでは中世以来の極めて伝統的な発想でもあった。「中世においては、君主も人民も、聖化された伝来の法秩序に拘束されていた。人々はくりかえし、『神と法』、『良き古き法』を引き合いに出している。それは……法が記憶を絶した太古からあることを意味した。法は、いつも変らぬものであったから古き法なのであり、慣習、すなわち良き慣習であり、またそれゆえ効力を有する。そのさい、法を定立したり変更することは十分に可能であったが、それもつねに正しきことについての確信に拘束されていたのである」（ブルンナー『ヨーロッパ』二五〇頁）。したがって、ヨーロッパでは長らく実定法と神の自然法とが融合的であり続けたが、その影響はバークにも一定程度存在していたように思われる（補論Ⅰも参照）。

（88）これに対してペインは、現在の世代のみの自己決定を対置させる。「私は生きている人々の権利を求めて闘っているのである。……バーク氏は、生きている人々の権利や自由に対する、死者の影響力を求めて闘っているのである」（Paine, *Rights of Man*, Part I, p. 278.〔二五―二六頁〕）。バークとペインの思想的闘争の背後には、一つの重要な論点として、コモン・ロー的思考をめぐるものがあったと言ってよい。

（89）Paine, *Rights of Man*, Part I, pp. 359-360.〔一四八―一四九頁〕

（90）*Speech on Reform of the Representation*, p. 405.〔『論集』四四七頁〕

（91）Laski, *Political Thought in England*, pp. 182-183.〔一六二頁〕

（92）無論、再度強調するが、バークが反理性主義的啓蒙主義者として現れ、国制の《理性による啓蒙》に抗したことと、バーク自身があらゆる意味において反啓蒙主義者であったということとは全く別のことである。

# 第三章　文明社会の精神的基礎——騎士道と宗教の精神

## はじめに

バークは、階層制秩序や騎士道を擁護した政治的保守主義の定礎者として政治思想の領域においては高名であるが、経済思想の領域においては極めて馴染みの薄い人物である。[1] バークの経済思想は、「商業の法則は自然の法則であり、したがって神の法則である」[2]という有名な発言に見られるように、政府が市場に介入することを断固拒否し、市場法則の自律性を信奉する経済的自由主義に属するものとして捉えられてきた。しかし、この政治的保守主義と経済的自由主義がバークの中でいかに両立していたのか、という点については、クラムニックやフリーマンらがこの両義性そのものは指摘しているが、[3] 必ずしも明確にはなっていない。この問題がバーク研究の一つの争点となっていることは序章でも指摘した通りであるが、そこで紹介した政治思想史家J・G・A・ポーコックの解答はこの問題に対する大きな進展をもたらした。ポーコックは、ヒュームやスミスが「商業は『技芸の進歩』と作法（manners）の洗練の前提条件である」と考えたのに対して、バークは「作法が商業自体の発達の前提条件をなす」と考えていたとして、政治的保守主義と経済的自由主義との並存という「バーク問題」を、封建的な作法や習俗に支えられた自由市場の擁護論という形で解決させようとしたのである。(4) 確かにポーコックの言う通り、商業社会を基本的に擁護した点でスコットランド啓蒙派の思想と親和的であったバークは、同時に、商業社会を支える「紳士の精神と宗教の精神」として象徴化された伝統文化的要素の重要性に気付いていた。しかし、ポーコックは、何故に封建的習俗が自由な商業社会において必要であったのかという根本的な問題について、ついぞ明確に答えることはなかった。ポーコックが既にギボンらの研究へと進み、バーク研究へと回帰する可能性が低い以上、ポーコックによって改めて提起された「バーク問題」――バークは何故自由な商業社会の基底の一つに伝統的な習俗が必要だと考えていたのか――を解明することは、我々後進のバーク研究者の課題でもあろう。本章は、自由な商業社会――それは当然、文明社会の重要な一側面でもある――の基盤的要素として、封建的なエートスが不可欠であると考えたバークのロジックを明らかにしようとする一試論である。

## 一、文明的規範としての《騎士道と宗教の精神》

『省察』においてバークは、「紳士の精神と宗教の精神」を、「第一原因」として、商業社会の基底に据えていた。有名ではあるが、その一節を引用しておこう。

我々の作法（manners）と文明、そしてこの作法と文明に結び付いている全ての恩恵は、我々のこのヨーロッパ世界では、長年、二つの原理に依存していたし、実際、この二つの結合体の結果であったということほど明白なことはない。私が意味するのは紳士の精神と宗教の精神（the spirit of a gentleman, and the spirit of religion）である。貴族と聖職者は、一方が職務により、他方が庇護によって……学問を保持してきた。……商業、貿易、製造業さえも……恐らくそれ自体、我々が大切にすることにしている第一原因（first causes）の単なる結果、単なる産物に過ぎない。……民衆には商工業が欠如しているが、貴族と宗教の精神が残っているようなところでは、情緒が……それらの代わりをする（R: 69 上 144–146）。

この「紳士の精神と宗教の精神」をそれぞれ体現しているのは貴族と聖職者であるが、『省察』における彼らの商業面での貢献について言えば、具体的には以下のことを指すに過ぎない。貴族や聖職者は、地代として獲得した不労所得を学芸や技芸に投資し、さらに、生産物を消費することによって多くの従者や職人を雇用する。「この怠惰はそれ自体労働のバネ」（R: 140 下 50）であり、「大土地所有者の支出は土地の余剰生産物の分配である」（R: 142 下 52）というわけである。「この分配の目的に関して、……修道士の無駄な支出は、我々世俗の怠け者の無駄な支出と全く同じくらい、巧く導かれている」（R: 141 下 51）。この貴族や聖職者の経済的役割に関する見解は、マンデヴィルやスミス、ギボン、マルサスらに見られるように[5]、十八世紀のイギリスにおいては一般的なものであった。しかし、ここでバークが述べている紳士と宗教の「精神」とは、規範的な次元のことでもあろう。

バークにとって、「紳士の精神」たる騎士道[6]と「宗教の精神」は、歴史的な洗練過程の産物であり、文明社会のコード体系の一つであったと言ってよい。それは野蛮人から文明人へと歴史的に洗練されてゆく中で獲得された、人間の荒々しい情念を抑制する文明社会の規範体系であった。だからこそ、バークは、「暴力を使ったり対立したりすることなしに、それ［騎士道］は、高慢と権力の激しさを抑え込み、主権者たちを社会的尊敬なる柔らかい首輪（the soft collar of social esteem）に服させ、苛烈な権威をも優雅さに服させることで、諸法の征服者に、作法（manners）によって抑制された支配を与えたのである」（R: 67 上 141）と述べ[7]、一方、宗教についても、バークは初期の『イギリス史略』（一七五七年―）で、「キリスト教徒の気質には慈悲と優しさが相応しい、と勧められたところではどこでも、彼ら［サクソン人］の野蛮さは大いに和らげられ、もっと温和に、もっと社交的になり、彼らの法は作法（manners）の柔和さを帯びはじめた」[8]と述べ、後の『省察』では「宗教が文明社会の基盤」（R: 79 上 166）であると論じたのである[9]。

この荒々しい人間の情念を温和化させる洗練された文明的規範としての騎士道や宗教という発想は、何もバークのオリジナルではなく、十八世紀のスコットランド啓蒙派の知識人たちによって数多く論じられていたものではある。例えば、『市民社会史論』（一七六七年）を著したアダム・ファーガスンは、「騎士道の体系は、それが完成されたとき、女性への驚くべき尊敬と敬意へと向けられ、そして確立された戦闘の形式へと向けられ、さらに英雄的な性格と神聖な性格の想像上の結合へと向けられた。……キリスト教は野蛮時代に従順さと憐れみをもたらした。それらの異なる原理は、結び合わされ、勇気が宗教と愛によって導かれ、戦闘的な人々と紳士的な人々がともに団結し合うような体制の基礎として役立つだろう。英雄の性格と聖人の性格が混淆したとき、キリスト教の温和な精神は……戦闘行為において、何が立派で素晴らしいことであると考えられるべきかについての人々の理解を確固たるものにしてくれよう」[10]と述べ、キリスト教が人々に温和さをもたらし、それが騎士道と混淆することで、戦争においてすら寛大さと人道性が保持されるようになったと論じていた。ファーガスンは、このように「近代ヨーロッパの住民は……平時の礼節［文明性 civilities］を戦争のやり方にも導入しようと」[11]している点で、野蛮な古代の戦争よりも近代の戦争は人道的で優れているのであり、この野蛮さを否認する騎士道こそが戦時国際法の基礎になっていると考えていた。つまり、「……我々は、戦争法や国際法だと現在考えられているものの基礎が、騎士道や［女性への］慇懃さの物語の中で表現された諸感情と合わさったヨーロッパの作法（manners）にあったと推測しうる」のであり、公正さや正道を重んじ、女性への敬意にあふれる騎士道が、人道的な近代文明社会の基礎となっていることを認めていたのである。ファーガスンにおいても、バークと同じく、近代ヨーロッパの文明社会の基礎には、温和さをもたらした騎士道と宗教の精神が据えられていたのであり、このファーガスンの『市民社会史論』がバークの蔵書目録にあり[12]、バーク自身が編集に関与していた『年鑑』の書評でもそれが激賞されていたということを鑑みれば[13]、バークの騎士道と宗教の精神の擁護論の淵源の一つがこのファーガスンにあったと推測することも可能であろう。

しかし、ポーコックやウィンチは、バークにおける騎士道と宗教の精神の擁護論が、ギボンやヒュームと並ぶ十八世紀の大歴史家であったウィリアム・ロバートソンらの歴史観から「ヒント」[14]を得たものであったとしている。もちろんロバートソンとファーガスンの間での知的交流も大いにあったであろうし[15]、おそらくバークは自説を構築するにあたってさまざまな歴史家・思想家たちから複合的に学び取ったのであろう。『年鑑』でもロバートソンの『スコットランド史』（一七五九年）、『カール五世治世史』（一七六九年）、『アメリカ史』（一七七七年）が書評対象となっており[16]、そのことを踏まえれば、バークがロバートソンの歴史観から大きな影響を受けていたとしてもおかしくはない。例えばロバートソンは、『カール五世治世史』で、ヨーロッパにおける「作法（manners）の洗練」という点で騎士道が大きな役割を果たしており、「人類にとっての大きな恩恵」であったと論じていた。加えて、「勇気、慇懃さ、そして宗教がとても奇妙に混じり合ったこの類い稀なる慣行[17]」と騎士道を表現していたロバートソンの思想は、騎士道と宗教を、ヨーロッパにおける文明的作法の基盤の一つであると捉えていたバークやファーガスンの思想とも通底していたと言えようが、近代的騎士道の主な淵源の一つが十字軍という宗教的な経験にあったことを鑑みれば、十八世紀に騎士道と宗教がセットにしてよく論じられていたのも当然ではあろう[18]。

ロバートソンによれば、封建制国家は、有力貴族の乱立に伴う戦乱が続くアナーキーな状態にあったのであり、そのため人々の習俗は腐敗し、学芸は衰退していた。しかし、自治都市の成立や市民の自由や権力の獲得、法の整備などによって、ヨーロッパは暗黒の封建時代から脱却してゆくことになるというのであるが、重要なことに、ロバートソンは、「聖地を異教徒の手から救い出すための十字軍ないしは遠征が、長きにわたる眠りからヨーロッパを目覚めさせ、統治ないしは作法（manners）における一大変化をもたらすこととなった最初の出来事であったように思われる[19]」と論じ、十字軍の遠征を、ヨーロッパの近代的文明化への第一の転回点であると捉えていた。十字軍の遠征によって、イタリアの諸都市が発展し、異文化が流入してヨーロッパ文化も洗練され、国王権力も相対的に強化されて秩序がもたらされたことも文明化の大きな要因であったが、もう一つは、騎士道の成立がこの十字軍によって促されたという点も大きい。アナーキーな封建制国家では、弱い非武装市民は常に危険と隣り合わせであったが、「パレスチナの迫害された巡礼者たちを守るために非常に多くの紳士たち（gentlemen）が武器を取るよう促されたのと同じ進取の精神（spirit of enterprise）によって、他の人々も、本国で傷つけられた純真な人々の保護者であり、報復者であると自ら名乗るようになったのである[20]」と述べ、十字軍の遠征によって弱きを助けるべしという騎士道精神が鼓吹されたことを示唆している。バークも初期の『イギリス史略』で、封建時代――特にスティーヴン治世の無政府状態――において、ヨーロッパの大部分は「悲惨な状態」に置かれ、それゆえ、「悪漢どもの専制に対する惜しみない義憤に駆られ、主教によって厳粛に祝福され、人々の賞賛と誓願を随え、勇敢な［慇懃な gallant］精神が、女性の純潔を守り、旅人や穏やかな人々の不当な扱いを正すために出航したのは、そのときであった。十字軍に鼓舞されて、冒険的な気質がこの精神を高め、拡大させた。こうして、騎士道の観念（the idea of knight-errantry）が形成されたのである」[21]と論じており、封建的混乱と十字軍の経験の中から勇気と慇懃さとを擁する騎士道精神が生まれたことを指摘していた。ロバートソンによれば、この弱き者や女性を助ける勇士というロマン主義的騎士像は、十字軍の遠征が終結した後も根強く残り、「自己防衛のための武器をもちえない女性や孤児、聖職者」などを守ることが「最高度の勇気と価値のある行為である」と考えられるようになった。そして、騎士道の賞揚は、しばしば一種の「軍事的狂信」や「無茶な冒険的企て」を生み出したりもしたが、勇気とともに人道精神も「騎士たる者の装身具（the ornament of knighthood）」と見なされたことで、戦争における蛮行はもちろん平時における暴力や抑圧も減少するようになり、人道的で洗練された近代文明社会の礎が形成される大きな一助となった。こうした「あらゆる戦争の遂行に伴う人道性、洗練された慇懃さ、名誉の問題、この三つの主な事実こそ、古代の作法（manners）から近代の作法を分かつものであり、これらは、かなりの程度、この［騎士道という］慣行に起因したものであると思われる……[22]」と推測し、荒々しく血なまぐさい古代の作法とは異なる、残虐行為とは正反対の人道的行為や女性への慇懃さ、名誉心といったものを近代的な作法の主要な特徴であるとしたのである。つまるところ、荒々しい粗野な情念や欲望が抑制され、温和化されているのが〝近代の作法（manners）〟であって、そうした作法による情念や欲望の抑制と、弱者や女性（および、その純潔性）の保護こそが文明社会に相応しい騎士道的な倫理規範であるとされたのであった。ロバートソンは、騎士道が「普通は野蛮な慣行（a wild institution）であり、気まぐれの感じがし、浪費の源泉になっていると考えられている」と述べ、一般的にこうした「騎士道精神の政治的かつ恒久的な影響が看取されてこなかった[23]」と指摘しているが、これらの記述は、それまでの「騎士道」が一般的には否定的に捉えられてきたことを示唆しており、バークは、こうしたロバートソンやファーガスンらによる文明社会史論における騎士道評価の画期的転回を利用する形で、フランス革命批判に見事に《騎士道》を応用してゆくことになるのである。

バークの擁護した騎士道と宗教の精神は、「我々の裸の打ち慄える本性の欠陥」(R: 67 上 142) を包みこみ、文明社会の規範として拘束する「生活の全ての上品な服地 (All the decent drapery of life)」であり、まさしくロバートソンやファーガスンらと同じく荒々しい本性的な情念を抑制するための文明人の習俗・作法として捉えられていた。バークは、この文明的規範と服地の類比というレトリックを前提にした上で、マリー・アントワネットの陵辱シーンを描写することによって、文明的規範としての「上品な服地」を切り裂くフランス革命派を「彼らの人間性は野蛮で残忍である」(R: 70 上 146) として効果的に批判することができたのである。ロバートソンが騎士道の中に見た三つの近代的な作法のうち、人道性や女性への慇懃さ、名誉の重視という全ての点で革命派は明確に違背しており、バークはそうしたスコットランド啓蒙派の騎士道論を援用することで、マリー・アントワネットを傷つける彼らを野蛮で残忍な非文明的存在へと表象的に転化させることができると考えたわけである。こうしたロバートソンをはじめとするスコットランド啓蒙派の騎士道論の思想系譜を念頭に置かねば、バークの騎士道論の意味を充分に理解することはできまい。

これからバークの騎士道論をさらに深く読み解いてゆく上で不可欠な、そのあまりに有名な文章をここで『省察』から引用しておこう。

> 私がフランス王妃「マリー・アントワネット」にベルサイユで謁見したのは――そのときは皇太子妃であったが――、今から十六、七年前である。……これほど喜ばしい光景がこの地球上に現れたことはなかった。……おお、なんという革命だ！　そして、この栄達と没落を何の感情もなしに眺めるにはどんな心をもてばよい

と言うのか！……私は生きて、慇懃な（gallant）人々の住む国で、また名誉（honor）と騎士道精神（cavaliers）を重んずる人々の住む国で、彼女に降り掛かったこのような大参事を見ることになろうとは夢にも思っていなかった。私は、王妃を侮辱で脅かす一瞥に対してさえ、その復讐のために一万の剣が鞘から飛び出すに違いないと思っていた。しかし、騎士道（chivalry）の時代は過ぎ去り、詭弁家、経済家、計算者の時代が続いた。そしてヨーロッパの栄光は永久に消え去った。私は二度と、完全に、位階と女性へのあの寛大な忠誠（that generous loyalty to rank and sex）、あの誇り高き服従（that proud submission）、あの威厳に満ちた従属（that dignified obedience）、そして、隷属そのものにあってさえ、高尚なる自由の精神を活き活きと保持させた（kept alive, even in servitude itself, the spirit of an exalted freedom）、あの心服を見ることはないだろう。汚名を傷の如くに感じ、野蛮さを抑えつつも勇気を奮い立たせ、触れるもの全てを高貴にし、その下では悪徳そのものすらも粗暴さを全て失って邪悪さを半減させるような、そうした原理原則を見抜く感性と名誉を重んずる純潔さは完全に失われたのである（R: 66–67 上 139–140）。

バークの親友であったスミスは、『道徳感情論』において、「［高位者］に降りかかる全ての災難、そして彼らに加えられる全ての侮辱は、同じことがそうでない人に起こったときに感じるよりも十倍大きな同情と憤慨を観察者の胸中に掻き立てる」[24]と指摘していたが、先に引用した雄弁な『省察』の一節には、マリー・アントワネットという高位者の悲劇を描くことで、低位者の苦難よりも高位者の悲劇の方に同情しやすい人間本性を利用し、フランス革命派への「憤慨」と、封建的旧体制（ひいてはイギリス国制）への「同情」を、イギリスのエスタブリッシュメントに対して効果的に喚起させようとしたバークのレトリック戦略が伏在していたことは疑いない。

バークもスミスの『道徳感情論』に先立って『崇高と美の観念の起源』（一七五七年、以下『崇高と美』）の中で、「我々の愉悦は……受難者が、威厳を損なうような運命の下に沈み込んでゆく貴人であるとき、非常に大きく高まる」[25]とし、高位者の屈辱的な悲劇ほど人々の関心をひくものはないと論じていた。「我が創造主は、我々が共感の絆によって結び付けられるよう設計し給うたがゆえに、それに見合った愉悦によって、その絆を強化し、我々の共感が最も必要とされるところ、つまり他者の苦難において、それが最大となるように配慮されたのである」[26]。重要なのは、人間は他者の苦難、特に高位者の苦難に愉悦を感じ、共感するのであり、この愉悦のためにこそ、人間は他者の苦難に対して無関心では居られず、関心を寄せざるをえなくなるということなのである。フランス革命という重大な脅威にイギリス国民の関心を最大限向けさせようとしたバークが、マリー・アントワネットを格好の悲劇のヒロインと考えたのも故なきことではない。他者の苦難によって喚起される愉悦は、「純粋な愉悦ではなく、少なくない不安と入り混じった」ものであり、この「我々が感じる心痛によって、我々は、受難者を救済することで自分たちをも救済しようと促される」[27]のだとすれば、バークが、王妃の苦難を執拗に描写することによって、イギリス国民の心中にも不安や心痛を生じさせ、その苦しみから逃れようとするイギリス国民に、王妃の救済、ひいてはそれに象徴される封建的旧体制《アンシャン・レジーム》の救済をも決意せしめるように情動的に促したというのは、戦略的には一理あろう。もちろん、この封建的旧体制の救済は、フランスのみならず、国王、貴族、土地財産、騎士道、宗教等々といった同様の封建的諸価値を内包するイギリス国制の救済にも繋がるものであった。ただ、こうした王妃の悲劇に対する集中的な描写が、「羽毛を憐れむが、死に瀕した鳥を忘れている」[28]とのペインの名言に端的に示されていたように、苦しむ民衆よりも華やかな国王や貴族の悲劇しか見ていないという革命派の更なる非難を招く結果になったことは否定できない。しかし、ここでのバークのレトリック戦略はそれだけではなかった。

想像上の演出も多分に含んだマリー・アントワネットの悲劇的凌辱シーンに続いて騎士道の時代は去ったと嘆くバークの表現技法は、騎士道の特徴の一つを「極端な慇懃さと全ての女性に対する敬愛、一人の恋人に対する法外なまでの貞節・誠実さ・洗練された情念についてのロマンティックな概念[29]」であると規定していたヒュームにも近い騎士道観をバークが有していた証左であろう。実際、バークは「我々の道徳的本性であるこの感受性は［女性においては］遥かに鋭敏であり……、女性は人類のより善良で高潔な部分を形成し、同時に侮辱や怒りから最も守られていない[30]」存在であるとして、女性を高潔にして保護すべき対象であると見なしていたが、こうした女性像は、当時の騎士物語[31]や騎士道論においては御馴染みのものであった。この《守られ、慇懃に扱われるべきか弱き女性》という女性像が、十八世紀末において、男性のみならず、女性にも広く受容されていたということは、ウルストンクラフトの『女性の権利の擁護』（一七九二年）を読めば一目瞭然であろう。ウルストンクラフトが口を極めて批判していたものこそ、慇懃な「紳士」を気取る男性が「女性を玉座に祭り上げ」、女性はそうして「最小限の労苦で獲得した権力に乗ずる[32]」ことで美徳や知性を堕落させられるという、文明社会の腐敗した作法の在り方であったのであり、その腐敗した作法の最たるものの一つが「騎士道精神」ないしは「ゴシック的作法[33]」であった。そして、それは同時に、《守られ、慇懃に扱われるべきか弱き女性》という女性像が、いかに十八世紀末において、男女問わず一般に広く肯定的に受容されていたかを反照的に物語るものでもあった。既にロバートソンやファーガスンらの騎士道観にも女性への慇懃さやか弱き女性の救済という視座が含まれていたことは指摘したが、十八世紀における典型的騎士像の一つを提供したリチャード・ハードの『騎士道とロマンスに関する手紙』（一七六二年）でも女性の「純潔」の守護者として騎士が位置付けられ[34]、クラムニックも論じている通り、バークにおいても、「旧体制の貴族的騎士道的観念は典型的に女性的なものであった[35]」と言ってよい。加えて、ヒュームやバークの同時代人であったギボンも『自伝』

において、「騎士道精神の中に淵源を有する、［女性に対する］期待も下心もない礼儀正しい心遣いや慇懃さ[36]」について言及していたことを鑑みれば、女性への慇懃さを連想させる騎士道という観念は、当時の知識人層において、一般的なものであったと思われる。W・C・ダウリングは、ハード、ヒューム、バークらに共通する要素として、騎士道を「女性への騎士の奉仕」、つまり「強き者が弱き者に自発的に服従する象徴（an emblem of the voluntary submission of the strong to the weak[37]）」として捉えていた点を指摘しているが、この共通の前提からヒュームとバークとでは異なる騎士道の二つの表象的含意が生み出されることになった。

近代的騎士道の淵源の一つであった十字軍を、先述のロバートソンとは異なり、愚行と批判していたヒュームは、騎士道に対して客観的かつ両義的な眼差しを向けており、「騎士は……一人の女性に従順な敬意や崇拝を向けるだけで満足せず、ある程度まで同じ礼節を全体に押し広げ、自然の秩序を奇妙なまでに転倒させること（a curious Reversement of the Order of Nature）によって女性たちを自分たちよりも目上の者とするのが常であった[38]」と論じ、騎士道における女性への慇懃さは「自然の秩序」においては下位に置かれるべき女性を「目上」とし、それに服従しようとするという意味で、「転倒」、つまりは自然的秩序に対するある種の反逆性を有していることを示唆していた。ヒュームは『対話』において、こうした女性に対する男性の慇懃さを「奴隷が主人に奉仕されている」とも表現していたが、それをウルストンクラフトは、「（矛盾しているように聞こえるが）［女性は］劣等なるがゆえに賞揚されている」に過ぎないのだと看破し、紳士（騎士）的態度に潜む「女性に対する恣意的で尊大な尊敬[39]」を批判していた。「男性が、我々の奴隷的従属を和らげるために卑下して用いる、それらの見事な優しいフレーズ」によって、「女性の知性は欺かれてきた[40]」のであり、ウルストンクラフトにとって、ヒュームが自然的秩序の下位に女性を位置付けていたことは、表面的には女性優位である「ゴシック的作法」の欺瞞性を暴露するものであった。しかし、ウルストンクラフトの批判が全く正当であるとしても、ヒュームやバークの騎士道論を論ずるにあたって問題となるのは、男女問わず受容されてきた、この女性優位の「ゴシック的作法」の表象が有する、文明社会における政治的・イデオロギー的含意である。「自然が服従すべく定めた人々」(女性)を「主権者」とし、「自分より下位にある全てのものを恭しく扱い、上にあるものに対しては頑として服従しない」とまで述べる、「自然の秩序」への反逆としてのヒュームの騎士道論は、同じく「自然の秩序」とされた封建的な階層制秩序を表象的に支えるものではありえず、後述するように、騎士道を高位者に自発的に服従するための階層制秩序のエートスとして描くバークのそれとは異なっていた。バークは「この意見と感情の混ぜ合わされた体系は、古代の騎士道(the ancient chivalry)にその起源を有する」(R: 67 上 141)と述べ、その「古い封建的騎士道的精神」の精髄が「忠誠(*fealty*)」(R: 68 上 144)にあるとしていたように、騎士道を、高位者に進んで忠誠を誓い、階層制秩序を自発的に支えてゆく封建的なエートスとして非常に高く評価していた[41]。その点で、階層制秩序を支える封建的なエートスとしては騎士道を捉えていないヒュームとは明らかに力点が異なるが、もちろん、「位階と女性へのあの寛大な忠誠」という先の『省察』での発言にもあったように、女性への慇懃さや、女性への自発的服従の要素をも含む、近代的な洗練された作法という側面もバークの騎士道論は有していたのであり、その意味では、近代を騎士道に代表される作法の洗練史という観点から捉えていたファーガスンやロバートソン、そしてヒュームなどのスコットランド啓蒙派の歴史観をバークが一定程度受け入れていたことは確実であろう。

しかし、そうであるからこそ、当然ながら十八世紀に盛んに論じられていた作法の重要性を認識せざるをえなかった反バーク的急進派の中には、近代の騎士道こそが野蛮であって、かつての騎士道は洗練された作法であったとスコットランド啓蒙派とは正反対の議論を展開することで――つまりは作法の野蛮化として騎士道史を捉えることで、バークを批判しようとしたC・マコーリーのような思想家も現れた[42]。

マコーリーは、バークを批判して名誉革命体制の腐敗を難じ、民衆が政府を選択するという生得的な人間の権利を擁護したが、その書『バーク氏のフランス革命の省察についての所見』（一七九〇年）で、騎士道はかつては「残忍、隷属、野蛮、そして無知から生ずる悪徳に対する適切な矯正法であった」が、「しかし今や……熱狂的な軍事的狂信、形式化された感情的野蛮（*methodized sentimental barbarism*）が……騎士道の結果であり、古代の文明世界のあらゆる国民には知られていなかったものである」[43]と論じていた。ヒュームやバークの騎士道論とは対照的に、騎士道を通じて古代の文明性と近代の作法の腐敗とを論ずるという意味ではマコーリーのシヴィック的側面が垣間見られると言えようが、急進派ですら、かつての騎士道が野蛮に対する「適切な矯正法」でありえたと認めざるをえないところに、十八世紀における作法の洗練史としての騎士道論の広汎な影響力を反照的に看取することができよう[44]。

バークにおいては、マコーリーとは異なり、近代の騎士道は、古代の騎士道から洗練されて、「近代ヨーロッパにその特徴を付与」するまでに歴史的に進化し、古代世界以上に光輝を放つものになったと言うのであるが、何と言っても「我々が生きる時代まで何世代もの長い継承を通じて存続し、影響を与えてきた」(R: 67 上 141) ような歴史的継続性を有する習俗・作法であった。ここで重要なのは、近代の騎士道が、歴史的に連綿と継承され、古代の習俗・作法と繋がりつつも、過去のまま不変というわけではないということである。R・J・スミスの言うように、「幾世代にもわたってもたらされたゆっくりとした変化は、その起源とは微妙に異なりつつも、連続性を保っているような一つの作法の体系［騎士道］を生み出した。そこにおいては過去の原理は生き続けるが、近代的な形態で生き続けるのである」[45]。端的に言ってしまえば、バークの騎士道論は、後に述べるように、階層制秩序のエートスとしては古代（ゲルマン）の騎士道的要素と繋がっており、女性への慇懃さとしては近代の騎士道的要素と繋がっていたがゆえに、騎士道を階層制秩序のエートスとしては捉えていなかったヒュームの如く古代（ゲルマン）の騎士道と近代の騎士道との断絶を強調することもできなかったし、同時に、近代的な騎士道への洗練というスコットランド啓蒙派的な視座をも拒否することができなかったのである。むしろ、こうした両義的な表象たる「騎士道」という概念を用いることによって、バークは、言わば二刀遣いの騎士として、王妃に反逆した革命派に立ち向かうことが可能となったのである。

ヒュームやファーガスン、ロバートソンらの騎士道論に見られたように、十八世紀においては最早共和主義的武徳として騎士道が評価されるということは少なくなり、[46] 女性への慇懃さという近代の洗練された文明の「作法（manners）」として騎士道がクローズアップされるようになったのであるが、既述した通り、バークはそれをきちんと踏まえることによって、『省察』におけるマリー・アントワネットの悲劇的凌辱シーンの劇的効果を増幅させ、文明的な作法としての騎士道を失って欲望に任せるジャコバン主義の野蛮性を際立たせるという構図を作り上げた。ヒュームの騎士道論は、女性を「自然の秩序」の下位に置くことによって、女性に服従する騎士の「転倒」性を指摘し、ひいては、こうした「自分より下位にある全てのものを恭しく扱い、上にあるものに対しては頑として服従しない」という騎士道的態度が、同じく「事物の自然的秩序」(R: 43 上 92) であるとされた階層制秩序をも「転倒」させかねない表象的なリスクを伴うものであったことは既に指摘したが、その反階層制的な「転倒」を回避すべく、バークにおいては、女性を王妃のマリー・アントワネットに象徴させることによって、騎士道における位階への服従と女性への慇懃さとを見事に親和化させ（「位階と女性へのあの寛大な忠誠」！）、階層制秩序のエートスとして騎士道を再定位させていた。実際、『省察』の草稿を見せたP・フランシスへの返信書簡でバークは、「地位と美を有する女性への尊敬を求める騎士道精神（Chivalrous Spirit which dictated a veneration for Women of condition and of Beauty）は……長年、ヨーロッパの名誉と光彩を添えてきた作法の偉大な源泉であった」とし、明確に高位性と女性性の象徴的なアマルガムとして「王妃」を捉え、騎士道を、「王妃に対する国民の平伏した臣従（the prostrate Homage）」[47]を表わすものとして、つまり、封建的階層制秩序と女性を守護するヨーロッパの洗練された作法として位置付けていたのである。「王妃」を騎士道的対象とすることで、女性への服従と、「自然の秩序」としての階層制秩序への服従との間の表象的相反性というヒュームのアポリアを回避し、それらを融和させることができる。E・H・ボティングも指摘するように、「バークによれば、騎士道のコードは女性の弱さと美しさへの共感と、彼女たちの階級的位階への尊敬とから成り立っている」[48]のであり、そうした騎士道観を前提とすることによって、マリー・アントワネットを襲った革命派たちを、位階を無視し、さらには女性にも無礼をはたらいたという意味で、完全なる反騎士道的な野蛮人（非文明人）として印象付けることが可能となったのである。[49]したがって、マリー・アントワネットの描写には特別の重要性が付与されていたのであり、「『省察』において、バークは、王妃が凌辱されるという脅威を、革命派の『啓蒙された』平等主義的哲学によって、女性的、騎士道的、そして貴族的な作法（manners）の体系が剥ぎ取られてしまうことを象徴的に示すものとして描写した」[50]わけである。そこに読み取れるバーク像は、ノーマン・バリーが「ある種の感傷性によって埋め尽くされている」[51]と評し、坂本義和が「『フランス革命の省察』は、フランスの国王・王妃に対する過剰な感情的擁護の色彩が強い」[52]と指摘していたような、懐古的感傷主義者としての通念的なバークではなく、ペインが鋭くもこのシーンを「劇場的な演出のために非常によく計算されている」[53]とコメントしていたような、入念に練り上げられたレトリックを駆使する冷徹な修辞戦略家としてのバークなのである。その意味では、「バークの『騎士道の時代』への訴えは、そのときもそれ以降も大いに嘲笑されたが、滑稽なものでも懐古的なものでも時代錯誤的なものでもなかった」[54]と断言するF・P・ロックに賛意を表したい。ドライヤーが指摘している通り[55]、マリー・アントワネットの描写は怒りに任せた単なる即興の思い付きなどではなく、彼女の悲劇が起きてから三か月間かけて考え抜かれた、さまざまな効果を想定した上での精妙な概念装置であった。

二十世紀最高の中世史家と言われるヨハン・ホイジンガが既に十四、十五世紀の中世の思考様式に「無垢の女性を救い出す若き英雄という騎士道的恋愛詩の本質的主題[56]」を見出し、十八世紀以前における女性への忠誠や慇懃さと騎士道との繋がりを指摘していたように、何もヒュームやバークをもち出さずとも、そうした女性への忠誠や慇懃さを騎士道と解することは、当時の一般的思潮として長きにわたって存在してきたことは言うまでもない。先述のロバートソンやファーガスンもそうであったが、ポーコックがバークの騎士道論の淵源の一つと推測しているジョン・ミラーの『階級区分の起源』（一七七一年）でも[57]、「［騎士］に課された誓約によって、彼はあらゆる不正から女性を守ることはもちろん、女性の名誉を守るようにも義務付けられた[58]」と述べられていた。ウィンチは、ロバートソンやミラーの騎士道論においては、「女性の取り扱いが作法における進歩の基準であるとされ、そのテーマは封建主義というヨーロッパの経験に特有のものであった[59]」と指摘しているが、十八世紀イギリスにおいて、「女性に対する騎士的振る舞い」を中核として「封建主義」を野蛮ではなく、洗練や文明性、進歩などと結び付ける言説が広汎に展開されていたことは、バークを読み解く上でも特筆に値する。

バークが類い稀なる修辞戦略家であったのは、そうした一般的思潮を利用する形で、高位性と女性性とを兼ね備える「王妃」というシンボルを修辞戦略の核の一つに据えることで、高位者に従い、なおかつ女性を守るという騎士道的道義心を強固な階層制秩序のエートスとして捉え直そうとしていたという点にある[60]。そうであるならば、バークにとって、フランス革命派が王妃という位階はもちろん、マリー・アントワネットにおける女性性という性差をも廃棄して、「人間」という動物的カテゴリーを生み出したことは恐るべき事態であったに違いない。それは、騎士道に含まれていたフランスの階層制秩序を維持するための二つの象徴的概念装置が失われることを意味していたのである。だからこそバークは、「この事物の枠組み［フランス革命派の思想体系］によれば、国王は一人の男、王妃は一人の女に過ぎない。つまり、女性は単なる動物に過ぎず、しかも最高の位階をもたぬ動物（an animal not of the highest order）に過ぎないのである」（R: 67 上 142）と批判したのである。ファーニスは、国王が「男」に止まったのに対して、王妃が「動物」にまで貶められている、こうしたバークのレトリックをジェンダー論の観点から読み解いているが[61]、「王妃」という表象が、騎士道の象徴的対象である高位性と女性性のアマルガムとして措定されていた以上、革命派による騎士道の否定は、高位性の否定のみならず、女性性の否定をも帰結するものでなくてはならず、バークの修辞戦略にとって、王妃のみが動物にまで貶められざるをえなかったのは極めて当然であった。逆に言えば、革命派は、人間の権利などのように、「人間」という「動物」的カテゴリーを提起することによってはじめて、階層制秩序を表象的に破壊できると考えたわけである。つまるところ、王妃も一介の動物に過ぎないことを暴露した革命派にとって、騎士道という「時代遅れのファッション（antiquated fashion）」（R: 67 上 142）を剥ぎ取られた「裸の王妃を見ることは、貴族政原理の全ての謎（all the mystery of the aristocratic principle）を見破ることになる」[62]と思われたのであり、反対に、バークにとっては、前文明的な「動物」的カテゴリーに「王妃」を還元しようとする革命派の思考は、「生活の全ての上品な服地（All the decent drapery of life）」たる文明的規範としての騎士道とそれに支えられた階層制秩序を根幹に擁するヨーロッパ文明全体に対する重大な脅威であると思われた。これまで述べてきたように、バークにとって、文明社会を保持するためには、「貴族政原理の謎」は批判的吟味の対象となってはならず、言わば「謎」のままでなくてはならなかったのである。

こうしたバークの騎士道論が同時代人にどれだけの訴求力を有していたのかは判断し難い。既にセルバンテスの『ドン・キホーテ』（一六〇五―一六一五年）の如く騎士道を嘲笑する風潮も現に存在していたのであり、

『省察』が刊行された直後の一七九〇年代の戯画にはバークをドン・キホーテに擬するものも多く現れた。[63] 実際、ペインは、バークの騎士道の時代は去ったという名文句を「騎士道的ナンセンスのドン・キホーテの時代が去った」[64] と言い換えて嘲笑していた。スコットランド啓蒙派の文明社会史論によって騎士道の再評価がなされつつあった十八世紀においても、ロバートソンが、騎士道は「普通は野蛮な慣行であり、気まぐれの感じがし、浪費の源泉になっていると考えられている」と述べていたことを想起されたい。よって、おそらく十八世紀の当時も、そして現在も、バークにおける騎士道への憧憬は、単なる愚かな感傷主義的レトリックの一つに過ぎないとして受け止められてきたのであろう。[65]

　しかし、バークは騎士道を、位階と女性に服従する自己抑制のための規範であり、作法（manners）であり、自らを枠付けるための重要な一つの「型」であると考えていた。だからこそ、騎士道という文明的な作法や「型」を喪失した革命派は、自己を枠付けることができず、欲望を爆発させ、高位者にして女性であるマリー・アントワネットを襲ったわけである。

*

　この自己を枠付ける一つの「型」としての騎士道という考え方は中世において既に広く見られるものであり、その点について鋭く指摘したのは二十世紀の中世史家ヨハン・ホイジンガであった。[66] もちろん言うまでもなく、ホイジンガは、主著『中世の秋』（一九一九年）で、イギリスではなく、中世のブルゴーニュ侯国を中心とするヨーロッパの騎士道観を描いていたのだが、バークが騎士道などの「威厳と気品のある原理と作法」の淵源がフランスにあると考えていたように[67]（R: 70 上 146–147）、ブルゴーニュ侯国を中心とした中世ヨーロッパの封建的騎士道観をここで見てゆくのは全くの無駄というわけではあるまい。実際、ホイジンガが析出した中世の騎士道観は、スコットランド啓蒙派やバークの〝作法としての騎士道〟論を理解する上でも大いに参考になる。ホイジンガの「型」――「文化形式」としての中世騎士道論をここで少し確認しておこう。

ホイジンガによれば、中世人たちは、騎士物語を通じて自分たちの住む社会を理解しようとしていた。例えば、十三世紀から先、イタリアをはじめ、フランス、イギリスなどでも恒常的に党派闘争が繰り広げられていたが、その動機は経済的なものではなく、「一族の名誉、仇討ちへの欲求、忠誠といったものが第一の直接的な動機(68)」であると考えられていた。実際には経済的な動機が影響していたのかもしれないが、そのようなことは中世人たちにとってそれほど重要ではなかったのである。重要な点は、仇討ちのためとか、汚名をそそぐためといった騎士物語に出てくるような動機を通じて、中世の君侯は思考し、行動していたし、民衆の側も、そうであることを期待し、その思考枠組みから政治や社会を理解しようとしていたということなのである。「騎士道に支配されたこの世界観は、どんなに表層的でどんなに間違っていたとしても、政治的理想の領域で、中世の世俗的精神が到達することのできる最も明確な概念であった。その時代の人々が、恐るべき複雑さをもつ出来事を貧弱な仕方ではあっても理解することができたのは、この公式のおかげなのである(69)」。では、何故に中世人たちは現実を騎士物語という「公式」を通じて理解しようとしていたのか。ホイジンガの答えは、端的に言えば、中世世界の現実があまりに悲惨なため、こうした騎士物語の世界に逃げ込むことで、「厳しい現実から幻想（illusion）へと飛び立とう(70)」としたからであった。忠誠と名誉を重んずる英雄的な「憧れの騎士」に自らを擬し、そのように演技することで生活を美化し、飾ろうとしたのであって、言わば「後期中世の貴族たちのあらゆる生活は、全て夢のような光景を演じよう（act）とする試み(71)」であったと言える。つまるところ、禁欲、忠誠、女性への慇懃さ、勇気等々といった封建的諸観念を体現した一つのイメージ像――騎士――が形成され、それを演ずることが、中世人たちにとって非常に大きな価値をもっていたのである。礼節や位階を重んずる騎士を演じようとするあまり、我先に相手を出迎えようと競争が起こったり、相手に上席を譲り合って十五分もやり取りを続けようとするなど、言わば「礼儀正しさの競争（The struggles of politeness）」と言うべきものが生起することもあり、中世の生活は高貴さや卓越を競う「高貴なる遊び（a noble game）」の様相を呈するようになっていた。そしてその意義を考察するにあたって、ホイジンガが、「それらが高慢さや怒りを抑えようと苦闘しながら、未開人の激しい情念から生まれてきたということを考えてみれば、そうした無意味な形式（forms）も感動的であろうし、それらの道徳的、文明的な価値もよりよく理解されよう[72]」と指摘している点は極めて重要である。つまり、騎士道というのは、道徳的理想であり、作法（manners）であり、位階と女性への忠誠の象徴であり、人々は、その「文化的理想」に自らを適合させ、それを演ずることによって、「未開人の激しい情念」を抑え込み、上位者に敬服する階層制秩序に適合的な文明人へと発展することができたのである。よって、騎士道とは端的に述べて、人々が服すべき文化的に形成されたある理想を体現する一つの「型」であり、「公式」であり、「文化形式」であった。禁欲、忠誠、女性への慇懃さ等々を体現する理想的騎士を演ずるということは、その「文化形式」に自らを合わせるということ、つまりは自らを枠付けるということに他ならない。騎士道は、ある一つの形式に人々の情念を枠付けることで、荒々しい私的欲望を抑え込み、社会秩序──中世の社会秩序とはつまるところ階層制秩序であるが──を維持させる。ホイジンガ曰く、「あらゆる感情は慣習的形式の厳格な体系（a rigid system of conventional forms）を必要とする。なぜなら、それなしでは熱情と野蛮さが生活を破壊するからである[73]」。だからこそ、容易に騎士道のイメージは修道士などの宗教的・道徳的イメージとも結び合わされた。「騎士道的な生活の概念は、その利他的性格のゆえに、常に宗教と結び付けられた。実際、この関係性は決して副次的なものではなかった。なぜなら騎士道的美徳は根本的に利他的であるばかりでなく、禁欲的でもあったからである[74]」。バークにおいても騎士道と宗教の精神がしばしばセットで論じられたが、それというのも、騎士道も宗教も、人間に潜む「未開人の激しい情念」を抑え込むための文明的な規範、つまりは「文化形式」であったからである。

こうしたホイジンガの「文化形式」としての中世騎士道論を理解すると、バークの騎士道論の本質が見えてくる。騎士道や宗教の精神を「威厳と気品のある原理と作法」(R: 70上146) であるとし、そうした「作法は、我々が呼吸する空気の如く、継続的で、着実で、均一的で、無意識的な作用によって、我々を苦しめたり落ち着かせたり、堕落させたり浄化させたり、高めたり貶めたり、野蛮化させたり洗練させたりするものである。作法は我々の生活に全ての形式と特色 (form and color) を与える」[75]ものであると論じていたバークも、私的情念を規定し、それに「威厳と気品」を付与する文明的規範として、つまるところホイジンガと同様、「文化形式 (form)」として、騎士道や宗教の精神を捉えていたことは明らかである。実際、バークから学んで一七九九年版の『ローマ共和国興亡史』において、「キリスト教徒と紳士の格率 (The maxims of a Christian and a Gentleman)」について加筆を行ったファーガスンも、そうした「宗教、風習、そして作法」を、行動を規定する「一般的な型 (general mould)」であるとし、特に「キリスト教徒と紳士の格率」は「品格のある礼節を生じさせ」、「軽蔑への恐怖で不品行者に畏怖の念を抱かせ[76]」ることで、社会の安定をもたらしたと論じていた。ファーガスンもそのように理解していた通り、バークの「騎士道」が、人間の荒々しい本性を洗練させて抑え込む、文明的な規範としての「型」ないしは「形式」であったとするならば、フランス革命とは、そうした文明的な規範に拘束されていた人間を解き放つ反文明的な破壊活動であったのであり、その意味ではまさしく進歩や文明化というものに逆行する事態であったということになろう。だからこそ、バークは、「[ルソーの]弟子である貴国の支配者たちは、あらゆる洗練 (refinement) を貴族的性質をもつものであると考え[77]」て否定すると批判していたのである。同時代の大歴史家であったエドワード・ギボンがフランス革命派の考え方を称して

「平等と無制限の自由という野蛮な理論（the wild theories of equal and boundless freedom）」[78]と批判したのも故なきことではない。一七二七年にはじめて「封建制」を「文明の状態（état de civilisation）」と呼んだのはブーランヴィリエであったが[79]、バークにとっても、そうした封建制を打倒したフランス革命は、文明化の革命などではなく、「文明の状態」を破壊した「野蛮」への退行であったのであり[80]、ポーコックが述べるように、「革命が破壊しつつあるのは、ヨーロッパの文明［礼節 civility］の構造[81]」そのものであると考えていた。したがって、バークによる有名な騎士道時代の終焉に対する嘆きは、逆説的に聞こえようが、「根本においては、それは啓蒙的な作法（enlightened manners）の破壊に対する嘆き[82]」に他ならなかったのである。これに対してフランス革命を主導したシェイエスなどはむしろ「野蛮な封建制[83]」と呼んで批判していたのであり、そのように考えると、バークは自然概念も逆転させたが[84]、啓蒙と野蛮の概念も逆転させたという点で[85]、極めて特異な思想家であったと言えよう。

＊

バークにとって「紳士の精神と宗教の精神」は、文明社会の倫理規範であったが、ロマン主義的に美化されていたというよりも、むしろ、その機能的側面にも充分配慮されていたという点で、バークは単なる反動主義者ではなく、ポーコックの指摘するように十八世紀啓蒙の一定の受容者であった。周知のように、「紳士の精神」たる騎士道や「宗教の精神」は、既に美徳の背後に悪徳を見るラ・ロシュフーコーやマンデヴィルらによって、社会的効用の観点からイデオロギー性を暴露されるという重大な挑戦を受けていた[86]。「自分の生来の感情の影響で、この新しく誕生した近代の光明の一筋によっても啓蒙されていない」（R: 65 上 137）と自嘲気味に自己規定していたバークは、自説が世界の「近代の光明」の下では反時代的なものであることを充分認識しており、騎士道を「全ての喜ばしい幻想（All the pleasing illusions）」（R: 67 上 141）であるとし、宗教についても「この制度［修道院制度］はそのまさに原理において迷信（superstition）の気味があり、それを永久的、恒常的な影響力によって育てている」（R: 139 下 47）と自覚的に述べていた。したがって、騎士道や宗教に対して、ある種の客観的、分析的な姿勢を保持していたことは確かである。それに続いて、「だが、このことによって、君たちが、迷信それ自体から、公益のためになる何らかの手段を引き出すのを妨げられるべきではない」（R: 139 下 47-48）と述べていたように、バークは確実に宗教の —— そして騎士道の —— 公益的機能性を客観的に捉えていた。ここにバークの近代性が垣間見られるであろう。では、騎士道と宗教の精神の公益に資する機能とは何であろうか。『省察』におけるバークの自由概念を中心に見てみよう。

一つは、騎士道と宗教の精神は、自由社会に致命的な専制政府を抑止するということである。逆に言えば、騎士道と宗教の精神なくして、自由社会の存立はありえないのである。ホイジンガと同様、バークにとっても、騎士道と宗教の精神は、「上品な服地」としての文明的な倫理規範そのものであったのであり、諸個人の荒々しい動物的な欲望を包み込んで抑制し、自由社会の秩序を維持させるための一つの精妙な「文化形式」であった。特に騎士道は、「社会的尊敬なる柔らかい首輪」によって統治者階級の私的情念を抑制させることで政府の暴政化を抑止する。騎士道の精神を心奥に有する統治者階級ならば、名誉や「社会的尊敬」を求めるあまり、拘束具たる「首輪」を自らに装着したかの如く、私欲に任せた尊敬されざる暴政を自発的に慎むようになるであろう。騎士道が名誉や栄光の感覚と結び付いていたということが重要なポイントなのであり、[87] このことについては、『法の精神』において既にモンテスキューが、「制限君主政国家では、権力はそのバネをなすものによって制限される。私が意味しているのは名誉であり、名誉は諸侯や民衆の上に君主の如く君臨する[88]」と述べ、名誉と抑制的な権力との関係性について鋭く指摘していたことが想起される。よって、モンテスキューが、「名誉の本性は、世間全体を監察官《ケンソル》として持つことである[89]」と言うとき、それは、「社会的尊敬なる柔らかい首輪」というバークの自生的な間主観的権力抑制装置への洞察の先駆となるものであったと言うこともできよう。

当然ながら、モンテスキューを大いに尊敬していたバークにとっても、文明人の「自由」とは、全ての社交的な拘束からの解放ではなかった。全ての規範からの解放は自由な状態ではなく、「アナーキー[90]」な状態に過ぎず、「アナーキー」とは、バークにおいては文明の状態ではなく、野蛮な状態であった。バークにとって、文明社会における自由とは、何ものにも拘束されない放縦の状態ではなく、文明的規範による私的情念の抑制を含意していたのである。もちろんその意味では、強権によって「スパルタ式倹約」（マルクス）を強制しようとしたフランス革命政府も私的情念の抑制を企図していたという点では同じであるが、バークの「文明的「市民的」自由（civil liberty）」とは、私的情念の抑制を自発的に、自由の発現として行うというところに重要性があった。そうでなければ、強権的な政府によって情念の抑圧が行われる不自由な社会となってしまうであろう。したがって、その意味では、バークの自由観は自己統御を強調するバーリンの積極的自由に通ずる面をもっていた。

> 自らの欲望に道徳的な鉄鎖を加える傾向に正確に比例して、つまり、正義への愛が強欲心を越えるにつれて、また、彼らの知性の健全さと冷静さが虚栄心と思い上がりを越えるにつれて……人々は市民的「文明的」自由に相応しくなる。社会は意志と欲望への抑制力がどこかに存在しないと存続できない。したがって、その抑制力が内部に乏しいほど、ますます外部から宛てがわれなければならない[91]。

自由社会には私的情念や欲望の抑制が不可欠であるという論点は、ヒュームやスミスといった自由主義者たちによっても提起されており、十八世紀的思考様式においては、必ずしも私的情念や欲望の解放が自由と等置されていたわけではない(92)。スミスの「公平な観察者」は、具体的な状況における情念の「適宜性の基準」として、適正な水準に情念を抑制するための自生的な装置でもあった。ただ、フランス革命による情念の暴発を見たバークにとって、自由社会を維持するための情念抑制装置は、より具体的なものに結び付けられていた。バークが「外部から宛てがわれなければならない」と述べるときの外的抑制力とは、主に文明的な均衡国制を指すが(93)、バークにおいて、国制を構成する貴族制度と国教制度に具象化されている騎士道と宗教の精神は、まさしく人間の「意志と欲望への抑制力」の一つとして捉えられていた。騎士道の精神は、「位階と女性へのあの寛大な忠誠、あの誇り高き服従、あの威厳に満ちた従属、そして、隷属そのものにあってさえ、高尚なる自由の精神を活き活きと保持させた、あの心服」(R: 66 上 140)を体現したものであり、主従関係や封建的位階制の中にこそ、名誉や自由を見出し、名誉のためには死をも覚悟するような自己否定が自己肯定となる価値体系であった。ホイジンガは「真の騎士は世俗の否定者である(94)」と論じたが、その意味で騎士道精神こそ、「社会的尊敬なる柔らかい首輪」に自ら服し、私的情念の否定の上に自由が成立するような公共精神そのものであったと言えよう。重要なことは、位階や名誉のために自発的に自己否定することが、貴族や騎士にとって自己肯定することであった、ということなのである。この弁証法的作用は、先程の「誇り」と「服従」、「威厳」と「従属」、「隷属」と「自由」を結び付けるバークの「矛盾語法」(T・ファーニス)に端的に表象されていると言えよう。

無論、このことは、宗教についても同様に言える(95)。「キリスト教体系の基盤たる真の謙虚さ(True humility)は、全ての真正な美徳の、目立たないが深い確固たる土台である(96)」とし、バークはキリスト教の中心的徳目に「謙虚さ」を据え、神に対する畏怖や禁欲精神の中に、私的情念の抑制を見出していた。「[自発的な]自己否定(self-denial)の強烈な範例は、我々の心に強く作用し、欲望をもたぬ人間[聖職者]は、偉大な自由と堅固さ、さらには威厳さえも獲得した」(R: 90 上 188)。キリスト教の自己否定は、騎士道の自己否定と同じく、バークの中で「自由」と結び付けられている。[97]バークが「人間が、自由に相応しくなるためには、自然的な節度（natural moderation）をある程度豊富に有していなければならない[98]」と述べ、文明的自由は自己抑制にあるのだと言うとき、この「紳士の精神と宗教の精神」がその文明的自由にとって極めて重要な観念体系であったことは言うまでもなかろう。騎士道精神によって、社会的尊敬を求める対他的な意識への配慮が生み出され、それが「社会的尊敬なる柔らかい首輪」となって、「汚名を傷の如くに」感じる統治者＝貴族が自らの私的情念を自発的に抑えるというのであれば、逆に、フランス革命の「純粋民主主義」の如く、「名声や評判の感覚という、地上で最大の抑制力の一つに対して責任を負うことが少ない」（R: 82 上 172）ような民衆に権力が委ねられれば、この「社会的尊敬なる柔らかい首輪」は情念の抑制力としては機能せず、統治者＝民衆の私的情念は暴発するだろう。[99]ルソーは、未開人が「自分自身の中に生きている」のに対して、文明社会の人間は「他人の意見の中でしか生きる方法を知らない[100]」と批判したが、バークはルソーとは反対に、他人の意見や評判を気にするがゆえに、文明社会の人々は自らの行動を慎み深いものにするのであり、まさしく他者の「名声や評判」こそ、強権によらずとも温和な統治をもたらすための自生的な規範＝「首輪」であると考えていたのである。モンテスキューも「我々は尊大さから礼儀正しくなる[101]」と指摘していたように、自己への関心と公益や秩序との両立という議論は、スミスの道徳哲学体系などを一つの頂点として十八世紀に大きく花開くことになるのだが、そうした私と公の幸福な結合は、政治においては、他者からの「名声や評判」を気にする貴族たちが統治者階級である限りであって、「純粋民主主義」においては事情は異なる。つまり、バークによれば、社会的尊敬を重視する騎士道精神を保持した統治者は、「名声や評判」に対して配慮し、慎重な政治を行わざるをえないのに対して、フランス革命政府のように、「自らを尊重するということを慣習的に教えられておらず、失うべき名声という財産を元々もっていないために……権力を節度をもって担ったり分別をもって行使したりすることを期待しえぬ人々の手」（R: 37 上 81）に政権が委ねられた場合、「彼らは、自分たちには全く理解できない国事を犠牲にして、自分たちが熟知している私的な利害を追求するに違いない」（R: 37 上 81-82）。よって、バークにとって「民主主義的なコモンウェルスは野心を育てる温床[102]」なのであった。バークの中では、名誉を重んずる貴族の精神と、自己抑制たる「節度」と、公益の追求とが結び付けられており、それと対照的に、名誉や評判を気にかけぬ民衆と、「節度」の無さと、「私的な利害」の追求とが結び付けられている。社会的名誉への配慮こそ私的情念の抑制のために不可欠であったのに、フランス革命は社会的名誉に配慮する貴族的統治者層を破壊したために、社会的名誉を気にかけない階層が政治を担い、彼らは私的情念に任せたままの「私的な利害」の追求に堕してしまう[103]。つまり、革命は私的情念を抑制するのではなく、解放してしまったのであり、これはバークにとって文明的自由ではなく、「アナーキー」なのであった。

主に統治者層を規定し、その私的情念を抑制するのが騎士道精神であるとするならば、統治者層のみならず、民衆をも規定し、その私的情念を抑制するのは、「真の謙虚さ」を基底的に保持する宗教の精神であったと言えよう。宗教は「私人性」を超克させる。

> 民衆は、利己的な意志へのあらゆる欲望を捨てたとき――これは宗教なしには絶対に不可能であるが――、あるいは、彼らが、意志と理性が同一である永遠不変の法に従うときにのみ正統性をもつとされるあの権力を、委任の序列の高位において行使していると自覚するとき、彼らは、利己的で不適格な人間の手に権力を委ねることに対してさらに注意深くなるだろう（R: 83 上 173）。

神聖な信託として民衆の政治的権利が重々しく捉えられることで、民衆は私利や地域的利害によって統治者を信任するのではなく、公共精神から有徳な統治者を信任するようになるはずだとし、逆に、民衆が権力に一切関与せず、「民衆が……私的な感情と彼ら自身の家政の管理にのみ局限されるような社会」(R: 81 上 170-171)であるならば、国教制は相対的に重要ではないと言う。宗教は人間の利己的存在性を公共的存在性へと昇華させる役割をもつのであるが、重要なのは、ここでバークが指摘しているように、民衆が「利己的な意志へのあらゆる欲望」から解放され、私人性を克服するのは宗教によってのみであり、つまるところ、刹那的な人間の権力を超越する神的な「永遠不変の法」を認め、人間が最高存在であるというフランス革命に体現された人間中心主義的な近代的思惟を回避したときのみである、ということにバークが気付いていたということである。「傲慢」が「自分たちの叡智以上に偉大である叡智を経験したことのない全ての人々に必ず付随するもの」(R: 84 上 175) であるとするならば、人間の上に君臨する偉大な神の存在は人間の恣意的な「思い上がり」を抑制する。[104]「我々の弱く、軽率な思い上がりは、神秘的な叡智の配剤の下で挫かれる」(R: 71 上 148)。そして、「コモンウェルスや法が聖別さるべき最初の最重要原理の一つは、これらの一時的もしくは一代限りの保有者が……あたかも自分たちがその完全な主人 (the entire masters) であるかの如く行為することがないようにすることである」(R: 83 上 174-175) と述べたのも、世俗的人間中心主義の破壊性にバークが気付いていたからであろう。それに対して、フランス革命こそ、一世代の人間存在 ――「一夏の蠅 (the flies of a summer)」―― が社会の創造者として神をも越える最高存在となった革命的な事態であったのであり、よって、「彼ら［国民議会］への抑止として機能するものは、天上にも地上にも (in heaven or upon earth) 存在しない」(R: 39 上 86) と述べたのである。人間存在そのものや自己を超越するものを常に自覚させるための自由社会に不可欠な情念抑制装置を、スミスのように内面的かつ自生的な「公平な観察者」に委ねるのではなく、バークは、同じく自生的な産物ではあるが、制度として体現され、時効原理によって正当化されていた騎士道と宗教の精神に委ねたのである。[105]

*

スミスの「公平な観察者」が、私的情念が外的強制を伴うことなく抑制されるという意味で自由社会に相応しいものであったのと同じく、バークの騎士道と宗教の精神も外的強制を伴うことなく、自発的に私的情念を抑制し、さらに自己犠牲のもとに公的献身を行わしめることによって、自由社会に貢献するものであったという点は重要である。古典的自由主義者は、公共精神に鼓舞された自発的行為を、政府行動の代替となることに注目して肯定してきた。もとより、君主政原理としての名誉について、「各人は自分の個人的利益のために働いていると信じていながら、公共の善のために働いている」(106)と看破していたモンテスキューは、騎士道の重要な構成要素の一つである「名誉」の人倫的な性質を見事に言い表わしていた。公的献身を自らの誇り、「名誉」であるとする騎士道の人倫的な機能は、公と私を結び付けるのであり、バークの『省察』においても、名誉のために自発的に命を捨てる騎士道精神の消滅によって「安価な国防(the cheap defense of nations)」(R: 67 上 140)が失われると述べられていた(107)。ただ、政府の社会的介入を抑止し、自由社会を保全するという点では、宗教の方がより大きな役割を担わされていたように思われる。宗教が政府の社会的介入を抑止する公的行為の源泉として捉えられていたという点は、端的には救貧の問題に現れる(108)。バークは、『穀物不足論』において、経済的自由主義を唱え、市場への政府干渉を否定して以下のように述べた。

ある人が、商業の規則や正義の原理に従っては、何も要求しえないということが起きたときにはいつでも、彼はその部門の外に出て、慈悲の管轄区域に入る。その領域内では、為政者は、何もすべきことはない。所有権を保護するのが彼の職務なのに、彼が干渉すれば所有権の侵害となる。疑いなく、貧民に対する慈善

（charity）は、全キリスト教徒に負わされた直接の不可避の義務である……[109]。

救貧の問題は、政府の役割ではなく、キリスト教徒の義務たる慈善の領域において解決される[110]。これによって、救貧の名のもとに行われる政府の市場介入を抑止することができ、ひいては政府による自由社会の圧殺をも阻止することができるようになる。バークは息子のリチャード・バーク宛の書簡（一七九二年）で、プロテスタントによるカトリック抑圧を批判し、宗教弾圧によって「偉大な目的の一つ」である「慈善（charity）」を否定することになるとし、「慈善」とは「人々を幸せにすること[111]」に他ならないと論じていた。「正義と慈悲が宗教の本質的部分である」（R: 132 下 33）とか、「社会的慈善と個人的自己否定の宗教[112]」とか、さまざまにバークは宗教を表現しているが、彼が、宗教の中に、自分だけではなく、他者に配慮し、他者を「幸せ」にする慈悲深き献身（自己否定）の源泉を看取し、自発的な社会的セーフティネットとしての役割を期待していたことは確かであろう。国家が提供する公的な救貧事業は、公共精神を担うキリスト教徒によって代替されることで、政府の市場介入を阻止し、文明社会の自由を確保することができる。「国家は、国家そのものないしは国家が作ったものに関することに自らを局限すべきである[113]」。しかも、そうした救貧を行う聖職者は、一切の強制によらず、自己否定と公的献身こそを自らの誇りとしていたのである。

諸国家の運勢には、特定の人々が偉大な精神的努力によって改善するよう求められる瞬間がある。……私見では、修道院制度には賢明な慈善の機構を動かす偉大な力があった。そこには公的な志向をもった収入が存在したし、公的紐帯と公的原理以外はもたず、公的目的のために完全に区別されて献身させられる人々、つまり、共同体の資産を私的な財産に変える可能性のない人々、私利を否定して、その貪欲さが何らかの共同体に対してのみ向けられるような人々、個人的な貧困こそが名誉だと考え、黙従を自由の代りとする人々が存在した。人はそのようなものを欲するときに作り出せるという可能性を求めても無駄であろう（R: 138〔下45–46〕）。

ここでも「貧困」と「名誉」、「黙従」と「自由」が結び付けられ、騎士道の記述箇所にも見られた「矛盾語法」のレトリックが用いられている。つまり、貴族同様、自己否定を自己肯定とする献身的身分として聖職者が捉えられており、バークが彼らによって救貧などの公共政策が担われるべきだとしたのも、まさしく彼らこそが公的奉仕を自らの自由と考える人倫的な階級であったからである。[114] ここには極度に理想化された聖職者像があることは否定できないが、フランスの聖職者についてさえ、トクヴィルが「全般的に見て、一部の聖職者には目を覆わんばかりの悪徳もあったが、革命が起こる直前の時点で、世界中のどこにもフランスのカトリック聖職者たちほど注目に値する聖職者の団体はなかったと思う。開明的で、愛国的で、単なる私徳に閉じこもることなく、公徳と同時に信徳をもっていた。……旧社会の研究をはじめたとき、私は聖職者に否定的な多くの偏見を抱いていたが、研究を終えた現在では、多大の尊敬を抱くに至った」[115] と述懐しているところを見ると、旧体制下の聖職者の公共性を全否定することもまたできないことは確かであろう。バークは、公共政策を国家の一元的管轄の下に置くことを否定し、公共性を担う領域を貴族と聖職者の領域へと多元化させることによって、文明社会の自由を保全しようとしていた。そのためには、自己否定を自己肯定に自発的に転化させる騎士道および宗教の精神がなくてはならなかったのである。

このような封建的エートスは、バークの求めた経済的自由主義、小さな政府論と矛盾するものではなく、むしろその前提となる倫理的な基盤であった。二十世紀において、バークのように騎士道精神の自由経済的意義を理解した偉大な経済学者にA・マーシャルがいるが、マーシャルは、技術革新における企業家の騎士道精神とともに、「騎士道的な富者（the chivalrous rich man）」が、都市計画や福祉などに私財を投じ、「自発的な奉仕を増加させることによって」、公共的な役割を担ってゆくようになることを期待していた。私利の追求が幸福を生み出すのではなく、「深い完璧な人格が幸福の唯一の真の源泉であり、それはいくらかの自己強制と自己抑制の痛みなくしては滅多に形成せられない」[116]と論じ、マーシャルはこの私利を越えた自己犠牲的な精神にこそ自由社会の健全なる道徳的基盤を見出していた。[117]バークも、騎士道と宗教の精神に小さな政府を実現する上で不可欠となる公共精神の源泉を見出していたが、バークによれば、この精神的基盤は、国家が育成することはできず、翻って自由社会においてのみ自生的に育成されうるものであった。

> 人々を政治的慈善の単なる機械ないしは手段にしようとするよりは、多くを自由意志に委ねることで美徳と人間性を育てる方が……ずっとよいのである。世間は概して、美徳を生み出す自由によって得をするだろう（R: 91 上 190）。

現代で言えば、強大なケインズ主義国家が、自律的な市民精神（citizenship）を弱化させてきたとするM・サンデル[118]らの議論を想起すればよいであろうが、公共精神は政府が強権的に介入することによっては育成されえず、[119]人々の自由の中にこそ育成されうるのであり、その自由によって育成された公共精神が、政府の強大化を抑止して、さらに自由を拡大させるという好循環構造をバークは看取していた。これは、政府による救貧を批判して自発的慈善による救貧を唱えた先述の『穀物不足論』の自由市場主義とも繋がる。スミスが、社会の維持には「社会の全殿堂を支える大黒柱」たる正義の貫徹が必要であり、「美徳」や公共精神といったものは「社会という建築物を飾り立てる装飾品」に過ぎないと述べ、制度的には正義のみを担保しようとしたのに対して、バークは、まさしく「文明秩序の優雅な装飾」(R: 122 下 13) たる貴族や聖職者の精神としての公共精神や美徳こそを社会存立の要としていた。この差異は、文明社会を市場社会として主に捉えた経済学者スミスと、文明社会を政治社会として主に捉えた政治家バークとの差異に対応しているが、無論、スミスは美徳や公共精神を、強制しえないかもしれないが、決して不要としていたわけではない。『道徳感情論』では以下のように述べている。

必要な助力が相互に愛・感謝・友情・尊敬の念から与えられるところでは、その社会は繁栄し (flourishes) 幸福 (happy) である。その社会のさまざまな成員は全員、愛と愛着の快い紐帯で結ばれている。……しかし、必要な助力がそのような寛容的かつ利害超越的 (disinterested) な動機から与えられないとしても、また、社会のさまざまな成員の間に相互的な愛も愛着も全くないとしても、社会は、幸福さや快適さの点では劣るかもしれないが、分解するとは限らないだろう。社会は、さまざまな商人たちの間におけるように、相互的な愛や愛着がなくとも、その効用性の感覚から、さまざまな人々の間において存立することができるかもしれない。[120]

スミスは、相互的な愛情や親愛関係がなくとも、社会は効用に基づく利害関係によって充分成立しうると考え、『経済学・哲学草稿』でマルクスが指摘したように、「社会」を市場社会として捉えたわけであるが、[121] それが幸福な社会であるとは限らないとしている。バークは逆に、そのような幸福な社会でしか効用に基づく商業関係は円滑に維持されえないと考えていた。バークは、スミスの言う「必要な助力がそのような寛容的かつ利害超越的な動機から与え」られるような社会、ないしは、市民の「相互的な愛や愛着」、慈悲が存在する社会、つまるところ、「繁栄」した「幸福」かつ「快適」な社会をこそ構想していたと言ってよい。その助力を与える「寛容的かつ利害超越的な動機」や慈悲の精神が、騎士道と宗教の精神に由来することは既述した。騎士道と宗教の精神こそ、政府の社会的介入を阻止する多くの自発的な歯止めを提供し、私的情念を抑制して「利害超越的な動機」による公的献身を促進させるエートスなのであった。これが専制を抑止し、政府の役割を極小化させ、自由を確保するというのであれば、「商業は……放任されたときに最も繁栄する」[122]と終生考えたバークにとって、騎士道と宗教の精神が商業社会の基盤となる規範体系として捉えられていたのも当然ではあろう。

では、バークの階層制秩序論とこの経済的自由主義との関係性についてはいかに考えられるべきであろうか。節を改めて論じよう。

## 二、階層制秩序としての文明社会の擁護

バークの自己統制ないしは克己としての「文明的自由（civil liberty）」とは、まさしく文明社会＝政治社会（国家）においてのみ可能なものであり、実際、「我々の美徳で完成されるべき本性を我々に与え給うた神は、またその完成に必要な手段をも欲し給い、それゆえに国家を欲し給うたのである」（R: 86 上 180）と述べ、バークは国家を、人間が道徳的存在になるための倫理的な共同体としても捉えていた。ここに、ジョセフ・パッピン三世が「人間の社会的政治的本性に関するアリストテレス的教義」[123]を見ているように、一面ではアリストテレスの倫理的ポリス観の影響を看取することは適切であろう。この政治社会・文明社会を前提とする道徳的な自由こそ、バークが既にアメリカ革命期に公言していた「私が意味する唯一の自由」たる「秩序と結び付いた自由（a liberty connected with order）」、つまり秩序や美徳と両立しうるのみならず、それらなくしては存立しえない自由[124]」という主張の内実なのであった。

バークは、フランス革命が目指した「水平化」と真の平等とを区別したが、この区別はその「秩序と結び付いた自由」を考える場合、看過しえないものとなる。秩序の中の〝在るべき所〟に〝在るべき人〟が配置されるときに「自然」であり自由であるというような有機的な結合態として文明社会の秩序を捉えていたバーク(125)は、フランス革命の民主主義的水平化が、個々人を、統治者で在るべき存在でなくても統治者に配置してしまうという意味で、真の平等とは異なることを看取していた。

水平化しようとする人々は平等にはできない。多様な市民から成る全ての社会では、一部の人々が必ず高位を占めねばならない。それゆえ、水平主義者たちは事物の自然的秩序を改変し誤らせるだけである。彼らは、構造の安定のためには地上に置かねばならないものを空中に据えることによって、社会という建築物に負担をかける。……［それは］最悪の簒奪——自然の特権の簒奪——［である］（R: 43 上 92）。

元々人間存在には、本性的に適した役割があり、その役割を果たすことが「本性的＝自然的（natural）」であるという考え方は、『国家』（415ABC）で神が与え給うた金の魂、銀の魂、鉄と銅の魂に応じた、統治者、補助者、農夫や職人への階層制的秩序編成を論じたプラトンなどに古くから見られるものである。バークはこの古代ギリシア以来の自然的秩序の概念を一定程度共有していた。事物には本性的な役割が先在しているというこの思考様式が、既にバークの青年期の著作『崇高と美』（一七五七年）において示唆されていたことは興味深い。『崇高と美』において、暗闇は、本来的に恐怖の観念と結び付いていたのではなく、乳母や老婆が幽霊や悪鬼の観念と結び付けたからこそ恐怖の観念と結び付いたのだとするロックの「白紙《タブラ・ラサ》」論を批判し、バークは、「黒色と暗闇は、どのような連合とも無関係なその本性的な［＝自然的な］作用によってある程度の苦をもたらす(126)」と論じていた。つまり、事物に内在する本性的作用を否定し、作用を後天性に帰せしめたロックに対して、バークは事物の中に、本性的ないしは先在的な作用や役割を見出していたのである。このような視座は、文明社会（＝自然的秩序）を構成する各人の先在的役割を認めていたバークの後の発想とも軌を一にするものであり、静態的な階層制秩序の擁護論に援用されていた。こうした多様な先在的役割を有する多様な人々から文明社会が有機的に構成されるというバークの発想は、無論、古代ギリシアのポリス観の一面であったし、トマス・アクィナスの職分社会論[128]やマックス・ウェーバーの「天職」概念にも見られるように、ある意味で西洋思想史全体を一定程度規定してきた伝統的な観念であった。例えばアリストテレスは、「国家が完全に善き人々から構成されるのは不可能であるとしても、各人が自らのあるべき職務をよく果たすのは必要であり、これには卓越性が伴う[129]」と述べ、国家こそ、各人がさまざまな固有の役割を果たすことで維持される「有機的全体[130]」だと考えていた。よって、「国家は異質な要素から構成されている」のであり、近代民主主義の如く、全ての人間が人間というだけで自然的に統治者の役割を担うという発想とは正反対のものであった。アリストテレスによれば、「国家の存立に不可欠な人々全てを市民とすることはできない[131]」のである。実際、バークは、「古代の共和国を形作った立法者たちが……市民の多様性に注意を払い、彼らを一つのコモンウェルスへと結び付けたのに対して……［フランスの］形而上的で錬金術的な立法者たちは……全市民を混ぜ合わせて一つの同質的な集団にしようとしていた」（R: 162 下 93–94）と述べ、自らの階層制的な秩序観が古代ギリシア・ローマの「有機的全体」としての秩序観と通底していることを明確に認識していた[132]。しかし、おそらくバークは、この「有機的全体」としての秩序概念 ── 古代ギリシア以来、後述する「存在の連鎖」の観念と結び付いて西洋の秩序観を長らく支配してきた階層的・有機体的秩序概念 ── をプラトンやアリストテレスとは全く異なる社会的前提において使用していた。

「存在の連鎖」の観念とは、宇宙は無機物など卑しい存在から神に近い最高度の存在に至るまで連続した階層的な秩序によって充たされているという考え方であり、ラヴジョイも指摘するように、「存在の連鎖としての宇宙の概念とこの概念の基礎となる諸原理 ―― 充満、連続、階層性 ―― が最も広がり受け入れられたのは十八世紀であった」。無論、十八世紀に生きたバークもこの秩序観を大いに受け入れていたことは、クラムニックやニスベット、中澤信彦らも指摘していた通りであるが、ラヴジョイによれば、「存在の連鎖」の概念は、「その発生をプラトンとアリストテレス、そしてその体系化を新プラトン主義者に負う観念の集合[133]」であり、そうであればこそ、古代ギリシア・ローマの「有機的全体」としての秩序観が「存在の連鎖」の概念としてある程度バークに流れ込んでいたとしてもおかしくはない。そしてラヴジョイが新プラトン主義者の代表者として挙げるプロティノスこそ、プラトンやアリストテレス、そしてバークと同じく「最も善く治められている都市は、市民が皆平等な都市ではない[134]」と断言し、善き秩序と階層制秩序とを結び付けて思考していたのである。つまり、バークは、このポリスの如き小共同体を前提とするプラトン、アリストテレス、プロティノスらの「有機的全体」としての秩序観を、「大きな社会」（F・A・ハイエク）たるイギリス文明社会の階層制秩序にも当てはめていたのであり[135]、これは十八世紀イギリスの社会思想家の多くが自然に行っていたことでもある[136]。キャナダインによれば、「イギリス社会は、秩序付けられ、統合され、階層化されたヒエラルキーであるという見方は、ほとんど常に歴史的に最も強力で、最も一般的で、最も影響力のあった見方であった[137]」のであり、そうした階層的差異を内包しつつも統合しているという「有機的全体」としての社会秩序観は、十八世紀は疎か、二十世紀に至ってもなおイギリス社会に残存していたほどであった。人間は「ヒエラルキー的動物」であり、「ヒエラルキーこそ、人間の社会構造と社会認識の根源的な様式なのである[138]」。よって、キャナダインは、「ハノーヴァー朝期イングランドで最も広く認められ、受け入れられていたのは、この神さびて、階層化された個人主義的な社会観であった。統治する君主から最低位の臣民に至るまで、この存在の偉大なる連鎖は途切れることなく広がっていた」[139]と論じ、十八世紀イギリス社会を、階級分化ないしは階層化しつつも、調和的に統一されていた社会として描き、『階級なき階級闘争』ではなく、十八世紀のイギリスに見られたのは、階級闘争なき階級であったと考えた方がおそらくより正確であろう[140]」と指摘している。稀代の社会観察眼を有していたトクヴィルも、イギリスの社会秩序を「異なる階級が共通の利益によって緊密に結び付きながらも、知性と習俗の面では多くの差異を保持している[141]」と表現していたが、バークがイギリス均衡国制について言うところの「多様性の中の統一（an unity in so great a diversity of its parts）」という原理を保持した「有機的全体」としての階層制社会という見方は、ある程度までホモ・ヒエラルキクス（*Homo Hierarchicus*）としてのイギリス人たちの自己認識でもあったわけである。

　ラヴジョイによれば、十八世紀において「存在の連鎖」の議論は、「階層の中のあらゆる地位は満たされていなければならないし、それぞれの地位は他とは区別される特別な限界によってそのように存在しているのであるから、人間の義務は自らの地位を守り、それを越えようとしないことである[142]」という「実際的な道徳」を生み出し、静態的な階層制秩序の擁護論へと応用されていた。だからこそ、クラムニックが指摘しているように、「バークは存在の連鎖（the Chain of Being）を強調した最後の偉大なイギリスの理論家」であり、自らの社会的地位を流動化させようとする「ブルジョアジーの急進的な挑戦に直面して、……彼はその言葉を甦らせた[143]」のである。ラヴジョイは、十八世紀において「存在の連鎖という宇宙論的概念に具体化されている諸原理は、社会的不満、特にあらゆる平等主義的運動に対抗するための武器として利用されていた[144]」と指摘しているが、おそらくバークは史上最大の「平等主義的運動」であったフランス革命に直面して、意識的にその「武器」を手に取り、階層制秩序を「存在の連鎖」と類比させて擁護しようとしていた。バークが抱いていたヒエラルキー的秩序観は、十八世紀イギリスにおいては「自然」（R: 76 上 159）、つまりは「通常は語られないが受け入れられていた認識[145]」であったはずなのに、一七八〇年代に入り、「最早ヒエラルキーが当たり前であるとは感じられなく[146]」なると、それを対自的に、意識的に理論化し、擁護する必要に迫られた。そこで登場したバークを嚆矢とする保守主義が「新しかったのは、ヒエラルキーが積極的に擁護され正当化された[147]」というところにあったのである。

水平化に抗して再興された《等しからざる諸部分が織り成す調和態》としての「有機的全体」という階層制的な社会秩序観は、「存在の連鎖」の思考様式の一部として、十八世紀の社会秩序観を規定してきたのであり、それというのも、各人に自然的に割り当てられた役割が多様であればこそ、社会秩序はどうしても階層的なものにならざるをえなかったからである。ルイ・デュモンは、差異を承認しつつも統合しようとすれば、「バークが『フランス革命の省察』で鋭くも感じ取っていたように、ヒエラルキー的なかたち以外ではありえない[148]」と適切にも指摘しているが、逆に言えば、革命派は「人間」という動物的カテゴリーをもち出して水平化を行い、「全市民を混ぜ合わせて一つの同質的な集団に」(R: 162 下 94) することによってのみ、階層制秩序を否定することができると考えたわけである。そうした「示差的特性の撤廃(the erasing of distinctive characteristics)」とは、まさしく根本においては全体主義的なものとなるに違いない。したがって、「存在の連鎖」の概念をはじめとして、秩序とは「不平等ないしは差異(*disparitate*)」から成ると考えたトマス・アクィナスやバークの社会理論が発するメッセージとは、ルイ・デュモンによれば、「差異の擁護者が、差異のために平等も承認もどちらも欲しているとするならば、それは不可能なことを欲している[149]」に過ぎないのだ、ということに他ならない。

この点に関して、F・P・ロックは、多様な風土や習俗の織り成す一般精神を重視したモンテスキューと、彼に倣ったバークが、社会を「調和的に協働し合う異なる利害の集合体」と捉えていたのに対して、ルソーやペインは、一般意志を「個々人の意志や欲望の集合体というよりも、それらから独立したものである」と考えて、「バラバラの利害というものは、一般意志のために抑圧されるべき障害物である」[150]と見なすことになったと指摘しているが、そうした発想を(一面では)有するルソーを思想的背景とした以上、水平主義的革命派が「示差的特性の撤廃」を企図したのも極めて当然ではあろう。それに抗してバークの方は、言わば〝示差的特性の調和〟を提起したのであり、彼の考えにおいては、人々を「同質化」せず、差異を認めつつも統合すること――「多様性の中の統一」――を実現しようとすれば、社会秩序が階層化するのは必定であった。

バークが擁護した階層制秩序の概念は、言わば支配―服従という縦軸の差異と、役割ないしは職分という横軸の差異とが混淆した複雑なものであったが、こうした複雑さは、既に支配―服従関係を「技芸や職業の分化」の結果として捉えていたアダム・ファーガスンに見られるものではあった。ファーガスンによれば、従属関係は「自然的才能と気質の違い」、「財産の不平等な分配」、「異なる技芸の実践によって獲得された習慣」[151]によって発生するのであり、自然的に発生する分業が権力を必然的に生み出すとすることで、権力の創設を社会契約説などに求める設計主義的思考とは真っ向から対立する議論を提起していた。まず、「技芸や職業の分化によって、富の源泉は開かれる。あらゆる種類の材料は最高の完成形へと近付けられ、あらゆる商品が最も豊富に生産される」[152]と述べ、平和の持続と商業の発展に伴って分業が発達し、各人が全体のことを考えずとも自らの仕事に専心することで、豊かな近代文明社会が形成されてゆくとファーガスンは考えた。こうした分業化がもたらす社会秩序は、ファーガスンにおいては自然的な秩序であり、人為的な秩序ではなかった。「人間の制度は、あらゆる動物の制度と同じく、自然によって示唆され、人類が置かれた多様な状況に規定された本能の結果なのである。それらの制度は、その一般的な結果を何ら意識することなくなされた継続的な改善により生起したものである」[153]。制度を意図せざる結果として捉えたという点では、ハイエクが、ファーガスンをタッカーやバークらとともに自生的秩序論の先駆者の一人として描いたのも一面では正しいのだが、これは当然、分業化された社会を自然的なものと見なす修辞的効果をもつものであったと言えるであろう。ここで重要なのは、分業化は必然的に、専門的な職業に専心する視野狭窄的な労働者たちと、全体的な企画立案や政策に携わり、総合的な視野をもつに至った政治や学芸に携わる者たちとへの階級分化をも引き起こすという点である。目先の仕事に機械の如く専心せねばならない「下層労働者の才能は荒廃する」であろうが、彼らを監督する「親方の才能はおそらく高められる」のであり、そのことから敷衍すれば、公共的事項に専心する「政治家は人間事象に関する幅広い理解を有するであろう[154]」。こうした「ある職業は自由であり、他の職業は機械的である[155]」というような分化が発生すれば、「強欲的な性格を避けたいという願望によって、単なる生命維持や生計手段に関するものへの関心を隠そう」とする「文明社会（polished society）の考え方[156]」によって、閑暇もなく機械的な職業に専心的に就く人々は低位とされ、労働に煩わされずに自由に精神的思索や公共的事項に携われる有閑階級は高位とされ、必然的に古代ギリシアの如き階層制秩序が形成されることになる。もちろん、ファーガスンはきちんと古代ギリシアの奴隷制などには苦言を呈するのであるが、問題は、公共的事項の決定には全体的な視野が必ず求められるのであり、自由な有閑階級が統治者として不可欠である反面、分業が自然的である以上、必ず視野狭窄的な専門的職業人も不可避的に発生せざるをえないというところにある。そうした「自らの生存や生命維持に視野が限定されているような人に国民の指揮を委ねられようか？[157]」とほとんどバークと同様の疑問を呈するファーガスンが平等主義や完全民主主義を批判したのは極めて当然のことであろう。「大国であろうと小国であろうと、境遇が同じでなく、精神の啓発も不平等である中、民主政治を維持するのは困難を伴う」のであり、この境遇や精神の啓発における不平等とは、まさしく「商業的な技芸が進んでいる状態においては、人類を分け隔ててしまう仕事や精励の多様性に付随する[158]」ものに他ならなかったのである。文明化に不可避的に伴う分業化と階層化が進んでしまった以上、これを無理に等質化・平等化しようとすることは文明社会の破滅に繋がるだけであろう。「我々は、境遇や財産によって強欲的な努力や注意から免れているような市民階級の中に、高尚な感情や寛容な精神を探し求める。……もし、平等の正義や自由があるという主張によって、あらゆる階級が平等に隷属的で金銭ずくになったとしたら、我々は奴隷の国民を作ることになり、自由な市民は存在しなくなるだろう」(159)。したがって、ファーガスンにとって、分業化によって視野狭窄の専門的職業人が生まれることそれ自体は大きな問題ではなかったのであり、むしろ、公共的事項を担うべき上流階級の腐敗が主な懸念としてクローズアップされるようになってくる。逆に言えば、労働者は機械的に黙々と職業に従事することが文明社会の繁栄にとっては必要不可欠なのであり、ファーガスンは、「……製造業は、精神がほとんど考慮に入れられず、作業場が、想像力を働かせようと大して思わず、人間が機械の一部として考えられているようなところで最も栄える」(160)とさえ述べている。ファーガスンが自明視した、この総合的・全体的視野を有する統治者階級と、分業化によって視野が狭窄化している労働者階級という対比は、既に第二章で見てきたように、バークにも通底するものであったし、それこそが「自然」であると捉えている点でも通底していた。多様であって決して等質的ではない人間たちが織り成す高度に分業化し、それに伴って統治者と被治者にも階層化している近代文明社会を基本的に擁護し、等質化や平等化に対して、古代ギリシアからの自然的階層制秩序のイメージをもって対抗したという点でも極めてバークはファーガスンに近かったと言えよう。バークがファーガスンの『市民社会史論』を読んでいたことを再度想起してみれば、この点でもバークに対するファーガスンの影響を推測することは可能かもしれない。しかし、決定的に異なる点は、ファーガスンの『市民社会史論』が刊行された時代とは異なり、バークは、フランス革命というまさに等質化と平等化を要求する史上最大の挑戦に直面していたのであり、それゆえに、この自然的な階層制秩序という思想を強力な概念的対抗力とすべく、聖化させていたというところにある。労働者が労働者の地位にあるのも、統治者が統治者の地位にあるのも神意であるとされ、こうした聖化された階層制秩序という概念は、極めて中世的な静態的社会秩序観に酷似することになろう。[161] 実際、ホイジンガが描いていた中世の身分社会に関する考え方は、そのままバークの社会秩序観にも当てはまるものであったと言ってよい。

> 中世の政治思想は、異なる身分（distinct orders）に基づいた社会構造という観念で徹底的に染め上げられていた。この「身分」という考えはそれ自体決して固定化されたものではなかった。「階級（estate）」や「身分（order）」という言葉は、ほとんど同義語であるが、社会の極めて多様な現実を指し示したものである。「階級」という観念は……あらゆる社会的機能、あらゆる職業、あらゆる集団にまで広がっている。フランスにおける王国の三つの身分という考え方と並んで……我々は十二の社会階級に分けて考えていたという痕跡を見出すこともできる。……それらのグルーピングの全ては、神の制度を表わしているのであり、神意から生み出され、現実に存在するものを構成し、根本的には天使の階級秩序と同じぐらい尊い、万物の有機体の一要素を表わしているのである。そして、社会組織における位置付けが、神の御座の底辺として考えられていたのであれば、それぞれの身分に割り当てられた価値は決してその有用性によるものではなく、その聖性によるものであるということになろう――つまり、究極の位置づけへの近接の度合いによるものであるということになるのである。……中世における社会の概念は、静態的であって、動態的ではなかった。[162]

ホイジンガの述べる通り、多様な集団や階級から構成されていた中世の階層制秩序は、視点によって三にも十二にも弁別できたが、[163] どの視点をとるにせよ、各人の社会的地位は「有用性によるものではなく、その聖性によるもの」、つまり、神による聖なる布置という神秘的正当性を付与されていた。したがって、自然的役割としてのそれぞれの身分や職業に、各人が留まることこそ神意であるとされ、その結果、形成された社会的階層制秩序は動態的なものと見なされることはなかったのである。こうした中世的社会秩序観は十八世紀イギリスにおいても広く共有されており、キャナダインが指摘しているように、「ハノーヴァー朝期イングランドの社会構造に関する最もありふれた見解は、それが摂理によって定められ、ヒエラルキー的に秩序付けられ、有機的に相互に結び合わされているというものであった。……それは、また大多数の人々によって、自分たちの世界を見たり、その中における自らの位置（place）を理解したりするときの伝統と権威ある方法として受け入れられていた。その起源は、あらゆる性質や境遇をもつ人々が、統一的な社会秩序の中で、前もって割り当てられた地位（preassigned position）に配置されていた時代――中世にまで遡るものであった[164]」。バークも、文明（政治）社会を神聖な階層制秩序の一部として描き、そこにおける各人の位置付け、地位を天与のものとしていた。「個々の特定の国家の個々の契約は、永遠なる社会の偉大な太古の契約の中の一条項に過ぎない。それは、あらゆる物質的本性と道徳的本性をそれぞれに定められた位置（appointed place）に留めておく神聖な誓約によって聖化された不動の約定に従って、低位の本性を高位の本性と繋ぎ合わせ、可視の世界と不可視の世界を結び付ける」（R: 85 上 178）。さらに『訴え』では、「神は……我々に宛てがわれた位置（the place assigned us）に合った役割を果たすよう定め給うた[165]」のであり、「そこに人間意志は関係しない[166]」と断言していた。こうした思考は「存在の連鎖」の論理に裏付けられ、バークにおける「実際の境遇と神に導かれた境遇とを同一視する支配の聖なる連鎖という観念[167]」に結実した。バークにおけるこのような神慮に基づく位置付け＝地位・職分（place）と、そうした〝場（place）〟に付随する役割・義務という観念は極めて中世的なものであって、実際、上田辰之助が指摘しているように、「中世においては……占めるべき場所の方が神聖であり、……むしろ人間がその場を占めることによって、その場の命じる務めを果たさねばならぬ[168]」と考えられていたのである。こうした考え方から、先述のバークにおける「高貴なる者の義務（noblesse oblige）」という思想も導き出されるのであろうし、また、キリスト教徒の義務としての「貧民に対する慈善」が自由経済社会の社会的セーフティネットとして要請されたのであろう。[169] このことは、バークが「存在の連鎖」の思考様式を共有し、中世的な神学的・職分的世界観を保持していたことを物語るものでもあった。[170]

しかし、フランス革命が断行した「水平化」は、各人の自然的役割と実際に担う役割とを乖離させ、この古代ギリシア以来の「有機的全体」としての中世的階層制秩序を粉砕する。したがって、バークにとって、財産権を否定し水平化を求めるフランス革命に対して行われるべき反革命戦争とは、「事物の秩序をめぐる戦争」[171]となるのであるが、このことは通念に反して、フランス革命を暗黒の中世を打破した近代の幕開けと捉えることを否定するものであった。なぜなら、バークは、中世的な階層制秩序、つまり「存在の連鎖」という思想を介して古代ギリシアの秩序観とも通底していた、多様な諸個人が織り成す神聖な「有機的全体」という社会秩序観を、近代の文明社会において見出していたからである。[172] もっと言えば、多様な職分的役割と階級に彩られた多様な諸個人が織り成す、近代の高度な分業社会を「有機的全体」として捉え直したのであり、中世的な職分社会ないしは階層制秩序を近代的に読み直すことで、フランス革命を反近代化、野蛮への逆行として捉えたのである。[173]

言うまでもなく、古代ギリシアに連なるこうした「存在の連鎖」という秩序観を分業の発達した近代文明社会の見方に適用していたのは、十八世紀においては何もバークだけではなかった。同時代のスミスでさえも、文明社会の構造把握に「存在の連鎖」の思考様式を適用していたと言える。

「充満、連続、階層性」を鍵概念とする「存在の連鎖」の思考様式は、スミスの哲学方法論にも応用されており、そこでは、事物間の中断を埋め、整合的にしている連続性の諸原理を探究する学問として「哲学」が位置付けられていた。[174] スミスは『天文学史』で端的に「哲学は自然の結合諸原理（the connecting principles of nature）の科学である」[175] と述べており、したがって、「哲学はこれら全てのバラバラの事物を結び付ける目に見えない諸連鎖（the invisible chains）を言い表わすことによって、不快で調和の欠いた諸現象のこの混沌の中に秩序を導入しようとする……」[176] ものであるとされた。この哲学方法論が後に文明社会分析に応用されたとき、スミスは個別的な人間の活動を繋ぐ「諸連鎖」としての分業体系を見出したのであろう。この「結合諸原理」を解明する「哲学」が、文明社会に向けられ、いずれ『国富論』における分業体系の分析にまで適用されてゆかざるをえないということは、[177] 以下の『天文学史』における「驚き」に満ちた若きスミスの着眼点からも推察しうる。「染色工、醸造者、蒸留酒製造者といったごく普通の職人たちの作業場に入るとき、我々にはとても不思議で驚異的に思われる順序で現れてくる数多くの現象を、我々は観察する。我々の思考は、簡単にはそれに付いてゆくことができない。我々は、どんな二つの現象の間にも断絶を感じ、その断絶を満たし、諸現象間を結び付けてくれるような媒介的な出来事の何らかの連鎖を要求する」[178]。こうした各作業間の「連鎖」を説明し、間を埋める媒介的原理の一つとして、後に分業体系が把捉され、『国富論』で十全に展開されることになるのであろうが、その意味ではスミスの経済学は文明社会の「哲学」でもあったわけである。事物間の中断を満たして連続性を考察しようとするスミスの「哲学」的姿勢は、「存在の連鎖」における「充満、連続、階層性」の思考様式を前提にしたものであることは言うまでもない。スミスは『国富論』第一篇第二章で「それぞれの動物は個々バラバラに自力で生き、自分を守るしかなく、自然が与えてくれた独自の能力の多様性を活かすことができない。これに対して人間は「分業によって」能力の大きな違いを互いに役立てることができる」と論じていたが、文明社会の構成員の多様性を繋ぐ《分業》という「結合諸原理」を見出したスミスの「哲学」的姿勢をここに読み取ることも充分可能であろう。

こうしたスミスの分業社会＝文明社会観は、バークと同じく多様な諸個人の多様な役割が織り成す「有機的全体」というものであったと言えようが、バークが各人の多様な役割を先天的な天与の義務と主に結び付けていたのに対して、スミスは各人の能力差は後天的な教育や習慣、分業のむしろ結果によるものが主であると論じていた点が決定的に異なる。[179]その意味でもスミスは近代的ないしは動態的であり、バークは中世的ないしは静態的であったと言いうるのであるが、[180]それはおそらく各人の差異性の有機的統合という社会秩序を否定して、平等の「人間」というカテゴリーに全てを水平化しようとした恐るべきフランス革命に直面したバークと、一七九〇年に死去し、革命を充分分析できなかったスミスとの時代背景上の違いを考慮に入れねばならないであろうし、実際的政治家としてフランス革命への対応を迫られたバークのイデオロギー戦略という要素も加味して評価せねばなるまい。私見では、バークを中世的秩序の擁護者としてのみ捉えるのはあまりに不正確であり、中世的言辞を用いて近代の文明社会を擁護したと言った方が正確であるように思われる。こうした混乱は、「存在の連鎖」や「有機的全体」という古典古代以来の秩序思想が、十八世紀においては、中世的な階層制秩序にも近代的な分業社会にも適用されえたというところから一部生じていたと考えられる。そもそも、制度の有機的成長を信奉し、スコットランド啓蒙派の歴史家たちと同じく作法の洗練史としてヨーロッパ史を見ていたバークが、単純に中世的過去に戻ることを提唱していたとは思われない。バークの眼差しが近代社会に向いていたからこそ、極めて狭いながらも「私が権力、権威、そして名誉を、血や名前、称号に限定したがっていると思って欲しくはない」(R: 44 上 94) と、社会的流動化の余地を一定程度残していたのである。[181]ポーコックが指摘しているように、バークには「騎士道の時代ないしは信義の時代を再生させる新中世主義的なプログラムはなく、ただより古い社会形態によって構築された歴史的構造を破壊すれば、近代的性格をもった社会の破壊へと導かれざるをえないと宣告しただけ[182]」なのである。

問題は、何故「水平化」に抗して近代文明社会を擁護するために、神的な階層制秩序という中世的言辞を必要としたのかということであろう。私見では、重要なポイントは、フランス革命が否定しようとしていた社会の階層化がバークにとっては不可避的な事象であったということにあると思われる。「多様な市民から成る全ての社会では、一部の人々が必ず高位を占めねばならない。それゆえ、水平主義者たちは事物の自然的秩序を改変し誤らせるだけである」(R: 43 上 92)。革命派が吹聴することとは異なり、近代の文明社会においても絶対に階層化が避けられないとするならば、フランス革命の「水平化」の試みは必ずや失敗するはずであり、それは高度な分業社会である近代の文明社会をも崩壊させ、革命後のフランス社会の経済的破綻を帰結するであろう。スミスが『国富論』で、「文明社会(civilized society)」を、分業社会とも、「位階の差異が一度完全に確立された社会」とも表現していたのは故なきことではない。[183] バークにとって、発展した文明社会においても、誰かが統治者でなければならないのと同様、誰かが労働者でなくてはならないのである。[184] だからこそ、労働者がその社会的布置に留まることは高度な文明社会においても絶対に不可欠であり、静態的な神的階層制秩序という中世的言辞がフランス革命の動態化圧力に抗して再びイデオロギー的に動員されたのである。[185] バークが守ろうとしたのは、ノスタルジックな中世社会ではなく、あくまで近代の高度な文明社会であった。

バークによれば、高度な文明社会においては、「社会の機構(social oeconomy)によって、非常に多くの惨めな人々が、不可避的に[悲惨な仕事]に就くよう運命付けられて(inevitably doomed)」いて、「もし、事物の自然な流れを乱し、これらの不幸な人々の奇妙にも定められた労働(the strangely-directed labor of these unhappy people)によって回される流通の大車輪を多少とも妨害する」ならば、「総じて有害」(R: 141 下 51)となる。この「大車輪」の比喩は、富者の奢侈的消費こそが貧民の勤労を支える「バネ」になるという先述の経済循環のことを意味しているが、同時に、不幸な貧民が富者たちに反抗した場合に自分たちにもマイナスとなって跳ね返ってくるということをも含意し、反革命的なメッセージを負荷されていた。バーク曰く、なぜなら富者たちは、「労働者の受託者であり、彼らの蓄えは労働者の銀行だからである。彼らがそれを意図しようが意図しまいが……全体としては義務は遂行され、極めて少しの手数料と割引利子を引かれるだけで、全てのものが生まれたところに戻ってくる。貧民が富者を倒そうと決起するならば、彼らは、パンを安くするために、製粉所を燃やし、穀物を川に投げ込むのと同じぐらいの思慮深さでその目的に対して行動しているのである[186]」。

無論、『自然社会の擁護』で、坑夫たちが日光も見ず、有害な労働環境で働く様を描き、地球を「ニューゲート刑務所」ないしは「ブライドウェル矯正院」に比していたバークが、現実の貧しい労働者たちの惨状を知らぬはずもなく、実際に、心情としては「悲惨な労働から彼らを強引にも助けたい」(R: 141 下 51) と吐露しているほどであるが、各人の自然的な役割の織り成す階層制秩序の均衡を乱せば文明社会全体が破壊されてしまう。バークは確かに「統治者たる資格は……美徳と叡知以外に何もない」(R: 44 上 94) と述べ、政治的能力主義の余地を認めていたが、「名誉の殿堂は高みに置かれるべきである」(R: 44 上 95) として、それを最小限に抑えることで、「有機的全体」としての階層制的な文明社会を限界で保持しようとしていた。「獲得において新しく、持続において不安定な富は第一の位階にはなりえず、それに近づくことすらできない」のが「事物の自然な作用 (the natural operation of things)」であり、それゆえ「イギリス史においては、貴族が商業階級から、あるいは通商で新規に創設された家系から輩出されたことはまずないし、高貴な家系が会計事務所に入所したこともまずない[187]」と断言する。イギリスでは統治者層と平民層とが確固として分離されており、自然的な役割と位置に従った階層制秩序がその意味では維持されていた[188]。また、バークは『穀物不足論』で、「全ての中で、精神 (the mind) が最も価値があり、最も重要である。これを基準にすれば、農業全体は自然的かつ正しい秩序 (a natural and just order) の中にある。家畜は、鋤や荷車にとっての教導原理として存在しており、労働者は家畜にとっての理性として存在しており、農園主は労働者にとっての監督指導原理として存在している。どの部分であれ、この服従の連鎖（chain of subordination）を破壊する試みは、等しく愚かである[189]」と述べ、鋤や荷車が家畜によって動かされるのが自然であるように、労働者の「精神」的部分に相当する農園主が労働者を指導するのは「自然的かつ正しい秩序」であるとし、こうした経済的階層制秩序をも自然的秩序と同一視していた。つまるところ、「自然的秩序」の名の下に、自然的な役割と布置が織り成す文明社会を擁護することは、貴族と民衆という政治的階層制秩序のみならず、資本／労働ないしは職分という経済的階層制秩序の総体 ―― もとよりそれらは不即不離であるが ―― をも擁護することになったのである。

当然、政治的階層制秩序における「精神」に相当する部分は先述の「真の自然的貴族」ということになろうが、こうした「精神」の支配を「自然的」と見なす思考は、アリストテレスが『政治学』（1254b）で、精神によって身体が支配され、理性によって欲求が支配され、人間によって家畜が支配されるのが「自然」であり、「有益」であると述べていたことを彷彿とさせる。こうしたバークの記述に、坂本義和も「企業家から家畜までのトマス主義的なヒエラルヒー[190]」を読み取っていたように、「アリストテレス＝スコラ学的伝統」の影響を看取することは可能であろう。したがって、この『穀物不足論』における家畜や鋤が登場する農本主義的な階層制秩序の描写は、オットー・ブルンナーの言う家政的・農民的な「全き家（das ganze Haus）」の秩序観に近いものとなる[191]。

ブルンナーによれば、「アリストテレス＝スコラ学的伝統」においては、この「全き家」の学としての家政学《エーコノミーク》は、国家（ポリス）の学としての政治学や理想的人間の学たる倫理学とともに、「実践哲学」を構成しており、この為政者の支配に関する政治学も、欲求に対する理性の支配に関する倫理学も、農家における家長の支配に関する家政学も、「すべて支配に関する教え[192]」である以上、「アリストテレスに回帰[193]」し、その実践哲学の再興を企図していたバークが、それを自然的な支配に関する教えとして再動員し、政治的階層制秩序と経済〔家政〕的階層制秩序を、正しき「自然的秩序」というイメージで統体的に擁護していたとしても何ら不思議ではない。つまり、こうした「アリストテレス＝スコラ学的伝統」を踏まえることによって、はじめて、バークは、家政的な秩序イメージを、そのままイギリス文明社会の自然的な階層制秩序およびその支配―服従関係を肯定するイメージへと重ねることができたのである。[194] ここでも古典古代の秩序観を近代文明社会の秩序に投影させるバークのレトリックを看取することができよう。もちろんアリストテレス自身は家政的支配とポリス的支配とを区別していたのだが、[195] 徳を有する統治すべきものと統治されるべきものとの関係性という正しき自然的階層制秩序を論ずるという意味では、その二つは「実践哲学」として包括されうるものであったのであり、ブルンナーが指摘しているように、「有機体についてのアリストテレス＝スコラ学の理論」においては「肉体における霊魂にあたるものが、国家における統治者、家における家長だったのであり、これが組織化し統一性を与える原理であった」[196] のである。しかも、「全き家」における家長は、家族構成員を導くのに「必要なすべての美徳を一身にそなえている者だけ」であるとされ、「それゆえ家〔オイコス〕という全一体は、その成員の非均質性をふまえたものであり、かれらは家長の指導力によりひとつの統一体にまとめられている」[197] と考えられていた。こうした思考が、非均質的な《等しからざる諸部分が織り成す調和態》としての文明社会をまとめ上げる「精神」の部分＝有徳な指導者としての「真の自然的貴族」の政治的支配の議論とも相同性を有するというのは容易に看取しうるところであろう。ブルンナー曰く、倫理学、家政学、政治学を包括する実践哲学にとって、「自己の内面や家やポリスに対する人間の支配を可能〔にするのは〕……貴族の美徳〔Arete〕にほかならない」[198] とされていたからである。だからこそ、この実践哲学の伝統に立脚したバークは『省察』で、民主政治にせよ専制政治にせよ、「両者とも市民の中のより善い階級に対して専制をふるう」〔R: 110 上 228〕という点で、つまり、有徳な善なるものが支配されるという反「自然的」な秩序であるという点で同じであるとアリストテレスの『政治学』を引用して批判したのである。

バークがフランス革命の中に見たものは、この自然的な階層制秩序を近代に入って動態化させる恐るべき試みであった。「フランス貴族の排他的精神が他の階級の富者を憤激させた」(199)と、旧体制の閉鎖性が新興勢力の取り込みに失敗したことを革命の一因と捉えるバークは、疎外された金融資本家(200)や文人らといった新興勢力がこの階層制秩序を打破し、動態的な社会に移行させようとする試みとして革命を読み解き、その主たる動態化装置が「純粋民主主義」であると考えていた。一度、この「純粋民主主義」が導入されると、民衆は労働者という自然的な地位に不満を抱き、全国家構成員が統治者にならんとし、「有機的全体」としての文明社会の均衡は破壊されるだろう。「今後一切、これらの人々[統治者に押し上げられた民衆]は、平凡な仕事に大人しく就くことはないだろうし、彼らを全くの私的な状態へと、ないしは堅実的かつ平和的だが目立たずつまらない勤労へと押し戻すいかなる計画にも従うことはないだろう」(201)。フランス革命がもたらした流動的な社会秩序は、「ゆっくりだが着実で、継続的な、変わりばえのしない全ての職業や、長い労働の末に見えてくる豊かとはいえない凡庸な見通しといったものを、極めて停滞した活気のないものだと思わせてしまう」(202)。トクヴィルが指摘するように、「不可避のものとして耐え忍ばれてきた弊害は、逃れられる可能性が開かれるや否や、我慢ならないものとなる」(203)というのが人間の常なのであろう。換言すれば、フランス革命は、国家制度の破壊はもちろんのこと、文明社会の機構《エコノミー》=経済がもたらす不幸な帰結を労働者の地位に置かれた民衆が受け入れるための思考様式ないしは生活様式(manners)をも破壊してしまったのである。その思考様式の根本が封建的な自然的階層制観念に由来するものであったことは言うまでもない。特に主導的に階層制観念を破壊しようとした新興勢力は、「純粋民主主義」によって、「彼らは言わば電気ショックを受け、彼らの地位に相応しい自然的な精神

(the natural spirit of their situation)を喪失させられた。世界史上例のない大きな誘惑――巨大王国を全面的に統治するということ――が彼らに示された[204]」のである。

階層制秩序がそれを支える思考様式によって維持されていたという発想は、何もバークを嚆矢とするものではない。例えばヒュームは『人間本性論』で、「異なる地位の人々に慣習的に求められる、お互いへのある種の敬意と相互的な従属がある」とし、「それゆえ、我々の生まれ、財産、職業、才能、評判いずれによるものであれ、世間での我々の地位と立場とを知る必要がある。それに適合するように、自負の感情および情念を感じる必要があるし、それに応じて、我々の行動を規制する必要がある。……慎慮の対象は、我々の行動を一般的なしきたりや慣習に合わせることにあるのである[205]」と述べ、文明社会の階層制秩序の維持には、地位に応じた〝分〟を弁えるための自生的規範である「一般的なしきたりや慣習」に自らの情念や行動を合わせることが肝要であると看破していた。

バークの慧眼は、階層制秩序を支えるエートスに気付いていたということそのものにあるのではなく、フランス革命を単なる食糧暴動や被抑圧者の反乱としては捉えず、逸早く思考様式の革命、つまり「全ての革命の中で最も重大な……感情、作法(manners)と道徳的観念における革命」(R: 70 上 147)として捉え、自然的階層制秩序を支える観念体系の破壊として見抜いていたことにある。確かに、啓蒙主義的革命派が不合理な「偏見」だとして否定し、変革しようとしていたものこそ、各人を、この階層制秩序におけるそれぞれの地位や立場に適合的な思考に一定程度規定してしまう「一般的なしきたりや慣習」であった。こうした慣習に規定された「我々の地位と立場」に適合的な思考様式ないしは行動様式が、民心から放擲されれば、それによって「規制」されてきた情念や欲望は完全に地位や階級や職業との結び付きを解き放たれ、それまでは自明視されてきた自らの労働者としての社会的位置付けそのものを疑問に感じるようになり、即自的にその立場を受け入れることはできなくなるであろう。革命前から既に「誰もが自分の地位に不安を感じて満足しなくなり、それを変えたいと熱望する。よりよい地位の探求が社会全体に広まる。それは、我慢できない、もどかしい探求であり、過去を憎悪の対象とし、以前とは全く異なる状況を想像させるようになる(206)」という状態にフランスが陥っていたことを指摘したのはトクヴィルであったが、その当否は別としても、自明のものであった自らの自然的な社会的位置付けが対自化されることで不安が生み出され、民衆の上昇欲求が惹起されて革命の一つの原動力となったという時代判断においては、バークもトクヴィルも通底していた。実際、シェイエスは、特権身分が栄誉ある公職を独占しているのは、特権身分が第三身分に対して「おまえたちは、いかなる奉仕をしようと、いかに才能があろうと、行けるのはそこまでだ。それを超えることはできない。おまえたちが栄誉を与えられるのは良くないことだ(207)」と考えているからだとし、自らの固定化された社会的位置付けを疑い、それを打破するよう第三身分に求めていた。トクヴィルが言うように、いかに革命派の指導者たちが無私の公共精神と慈愛から革命を先導したとしても、「他方、民衆を動かしたのは、苦々しい不満感と自分たちの地位を変革したいという熱望だった(208)」のである。したがって、同様に革命を捉えていたバークにとって、民衆の階層制的思考様式の問題――「感情、作法（manners）と道徳的観念」の問題――が、文明社会を保守するための極めて重要な論点として前面に押し出されることになったのは必定であった。

バークが『穀物不足論』で「『労働する貧民（"The laboring *poor*"）』という政治的専門用語ほど卑劣で不道徳的なものはない(209)」と非難した背景の一つには、この呼称によって労働者が自らの境遇を不幸であると対自的に認識し、労働者としての自然的な社会的位置付けそのものに対して疑問を抱くようになってしまうことへの警戒心があった。だからこそ、「『かつては幸福であった労働者（"The *once happy* laborer"）』と彼らのことを呼ぶのは恐ろしいことである」と述べて、労働貧民の窮乏とその帰結としての人口減を統計的に導出したプライスの理論に依拠し、昔と比べて現在の労働者は不幸であると嘆く下院議員サミュエル・ウィットブレッドらの考え方を批判していたのである。[210] バークによれば、現実は全く逆で、「もし動物的な人間の幸福が（それは確かに理性的な人間の幸福へと近付いているが）、我々の判断の対象であるとするならば、私は少しもためらうことなく、労働者の条件は……全体としては極度に改善していると断言することができる」[211]。バークにとって、自分たちの境遇が不幸であると労働者に自覚化させないことが、フランス革命の如き、より大きな不幸にイギリスが陥らないようにするための決定的に重要な方途であった。それに対して革命派は、意識的に可哀想な労働者という表象を駆使して、彼らに自らの恵まれない境遇や地位への不満を喚起させ、それを上流階級への憎悪に繋げることで、調和したイギリスの階層制社会を破壊しようとしているように（バークには）思われた。実際、バークは『弑逆者政府との講和』の第三信（一七九七年）で、「我々はこの労働する貧民（*laboring poor*）を救済しようという多くの計画を耳にしてきた」が、「自らの額の汗でパン代を稼がねばならないというのは人間に共通の運命」であるにもかかわらず、「この気取った憐れみは彼らの地位への不満を引き起こす傾向をもたせるだけであり、……この奇妙な憐れみによって人類に不満を抱かせる人々の意図が何であれ、そうした人々は、我々の最悪の敵［ジャコバン派］であるかのように、結果的に我々に対して行動しているのである」[212]と述べていた。つまり、「労働する貧民」や「かつては幸福であった労働者」と呼ぶことによって現在の地位や境遇の惨めさを労働者たちに対自化させ、「人類に共通の運命」だとして自明視すべき（そして、それまで実際に自明視されてきた）労働者としての自らの自然的な地位や役割への「不満を引き起こ」し[213]、それによって階層制秩序と分業に基づく文明社会が破砕されることにバークは大きな危機を感じていたのである。対仏反革命戦争に反対するフォックスを論破すべく著した『少数派の行動についての意見』（一七九三年）では、「ジャコバン体制の一大目標は、最底辺の人々を刺激して（excite the lowest description of the people）、共同体のより優れた地位や階級の簒奪と破壊のために、野心的な人々の下に、彼らを結集させることにある」[214]と指摘していたバークは、この「最底辺の人々」として「貧しい労働者と職工（poor laborer and mechanics）」を示唆的に例示しているが、労働という「人類に共通の運命」に黙々と没頭し、自らの社会的位置付けに一切疑問を呈しなかった労働者たちの静謐な階層制観念を（相対的に貧困で不幸だと彼らに思わせることで）「刺激」し、イギリス国制を破壊するよう仕向けるのが革命派の戦略であることに明確に気付いていた。実際、急進派のウルストンクラフトは、自由の確固たる基礎は「人間の心の弱さと『富の不正』を知っている貧しい人々ないしは哲学者たちによって据えられねばならない」[215]と述べ、革命的主体の一翼として、思弁的哲学者に加えて、富の偏在に不満をもつ労働貧民を提起していた。そうした脅威に直面していた状況を鑑みれば、バークが批判した「労働する貧民」ないしは「かつては幸福であった労働者」という蔑称は、明らかに、労働貧民を「刺激」し、貴族政や君主政の破壊はもちろん、彼らの内面における階層制観念をも粉砕し、社会的流動化へと扇動しかねないものであった。「忍耐、労働、節制、倹約、そして宗教が彼らに勧められるべきである。それ以外のものは全て、徹底的にまやかしである。『かつては幸福であった労働者』と彼らのことを呼ぶのは恐ろしいことである」[216]。

『穀物不足論』と同時期に書かれたウィリアム・スミス宛書簡（一七九五年）でバークは、「目下のところ、私の全政策思想は一点に集中している。……つまり、何が、最もジャコバン主義の理想を促進するものであるか、もしくは、何が最もジャコバン主義の理想を弱体化させるものであるかである」[217]と断言していたが、当然、この『穀物不足論』にも、単なる自らの自由主義経済政策思想の吐露というだけではない、積極的な反革命・反ジャコバン主義のバイアスが掛かっていたと見なければなるまい。では、その「ジャコバン主義」とは何か。バークは、ジャコバン主義とは、「時を見て民衆の精神を啓蒙することのできる連中の手に全権力と全権威を集中させるために、人々の精神から偏見を根こそぎ一掃しようとする試み」[218]であるとし、偏見の啓蒙こそ、ジャコバン主義の危険たる所以であるとしていた。この偏見とは、これまで述べてきたように、「大偏見（the grand prejudice）」たる宗教だけでなく、財産権、国制、そして階層制観念としての騎士道をも含む、既存の社会秩序を支える伝統的な全観念体系のことでもある。バークがこの時代にカトリック抑圧政策を批判していたのも、それによって、貧しい中低位層を形成するカトリックが不満を爆発させ、既存秩序を破壊するためにジャコバン主義へと流れ込むことを恐れたからであり、「ご存知の通り、人類のそうした部分を唆して、宗教、道徳性、服従、そして社会秩序の原理を忘却させるのがジャコバンの大目標である」[219]と断じ、ジャコバン主義を完全に防ぐことはできなくとも、効果的な策としては、「できるかぎり多くの人々に、現存の事物の秩序に対して関心をもたせること」[220]が大切であるとしていた。したがって、社会秩序を転覆させるジャコバン主義の脅威に怯えていた一七九〇年代のバークにおいては、社会秩序を支え、それに服することを自明視するような観念体系（偏見）の保持という問題が大きくクローズアップされることになる。それゆえ、バークと急進派の間で、そうした秩序志向の偏見の一つである労働貧民の即自的階層制観念をどう捉えるのか、そして、それを即自的に維持するか、それとも「刺激」して対自化させるかという思想的・戦略的対立が極めて重要な争点として浮上してくることになった。当然、そのことはバークの経済思想にも陰伏的に影を落とすことにもなったのである。

＊

対仏戦争を支持した先述の『少数派の行動についての意見』で、「支配的なジャコバン派は、全ての国民に対して非常に執拗に遂行している戦争でさえ、貧民が、国王や貴族、そして商人や富者といった上流階級の人たちの手先にされたり犠牲にされたりすることが最早ないようにするために行われているのだと主張している」[221]と述べ、革命派は、貧民に対して階級間の敵対的利害対立を吹聴することで、調和的な階層制秩序を根底から覆そうとしているとバークは見ていた。キャナダインが指摘しているように、「バークの時代からずっと、ヒエラルキーの信奉者は『繋がりの連鎖』や『忠誠の絆』が破壊され、社会秩序が二つの調和しえない集団に分裂させられることを恐れてきた[222]」のであるが、それというのも、本来、多層的で網目状の調和したヒエラルキーという秩序観は、階級対立する二極化した社会秩序という概念とは相容れないものであったからである。バークは、革命派の企図が、労働貧民を結集させて全上流階級に対立させ、社会構造を二極対立化させることで、調和的な多元的秩序としての階層制秩序を破壊することにあると考えていた。その対立を煽るためには、労働貧民を即自的に階層制秩序の中に絡め取ってしまう偏見としての階層制観念を何としても対自化させ、それへの疑問を涵養せねばならないが、そのための表象的武器となるものが、現在の悲惨を意味する「労働する貧民」ないしは「かつては幸福であった労働者」という蔑称であり、上流階級の「手先」にして「犠牲」であるというジャコバン派のレトリックであった。悲惨な職業に従事する労働貧民にとって、まさしくゲンツが述べているように、「長らくまったく変化のない市民の状況の中で、長らく死ぬほど単調なまったく変化のない悲惨を見てきた者には、この悲惨が打破されるともっと恐ろしい悲惨が生まれるかもしれないという考えはもはや浮かばない[223]」のが常であり、上流階級を打破し、階級的上昇の可能性を拓く階層制秩序の流動化という革命派の甘言ほど労働貧民にとって魅惑的に映るものはなかったであろう。分業と階層分化の必然的関係性について見抜いていたファーガスンは、下層の機械的労働者の存在を文明社会にとって自明にして不可欠であると考え、「無知は迷信の母であると同時に勤勉の母である。反省や空想は誤りやすい[224]」と喝破していたが、思弁が下層の労働者にもたらす効果 —— 階層制観念の対自化と喪失 —— の恐ろしさを熟知していたバークはおそらくこの点でもファーガスンに同意したであろう。だからこそ、「無知」の一定の効用を理解していたファーガスンの如く、バークも、「我々自身のことについて知り過ぎることから解放されよう。そうすれば我々はかなり幸せに生きていける」[225]と述べたのである。急進派が吹き込んだ「反省や空想」によって、黙々と自らの仕事に専心してきた勤労者が、自己の境遇＝社会的位置付け（condition）を対自化し、疑問に感じるようになり、それによって「勤勉」が失われ、ひいては分業と階層制秩序に基づく文明社会がもたらす恩恵をも失われようとしていた。そうした急進派の反階層制的思弁に対抗すべくバークは、『穀物不足論』で、農園主が利益を出すためには健常な労働者が不可欠であり、労働者が農園で働けるようになるためには農園主の利益が不可欠であり、したがって、「農園主と労働者の場合、彼らの利害は常に同一」[226]であると強弁し、階級間の利害対立を否定することで調和的な階層制秩序を必死に保持しようとしていたのである。こうした労使関係の描写は、丸山眞男の言うところの「利益志向の同一性」による「（精神的）権威関係」に近似するものであり、それが主奴間の露骨な「支配関係と対立」[227]する概念であったことは言うまでもない。バークにとって、労使間の「この共生関係にある不平等（this symbiotic inequality）」[228]においては、革命派が吹聴していることとは異なり、労働貧民は貴族や富者の「手先」にさせられることもなければ、「犠牲」にさせられることもなかったのである。バークの主眼は『穀物不足論』で明確に述べられており、一つには「……貧者を焚き付けて、彼らの友人であり、守護者であり、支援者であり、保護者であるような人々に敵対させようとする邪悪な新聞作家たちに対抗して、我々は皆、富者も貧者も団結すべきである」[229]ということにあった。当然、反革命的思想闘争のために、こうした階級間の利害の即自的一致を唱えざるをえなかったバークは、経済社会の自律的な調和を帰結することになり、人為的・意識的な市場介入を否定する過激なレッセフェール主義者として現れざるをえなくなる。

バークと同じく基本的には経済的自由主義者であったスミスは、『国富論』で労使間の利害の相反性について理論的に指摘していたが、一七九〇年代に至って革命の脅威に直面していたバークは、ピットに捧げられた政治論文『穀物不足論』で、そのことを政策的に受容することはできなかった。E・ロスチャイルドは、スミスが労使間の利害の相反性について論じた『国富論』の賃金に関する章で〝労働する貧民〟に六回言及していたことから、バークの「労働する貧民」批判がスミスに向けられたものであると推測しているが、[230] 一七八四年にスミスの『国富論』を激賞していたバークは、[231] おそらく資本家と労働者の間の階級対立についても読み取っていたはずであり、『穀物不足論』において、なおもスミスに反してバークが自由経済社会における階級的な完全調和を強く唱えていたということは、一七八〇年代との状況の変化、つまり、一七九〇年代の革命派との思想的闘争の影響を一面では考慮する必要があるのではあるまいか。それは同時に、労働者たちの即自的階層制観念が崩壊の危機に瀕し、階層制秩序と分業に支えられたイギリス文明社会の動態化が激しく求められつつあったことを物語るものでもあった。

＊

問題は、近代の入り口に立ったバークが、民衆の破壊的な動態化要求に対して、文明社会の自然的秩序をいかにして維持しようとしていたのか、という点にある。バークは、この階層制秩序の維持が、民衆の「自然的服従の原理（the principles of natural subordination）」に掛かっていると考えた。もっとも、既にバークは、一七八九年九月一五日に「国民議会の無秩序と不法について言われていることは、大いに誇張である。……私の予想は……彼らはすぐに完全に秩序を取り戻すだろうというものであった」[232] と述べるW・ウィンダムに対して、九月二七日の書簡で「彼らが設立しうるいかなる形態の統治も、服従を――特に課税項目における服従を――獲得するかどうかは大いに怪しい」[233] と返信し、フランス革命の最初期から民衆の「服従」という問題が、革命後のフランスの無秩序を考察する上で非常に重要な論点の一つになると見抜いていた。ただし、留意せねばならないのは、バークの言う「自然的服従の原理」とは、強権的な一方的抑圧による屈服を原理とするものではなく、服従が自発的であり、抑圧的でない、つまるところ民衆の従属性と民衆の主体性とが齟齬をきたしていないような人倫的な状態を指すということである。民衆が自ら階層制秩序の一角として、それに服したいと考えるのであれば、当然、体制と民衆との間には摩擦が生じないはずである。このようなバークの人倫的な発想は、ファーニスが指摘するように、『省察』の騎士道論で頻出する「『誇り高き服従』とか『威厳に満ちた従属』という矛盾語法の緊張関係（the oxymoronic tensions）」[234]にも見られるものであり、その意味では、臣従と名誉を結び付ける騎士道精神は「自然的服従の原理」を支える基幹的な慣習観念の一つであった。言うまでもなく、これは本来、統治者・貴族を中心とするエートスであろうが、「自然的服従の原理」の倫理的基盤が騎士道の重要な機能の一つであったとするならば、民衆にこそ、服従を名誉ないしは自由と捉える騎士道が習俗として浸透していなくてはなるまい。したがって、バークにおいては、騎士道はその階級性を希釈化され、文明社会全体を包括する倫理体系として位置付けられることになる。

> 国王を恐怖から解放することによって、国王と臣民が専制を予防しなくても済むようにした忠誠（*fealty*）という古い封建的騎士道的精神が……人々の精神から失われるならば、陰謀と暗殺は、事前の殺人や事前の没収によってのみ未然に防がれるようになるであろう。……臣民が根本的に反抗者であるとき、国王は政策的に専制者であろう（R: 68 上 144）。

ここでバークは、率直に騎士道をイギリス全臣民のエートスであるとし、その中核的価値が「忠誠」であると論じている。つまり、バークは、騎士道を「紳士の精神」としつつも、階級限定的なエートスとしては捉えていなかったのである。例えば、一七九五年のウィリアム・スミス宛書簡でバークは、偏見を作り出すことは人間にはできないという文脈で、「誰かが言っていたことだが、国王は貴族（a nobleman）を作るかもしれないが、紳士（a gentleman）を作ることはできない」[235]と記しているが、これは、国王は爵位を授与できるが、偏見として保持される気高い紳士の精神性を授与することはできないということでもあり、騎士道たる「紳士の精神」の「紳士」が、位階としての貴族とは区別されるものであったことを示唆している。言うまでもなく、先述のバークの「真の自然的貴族」の考え方とこのことは通底しているのであるが、位階に完全に付随するエートスとして「紳士の精神」を措定していなかったからこそ、バークは、「紳士の精神」たる騎士道をイギリス全臣民のエートスにまで昇華しえたのであろう。服従を名誉とし、「忠誠」を中核とする騎士道は、統治者も被治者も保持すべき包括的な慣習観念なのであって、先の引用にあるように、それが失われれば、被治者は秩序に服することを自由と考えないために服従を受け入れず、統治者は自らの権力への抑制装置を失って、民衆に対して服従を強要すべく強権をふるうであろう。そのような状態はまさに専制の状態であって、不自由な状態に他なるまい。秩序志向の封建的観念を否定したフランス革命体制が、服従を強要する圧政に堕するのはバークにとって時間の問題であって、当然の帰結なのであった。

騎士道が、イギリス国民に保持された（封建的・階層制的な）秩序志向の「忠誠」を中核とするものであったということを踏まえれば、何故、マリー・アントワネットの下位者による凌辱シーンに続いて騎士道の喪失が嘆かれたのか、そして何故、騎士道が階層制秩序への自発的服従をもたらす重要な人倫的エートスの一つとして捉えられていたのか、ということに対する答えが一層明確になってくるであろう。つまり、オニールが的確に指摘していたように、「騎士道は、階層的に構築された政治体を美化し、それゆえ、上位者に対する一般民衆の愛着と敬意に関する自然的かつ道徳的な感情を呼び起こすことで、自発的な不平等と従属関係（voluntary inequality and dependence）とを固定化させるのに決定的な役割を演じていた」[236]からなのである。この「自発的な不平等と従属関係」とは、バークの初期作品である『イギリス史略』で既に見られる概念であり、そこでは、封建制の起源とされるゲルマン人の主従関係は、どんな犠牲を払っても他者をリードしたいと思わせる「野心(ambition)」の原理と、他者をして従いたいと思わせる「賞賛(admiration)」の原理とから成り立っており、我々の本性に根付くこの二つの原理によって生み出されるものとされていた[237]。つまり、『イギリス史略』においてバークは、不明確ながらも、封建的階層制秩序を、本性的=自然的な原理に由来するものとして捉えると同時に、それを自発的に支えるための精神的基盤という考察にも達していたのであり、これが『省察』においては封建的エートスとしての「騎士道」という形で再定位されることになったのである。

　バークは『イギリス史略』で、タキトゥスの『ゲルマニア』を参照しつつ[238]、ゲルマンの戦士叙任の様子を描き、これによって従属者(臣下 the vassal)は誓約を通じて族長(主君 the lord)との「最も厳格な従属関係」へと拘束されるようになり、この「武器を付与し、若者たちに騎士の位を授与した(knighted)[族長]と、それらを受け取った[従属者]との間に必然的に生み出された関係性」こそが、「ヨーロッパの古代の人々の間における政治的[文明的]、というよりは軍事的な統治の最初の起源[239]」であったとする。そして、イギリス国制という「この良き体制は、モンテスキュー曰く、森の中で創り出された[240]」というゲルマンの森の伝説を受容した上で、このゲルマン的な主従関係は次第に長期的なものとして世襲化されて、イギリス国王を含む王族や貴族の家系が生み出されたのだと論じ[241]、明確に、このゲルマンを淵源とする「古代の騎士道」を媒介とした、封建的主従関係の中に、ヨーロッパにおける政治的秩序の根源を看取していたのである。この考えは一貫して維持されており、一七九六年には「ヨーロッパのあらゆる国家の政治経済体制の全体は、同一の淵源に由来するものである。それは、古来のゲルマン的、ゴシック的慣習法に由来し、その慣習法から派生したと考えられるべき封建制度に由来するものである[242]」と断言し、「古来のゲルマン的、ゴシック的慣習法」に由来する「身分

(states)」制 ── もちろん封建的階層制秩序でもあるが ── を、キリスト教と並ぶ全ヨーロッパの普遍的基盤であるとしていた。「古代の騎士道」を媒介としてゲルマンの封建的主従関係が成立し、それが身分制を基軸とする全ヨーロッパの体制的基礎の淵源となっているというのであれば、バークにとって、騎士道こそが全ヨーロッパの文明社会を根幹で支える習俗なのであると思われたのも当然ではあろう。

したがって、これまで述べてきたような、ヒュームやロバートソンらによって展開されてきたスコットランド啓蒙派の女性への慇懃さや洗練された作法としての騎士道論とバークの騎士道論とでは、重なる面も大いにあるが、一方で重心が移動していることも明らかである。つまり、オニールが言うように、「スコットランド啓蒙派の思想家は、野蛮と未開の体系からヨーロッパの文明化された作法の体系を識別し、洗練させる進歩的な仕方で女性を遇するがゆえに、騎士道を賞揚したのに対して、バークにとっては、騎士道はそれ以上にずっと重要なものであった。なぜなら、それは忠誠と慣行的社会規律を担保するための一助となるからであった[243]」。バークは明確に騎士道を、上位者への忠誠的服従を自由と捉え、自発的に階層制秩序を受容するための封建的エートスとしても理解していた。それゆえにこそ、騎士道を、文明社会の破壊を免れるために不可欠であった「自然的服従の原理」の基幹的倫理体系として再定位させねばならないと考えていたのである。バークにとって、こうした秩序志向の騎士道は、反面では自由社会が存立するための前提条件でもあったのであり、なぜなら、マックーが指摘するように、「もし我々が習俗・道徳・慣習の規律をもっているのであれば、我々はより多くの法的自由を認められるようになる［からである］。かつてはいくつかの事柄を想像すらできないと思わせていた節度が疑問視され、軽視されるようになれば、法が厳格に適用されねばならない。……国家は民衆の名の下に、だが民衆の犠牲の下に、強化される。バークは、民衆の権利を主張して政治学を作り上げようとする新たな流行に民衆が囚われないようにしようとしていた。そのかわりに彼は、民衆や、特に指導者たちが騎士道の謙譲や無私の規範を遵守するよう期待していた」[244]のである。端的に述べれば、騎士道精神は、高位者には公共精神や温和な統治を促し、民衆には「節度」ないしは自制心、そして自発的な服従心をもたらし、それによってはじめて政府は法的強制が少なくとも統治を行うことが可能となるのである。その意味では騎士道というエートスは、自由社会の基盤を成す倫理体系であったと言ってよい。騎士道の「忠誠」が支える「自然的服従の原理」があってはじめて、法的強制が少なくとも秩序が維持され、自由社会が確保されるというのであれば、「自然的服従の原理」を非理性的なるものとして拒絶したフランス革命派は、専制によってのみ社会を統合することができるようになるであろう。まさしく、騎士道を失って「臣民が根本的に反抗者であるとき、国王は政策的に専制者」とならざるをえないのである。W・C・ダウリングが指摘しているように、これは、騎士道を調和的な階層制秩序における「紐帯（notion of the chivalric bond）」と見なすことを意味しており、合理主義的な社会契約論とは全く異なる社会統合原理として、騎士道の「自発的な『心服』[245]」を媒介としたもう一つの社会統合原理を対置させる試みであったと言ってよい。

　さらに、何度も論じてきたように、貴族のみならず、民衆に対しても有効なもう一つの人倫的な慣習観念は、宗教の精神であり、これもバークにおいては、「自然的服従の原理」を支える重要なエートスとして捉えられていた。

> 良き秩序は、全ての良き物事の基礎である。それに与りうるためには、民衆は隷従的でない形で従順かつ忠実でなければならない。為政者は畏敬を、法律は権威をもたねばならない。民衆全体は、自然的服従の原理が自分たちの精神から人為的に根絶やしにされたと感じてはならない。彼らは、自分たちが与り知らないような財産を尊敬せねばならない。彼らは労働によって得られるものを得るために、労働せねばならない。大

抵の如く、成果が努力に見合っていないと彼らが感じたとき、彼らは、永遠の正義の最終的な配分の中に自らの慰藉を得るよう教えられねばならない（R: 215 下 194–195）。

先述のように、バークにおいては統治者への道は民衆に対して閉ざされてはいないが、万人が統治者に自然的に適しているというわけではない以上、多くの者は労働者であらざるをえない。「共同体において、一定量の権力は、常に誰かの手中に何らかの名称の下に存在しなくてはならない」（R: 124 下 18）し、「多様な市民から成る全ての社会では、一部の人々が必ず高位を占めねばならない」（R: 43 上 92）のである。アリストテレスやトマス・アクィナスが考えたように、多様な人材が有機的に組み合わせられて文明社会を構成することで、文明社会は維持され、繁栄することができるのだとすれば、各人が責任をもってその「位置」に留まることが何としても重要になる。先述のように、「神は……我々に宛てがわれた位置に合った役割を果たすよう定め給うた[246]」のであり、「そこに人間意志は関係しない[247]」とバークが述べたのもこのためである。[248]キャナダインが指摘しているように、「バークにとって、ヒエラルキー、身分、地位は『摂理が定めた変えられない関係性』であり、社会の異なる階層間の『社会的紐帯と絆』はしかるべく維持されねばならないし、『自然的服従の原理』は適切に守られねばならない[249]」と考えられていたわけである。

しかし、フランス革命は、その自然的な位置付けに自発的に従うための思考様式である「自然的服従の原理」を破壊し、全市民を統治者とする「水平化」を行ったが、権力の全てや一部の者が統治者になることを当然ながら廃絶できなかったために、「今や……恐怖と武力への服従を強要すべく軍隊を派遣」（R: 197 下 162）せざるをえなくなる。「自然的服従の原理」は、権力の全ても寡頭的権力者の存在も不可避的に廃棄できない人間社会にとって、自由を圧殺する軍事的専制を防ぐための一つの前提条件なのであった。多くの者が被治者となる現実の社会では、各人は各自の自然的な役割を担って労働に励み、そこに生ずる不満は宗教的救済によってこそ和らげられねばならない。「能力ある者たちが……例の如く、自分の分け前が、自分自身の価値に対する自己評価と（あるいは社会全体の評価とも）見合っていないと知った[250]」ことを革命の一因であると考えたバークにとって、自己の社会的位置付けから解放し、栄誉ある地位への無限の可能性を切り開いた「水平化」ないしは「純粋民主主義」が、「野心の温床」となるのは必定であったし、それが「自分自身の価値に対する自己評価」を無限に肥大化させ、ますます「自分の分け前」との乖離を拡大させるであろうと思われたのも当然であった。加えて、フランス貴族の閉鎖性が、財力と社会的地位、自らの勤労と報酬との市民感情における乖離を倍加させたと考えたバークにとって、この「永遠の正義の最終的な配分」をもたらす宗教的救済は、自然的秩序を保持するための重要な慰藉の一つであった[251]。ラスキも指摘するように、「実際、国家は人々の犠牲の上に築かれるべきものである。彼らはこのことを神意として受け入れなければならない。我々は、不平を言わず、後の報いをおそらく期待して、我々の宛てがわれた地位における義務を果たさねばならないのである[252]」。このラスキの記述は半分は合っているのだが、半分は不正確であり、分業化と階層化を伴う近代文明社会の保持には必ず圧倒的多数の悲惨な労働者の存在が不可欠であるとしても、重要なことに、バークの思考においては、そうした労働者が決して文明社会の「犠牲」になっているのではなかったということにラスキは気付いていない。スミスと同じように、バークの認識では、分業化と階層化によって発展した文明社会は豊かになり、労働者にとっても恩恵となっていた。「私は少しもためらうことなく、労働者の条件は……全体としては極度に改善していると断言できる。彼らがより一層働いているのは確かだが、彼らの労働が増加した分、彼らにメリットがあるのである。……私はさらに断言するが、あらゆる困窮が降り注いだ昨年でさえ、労働者たちは実際に……以前よりよい暮らしをしていた[253]」。しかし、当時の下層労働者たちの近視眼的で、バークの言うところの「惨めな理解力」ではそうしたマクロな経済的改善を理解することはできず、そこに付け込んだ急進派は、労働者たちが分業化と封建的階層制秩序の「犠牲」になっていると吹聴し、それに代わる「水平化」を掲げて、労働者の現在の社会的位置付けを対自的に疑問視するよう扇動していた。バークは一七七二年の『礼拝統一法演説』で、高位者があらゆる改革に反対するのと「同じような自己中心的な動機から、上位へのし上がろうともがく人々は、あらゆるものが間違っており、機能不全になっていると思いがちになる」[254]と述べていたが、これはフランス革命期においても真なのであって、バークの考えでは、階層制観念を喪失して上昇欲求を喚起された労働者たちは、自らの位置付けられた地位を拒否し、自らに対して恩恵をもたらしてきた文明社会の機構《エコノミー》＝経済を全て不正であると見なして破壊しようとするに違いない。労働者が各自の自然的位置付けに応じた義務を果たすことで文明社会が繁栄し、それによって労働者にも豊かさの享受という形でプラスに跳ね返ってくるのだとすれば、バークにとって、急進派がもたらそうとしている労働者の社会的位置付けへの懐疑は、「流通の大車輪」を「妨害」(R: 141 下 51) し、文明社会の豊かさの破壊を帰結せざるをえないのであった[255]。

　バークは、それに対抗すべく、自らの社会的位置付けは神意であり、自然的なものであると強弁し、そうした神秘的言辞を駆使することによって、労働者に対する自らの境遇の即自的受容を企図していた。「無知は迷信の母であると同時に勤勉の母である。反省や空想は誤りやすい」[256]とファーガスンは述べたが、文明社会を形成する分業体系と階層制秩序の一端を担う者としての労働者が黙々と働き続けるためには、判断を停止させるための「神意」、「自然法」、「永遠の正義の最終的な配分」といった宗教的言辞が何としても必要だったのである。「森羅万象は聖なる謎であり、人間によってあまり念入りに吟味されるべきものではないという判断は、後年、バークの中で非常に大きくなっていた」[257]とラスキは指摘しているが、ジャコバン派への恐怖と対抗心が増幅するにつれて、神秘的言辞への依存も増大していった。

実際、既に『自然社会の擁護』で、「この［キリスト教などの人為的宗教］に対しては、大衆は常に自発的な奴隷（voluntary slaves）であろう。より優れた理解力をもつ人々でさえ、時々、無意識的にその影響に感化されるであろう」[258]と皮肉的に述べており、バークは人々の自発的かつ無意識的な服従に宗教が大きな役割を果たしていることを熟知していた。マクファーソンは「資本主義的秩序が正しいだけでなく、それが労働者階級にとって自然的に受け入れ可能なものであるということを示さねばならなかったために、バークは自然的で聖なる法というものを必要とした」[259]と論じているが、一面として、宗教的な要素が、自由で豊かな文明社会を支える「自然的服従の原理」のイデオロギー的基礎として捉えられていたことは疑いない。「永遠の正義の最終的な配分」という宗教的慰藉が失われるならば、「成果と努力」の不釣合いが内面的に埋め合わせられるということはなくなり、民衆は、自らの過大評価された「努力」に対する完全なる「成果」を求めて、全く報われない既存の社会システムを破壊しようとするであろう。したがって、勝田吉太郎のように、「大衆の不満を解消させる阿片」[260]としてバークは宗教を見ていたのだと捉えることも可能であろうが、自然的な階層制秩序に支えられた文明社会を、強権的な抑圧なしに保全するためには、宗教的概念を基盤とする秩序志向の「自然的服従の原理」が不可欠であるとバークは考えていたのである。『再訴答演説』（一七九四年）でバークは、「我が創造主の法」を基底的に有する正しき法の「防護」によって、「統治者は専制者（tyrants）にならずに済み、被治者は反抗者（rebels）にならずに済むのだ」[261]と述べているが、この発言を先述の「忠誠という古い封建的騎士道的精神が……人々の精神から失われるならば……臣民が根本的に反抗者（rebels）であるとき、国王は政策的に専制者（tyrants）」（R: 68 上 144）となるであろうという『省察』での名言と合わせて考察すれば、神の自然法という神秘的言辞も、騎士道と同様の秩序志向的な意義を負荷されていたことは明白であろう。

ただし、その一方で、バークが「我々が祖国を愛するようになるには、祖国自体が愛すべきものでなければならない」(R: 68 上: 143)と述べたように、民衆の自発的な服従＝「自然的服従の原理」を要求することが、同時に、統治者の側にも相応の徳性を要求するものであった、ということは留意さるべきであろう。この点が決定的に重要なのである。確かに、スミスが「優越者への我々の共感は、同等者や下位者への共感より大きい[262]」と指摘していたように、民衆の「自然的服従の原理」による秩序維持には、貴族や聖職者、富者の巨大な財産や家柄に対する民衆の自然的かつ無条件的な尊崇の念が不可欠であり、これはバークの財産権擁護論の一角を成していた。しかし、バークの「自然的服従の原理」は、この自然的な「権威の原理」(スミス)による秩序維持機能を貴族や聖職者の正当化に援用するのみならず、民衆が自発的に服従したくなるような、愛するに足る美質――寛容や賢慮――をも統治者階級に求めるものであった[263]。実際、一七七四年、治下のアメリカ植民地人の反抗に直面したバークは、「統治者における誠意、慈悲、優しさは、被治者の側での平穏、善意、秩序、敬愛を自然ともたらす[264]」との教訓を得ていた。つまりバークは、文明社会の秩序維持には、制度のみならず、精神的・文化的基盤としての「文明社会(＝秩序)への愛」が求められると見抜いていたのであり[265]、文明社会を単なる物象的関係に還元するのではなく、その親愛関係を媒介として、統治者の側にも賢慮や公共的徳性を要求することによって、統治者と民衆とを融和させ、ひいては、その親愛関係を媒介として、《秩序》と《自由》とを結び付けようとしていたのである。実際、公共秩序が愛すべきものであるならば、それに服することは民衆の主体性と両立し、不自由ないしは苦痛とは感じられないはずであろう。

バークは、この親愛原理を「公共的な愛情(public affections)」とか「全体への愛(The love to the whole)」とさまざまに呼んでいるが、この親愛原理の基礎は家族生活によって涵養される。まず人間は家族生活によって親愛を他者にまで拡大させることを学ぶ。「下位区分[家族]へ愛着すること、社会において我々が所属している小集団を愛すること……は公共的な愛情の第一原理である。それは、我々が祖国愛や人類愛へと進む一連の最初の絆である」(R: 41 上 88)。家族から「我々の隣人や我々の習慣的な地域的繋がり」(R: 173 下 114) へと親愛原理を拡大させてゆき、祖国愛や人類愛へと広がってゆくと言うのであるが、この親愛原理は、体制のみへの愛というよりは、文化や制度、隣人をも包括する文明社会全体への愛であると考えるべきであろう[266]。端的に文明(政治)社会に対する信頼であると言ってもよい。そして、バークによれば、文明社会への愛は、無条件的なものではなく、文明社会が「恩恵の制度 (an institution of beneficence)」(R: 51 上 109) である限り担保されるものであった[267]。

これを踏まえれば、バークがアメリカ独立問題に対し、カーマーゼン卿の発言を逆手にとって「彼ら［アメリカ人］は『我々の子供』である[268]」と、一貫して英米関係を親子関係にレトリカルに類比させ、本国に武力行使の自制を求めたのも容易に理解されうる。「愛情と血縁関係という名称こそは、我々が一致する間は同胞愛の紐帯であるが、［対米戦争によって］我が国の親密さが失われるとき、憎悪と憤怒への新しい動機になる[269]」。本国と植民地は、親子にも類比される信頼や親愛の感情で堅固に結ばれておらねばならず[270]、そのためにも、「彼ら［アメリカ人］の愛情と信頼を取り戻す手段、その唯一の手段は、彼らの精神を抑圧するものを諸君が除去することであろう[271]」と述べ、本国の側が譲歩し、アメリカ人から信頼されるに値する議会であることを示さねばならないとしたのである。この議論が、先述の「我々が祖国を愛するようになるには、祖国自体が愛すべきものでなければならない」という『省察』での議論にまで一貫していることは言うまでもなかろう。そして以下のように述べるのである。

［アメリカの経済的貢献に関して言えば］……私の頼りとするものはイギリス国制に対するアメリカ側の利害関心にある。植民地に対する私の拠り所は、共通の名称、血の繋がり、よく似た特権、平等な保護から生じ

る緊密な愛情にある。それらは空気のように軽いが、鉄鎖のように強靭な絆である。自らの市民権が諸君の統治と結び付いているという理念を植民地に常にもたせなさい、そうすれば彼らは諸君に依拠し結束するだろう。……諸君が自らの真の利害と自らの自然的威厳の感覚を全て失わない限りは、彼らは諸君からのみ自由を得られるのだ。……それは植民地の通商を諸君と結び付け、植民地を通じて世界中の富を諸君にもたらす真の航海条例なのである。[272]

ここで興味深いのは、市民権の保護などにより本国が植民地の自由と利益を保護し、それによって生じた植民地と本国との緊密な愛情関係こそが、通商をも発展させるとするバークの視座である。自由を保障するイギリス国制に属することで得られる利益は、統合を確固たるものにするというのであるが、それは完全なる利害関心による一時的な統合ではなく、その共通の利益が植民地の愛情を喚起させることで、親愛原理による緊密な統合を成し遂げるからであった。加えて、「諸君の船籍証明書、証文……のようなものが諸君の商業の偉大な保証になっているのだという愚かな想像を捨てなさい。……そのままではそれらは死せる証書、不活発な商売道具に過ぎず、それらに生命と効力の全てを与えるのは、イギリスの親交精神（the spirit of the English communion）なのである」[273]と述べ、経済関係を物象的な関係としてのみ捉えるのではなく、円滑な経済関係の基底の一つに親愛関係たる人格的基盤をも看取していたのである。[274]そしてバーク自身、この原理は、本国と植民地間のみならず、イギリス国内についても当該すると指摘し、「諸君に陸海軍を与え、陸海軍にあの自由な服従心（liberal obedience）を注入するものは、民衆の愛（the love of the people）であり、自分たちがこの栄誉ある制度に深く帰属しているという自覚から生まれる、政府への愛着なのである」[275]と述べ、政治制度の心理的・精神的基盤としての親愛原理について論じている。無論、ここでの「自由」な「服従心」という矛盾語法は、『省察』での「紳士の精神と宗教の精神」や「自然的服従の原理」の議論にまで一貫している。『省察』において、「多分これ［家族愛や郷土愛］こそは、それによってのみ人々がフランスのような巨大王国の繁栄を自分自身の利害関係の如くに感じさせる、より高度で大きな配慮を養うための一種の基本訓練なのである」(R: 173 下 114) と述べていたように、バークにとって、家族に始まる、他者を自らの如くに感ずる親愛原理は、自己と他者、私人性と公共性、自由と秩序という相反的な要素を結び付ける人倫的な精神的基盤であったのであり、まさしく、無政府的自由と専制との中庸を実現する上で、つまり、「秩序と結び付いた自由」を実現する上で不可欠の原理なのであった。逆に、「物質的かつ有形的なものしか存在しないと考える」合理主義者は、統治や商業を安定化させ効率化させるこの親愛関係を捉えきれず、服従を物質的手段によってのみ達成させようとする。つまり、彼らは「歳入をあげるのは地租法による」ものであり、「軍隊を作り出すのも歳出委員会の毎年の投票による」ものであり、「軍隊に勇気と規律を鼓舞するのも反乱禁止法による」[276] ものであると考えるが、国民による円滑な納税も、軍隊の高い士気も、刑罰や立法措置のみによっては達成されえず、実は国家そのものが、それに積極的に貢献したいと国民に思わせるような愛すべき「栄誉ある制度」であるかどうかに掛かっていることにバークは気付いていた。逆に言えば、腐敗した国家が歳入をあげ、軍隊を維持しようとすれば、法的拘束を増やさねばならず、統治のコストは上がり、自由社会は圧殺される。この事態を招いた合理主義者こそ、アメリカ独立問題においては武力行使に踏み切ったジョージ三世とノース内閣であり、フランス革命においては軍事独裁をしいたジャコバン派であった。『省察』でもアメリカ革命期と同様に、合理主義的なフランス革命派の「この野蛮な哲学の枠組みにおいては……、法はそれ自体の恐怖によってのみ支持されるか、各個人が自らの私的な思惑からそれらの中に見出した関心、ないしは、自らの私的な利害からそれらに払われた関心によってのみ支持されるべきものとされる」のに対して、法が専制的でない形で十全に機能するためには、「作法と結び付いた公共的な愛情が、時には法の補足として、時には法の補正として、そして常に法の補助として必要とされる」(R: 68 上 142–143) はずであると述べられていた。騎士道や宗教の精神といった「作法」とともに、社会秩序を自発的に愛するという「作法と結び付いた公共的な愛情」があればこそ、法が人間の行為を細部にわたって規定し、巨大な権力機構がそれを強制するというようなことがなくとも、社会秩序は自由を保持したまま維持されうるのである。[277] 自由社会や商業社会の基底の一つに「親愛」という非物質的基盤を見出したバークの視座は、冒頭で述べた、「紳士の精神と宗教の精神」という道徳的基盤が商業を発展させたとするバークの伝統文化主義にも通底している。恩恵をもたらす秩序への自然的かつ自発的な愛や心服は、各人の主体的自由と秩序への服従とを両立させ、政治的強制力による秩序維持を軽減せしめ、ひいては商業社会の基盤たる文明社会の自由を保全するのである。

## おわりに

ポーコックによって問題提起された、騎士道と宗教の精神に支持された商業社会というバークの社会認識は、以下のようにまとめることができよう。バークは、騎士道と宗教の精神が、文明的規範として、人々の粗野な情念を温和なものにし、それを抑制すると考え、さらに、そうした文明的規範を担保する貴族と聖職者の階級を生み出しつつ、歴史的生成過程を経て成長してきた階層制秩序こそが文明社会であると考えた。騎士道精神は、主として統治者層(貴族)における公的献身を、名誉や社会的承認に繋げることで、自己否定と自己肯定とを結び付け、宗教の精神は、文明人全体に超越的存在の自覚と謙虚さ、そして慈悲の観念をもたらすことで、私的情念の抑制と救済とを結び付けた。つまり、騎士道と宗教の精神という文明的規範は、自発的な自己抑制を生み出して、文明社会を破壊しかねない私的情念の暴発を、強制力を行使することなく抑止しうる精巧な文明化の装置として捉えられていたのである。これは、同じく自己抑制と自己肯定とを自生的に結び付けるスミスの「公平な観察者」に相当するものであると言えようが、フランス革命の勃発によって自生的な規範の生成に全幅の信頼を置けなかったバークにとって、この規範は具体的なものに結び付けられていた。その具体的なる文明的規範こそ、時効的に正当性を既に有していた騎士道と宗教の精神なのであり、これは具体的な制度としての貴族政と国教制によって担保されていた。特に宗教は、慈悲による自発的救貧活動の精神的基盤ともなるために、救貧活動を通じて社会に介入しようとする政府の肥大化を抑制し、自由社会を保全する文明的な基盤としても捉えられていた。

しかし、バークが騎士道と宗教の精神といった文明化のコード体系を自由社会の基礎としたとしても、その自由社会が、マクファーソンのように動態的な資本主義社会を専ら意味していたとするのは早計であろう。『穀物不足論』でバークは農園主と労働者との利害の自生的一致について論じているが、これは資本主義の正当化というよりは、階級間利害の自然的調和の議論であって、むしろ、調和した階層制秩序の擁護論として理解することができるものである。国家が干渉しない自由な市場によってこそ「神が全ての人々に与え給うた自然的［＝本性的］な能力が完全に活用される」[278]のであり、バークの自由市場論は、神が配した自然的な階層制秩序という概念と必ずしも相反するものではないのである。[279] 文明社会は神によって「不可避的」に「運命付け」られた不憫な労働者が存在せねば維持されえず、万人が統治者として「名誉の殿堂」に列せられることはありえない。バークが統治者と被治者との峻別に基づく階層制秩序を擁護したのは、「行動する哲学者」としての実地経験から、政治家という職務が多様な才能を要するがゆえに、万人が統治者に相応しいことはありえないというバークの常識的判断に由来し、そのリアリスティックな実質的正当性を民主的プロセスという形式的正当性に優先させていたからであった。よって、「貴族は栄誉を独占し、平民は富を獲得するための全ての手段を独占する」[280]と述べて貴族政的なヴェネツィアを評価していたように、統治者層を侵食しない限りで、商業社会の自由は最大限保持されるべきなのであった。だからこそ、バークは、新興の金融資本家や文人たちによる破壊的な上昇戦略としての民主主義革命には反対し[281]、神の配剤たる自らの「位置」に留まるための観念体系として、「自然的服従の原理」を階層制秩序維持のために、ひいては文明社会維持のために不可欠だと考えたのである。無論、この「自然的服従の原理」は、自発的な服従として、個人の主体性と秩序への従属性とが齟齬をきたすことなく両立している状態であり、この原理のエートスとして、「隷属そのものにあってさえ、高尚なる自由の精神を活き活きと保持させ」、「権力を穏和にし服従を自由とした全ての喜ばしい幻想」たる「騎士道」が要請されたのである。「隷属」たる服従の中に名誉や「自由」を見出す騎士道こそ、「自然的服従の原理」の中核的観念体系の一つなのであった。権力が無くならない以上、服従は必ず生じる。ゆえに、民衆の側で従属性と個人の主体性とが齟齬をきたすならば、権力の側では彼らの服従を強要するための軍事力が行使され、結果として自由な文明社会は圧死させられるだろう。バークにとって、革命後のフランス社会はまさにそうであった。「国民議会は、体系的に……民間人も軍人も問わず、あらゆる服従の精神を破壊する原理を教え、その規則を制定する学校を運営し、そして彼らは、無政府的な軍隊で無政府的な民衆を服従させられるだろうと期待する」(R: 198 下 164)。

　無論、バークが統治者に、自発的に服従されるに値する美質をも要求していたことは既述したが、マクファーソンやファーニスのように支配階級たるブルジョアジーのイデオロギーとして、「紳士の精神」ないしは騎士道を捉えることが一面的なのはこの理由による。自然的秩序の帰結として一部の統治者階級が優位に立つとしても、「より善き本性が支配すべきであれば、人々の上に位置付けられた人間は、……可能な限りの完徳に近づくべきである」(R: 81 上 170) と述べたのもバークである。これこそ、「我々が祖国を愛するようになるには、祖国自体が愛すべきものでなければならない」と述べ、文明社会を「恩恵の制度」としたバークの真意であろう。[282] 自発的な服従である「自然的服従の原理」には、各人の服従性と主体性とが齟齬をきたさぬよう、服すべき秩序を各人が愛することが求められるが、それには秩序自体が愛すべき善き秩序でなくてはなるまい。これは、民衆に「忠誠 (*fealty*) という古い封建的騎士道的精神」(R: 68 上 144) を要求したバークが、封建的関係としての相互性を統治者にも求めるものであったと言ってよい。

『イギリス史略』においてバークが、タキトゥスに依拠しつつ、封建的関係の起源としてゲルマンの戦士 (騎士) の主従関係について言及していたことは既述したが、そこでも「族長と従属者の関係 (The relation between the lord and the vassal)」は族長の扶養義務と従属者の奉仕義務による双務的なものとされ、たとえ従属者が死亡したりしても、族長はその奉仕を忘れず、従属者の子供たちをも扶養し、子供たちは族長への「道理と感謝の気持ち」から、「騎士の身分 (knighthood) に就く[283]」ようになり、この主従関係の「絆」は強化され、永続化されるとしていた。バークによれば、こうして世襲的な王族や貴族が生まれ、イギリス国制へと繋がってゆくというのであるが、当然ながら、このゲルマンの主従関係を基礎とする中世の封建的関係も双務的なものであった。W・ウルマンが指摘しているように、中世の封建的関係とは、「忠誠の誓いによって厳粛なものにされた……絆」であり、「義務の相互性を条件とする領主と臣下との間のある種の均衡関係 (equilibrium)[284]」を示すものであった。封建的関係の基底に「多くのギブ・アンド・テイク[285]」があるのだとすれば、統治者に対する封建的忠誠を民衆に求めるバークの「自然的服従の原理」とは、十六世紀にラ・ボエシが「自発的隷従 (servitude volontaire)[286]」として批判した圧政者に対する民衆の一方的かつ自発的な隷属の原理とは全く異なるものであろう。ウィンチの言うように、「……革命後の著作に見られるバークの意見は、この世界の災難や不正に直面してキリスト教徒的に忍従（resignation）することを説く説教[287]」の気味があるというのは確かに一面では正しいのだが、あくまで一面でしかない。繰り返すが、バークが文明社会への愛を民衆に求めるのは、文明社会が愛されるに値する「恩恵の制度」である限りである。

この封建的、道徳的な主従関係を前提とした「ギブ・アンド・テイク」ないしは「均衡関係」を原理とする統治の考え方は、バークにおいては一貫していた。政界進出前の『カトリック刑罰法論』では「暗黙的な同意であれ、実際的な同意であれ……［民衆の］同意は法の有効性にとって絶対に不可欠なものである。……民衆は、立法府が彼ら［民衆］の利益のために制定したものであれば何であれ同意すると思われる。そして彼らはそれに黙従する……[288]」と述べ、逆に「多数者の利益に反する憲法は、法の本性ではなく、不満の本性である[289]」と批判して、文明社会における「利益」の保護と民衆の「自然的服従の原理」との双務的関係性について既に指摘していた。また、アメリカ革命期には、航海条例による過酷な通商制限にアメリカが服してきたのも、宗主国イギリスが投資や通商の面で経済的恩恵をアメリカに与えてきたからであるとし、「アメリカは諸君の資本の埋め合わせ（compensation）を得たのであり、それでアメリカは隷属に耐えたのである[290]」と断言していた。そうであるならば、アメリカから一方的に歳入を上げようと課税すれば、それは「完全に埋め合わせなき隷属（perfect uncompensated slavery）[291]」とならざるをえず、アメリカの服従を失うのは必定であるとしていた。さらに、フランス革命期には、バークは、カトリックの抑圧は彼らの急進化と離反を招くだけであり、むしろ彼らに政治的権利を付与して、アイルランドの「より善き人々がこの今あるがままの国制の恩恵に与るという理に適った期待[292]」をもてるようにすべきであると論じていた。つまるところ、現国制の「恩恵」にカトリックをも与らせれば、反抗的には——ひいては親ジャコバン的には——なり難いだろうと考えたわけである[293]。

以上のようにバークにおいて一貫していた、一方的隷属を求めるのではなく――それは不服従と専制を招く――、統治者による恩恵の付与と被治者による自発的な服従という「ギブ・アンド・テイク」ないしは「均衡関係」を原理的に求める双務的な統治の技芸（art）は、極めて封建的、父権的なものであるとも言え、これが、先述の『イギリス史略』で描かれた、ゲルマンの族長からの恩恵の付与と、それに対する「道理と感謝の気持ち」から生じた従属者＝騎士の自然的な心服という相互的な関係性――抑圧なき自由なる封建的関係性――に繋がるものであった、ということは言うまでもないだろう。そこを踏まえれば、「忠誠という古い封建的騎士道的精神」が失われれば、「臣民が根本的に反抗者」となり、「国王は政策的に専制者」となるであろうという、繰り返し述べてきたような古来の「騎士道」なる封建的言説を明確に用いて、バークが統治者と被治者の関係を『省察』において表現してきたのも容易に理解しうるところとなる。

統治者階級が騎士道精神によって寛大さと叡智と公共心をもって民衆のために献身し、民衆の自由と権利を保護し、民衆は、階層制観念としての騎士道精神と、「永遠の正義の最終的な配分」を期待しうる宗教の精神を軸とした、「自然的服従の原理」により、例えば、労働者は労働者として、自らの定められた地位において満足しながら自由な活動と文明社会の恩恵を権利として享受する。民衆はこの恩恵から統治体――文明社会――を愛し、文明社会は相互的な親愛関係によってさらに安定の中で強化される。そして、この強固な文明社会の保護を基礎として商業社会は発展するのである。実際、バークは東インド会社を批判する中で次のように述べている。

……コモンウェルスとしての役割を果たす政治体がまず確立され、そして、政治権力によって獲得される保護の必然的な結果として、通商がついてくる。しかし、ここでは事物の流れは逆になる。東インド会社の基本構造は、商業に始まり帝国で終わった。[294]

つまり、バークにとって、商業社会は文明（政治）社会を基底にしてはじめて存立しうるのであり、その逆ではないのである。このことは、文明社会以前の自然的な権利として掲げられたフランス流の抽象的人権概念を拒否し、「文明社会が人間の利益のために作られるのであれば、文明社会が作られた目的である全ての利益が、人間の権利となる」（R: 51 上 109）と述べ、文明社会こそを前提とする人間の権利を「人間の実質的諸権利」ないしは「イギリス人の権利」として擁護していたことを想起すればよい。そうであるからこそ、アレントが指摘していたように、文明（政治）社会を前提にしない政治的諸権利 ―― 生得の人権という概念 ―― など、「我々自身の時代に先立つ全ての時代にとっても ―― バークにとっても ―― 語義矛盾であるように[295]」思われたのである。この自由、権利、恩恵を保全する文明社会が存在してはじめて商業社会は繁栄しうる。バークが商業社会の基底に文明状態が存在すると考え、そして、これまで述べてきたように、騎士道と宗教の精神こそ文明社会の自由を根底において支えていたコード体系なのだと考えた以上、騎士道と宗教の精神が商業社会の基盤であるとバークが述べたのも首肯しうるであろう。

騎士道と宗教の精神という封建的エートスを商業社会の倫理的基盤だとしたバークの複雑な政治経済認識には、確かに、中世から近代への移行期という十八世紀末の時代状況の「複雑さ」が色濃く反映されていた。バークの多面性はそうした変革期における時代状況への考察抜きには明らかにされえないであろうが、それは政治学史の領域と経済学史の領域を架橋する学際的な考究によってのみ今後開拓されてゆくと思われる。

## 注

（1） 政治家および政治哲学者として高名なバークが経済を軽視していたわけではないことについては、Barrington, D. P., Edmund Burke as an Economist, in *Economica*, New Series 21, 1954. がさまざまな傍証を挙げて論じており、興味深い。ただし、この古い論文には伝記上の疑問点も含まれているので、バークの経済思想についての最もまとまった研究書であり、バークの財産論に注目した Canavan, *The Political Economy of Edmund Burke*. も併読されたい。また、フランク・ペトレラはバークの経済論で学位を取得しているが、その一部と思われる Petrella, F., Edmund Burke: A Liberal Practitioner of Economy, in *Modern Age*, 8, Winter 1963-4. も、バークの経済思想についての興味深い研究論文である。この論文でペトレラは、自由市場擁護論に付随するバークのエゴイズム擁護論が他者への共感に枠付けられていたことを立証しようとしている。ペトレラは、バークにおいては地主と小作人との「共感的融合」が各人のエゴイズムより上位に位置付けられていたと論じることで、バークにおける調和的な封建的階層制秩序の擁護論と自由市場主義とを結び付けようとしていた。また、ペトレラ・ジュニアによれば、バークは経験の蓄積たる「慣例」を社会的経済的利害の調整装置だと考えており、その「慣例」の一つが国教会であり、啓蒙された利己心をもたらすのに不可欠であったとする（Petrella, F., Jr., The Empirical Basis of Edmund Burke's Classical Economic Liberalism, in *Duquesne Review*, 10, 1965.）。これもバークにおける封建的要素と自由市場の擁護論との関係性を読み解く一つの試みとして理解できよう。

（2） Burke, *Thoughts and Details on Scarcity*（1795）, in W-4, p. 270.

（3） Freeman, M., *Edmund Burke and the Critique of Political Radicalism*, The University of Chicago Press, 1980.

（4） いささかレトリカルではあるが、キャナバンによれば「バークが示唆したのは、「紳士の精神と宗教の精神」が土台（the base）であり、経済はそれらの上部構造（the superstructure）であるということであった」（Canavan, *The Political Economy of Edmund Burke*, p. 82.）。

（5） バーナード・マンデヴィルは、「奢侈は百万の貧乏人を雇い、憎むべき自負はもう百万雇った」（Mandeville, B., *The Fable of the Bees and Other Writings*, Hackett, 1997, p. 28.〔泉谷治訳『蜂の寓話 —— 私悪すなわち公益』法政大学出版局、一九八五年、二一頁〕）と述べているし、スミスも、地主貴族の奢侈的消費が分配の効果を生むことを『道徳感情論』第四篇第一章で「見えざる手」として論じていた。また、エドワード・ギボンも、大著『ローマ帝国衰亡史』

において曰く、「現在［十八世紀］の不完全な社会状況では、奢侈こそが――それは悪徳ないしは愚行から生まれてくるのかもしれないが――財産の不平等な配分を是正しうる唯一の手段であるように思われる。勤勉な職人や優れた芸術家たちは、土地の分配に与ることはできないが、土地の所有者から自発的な税金をもらっているようなものである。土地の所有者は、利欲から自分たちの土地を改良するよう促されるし、その農産物でさらなる快楽を買い求めようとするだろう。この作用の独特の効果はあらゆる社会で看取されるものであるが、ローマ世界においては、とりわけ広く大きな力となって作用した。もし奢侈品の製造や売買によって、ローマの武力や権力によって奪い取られた富が知らず知らずのうちに勤勉な民衆へと還流されていかなかったとすれば、属州はたちまちその富を失していたことであろう」（Gibbon, E., *The Decline and Fall of the Roman Empire*, vol. 1., AMS Press, 1974, p. 59.〔中野好夫訳『ローマ帝国衰亡史』第一巻、ちくま学芸文庫、一九九五年、一一六―一一七頁〕）。そしてマルサスが地主の地代を工業品に対する有効需要の源泉の一つと見なし、穀物法を支持していたことは経済学史的には有名であろう（マルサスの経済循環論については、中澤信彦『イギリス保守主義の政治経済学』第十章を参照）。このように、地主たちの奢侈的消費が経済的駆動力となり、ひいては広汎な社会的・経済的効果をもたらすという論理は、十八世紀において、さほど珍しいものではなかった。

（6）　ここで、「紳士（gentleman）の精神」と騎士道の関係について付言しておこう。まず、ジェントルマン資本主義論等に見られるように、貴族と紳士は史的概念としては区別されるべきであろうが、バークの『省察』においては、「紳士の精神と宗教の精神」という表現がすぐ後に貴族（nobility）と聖職者という表現に置き換えられているように、貴族と紳士は実質的に等置されていたと言ってよい。後に述べるように、騎士道は文明社会の作法（manners）の一つであったが、こうした作法の基礎となったのが「紳士の精神と宗教の精神」であり、貴族と聖職者であったというのであるから、厳密には「紳士の精神と宗教の精神」＝「貴族と聖職者」を基にして騎士道が成立したという論理構成になっている。騎士道の成立が十字軍と大きく関係していることを鑑みれば、この議論もさしておかしいものではないが、例えば中世史家のホイジンガが騎士道を重視する貴族の生活様式・思考様式から洗練されたジェントルマンが歴史的に生み出されてきたと考えたのに対して（Huizinga, J., *Men and Ideas: History, the Middle Ages, the Renaissance*, translated by James S. Holmes and Hans van Marle, Princeton U. P., 1984, p. 88.〔里見元一郎訳『新装版ホイジンガ選集』第四巻、河出書房新社、一九九〇年、三二一―三二二頁〕）、バークは、この騎士道の淵源の一つに「紳士の精神」＝貴族があると考えたわけである。したがって、スコットランド啓蒙派の歴史家たちが「騎士道と教会法」や「聖職者の学問と封建的騎士道」を商業発展の前提条件と考えていたことをバークの「紳士の精神と宗教の精神」の議論は踏まえていたとして、「紳士の精神」を「騎士道」とほぼ等置するポーコックのような研究者も存在している（Pocock, *Virtue, Commerce, and History*, p. 188, 199.〔三五〇、三八〇頁〕）。ウィンチも封建的騎士道を「紳士の精神と宗教の精神」の中に見ているし（Winch, D., *Riches and Poverty: An Intellectual History of Political Economy in Britain, 1750–1834*, Cambridge U. P., 1996, p. 176.）、岸本広司も「バークは貴族の精神 —— 彼はこれを騎士道精神とも言う」と述べ、貴族＝紳士の精神を騎士道精神と捉えている（岸本広司『バーク政治思想の展開』五九〇頁）。ポーコックは、バークの騎士道論はジョン・ミラーの『階級区分の起源』（一七七一年）の影響を受けていたとするが（Pocock, *Virtue, Commerce, and History*, p. 198.〔三七八頁〕）、そのミラーは、騎士道の淵源にゲルマン戦士（騎士）の習俗を挙げ、「〔ゲルマン〕の時代のこうした一般的な精神から、戦争の技芸（art）は、紳士（a gentleman）たる性格を維持したいと望む者全てが研究するものとなった」とし、騎士の作法と紳士の作法とを関連付けているところを見ると、「紳士の精神」と「騎士道」とを結び付けるのは特段理解に難いというわけではない（Millar, J., *The Origin of the Distinction of Ranks*（1771）, Liberty Fund, 2006, p. 135.）。本書でも、基本的にバークにおける「紳士の精神」を騎士道とほぼ同じように扱う。

論点先取になるが、バークにおける騎士道は、洗練さの作法であると同時に、階層制受容の作法でもあったのであり、実際、『省察』で紳士の精神の欠如と階層制秩序の崩壊とが結び付けられていたことを考慮すると、バークの中で、紳士の精神、貴族の精神、騎士道等々の諸概念が厳格に識別されるべきものと考えられていたとは思われない。『省察』では、兵士の「忠誠心の喪失（disloyalty）」によってフランス軍内の階層制秩序が崩壊しているという国民議会陸軍大臣デュ・パンの報告について、革命派が「人間の平等性という原理」を吹聴し、称号や勲功（区別 distinctions）を全廃して貴族政を否定し、「紳士の理念（the very idea of a gentleman）を弾圧」したのだから当然の帰結であると批評していた（R: 187 下 141）。これは、「紳士の理念」が、「忠誠（*fealty*）という古い封建的騎士道的精神」（R: 68 上 144）と同じように、階層制秩序を受容する秩序志向のエートスとして一面では捉えられていたことを意味している。

（7）　J・ダヴィッドソンはこの一文について以下のように正しく解釈している。「一つには、礼儀正しさは、力のない者と力のある者との間のみならず、人間と、その人間自身の本性的な暴力性との間においても、不可欠の緩衝材として機能するのだという確信から、バークは騎士道を擁護しようと考えたのである」（Davidson, J., *Hypocrisy and the Politics of Politeness: Manners and Morals from Locke to Austen*, Cambridge U. P., 2004, p. 81.）。

（8）　*An Abridgment of English History*, p. 533.

『イギリス史略』の概要については、岸本広司『バーク政治思想の形成』第六章、土井美徳「初期バークにおける政治的保守主義の形成（下）」を参照。

（9）『イギリス史略』には、ドルイド僧の役割を評価し、「文明［礼節 civility］の最初の発端はどこでも宗教によってなされてきた」（*An Abridgment of English History*, p. 467.）という記述もある。また、バークは、キリスト教によって文字がもたらされ、技芸の発達に繋がったとも論じており、その点も宗教の文明化作用を評価した一因であろう。キリスト教の導入は「文字の使用、文明生活の技芸」をもたらし、「イギリス史において、これほど注目すべき革命はない」（*Ibid.*, p. 516.）とまで述べていた。また同様に、「多くの種類の学問への配慮を必要とする」キリスト教の研究は、副次的効果として、文芸も発達させたとする。「この宗教の進歩は、常に文芸の進歩によって特徴付けられてきた」（*Ibid.*, p. 526.）のである。

無論、こうした文明の基礎としてのキリスト教という考え方は、キリスト教を野蛮や未開という反文明的表現とともに非難していたフランス啓蒙派の考え方とは正反対のものである。ロイ・ポーターが指摘するように、「未開人は、恐れおののく対象を崇め奉る。魔術や生け贄をでっち上げ、そのような子供だましの神々を宥めようとする。フィロゾーフは、そのように論じた」が、彼らの「本当のターゲットは、サクラメントなる魔術を用いて、キリストを生け贄にする聖体拝領という儀式を繰り返すキリスト教そのものであった」（ロイ・ポーター『啓蒙主義』四九頁）。キリスト教を文明社会の基礎と捉えるか、野蛮と未開の証と捉えるか、ここでもバークとフランス啓蒙派は尖鋭に対立しているのだが、この対立の根底には、一つには「文明化」を社会の安定化と捉えるのか、個人の自律化と捉えるのか、という評価基準の違いがある。バークは宗教が野蛮で粗野な人間の情念を温和化したことを、宗教が文明化に寄与した実例と見なしたわけであるが、端的に言えば、人間を秩序志向にしたということでもあろう。反対に、「偽りの信仰にとり憑かれた個人は、けっして自分というものをもつことができない」（同書四八頁）と考えたフランス啓蒙派は、まさしくこの宗教の秩序志向性が個人の自律の抑圧をもたらすと考えたわけである。当然ながら、ここにも実際のイギリスが実現していた、社会の安寧に基づく富裕や自由を擁護するバークの実質的正当性を重視した思考と、個人の自律こそが最も重要であると考えるフランス啓蒙派やプライスなどのイギリス急進派の形式的正当性を重視する思考との先述の対立が伏在している。

（10）Ferguson, *An Essay on the History of Civil Society*, pp. 191-192.〔三九三―三九四頁〕『市民社会史論』の内容の概略については、天羽康夫『ファーガスンとスコットランド啓蒙』第四章を参照。

（11）*Ibid.*, p. 189.〔三八八頁〕

（12）Lock, *Edmund Burke*, II, p. 300 n.

（13） O'Neill, *The Burke-Wollstonecraft Debate*, p. 79.
オニールは、ヒュームの『イングランド史』と同じく、「ファーガスンの『市民社会史論』は、バークの社会理論に重要な影響を与えていた」と指摘している（*Ibid.*, p. 79.）。本書とは視点は違うものの、バークとファーガスンの思想的関係性について、後藤浩子「ペイン的ラディカリズム対バーク、マルサス――市民社会における有用性と野蛮」（田中秀夫編『野蛮と啓蒙――経済思想史からの接近』所収、京都大学学術出版会、二〇一四年）が興味深い。

（14） Pocock, *Virtue, Commerce, and History*, p. 188.〔三五〇頁〕; Donald, *Riches and Poverty*, p. 176.
作法（manners）の洗練史として歴史を見るスコットランド啓蒙派の歴史家たちとバークとの知的交流については、O'Neill, *The Burke-Wollstonecraft Debate*. の第二章を参照されたい。オニールは、バークがロバートソンを評価したのは、自らの『イギリス史略』との類似性からだとしている（O'Neill, *The Burke-Wollstonecraft Debate*, p. 81.）。

（15） ロバートソンとファーガスンの関係については、天羽康夫『ファーガスンとスコットランド啓蒙』や青木裕子『アダム・ファーガスンの国家と市民社会――共和主義・愛国心・保守主義』（勁草書房、二〇一〇年）を参照。

（16） Lock, *Edmund Burke*, I, p. 178.; O'Neill, *The Burke-Wollstonecraft Debate*, p. 55.

（17） Robertson, W., *History of the Reign of Charles the Fifth*（1769）, Routledge, 1857, p. 32.

（18） バークの騎士道論に影響を与えたと言われるミラーの『階級区分の起源』（一七七一年）では、騎士道の淵源であるゲルマンの戦士制度においては、「神の愛と女性の愛は、軍事職に入る若者全てに教え込まれた最初のレッスンの一つであった」とされている（Millar, *The Origin of the Distinction of Ranks*, p. 138.）。騎士道は、非常に宗教性を帯び、さらには女性への慇懃さという作法の体系としても捉えられていたのである。

（19） Robertson, *History of the Reign of Charles the Fifth*, p. 10.

（20） *Ibid.*, p. 31.
進取の精神や冒険の精神も騎士道の一側面として、しばしば批判されつつも、広く受容されていた。すぐ後に引用するように、バークは十字軍の「冒険的な気質」と騎士道を結び付け、ロバートソンは十字軍に鼓吹された騎士道がしばしば「無茶な冒険的企て」の源泉となってきたことに苦言を呈していた。十九世紀に至っても、例えばトクヴィルは、ヴァージニアの植民地建設者であった冒険家ジョン・スミスについて、彼の著作には、「発見への熱情と進取の精神」が見られ、騎士道、宮廷風作法が「富の獲得」と結び付いていたことが分かると評していた（Tocqueville, *Democracy in America*, p. 832.〔第一巻、上・二九四頁〕）。エリアスも『文明化の過程』で指摘していた通り、騎士道は、情念の抑制と同時に、元々は冒険的な情念の暴発をも意味していたのであり、興味深いことに、フランス革命期においては、騎士道における情念暴発の側面についてのバークの言及は、鳴りを潜めることになる。

（21）*An Abridgment of English History*, p. 645.
『イギリス史略』（一七五七年―）で女性への慇懃さ、弱者保護などの騎士道観が既に見られる以上、バークの騎士道観の淵源がファーガスンやロバートソンだというのは少し言い過ぎであって、正確にはバークの騎士道観とファーガスンやロバートソンの騎士道観とが共鳴し合ったと言った方がよいだろう。

（22）Robertson, *History of the Reign of Charles the Fifth*, p. 32.

（23）*Ibid.*, pp. 31-32.

（24）Smith, *The Theory of Moral Sentiments*, p. 73.〔一三三頁〕

（25）*A Philosophical Inquiry into the Origins of Our Ideas of the Sublime and the Beautiful*, p. 88.〔五一頁〕

（26）*Ibid.*, p. 89.〔五一頁〕

（27）*Ibid.*, p. 89.〔五一―五二頁〕

（28）Paine, *Rights of Man*, Part I, p. 288.〔四三頁〕

（29）デイヴィッド・ヒューム「近代的名誉と騎士道に関する歴史的論考」（壽里竜訳『思想』一〇五二号所収、岩波書店、二〇一一年一二月号）一〇二頁

（30）Burke, *Speeches on the Impeachment of Warren Hastings* (Seventh Day of Reply: 12 June 1794) in W-8, p. 381.

（31）エリアスは、高位の女性は、低位の男性にとって手の届きにくい存在であるがゆえに、「特別手に入れるに値するもの」であるとされ、それこそが中世騎士恋愛歌の「感情的基盤」であるとする。何故高位の女性との恋愛が困難かと言えば、一つには、「戦士社会において社会的により下位にあり他人に依存して生活している男性の、社会的により高い身分にある女性に対する関係は、まずその男性に自己抑制を、衝動の抑圧と断念と制御を強いる」からである（エリアス『文明化の過程』下・一二七頁）。こうした欲望の抑制を美的に賞揚する騎士文学上の意味を念頭に置いておくことは、下位者による欲望にまかせた王妃への乱暴狼藉の描写の後に騎士道の終焉が嘆かれたバークのレトリックを理解する上でも極めて重要となる。

（32）Wollstonecraft, *A Vindication of the Rights of Woman*, p. 131.〔一一一頁〕

（33）*Ibid.*, p. 179.〔一八八頁〕

（34）Dowling, W. C., Burke and the Age of Chivalry, in *The Yearbook of English Studies*, Vol. 12, Heroes and the Heroic Special Number, 1982, p. 112.

(35) Kramnick, *The Rage of Edmund Burke*, p. 153.

(36) Gibbon, *The Autobiography*, p. 78.〔一三二―一三三頁〕

(37) Dowling, Burke and the Age of Chivalry, pp. 112-113.

(38) ヒューム「近代的名誉と騎士道に関する歴史的論考」一〇二頁
原文は、Mossner, E. C., David Hume's "An Historical Essay on Chivalry and Modern Honour", in *Modern Philology*, Vol. 45, No. 1, Aug., 1947, p.60. を参照した。これはヒュームの未公刊論文であるから、バークは未見であると思われる。

(39) Wollstonecraft, *A Vindication of the Rights of Woman*, p. 130.〔一一〇頁〕

(40) *Ibid*., pp. 74-76.〔一二三―一二七頁〕

(41) バークがここで言う「古代の騎士道」とは、後でも触れるように、「忠誠」を中軸に置く封建制を生み出したゲルマンの戦士制度にまで遡るものであろう。『イギリス史略』でバークは、タキトゥスの『ゲルマニア』におけるゲルマンの戦士叙任の描写を参考としつつ、戦士・騎士に任じた族長と任じられた従属者との間の主従関係を古代のヨーロッパの「政治的〔文明的〕、というよりは軍事的な統治の最初の起源」として捉え、そこからイギリス国王を含む王族や貴族の起源を説明していた（*An Abridgment of English History*, pp. 565-569.）。バークが騎士道を封建的主従関係、階層制秩序のエートスとして捉え直していたことは、こうしたゲルマンの主従関係と近代的騎士道との連続性の強調からも推し量ることができる。逆に、バークとは正反対に、騎士道を慇懃さの点で主に評価し、階層制秩序のエートスとしては見なしていなかったヒュームが、ゲルマンと近代的騎士道との連続性を否定しようとしていた点は興味深い。ただし、情念の抑制という点では思想的に共同戦線を構築していたと言えるバークとヒュームは、モンテスキューとは違って、騎士道の暴力的な武徳としての側面に対してはあまり評価していない。ヒュームの騎士道論については、犬塚元『デイヴィッド・ヒュームの政治学』（東京大学出版会、二〇〇四年、二六七―二六九頁）に詳しい。

(42) 女性解放の闘士としてマコーリーを敬愛していたウルストンクラフトも、「白々しい無意味な慇懃さのやりとり」である「騎士道精神」や「ゴシック的作法」が、ちやほやされる女性の堕落を生んでおり、「ヨーロッパの最も非文明的な諸国（the most uncivilized European states）において、こうしたリップサービスは、極度の道徳的腐敗を伴いつつ、かなりの程度広がっている」と難じ、中世騎士道風の女性への慇懃さは、内実を伴わぬ女性の賞揚を推進することで道徳的腐敗をもたらし、理性や知性といった実質を重んじるべき文明社会には相応しくないものであると批判していた（Wollstonecraft, *A Vindication of the Rights of Woman*, p. 179.〔一八八頁〕）。つまり、バークとは正反対に、ウルストンクラフトにとっても、騎士道は非文明的なものであると思われたのである。

（43） Macaulay, C., *Observations on the Reflections of the Right Hon. Edmund Burke, on the revolution in France in a letter to the Right Hon. the Earl of Stanhope*, Printed at Boston: by I. Thomas and E. T. Andrews, 1791, p. 22.
C・マコーリーについては、ボズウェルの『サミュエル・ジョンソン伝』（一七九一年）に興味深い逸話が載っている。平等主義を唱える共和主義者のマコーリーに、ジョンソンがあなたの意見は正しいと思うので、どうか従者にここに座って我々と会食をしてくれるようにお願いしてほしいと皮肉たっぷりに述べたところ、マコーリーは機嫌を悪くし、ジョンソンと不和になったという（Boswell, J., *The Life of Samuel Johnson*（1791）, Wordsworth Classics, 1999, p. 227.〔中野好之訳『サミュエル・ジョンソン伝』第一巻、みすず書房、一九八一年、三三一頁〕）。ディキンスン曰く、マコーリーは、「少なくとも貴族の大土地財産を、規模において縮小させられるだろうと期待しうる程度にまでは、土地均分法を支持したが、長子相続法を攻撃するには程遠かったし、いかにして富を再分配するかという問題については何の実践的な解決策も提示しなかった」（Dickinson, *Liberty and Property*, p. 230.〔二三六頁〕）のであり、この『サミュエル・ジョンソン伝』での逸話は、イギリスの急進主義が内包していた一定の保守性を物語るエピソードであろう。また、マコーリーにおいても、騎士道の意義に一定の理解が示されていたことにも留意されたい。マコーリーのバーク批判については真嶋正己「急進主義者によるバーク批判（Ⅰ）」を参照。

（44） 実際、後に自説を撤回するもののバークの論敵の一人であったジェームズ・マッキントッシュも『フランスの擁護』（一七九一年）で、騎士道が「ヨーロッパを洗練させ、温和化させるのに貢献した」と認めざるをえなかった（Mackintosh, J., *Vindiciae Gallicae: A Defence of the French Revolution and its English Admirers*（1791）, Liberty Fund, 2006, p. 87.）。

（45） Smith, R. J., *The Gothic Bequest: Medieval Institutions in British Thought, 1688–1863*, Cambridge U. P., 1987, p. 120.

（46） 言うまでもなく、十八世紀において、騎士道の武徳的側面が完全に見失われたわけではない。モンテスキューは騎士道における決闘の慣行を「戦士の気質」として高く評価していた。ただ、ヒュームは、騎士道の「慇懃さ」を肯定しつつも、決闘に関しては徹底的に批判している（犬塚元『デイヴィッド・ヒュームの政治学』二六八―二六九頁）。バークも、騎士道が失われると「安価な国防」（R: 67 上 140）が失われると述べていたように、騎士道の「戦士の気質」としての側面を無視していたわけではない。

（47） Burke to Philip Francis（20 February 1790）, pp. 90–91.

（48） Botting, *Family Feuds*, p. 116.

（49） ファーガスンが既に、封建的階層制秩序と騎士道と女性への慇懃さとを結び付けて考察していたのは極めて興味深い。「封建体制は、ある家族を高位に上げることによって、この［騎士道という］ロマンティックな体系を大いに勢いづけたことは疑いない。高貴な家系の栄光のみならず、胸壁や塔で囲まれた威厳のある城は、立派な主君の娘や姉妹に対する想像を燃え上がらせ、尊敬の念を生み出すのに役立った。彼女たちの名誉は、近づき難く、純潔であるというところにあり、気高く勇敢な人々の功績しか認めることができず、優しさと敬意のある言葉遣いでのみ近付くことができたのである」(Ferguson, *An Essay on the History of Civil Society*, pp. 192–193.〔三九五頁〕)。封建制における高位者にして淑女の象徴としてのマリー・アントワネットに対する革命派の乱暴狼藉に関するバークの描写の意味は、こうしたスコットランド啓蒙派の騎士道観を前提にした場合においてのみ真に理解されうる。よって、バークは『省察』を一定の知識を有する上流階級・有識者階級に対して書いており、大衆に向けて書いていなかったことは明らかであろう。それはラテン語文献が『省察』でそのまま引用されていることからも分かるが、まさしく『省察』は、レオ・シュトラウスの言う秘教的読解を要求するテクストなのであった。また、バークが、インドにおける高位の女性の悲劇を描くことで、これと同様の修辞的効果を東インド会社批判論においても狙っていたということについては、Botting, *Family Feuds*, pp. 82–83. を参照。

(50) Botting, *Family Feuds*, p. 116.

(51) Barry, N., The Political Economy of Edmund Burke, in *The Enduring Edmund Burke: Bicentennial Essays*, edited by Ian Crowe, Intercollegiate Studies Institute, 1997, p. 104.

(52) 坂本義和『人間と国家（上）── ある政治学徒の回想』（岩波新書、二〇一一年）一一二頁

(53) Paine, *Rights of Man*, Part I, p. 286.〔三八頁〕

(54) Lock, *Edmund Burke*, II, p. 301.

(55) Dreyer, The Genesis of Burke's *Reflections*, p. 463.

(56) Huizinga, J., *The Waning of the Middle Ages: A study of the forms of life, thought, and art in France and the Netherlands in the XIVth and XVth centuries*, Edward Arnold Publishers, 1924, p. 67.〔堀越孝一訳「中世の秋」（『世界の名著55／ホイジンガ』所収、中央公論社、一九六七年）一七四頁〕

ホイジンガの『中世の秋』の原典に関しては、ホイジンガ自身も監修した英語版を使用するが、読者の利便性を考慮し、多くの点で表現が異なるものの、オランダ語版からの名訳である堀越訳の頁数も参考に付しておく。

(57) Pocock, *Virtue, Commerce, and History*, p. 198.〔三七八頁〕

ただし、ミラーはフランス革命に好意的であり、バークと多くの点で思想的に異なる点に留意が必要である。した

がって、バークとミラーの間に騎士道観の近似性が一定程度見られたとしても、バークとは異なって、ミラーは騎士道の政治的、秩序論的意義については認めることがなかった。A・プラサートが指摘しているように、「ミラーもマッキントッシュも同じように、国制上の忠誠は、『騎士道という幻想』ないしは『迷信という幻想』に基づいているのではなく、『ただ理性のみ』に、そして、『啓蒙された利己心』に基づいていると強調していた」のである（Plassart, *The Scottish Enlightenment and the French Revolution*, p. 104.）。バークとミラーの異同については、Winch, *Riches and Poverty*, pp. 191-197. を参照のこと。また、ミラーのフランス革命論については、佐々木武「『スコットランド学派』における『文明社会』論の構成（四・完）―― 'natural history of civil society' の一考察」『国家学会雑誌』（八六巻一―二号、一九七三年）、田中秀夫『啓蒙と改革 ―― ジョン・ミラー研究』（名古屋大学出版会、一九九九年、補論）が邦語文献では参考になる。

(58) Millar, *The Origin of the Distinction of Ranks*, p. 138.
ミラーの『階級区分の起源』の内容については、田中秀夫『啓蒙と改革』第一部に極めて詳細で優れた紹介があるので参照のこと。

(59) Winch, *Riches and Poverty*, p. 176.

(60) マーク・ジルアードによれば、イギリス女王・エリザベス一世は、自覚的にこの高位性と女性性という二つの価値を重んじる倫理体系として騎士道を捉えていた。「イギリスにおいては、中世の騎士道は、エリザベス女王の治世に回春期となり、それは十七世紀のはじめまで続いて、およそ一六二〇年代に終わった。それはエリザベス女王自身の崇拝を中心としていたが、彼女は君主（a monarch）としては騎士の忠誠を求め、女王（a mistress）としては彼らの献身を求めたのである」（Girouard, M., *The Return to Camelot: Chivalry and the English Gentleman*, Yale U. P., 1981, p. 17.〔高宮利行・不破有理訳『騎士道とジェントルマン ―― ヴィクトリア朝社会精神史』三省堂、一九八六年、一六頁〕）。

(61) Furniss, *Edmund Burke's Aesthetic Ideology*, pp. 165ff.

(62) Kramnick, *The Rage of Edmund Burke*, p. 153.

(63) オブライエン曰く、「騎士道の観念はバークにとって重要なものであった。同時代人たちは時々彼をドン・キホーテと見なしていた。そしてある程度はその類比も適切なものであったのである。ただ、違うところは、バークが闘わねばならなかった敵が現実のものであり、想像上のものではなかったという点である」（O'Brien, *The Great Melody*, p. 86.）。なお当時のバーク関連の戯画については、Robinson, N. K, *Edmund Burke: A Life in Caricature*, Yale U. P., 1996.

が便利である。

(64) Paine, *Rights of Man*, Part I, p. 287.〔三九頁〕

(65) ただし、マーク・ジルアードは、「実際、バークが嘆いたちょうどその頃、騎士道の時代は戻りつつあった。……ヒュームの『イングランド史』とバークの『省察』が書かれた三十年余りの間に、中世はゆっくりと支持を取り戻し、それとともに騎士道も復活してきた」と指摘しているが、このように、同時代におけるバークの騎士道礼賛が決して突出していたわけではないという見解もある。十八世紀という理性の時代は、歴史研究も盛んであったのであり、中世研究が熱心に進められた結果、騎士道への興味も増していったという(Girouard, *The Return to Camelot*, pp. 19–20.〔一九頁〕)。ホイジンガも中世の騎士道がいかに連綿とヨーロッパ精神史に影響を与えてきたかを論じていたが、確かに、騎士道がバークの時代に何らの訴求力も有していなかったとするのは言い過ぎではあろう。

(66) 「生活の型」という視点から、宮家準や柳田国男、そしてヨハン・ホイジンガの思想的類縁性について論じたものに、佐藤光『カール・ポランニーと金融危機以後の世界』(晃洋書房、二〇一二年)がある。

(67) エリアスも、逸早く宮廷社会を形成したフランスから文明的な作法や振る舞いが全ヨーロッパに広がったと論じている(エリアス『文明化の過程』下・六―七頁)。エリアスは、「文明化」を、初期の粗野な騎士社会から洗練された宮廷社会への変化の中に見ているが、繰り返し述べているように、バークの「騎士道」は極めて近代化された内実を伴っており、エリアスが描くような荒々しく血なまぐさい初期の騎士の習俗とは全く異なる概念である。ただ、宮廷社会の文明人が、「今よりもより自由で拘束されることもより少ない騎士社会像」を憧憬の念をもって振り返ったとき、洗練され、上品にされた「中世騎士恋愛歌」が生み出された(同書下・一一八頁)。この洗練され、上品化された騎士像が、リチャード・ハードらを通じて、スコットランド啓蒙派やバークの騎士道観に流れていったとは言えるであろう。

(68) Huizinga, *The Waning of the Middle Ages*, p. 13.〔九三頁〕

(69) Huizinga, *Men and Ideas*, p. 199.〔二八九頁〕

(70) Huizinga, *The Waning of the Middle Ages*, p. 29.〔一一七頁〕

(71) *Ibid*., p. 31.〔一二一頁〕

(72) *Ibid*., p. 38.〔一三二頁〕

(73) *Ibid*., p. 40.〔一三六頁〕

(74) Huizinga, *Men and Ideas*, p. 87.〔三一九頁〕

(75) *First Letter on a Regicide Peace*, p. 392.〔『論集』九〇八頁〕

(76) Pocock, J. G. A., *Barbarism and Religion: Vol. 3, The First Decline and Fall*, Cambridge U. P., 2005, p. 413.

(77) *Letter to a Member of the National Assembly*, p. 309.〔『論集』五五七頁〕

(78) Gibbon, *The Autobiography*, p. 179.〔二五九頁〕

(79) ブルンナー『ヨーロッパ』一九九頁

(80) エリアスも指摘していたように、「衝動のモデル化」こそ、「文明化」の本質であったとするならば（エリアス『文明化の過程』下・一三八頁）、衝動の爆発としての《革命》は、文明化に対する反逆となろう。

(81) Pocock, *Virtue, Commerce, and History*, p. 199.〔三八一頁〕

(82) Pocock, J. G. A., Edmund Burke and the Redefinition of Enthusiasm, in *The French Revolution and the Creation of Modern Political Culture*, vol. 3., Pergamon Press, 1989, p. 32.

(83) シィエス『第三身分とは何か』七〇頁

同時に、封建制は「中世の不条理」であり、「昔の残忍さの名残」であるとしている。

(84) バークの自然概念の転換については、福田歓一「政治理論における『自然』の問題」（『近代政治原理成立史序説』所収、岩波書店、一九七一年）を参照。

(85) そうであるからこそ、バークにとって、フランス革命の時代は、「この全く啓蒙されていない時代」としても映るのである（Burke to Unknown (January 1790), in C-6, p. 80.）。もっとも、啓蒙概念の逆転はルソーにおいても提起されていたのであり、その点では複雑な思想的捻じれが生じている。丸山眞男によれば、十八世紀のフランス啓蒙の進歩概念が、エリートによる「文明の洗練」過程として捉えられていたのに対して、ルソーは、「まさに文明の洗練と人工性のうちに人間性と社会のもっとも深い頽廃を読みとった」のであり、フランス啓蒙が進歩と見たものを堕落とし、エリートではなく、「農民大衆の無智と粗野がかえってこの虚偽を『下から』くつがえすエネルギー」になると考えた。よって、丸山は、「啓蒙における文明主義と進歩主義はルソーによるその激烈な否定を媒介としてはじめてプロレタリアートの立場と接続」したと言うのであるが、「フランス革命の指導理念のなかに」、このルソーによる「文明の洗練」への「反逆」が含まれていたとするならば（丸山眞男「反動の概念」二〇―二一頁）、バークがむしろ「文明の洗練」、作法の洗練というスコットランド啓蒙派の思考様式をもってフランス革命を批判したのは、特異であったどころか、極めてナチュラルなものであったと言うこともできよう。その場合、ルソーが反啓蒙派として現れ、バークが啓蒙派として現れることになるが、言うまでもなく、その「啓蒙」の内実が問題となる。

(86) 十七世紀フランスのラ・ロシュフーコーは、『箴言集』で、我々の美徳は「偽装された悪徳」に過ぎないとし、「宮廷貴族のみならず伝統的な武家貴族の徳にひそむ『悪徳』の容赦のない暴露、英雄的理想の破壊」を行っていた（川出良枝『貴族の徳、商業の精神――モンテスキューと専制批判の系譜』東京大学出版会、一九九六年、二八頁）。宗教的に重要な敬虔や貞淑ですら「外見」の取り繕いでありうるとラ・ロシュフーコーは暴露するのであるが、もちろん、それが社会的効用を有していることは認めていた。「人間は、もしお互いに騙され合っていなければ、とうてい長い間社会をつくって生き続けられないであろう」（『ラ・ロシュフーコー箴言集』二宮フサ訳、岩波文庫、一九八九年、三四頁）。マンデヴィルも、「美徳とは追従が自負に生ませた政治的な申し子である」とし（Mandeville, *The Fable of the Bees*, p. 41.〔四六頁〕）、「各個人の悪徳こそ、巧みな管理によって、全体の壮麗さと世俗的な幸福に役立つようにされる」（*Ibid.*, p. 20.〔五頁〕）と指摘していた。政治によるイデオロギー的管理によって、人々の悪徳を国家の繁栄に結び付けられると考える点では、マンデヴィルを完全なるレッセフェール的市場主義者と通俗的に規定することはできないだろう。ラ・ロシュフーコーやマンデヴィル以外にも、ホッブズやパスカルを含め、十七世紀から十八世紀を通じて、騎士道などの美徳とされてきた諸価値のイデオロギー性を暴露する思想群が「突然に」発生したことについては、Hirschman, A. O., *The Passions and the Interests: Political Arguments for Capitalism before Its Triumph*, Princeton Classics Edition, Princeton U. P., 2013, pp. 10–12.〔佐々木毅・旦裕介訳『情念の政治経済学』法政大学出版局、一九八五年、七―九頁〕を参照のこと。

(87) 名誉や栄光の追求と騎士道との結び付きについては、Hirschman, *The Passions and the Interests*, pp. 9–11.〔六―八頁〕を再度参照されたい。

(88) Montesquieu, *The Spirit of the Laws*, p. 30.〔上巻、八五頁〕

(89) *Ibid*, p. 71.〔上巻、一五五頁〕

(90) バークは革命後のフランスを専制の状態というよりもアナーキーの状態であるとしていた（*Speech on Army Estimates*, p. 7.）。

(91) *Letter to a Member of the National Assembly*, p. 326.〔『論集』五七三頁〕

(92) 反対に、作法（マナー）の欺瞞性を批判していたウルストンクラフトは、「情念の規制は常に賢明であるというわけではない」と述べ、男性は女性よりも情念を発散しているがゆえに「より優れた判断力」を有しているのだと論じていた（Wollstonecraft, *A Vindication of the Rights of Woman*, p. 193.〔二一一頁〕）。

情念の抑制（熱狂批判）の議論としてバークを一貫して読解するものとして、Pocock, Conservative Enlightenment and Democratic Revolutions. や犬塚元「エドマンド・バーク、習俗（マナーズ）と政治権力」（『国家学会雑誌』一一〇巻七—八号、一九九七年）などがある。十八世紀に情念の統御という問題が主要な論題となっていたことは、Hirschman, *The Passions and the Interests.* を参照。反体制志向の「熱狂」を批判し、体制志向の「迷信」——「建設的な迷信（the superstition which builds）」（R: 140 下 49）としての宗教——を擁護する点で、バークは保守主義者であり、自由主義者ヒュームとは正反対であったと言えよう（Hume, D., Of Superstition and Enthusiasm, in *Essays, Moral, Political, and Literary*, Revised Edition, Liberty Fund, 1994.）。バークの初期思想における熱狂の両義的評価については、土井美徳「初期バークにおける政治的保守主義の形成（上）——自然的感情、古来の慣習、神の摂理」『創価法学』（第四三巻第二号、二〇一三年）を参照。

(93) バークは統治システムを一貫して情念抑制装置として捉えていた。「統治は、人間の諸必要を満たすための人間的叡知の考案物である。……それらの諸必要の一つとして、……彼らの情念への充分な抑制の必要が考えられよう。……これは、彼ら自身の外部にある権力によってのみなされうる……」（R: 52 上 111–112）。「統治の大きな役割は、抑制物としての役割である」（*Thoughts and Details on Scarcity*, p. 251.）。

(94) Huizinga, *Men and Ideas*, p. 87.〔三二〇頁〕

(95) バーク自身の宗教的立場については判然としない点が多い。イギリスの保守的政治家として国教会を信奉していたと一般的には考えられようが、若きバークへのカトリックの影響を強調するオブライエンのように隠れカトリック（a crypto-Catholic）に近いものとして捉える解釈も存在する（O'Brien, *The Great Melody*, p. 49.）。バークの父がアングリカンで、母がカトリックで、そしてバークの出生地がカトリックの強いアイルランドであったという特殊な環境も影響して、バークの宗教観の解釈史は混乱を極めている。さらに、バークがヒンドゥー教やイスラム教への強い共感を示していたことが、その混乱に拍車をかけている。F・P・ロックが述べるように、バークは第一には有神論者であったと規定するしかないのかもしれない（Lock, F. P., Burke and Religion, in *An Imaginative Whig: Reassessing the Life and Thought of Edmund Burke*, edited by Ian Crowe, University of Missouri Press, 2005, p. 35.）。逆に言えば、バークは、「私はいかなる教派に対してであれ、過度に愛着をもっているということを誇ろうとは思わない」と述べていたように（*Letter to Richard Burke*, p. 315.）、一つの宗教に熱狂していなかったからこそ、冷静に宗教の政治的効用について分析しえたのである。

(96) *Letter to a Member of the National Assembly*, p. 305.〔『論集』五五三頁〕

(97) 無論、大抵の聖職者が自発的な自己否定を成し遂げているとはバークは考えておらず、むしろだからこそ教会財産の保全が必要だと論じているのだが、ここでは、聖職者の実情とは別に、「社会的慈善と個人的自己否定の宗教」（*First Letter on a Regicide Peace*, p. 392.〔『論集』九〇八頁〕）の精神を「自由」と結び付けるバークの修辞的論理を読み解いている。

(98) Burke to Charlemont (9 August 1789), p. 10.

(99) この点に関して、J・ボズウェルの『サミュエル・ジョンソン伝』（一七九一年）は興味深いバークのジョークを伝えている。「私はブリストルを代表するという栄誉に与っているが、どうもそこに住みたいとは思わない。私は非常にお行儀よく（*upon my good behaviour*）していないといけないからね」（Boswell, *The Life of Samuel Johnson*, p. 713.〔中野好之訳『サミュエル・ジョンソン伝』第三巻、みすず書房、一九八三年、七頁〕）。他者からの名声や評判を気にすることで自らの行為に抑制を与えるという原理を、バークは実体験としても感得していたのかもしれない。

　また、スミスも『国富論』第五篇第一章で、「地位と財産をもつ者は、その立場上、大社会の中でも目立つ存在なので、彼の行為のあらゆる部分に社会の注目が集まる」とし、よって、「彼は社会の中で自らの名を汚したり、信用を傷つけたりするようなことを敢えてしようとは思わない」が、「反対に低位の人は大社会の中で目立たない」ので、「彼自身行動に注意しなくなり、あらゆる低劣な不品行や悪徳にふけるようになる」と論じていた（Smith, *The Wealth of Nations*, pp. 1003–1004.〔下・三八一―三八二頁〕）。バーク同様、対他的意識の議論から、高位者の慎慮と低位者の抑制の無さとを対比させていたわけであるが、スミスは、高位者しか注目されない大社会ではなく、互いの行動に注目することができる小集団、特に小教団に属することによって、それは克服できるとする。トクヴィルの議論とも通底する興味深い視座であろう。

(100) Rousseau, J. J., *Discourse on the Origin of Inequality* (1755), translated by Donald A. Cress, Hackett, 1992, p. 70.〔小林善彦訳「人間不平等起源論」『世界の名著㊱／ルソー』所収、中公バックス、一九七八年、一八四頁〕

　ただし、ルソーは『エミール』で、「意見は男性の間では美徳を失う墓場となるが、女性の間では玉座となる」とし、女性は他者の目をむしろ気にせねばならないと述べて、ウルストンクラフトに批判されたのは周知の通りであろう（Wollstonecraft, *A Vindication of the Rights of Woman*, p. 221.〔二五五頁〕）。ウルストンクラフト曰く、重要なのは外面よりも内実なのであり、「女性は常にこうであるように、ああであるように見えなければならない」というのは、軽蔑すべき「偽装の体系（system of dissimulation）」なのであった（*Ibid.*, p. 181.〔一九〇―一九一頁〕）。

　近代社会における対他性の原理は既に十七世紀にラ・ロシュフーコーによっても指摘されていた。「あらゆる立場でどの人も、みんなにこう思われたいと思う通りに自分を見せようとして、顔や外見を粧っている。だから社会は見かけだけでしか成り立っていない、と言える」(『箴言集』八〇頁)。しかし、逆に言えば、見かけによって、社会はしっかり成立しているのである。

(101) Montesquieu, *The Spirit of the Laws*, p. 32.〔上巻、八九頁〕

(102) *Appeal*, p. 416.〔『論集』六五四頁〕

トクヴィルも、「全ての革命は人間の野心を増大させる。とりわけ、それは貴族制度を打ち壊す革命に当てはまる」とし、フランス革命は野心を「ほとんど無制限」なまでに増大させたと指摘している(Tocqueville, *Democracy in America*, p. 728.〔第二巻、下・一四一—一四二頁〕)。

(103) バークはアリストテレスの民主政批判を『省察』でも実際に引用しているが(R: 110 上 227–228)、アリストテレスの民主政観の影響は大きいだろう。アリストテレスも「大衆は名誉より利得を望むものだ」と論じている。アリストテレスは民主政の原理を「自由」だとし、「意のままに行動しうるという[自由]は、あらゆる人間の中に存在する悪を防げない」と批判し、にもかかわらず多くの人が民主政を支持するのは、「大衆にとっては、節制する生活よりも無規律な生活の方がより楽しいからである」と論じていた(Aristotle, *Politics*, translated by E. Barker, Oxford U. P., 1995, pp. 235–239. 牛田徳子訳『政治学』京都大学学術出版会、二〇〇一年、三一四、三二〇—三二四頁)。こうした民主政の在り方は、バークの自己抑制を自由とみなす「文明的自由」の概念と真っ向から対立するものであり、その意味でアリストテレスの民主政批判にバークが共感していたことは確かであろう。バーク曰く、「我々の肉体的健康、我々の道徳的真価、我々の社会的幸福、我々の政治的平安といったもの全ては、古代人が節制(temperance)という重要な美徳によって構想していたように、我々のあらゆる欲望や感情の統御に掛かっていたのである」(*Third Letter on a Regicide Peace*, p. 524.)。バークが情念抑制の規範として位置付けた封建的な騎士道的作法も、ハーバーマスが指摘しているように、対他性——代表具現的であるがゆえに——の中で示される、「アリストテレス的な諸元徳をキリスト教化し、英雄的要素を和らげて騎士道的なもの、貴侯的なものにした形態」に他ならず、民衆の眼前に示されるべき欲望を抑えた高貴な作法は、そもそもアリストテレス的な徳目と結び付いていたのである。当然ながら、そうした「厳格な作法」は民衆〝の前で〟具現するものであるから、民衆それ自体は行使しえない(ユルゲン・ハーバーマス『公共性の構造転換——市民社会の一カテゴリーについての探究(第2版)』、細谷貞雄・山田正行訳、未来社、一九九四年、一九頁)。

トクヴィルは、洗練された作法を解する上流階級の節度とそれを解さない民衆の欲望の暴走を以下のように対比的に論じている。「偶然によって権力を手に入れた人々の腐敗の奥底には、何か粗野で低俗なものがあり、それによって腐敗は民衆に拡散されていく。他方、貴族の堕落の中心には、堕落の拡散をしばしば妨げるような、ある種の貴族的洗練、壮麗な雰囲気というものがある。民衆は……常に優美な作法や洗練された趣味、上品な言葉の下に潜む腐敗を見分けることが難しいけれども、公金を盗み、金のために国家の恩典を売ることは、最も惨めな者にもよく理解されることである。彼らは、栄達し、自分の番が来たときに同じことをしようと期待することができる」(Tocqueville, *Democracy in America*, p. 258.〔第一巻、下・九三頁〕)。

(104) エリアスは、情念の抑制 ── それができるようになることこそが文明化である ── が、上流階級よりも下流階級において何故なされ難いのかということについて、以下のように指摘している。「〔上流階層〕のもとでは人々を経済的活動に駆り立てる力は、事実、……社会に通用している特定の高い生活水準と威信を守りたいという欲求である。まさにこのことから、どうして情感規制やなかんずく自己抑制の形成が、一般に、こうした上流階層のもとではお互に協調し合っている下流階層のもとでよりもより大きいかの説明がつく。すなわち社会的威信を失いはすまいかという不安、いや、それが少しでも減るのではないかという不安は、外からの強制が自己抑制に変わるための最も強い原動力のひとつなのである」(エリアス『文明化の過程』下・三八八頁)。

(105) 『崇高と美』における以下の記述も想起されたい。「我々が……全能の力を有する非常に巨大な対象を観想するとき、……我々自身の本性がいかに取るに足りないかということ(minuteness)に萎縮し、ある意味で神の前では無にされてしまうのである」(*A Philosophical Inquiry into the Origins of Our Ideas of the Sublime and the Beautiful*, pp. 108–109.〔七五頁〕)。

(106) 時効概念は、ハイエクらによる制度の進化論的正当化論に繋がるものであり、当然、帰結主義的な側面をもっている。バークにとって、騎士道と宗教の精神は、帰結主義的にも正当化されているのであり、たとえフランス革命派が「最高存在の祭典」などでその代替物を作り上げたとしても、その実効的な正当性はなお不確実なものであり、既に帰結主義的正当性を保持していた騎士道とキリスト教には劣るというのがバークの判断であった。再度引用しておけば、「疑いもなく、全体的にヨーロッパは、君たちの革命が完遂されたときには繁栄の状態にあった。その繁栄の状態のうちのどれぐらいが我々の旧来の作法(manners)と観念の精神〔騎士道と宗教の精神〕に負っていたのかは断定し難いが、そのような諸原因が大して作用していないということはありえない以上、我々は、全体としてはそれらの作用が有益であったと推定せねばならない」(R: 69 上144)。

(107) Montesquieu, *The Spirit of the Laws*, p. 27.〔上巻、八〇頁〕
基本的に作法の思想家としてバークを位置付けるR・J・スミスは、騎士道の欠如によって「安価な国防」が失われるという発言について、民兵派の著作家に近いと指摘している（Smith, *The Gothic Bequest*, p. 120.）。この意味における騎士道精神の体現者は主に戦士階級を起源とする貴族であったように思われるが、一面ではバークのシヴィック的要素を示すものでもあろう。もっとも、それは、騎士道の起源がゲルマン戦士の成人式にあったことを鑑みれば当然であると言える（クランシャン『騎士道』川村克己・新倉俊一訳、白水社、一九六三年、一二―一四頁。新倉俊一「騎士道 ―― 剣を振るうキリスト者」堀米庸三編『西欧精神の探究 ―― 革新の十二世紀』所収、日本放送出版協会、一九七六年、一五八―一五九頁）。シェイエスは、貴族が徴兵の籤引きを免除されていることを批判しているが、「国王のために流す血」であるはずの貴族の戦士的要素の衰微を腐敗と見る姿勢が垣間見られる（シィエス『第三身分とは何か』三〇頁）。十八世紀において、貴族を戦士階級と見るのは、実際的には弱まっていたとは言え、根強いものがあった。

(108) 『穀物不足論』における救貧論については、バークの経済思想研究についての稀有な研究である中澤信彦『イギリス保守主義の政治経済学』第二章および立川潔「エドマンド・バークにおける市場と統治 ―― 自然権思想批判としての『穀物不足に関する思索と詳論』」（『成城大学経済研究所研究報告 No. 67』二〇一四年三月）を参照。

(109) *Thoughts and Details on Scarcity*, p. 261.

(110) ただ、直接的な救貧政策を批判し、それを慈善の領域に委ねていたバークも、状況に応じた間接的な救貧政策については支持することもあった。例えば、一七九五年の食糧危機のとき、穀物不足解消のために、穀物輸入奨励金の制定や、アフリカや南米への穀物購入船の派遣などを議会に提言していた（Conniff, *The Useful Cobbler*, p. 127.）。

(111) *Letter to Richard Burke*, p. 310.

(112) *First Letter on a Regicide Peace*, p. 392.〔『論集』九〇八頁〕

(113) *Thoughts and Details on Scarcity*, p. 278.

(114) バークは、聖職者や貴族の土地財産に、そもそも公的献身や慈善の義務が結び付いていると考えていた。いわゆる「高貴なる者の義務（noblesse oblige）」の一つの源泉として土地財産が捉えられていたのである。聖職者の土地を没収するフランス革命派を批判する中でバークは、「土地財産を保有することは何らかの義務を遂行することであり……［その土地財産を所有する者は］自らの収入の一部を慈善のための信託物（a trust for charity）だと考えねばならない」（R: 143 下 54-55）と指摘していた。だからこそ、フランス革命による財産没収によって、「社会的連帯の法が我々に課している義務に関するあらゆる感覚を完全に失う」（R: 92 上 193）ことになると論じたのである。

(115) Tocqueville, *The Ancien Régime and the French Revolution*, p. 107.〔二七〇頁〕

（116）Marshall, A., Social Possibilities of Economic Chivalry（1907）, in *Memorials of Alfred Marshall*, edited by A. C. Pigou, A. M. Kelley, 1966, p. 345.〔永澤越郎訳『経済論文集』岩波ブックサービスセンター、一九九一年、一五八―一五九頁〕
この論文におけるマーシャルの富の分配に関するユートピアニズム批判はバークの論法と酷似しており、経済社会の基底の一つに騎士道的道義性を求める点でもバークに通ずるものがあった。その弟子、J・M・ケインズが一九〇四年にバーク論を書いているところを見ると、二十世紀初頭のイギリスの知的エリート層へのバークの影響は看過しえないものがあるように思われる。ちなみに、エッジワースは、抽象理論を人間事象に適用するときの危うさを自覚していた点で明らかにマーシャルはバーク以上にバーク主義者であったと回想している（Edgeworth, F. Y., Reminiscences, in *Memorials of Alfred Marshall*, p. 66.）。

（117）マーシャルは、こうした騎士道精神が、富者のみならず、産業化による労働時間の短縮化を通じて、教育や教養を身につけるようになった労働者階級にもある程度まで広がりうると考えていた。マーシャルは『労働者階級の将来』（一八七三年）で、「労働者と紳士の間の公的な区別は消え去る……」とまで象徴的に述べている（Marshall, A., The Future of the Working Classes（1873）, in *Memorials of Alfred Marshall*, p. 102.〔一九五頁〕）。とは言え、家族への教育の義務を果たすなどの公共精神は労働者にも求められるものの、「騎士道的な富者」ほどの公共精神、自己犠牲は求められていない。それは、バークと同じく、財産や地位に付随する義務という貴族主義的観念をマーシャルも継承していたからであろう。しかし、上田辰之助が指摘したように、この『労働者階級の将来』と『経済騎士道の社会的可能性』は「いわば姉妹編」であり、「紳士道」として表象される洗練性、公共精神、道義性を――労働者であれ資本家であれ――求める点では一貫していた（上田辰之助『上田辰之助著作集Ｖ／経済人の西・東』みすず書房、一九八八年、四二二頁）。

（118）Sandel, M., *Democracy's Discontent: America in Search of a Public Philosophy*, Harvard U. P., 1996.
サンデルが支持していたトクヴィルも、既に十九世紀に「行政の集権は……国民の公共精神を減退させる継続的な効果がある」としていた（Tocqueville, *Democracy in America*, p. 104.〔第一巻、上・一三八頁〕）。

（119）バークによれば、慈善は自由裁量に委ねられている。慈善は自由意志でなくてはならない。「〔慈善の〕方法、様式、時期、対象の選択、度合いは、個人の自由裁量に委ねられている。そしておそらく、その理由から、それはより大きな満足感をもって行われるのである。なぜなら、〔慈善〕を行うことは、自由の外観をより多くもっているからであり、その上、特に我々を神の恩寵に委ねるものであるからである……」（*Thoughts and Details on Scarcity*, p. 261.）。

（120）Smith, *The Theory of Moral Sentiments*, p. 124.〔二〇三頁〕

(121)「社会——国民経済学者たちにとって現れているような——は、市民社会であるが、そこでは各個人は諸々の欲求の一全体であり、彼らが相互に手段となるかぎりでだけ、他人は各個人のために現存するし、また各個人は他人のために現存する」（マルクス『経済学・哲学草稿』城塚登・田中吉六訳、岩波文庫、一九六四年、一六八頁）。ただし、注意深く読めば明らかなように、スミスが各人の「効用性の感覚」から社会の存立を説いたとしても、それは社会存立の最低条件を理論的に規定しただけであって、現実の市民が効用性の感覚からのみ行動しているとか、そうあるべきだと説いているわけでは決してない。ホントが指摘しているように、スミスが述べたかったことは、「慈愛心に富んでいるべきだと人々に命ずるのは法の役目ではない」ということであった。なぜなら、「いずれにせよ、慈愛は自由に与えられねばならず、そうでなければ、慈愛というものは美徳では全くなくなってしまう」からである（Hont, *Jealousy of Trade*, p. 417.〔三〇七頁〕）。その点では、スミスには、先述のバークにおける「美徳を生み出す自由」という考えとも通ずる面があったと言えよう。

(122) *Speech on Economical Reform*, p. 212.〔『論集』三五七頁〕

(123) Pappin III, J., The Place of Laissez-Faire Economics in Edmund Burke's Politics of Order, in *The Austrian Scholars Conference VIII Proceedings*, 16 March 2002.

　アリストテレスの「目的に向かっての秩序（ordo ad finem）」の復興をバークが企図していたことについては、福田歓一「政治理論における『自然』の問題」（四一六頁）を参照。アリストテレス＝トマス主義的国家観の要諦の一つは、ダントレーヴが言うように、「自然道徳の最高の表現として国家に一つの積極的な価値が帰属せしめられた。人間は政治的動物として、共同体の生活において個人生活の調和的完成を見出すべきものと解された」ということにある（A・P・ダントレーヴ『自然法』久保正幡訳、岩波書店、二〇〇六年、六〇頁）。

(124) *Appeal*, p. 362.〔『論集』六〇六頁〕

(125) *Speech at the Conclusion of the Poll*（1774）からバークが自らの言葉を再引用したものである。後述するように、この発想はラヴジョイの「存在の連鎖」の議論と関係しているが、この論点については、Lovejoy, A. O., *The Great Chain of Being: A Study of the History of an Idea*, Harvard U. P., 1936.〔内藤健二訳『存在の大いなる連鎖』晶文社、一九七五年〕、Nisbet, *Conservatism.* の第二章、中澤信彦『イギリス保守主義の政治経済学』第十章を参照。

(126) *A Philosophical Inquiry into the Origins of Our Ideas of the Sublime and the Beautiful*, p. 177.〔一五六頁〕

(127)『課税演説』では、「人間は全ての欠点とともに自らの本源的な本性（original nature）のもつ不可避的な性質を引き受けている」と述べていた（*Speech on American Taxation*, p. 457.〔『論集』一一二頁〕）。

（128）『コリントの信徒への手紙Ⅰ』における「もし体全体が目だったら、どこで聞きますか。もし全体が耳だったら、どこでにおいをかぎますか。そこで神は、御自分の望みのままに、体に一つ一つの部分を置かれたのです。すべてが一つの部分になってしまったら、どこに体というものがあるでしょう。だから、多くの部分があっても、一つの体なのです」という聖書の記述（新共同訳『聖書』日本聖書協会、一九八七年、三一六頁）は、トマス・アクィナスの職分社会論の一つの論拠となっていたが（竹島幸一・田中峰雄訳『神学大全』第二四冊、創文社、一九九六年、一二二―一二三頁）、これは、多様な役割が織り成す社会という多元的で階層的な秩序観とともに、その各人の職分の割り当てが後天的な人為ではなく究極的には神慮に属するものであることを示すことにもなった（上田辰之助『上田辰之助著作集Ⅱ／トマス・アクィナス研究』みすず書房、一九八七年、第二部第二節参照）。バークも「神は……我々に宛てがわれた位置（the place assigned us）に合った役割を果たすよう定め給うた」（*Appeal*, p. 417.〔『論集』六五五頁〕）と述べて、こうしたトマス的秩序観と通底する要素を有していたのだが、後に述べるように、こうした秩序観をバークは「すべてが一つの部分に」なるが如く、万人を統治者としてしまう「純粋民主主義」への反対の論拠としていたのである。そして、万人を栄光ある統治者とすることで、各自の本来の職分の貶価を引き起こし、多元的な文明社会の秩序が崩壊することをバークは危惧していたのであるが、この点についても後述する。ただ、こうしたアリストテレスやトマス的な秩序観がバークの秩序観に一定の影響を与えていたということは念頭に置いておく必要があろう。中世最大のアリストテレス主義者トマス・アクィナスの職分社会論とバーク、ミュラーの繋がりについては、上田辰之助『上田辰之助著作集Ⅲ／西洋経済思想史』第三部の先駆的言及を参照。ミュラーはゲンツと並んで「ドイツのバーク」と呼ばれていた。自然法論の観点からではあるが、バークに対するトマス・アクィナスの影響がいかに大きかったのかについては、Canavan, *The Political Reason of Edmund Burke*. および Pappin III, J., Edmund Burke and the Thomistic Foundations of Natural Law, in *An Imaginative Whig: Reassessing the Life and Thought of Edmund Burke*, edited by Ian Crowe, University of Missouri Press, 2005. を参照。トマスの職分社会論そのものについては前掲の上田辰之助『上田辰之助著作集Ⅱ／トマス・アクィナス研究』第二部が最も示唆に富む。

（129）Aristotle, *Politics*, p. 91.〔一一二頁〕

（130）岩田靖夫『アリストテレスの倫理思想』（岩波書店、一九八五年）二三七頁

（131）Aristotle, *Politics*, p. 95.〔一一六―一一七頁〕

無論、アリストテレスは政治的市民を出自ではなく「裁判と公職に参与する」能力で規定しており、自然的貴族論

を有するバークと同様、実力主義的要素と自然的な階層制秩序論との両義性を内包していた。

(132) この古代の立法者とは、バークが引照するモンテスキューに倣って、市民を階層制化したソロンやセルウィウス・トゥリウスを念頭に置いたものであろう。もちろん、「家にとっても都市国家にとっても、ある程度の統一性は必要であるというのは正しいが、全てにおいて統一性を求めるのは正しくない」と述べていたアリストテレスの『政治学』での議論も頭の片隅にはあったのかもしれない（Aristotle, *Politics*, p. 48.〔六一頁〕）。いずれにせよ、ロベスピエールが自らの民主政をギリシア・ローマ的なものだと考えたのに対して、バークはその逆に、イギリスの階層制秩序こそをギリシア・ローマ的なものだと考えていたわけである。実際、池田潔は『自由と規律』（岩波新書、一九四九年）で、トラファルガー海戦に臨んで「自分の役割を満足に務める」ことだけを命じたネルソンにイギリスの階層制秩序の精髄を見ているが、アリストテレスも『政治学』（1276b）で、異なる役割を担う者が協調する「船」にポリスを例えていたことを鑑みれば、後述するように、古代ギリシア—《存在の連鎖》—イギリス階層制秩序という観念史的結び付きもさほど珍奇な発想ではないと思われる。こうした「船」と国家社会の秩序とのアナロジーは身分制社会を基礎とする中世においては盛んに用いられており、アグニューが指摘する通り、「船は、中世社会そのものを表わす、中世社会お気に入りの隠喩だった」のである（Agnew, J. C., *Worlds Apart: The Market and the Theater in Anglo-American Thought, 1550–1750*, Cambridge U. P., 1986, p. 61.〔中里壽明訳『市場と劇場 —— 資本主義・文化・表象の危機 1550–1750年』平凡社、一九九五年、九一—九二頁〕）。

(133) Lovejoy, *The Great Chain of Being*, p. 183.〔一九一頁〕

(134) *Ibid.*, p. 65.〔六七—六八頁〕

(135) 「存在の連鎖」の概念が古代ギリシアのポリス論からバークの文明社会論まで繋がっているというのは一見奇異に映るが、スタンリスの『エドマンド・バークと自然法』の新版序文を書いたルイスによれば、アリストテレスとバークの間にトマス・アクィナスを介在させることで、ポリスの政治思想を大きな社会の政治思想に応用することが可能になったという。既に上田辰之助が、中世の職分社会論は「実質的にはプラトーン思想のキリスト教的発展と見得るのではないかと思う」と指摘していたように、古代ギリシア的秩序観から中世的・トマス的秩序観への流れは、「存在の連鎖」の議論を踏まえても、さして理解に難いというものではない（上田辰之助『上田辰之助著作集Ⅲ／西洋経済思想史』二八頁）。問題は、ルイス曰く、アリストテレスのポリスの政治学は、中世最大のアリストテレス主義者たるトマスに受け継がれたが、その時代には既にポリスは終焉しており、トマスは「王国、自由都市、帝国を含む政治形態の大きな多元性を前提」としなければならなかったということである。つまり、「トマスの政治的語彙は、ほとんどアリストテレス的なままであったが、彼の理論は、彼自身の時代のすっかり変わってしまった現実を説明せねばならなかったのである」(Lewis, Introduction to *Edmund Burke and the Natural Law*, p. xvii.)。もちろん、「トマスと同じく、バークも、とても大きく非常に複雑な社会の文脈において思考していたのであり、プラトンやアリストテレスの理想である小さな都市国家の文脈ではなかった」けれども、トマスやバークはなおも、アリストテレス的語彙の一部を使用し続けていたのである(バークが若い頃からトマスの影響を受けていたことについては Canavan, *The Political Reason of Edmund Burke.* に詳しい)。実際、「存在の連鎖」の概念史を討究したラヴジョイは、プラトン・アリストテレス・トマス・十八世紀イギリス思想へと一貫して「存在の連鎖」の秩序概念が底流として存在していると考えている。無論、本書の範囲と能力を遥かに超えてしまうために、ルイスによるトマスの位置付けに関する当否についてはここでは論じられない。ただ、ルイスによれば、トマスの政治思想を近代イギリス文明社会に適用するにあたって、バークは、階層制秩序を神学的に正当化させるのではなく、慣習的・時効的に正当化させようとしたとする。絶対不変の真理ではなく、時代の変遷に適応してきた慣行に依拠することによって、複雑性と多元性においてポリスの規模を圧倒的に凌駕する近代社会の制度的正当性を担保することができる。確かに、ポリスのような小さい対面的な社会であれば共通善を基に社会を構成できようが、高度な複雑性と多元性を有する近代イギリス帝国においては、共通善に依拠することはほぼ不可能であり、その不確実性を鑑みれば、不変的な真理よりも可変的な慣行の方が社会の基礎としては相応しい。「実際、バークは、政治制度と他の社会的慣行とを、互いに絡み合ったものとして考えていたが、これは、より大きな社会生活に合わせて政治学を構築する一つのやり方であった。バークにとって、慣習や慣行は実定法よりもかなり重要なものであった。実定法は、慣習や慣行に従っていないならば、確実に破滅させられる。バークの慣行に対する敬意は、部分的には、十八世紀ブリテンのような近代社会は、非常に複雑なので、政治行動は多くの意図せざる結果をもたらす、という事実に基づいているのである」(Lewis, Introduction, p. xxiii.)。既に述べたように、古代ギリシアに端を発する「存在の連鎖」の概念に基礎付けられていた階層制秩序を、近代において慣習的ないしは自生的な形成物として捉え直した思考は、既にファーガスンやジョサイア・タッカーらに見られるものであった。無論、アリストテレスに代表されるような古代ギリシアの反市場経済的傾向をバークは受け入れておらず、イギリスにおける発展した近代文明社会の状況を基本的には受容していたという点で、バークは、明確に近代的なスコットランド啓蒙派の系譜に属するものであった。よって、本書のスタンスは、バークを古典古代的なシヴィック派に位置付けようとするのではなく、バークを近代スコットランド啓蒙派の中に位置付けつつも、その中における古典古代的一要素を指摘しようとしたものである。

(136) ヒュームも「文明化された君主政においては、君主から小作人まで従属関係の長い列（a long train of dependence）がある」と論じ、「存在の連鎖」の議論を彷彿とさせる言説を用いて、文明社会の階層制秩序を表現していた（Hume, D., Of the Rise and Progress of the Arts and Sciences, in *Essays, Moral, Political, and Literary*, Revised Edition, Liberty Fund, 1994, p. 126.）。また、中澤信彦は、バークとともに、同じく十八世紀イギリスの思想家であるマルサスにも「存在の連鎖」の思考様式が見られるとする（中澤信彦『イギリス保守主義の政治経済学』第十章）。

ただし、アリストテレスをはじめとする古代ギリシアの政治思想が、徳の擁護と腐敗批判、奢侈批判、常備軍批判などで共和主義的（シヴィック的）な反政府派（一部のカントリー派など）の思想的バックボーンともなっていたことにも留意すべきであろう。「マキァヴェッリとハリントンを通じてアリストテレスから発展した自由の社会学のすべては、『カントリー』ないしは『旧ホイッグ』のイデオロギーという形で、ブリテン人（およびフランスの英国心酔者）の思想にとって利用しやすいものであった」（Pocock, J. G. A., *Machiavellian Moment: Florentine Political Thought and the Atlantic Republican Tradition*, Princeton U. P., 1975, p. 466.〔田中秀夫・奥田敬・森岡邦泰訳『マキャヴェリアン・モーメント —— フィレンツェの政治思想と大西洋圏の共和主義の伝統』名古屋大学出版会、二〇〇八年、四〇三頁〕）。アリストテレスは保守派・急進派の双方に多大な思想的影響を与えており、一つの模範を提供していた。よって、シヴィック派と基本的には立場を異にしたアダム・スミスにも古典古代的・シヴィック的要素があると解する解釈も存在している（例えば Winch, D., *Adam Smith's Politics: An Essay in Historiographic Revision*, Cambridge U. P., 1978.〔永井義雄・近藤加代子訳『アダム・スミスの政治学 —— 歴史方法論的改訂の試み』ミネルヴァ書房、一九八九年〕を参照。この邦訳版に付された「付論」で、ウィンチは、分業による労働者の疎外についてのスミスの議論に含まれている「シヴィックな、あるいはアリストテレス的意味」について指摘している〔二四八—二四九頁〕）。無論、スミスもバークも、基本的にはポリティカル・エコノミストに属するとはいえ、シヴィック・ヒューマニストかポリティカル・エコノミストかの単純な二分法には馴染まない、深くて複雑な思想を有していた。中澤もその二分法でバークを斬ることには慎重である（中澤信彦『イギリス保守主義の政治経済学』第五章を参照）。

(137) Cannadine, D., *The Rise and Fall of Class in Britain*, Columbia U. P., 1999, p. 162.〔平田雅博・吉田正広訳『イギリスの階級社会』日本経済評論社、二〇〇八年、二四七頁〕

(138) *Ibid.*, p. 23.〔二七頁〕

(139) *Ibid.*, p. 27.〔四八頁〕

(140) *Ibid.*, p. 53.〔七九頁〕

(141) Tocqueville, *The Ancien Régime and the French Revolution*, p. 79.〔二三二頁〕
(142) Lovejoy, *The Great Chain of Being*, p. 200.〔二二一頁〕
(143) Kramnick, *The Rage of Edmund Burke*, p. 183.
(144) Lovejoy, *The Great Chain of Being*, p. 205.〔二二七頁〕
(145) Cannadine, *The Rise and Fall of Class in Britain*, p. 53.〔七八頁〕
(146) *Ibid.*, p. 174.〔二八二頁〕
(147) *Ibid.*, p. 64.〔一〇七頁〕
(148) Dumont, L., *Essays on Individualism: Modern Ideology in Anthropological Perspective*, University of Chicago Press, 1986, p. 266.〔渡辺公三・浅野房一訳『個人主義論考——近代イデオロギーについての人類学的展望』言叢社、一九九三年、三八三頁〕
(149) *Ibid.*, p. 266.〔三八四頁〕
(150) Lock, *Burke's Reflections on the Revolution in France*, p. 13.
(151) Ferguson, *An Essay on the History of Civil Society*, p. 175.〔三五八頁〕
(152) *Ibid.*, p. 173.〔三五三頁〕
(153) *Ibid.*, p. 174.〔三五四—三五五頁〕
(154) *Ibid.*, p. 175.〔三五七頁〕
(155) *Ibid.*, p. 175.〔三五八頁〕
(156) *Ibid.*, p. 176.〔三五九頁〕
(157) *Ibid.*, p. 178.〔三六四頁〕
(158) *Ibid.*, p. 179.〔三六五頁〕
(159) *Ibid.*, p. 177.〔三六二頁〕
(160) *Ibid.*, p. 174.〔三五六頁〕
(161) 福田歓一もバークの秩序観が中世的なものであることを指摘している。「……バークはこの constitution という伝統的所与を自然の名で呼び、さらに神の摂理 providence に引照して聖別する。いうまでもなく、社会体制を自然の秩序とし、神の摂理に引照するのは、中世では最も普通の思想であった。ただそのときには、この社会体制の理解は、中世の世界観・宇宙像と結びついていた。けれども、バークの活躍した18世紀末には宇宙像そのものがまったく変わってしまって、近代自然科学のうちたてた新しい世界像に移っている。したがってバークの説くconstitutionは形而上学的な背景を失い、政治社会についてのあらわなイデオロギーとならざるをえない」（福田歓一『政治学史』東京大学出版会、一九八五年、四五〇頁）。言うまでもなく福田はバークにおけるconstitutionを広義の社会秩序として捉えている。もっとも、バークの多様性の中の統一という国制＝社会秩序観自体、十一世紀のグレゴリウス七世が既に階層制秩序の原理を*Una concordia ex diversitate*として表現していたことを想起すれば、中世的なキリスト教的階層制秩序と通底していたことは言うまでもない（Ullmann, W., *The Growth of Papal Government in the Middle Ages: A Study in the Ideological Relation of Clerical to Lay Power* (1970), Routledge Library, 2010, p. 289.）。バークの秩序観と、「ボディ・ポリティーク」という中世自然法思想における有機体的秩序観との関係性については、土井美徳「エドマンド・バークの政治的保守主義」を参照。

(162) Huizinga, *The Waning of the Middle Ages*, pp. 47-48.〔一四七―一四八頁〕

(163) キャナダインによれば、「社会を個人主義的で、相互に結び付き、細かく階層化され、入念に位階化された列として見るヒエラルキー的な」社会モデル、上流階級・中流階級・下流階級に分ける三層型の社会モデル、資本家と労働者、彼らと我々などに分ける二極的な社会モデルの三つの見方から、イギリスの階級社会は中世以来論じられてきたという。その時代の論者の思想や立場や問題意識などによって、イギリスの階級社会はヒエラルキー社会としても三層社会としても二極社会としても描かれてきたのであり、一口に階級社会、階層制秩序と言っても、その描かれ方はさまざまであった。それというのも、社会モデルはあくまで理念型であり、現実は、一つのモデルで考えるにはあまりに複雑であったからである。キャナダインは、最も根強い影響力を有していたのはヒエラルキーモデルであり、バークも金融資本家などを重視して三層社会として社会秩序を描くこともあったし、統治者と被治者などの二極モデルとして社会秩序を描くこともあったが、基本的には「有機的、伝統的、個人主義的ヒエラルキーの擁護者」であったとしている（Cannadine, *The Rise and Fall of Class in Britain*, p. 168.〔二七四―二七五頁〕）。

(164) Cannadine, *The Rise and Fall of Class in Britain*, pp. 26–27.〔四七頁〕

(165) *Appeal*, p. 417.〔『論集』六五五頁〕

(166) *Ibid.*, p. 419.〔『論集』六五七頁〕

(167) Winch, *Riches and Poverty*, p. 214.

(168) 上田辰之助『上田辰之助著作集Ⅲ／西洋経済思想史』一六四頁
ウルマンによれば、こうした天与の役割（vocation）を各自が全うすべきという考えはパウロの訓戒にまで遡るものであり、広く中世社会構造の解釈に利用されていた（Ullmann, W., *The Individual and Society in the Middle Ages*, The Johns Hopkins Press, 1966, p. 42.〔鈴木利章訳『中世における個人と社会』ミネルヴァ書房、一九七〇年、八四頁〕）。そして、先のキャナダインも述べる通り、この思考法は十八世紀のイギリスにおいても根強く残っていたのである。無論、これはウルマンが指摘するように、個性の抑圧に通じるものであるが、ハイエク流に言えば、個人の「理性の思い上がり」を阻止するものとしても理解できるものである。実際、ウルマンはこうした社会に埋め込まれた個人という中世的思考様式から法の支配の観念が生まれたとする。「いつの時代も、どの社会でも、法は、明らかに個人性を脇に追いやって、一般性に、民衆全体に向けられるものである。……〔中世の〕集団主義的な思想傾向は、少なくとも萌芽的には、法の支配という理念の初期の理論を生み出したのである」（*Ibid*., p. 48.〔九四―九五頁〕）。

(169) 上田辰之助によれば、中世の所有権思想はアリストテレスの「占有は個別的、使用は公共的」という考え方の影響を受け、財産は完全な私有物ではなく、個人のものでもあり、共同体のものでもあり、神のものでもあると考えられていた（同書一七四―一七六頁）。こうした重層的な所有権思想から、『穀物不足論』におけるバークの「貧民に対する慈善は、全キリスト教徒に負わされた直接の不可避の義務である」という発想が生み出されてきたのであろうが、その意味でもバークは中世的であったと言えよう。上田は、反対にスミスは財産の不可侵性を唱え、利己心を賞揚している点で「反中世主義」者であるとする（同書二八二頁）。無論、教育や航海条例の議論などに見られるように、スミスが利己心とともに国益や社会正義にも配慮していた点を上田も正しく指摘しているのだが（同書二五二―二五五頁）、既述したように、私見では、スミスも慈愛や友愛を全く不要としていたわけではないように思われる。バークも財産権の擁護という点ではスミスに劣らない強硬派であったが、地位や財産に相応しい義務という観点からの自発的な慈善が自由社会の基礎を成すことに気付いていた。

(170) ラヴジョイの「存在の連鎖」の概念が、中世（さらには古代ギリシア）と十八世紀の社会秩序観を連続性の相の下に置く結節的概念であったことは、半澤も指摘する通りである。「ラヴジョイが、［存在の連鎖の概念の中核にある］『充満の原理』という形而上学の視点から、基本的に中世と初期近代とを連続の相の下に考えていることは明らかである」（半澤孝麿『ヨーロッパ思想史における〈政治〉の位相』三五頁）。

(171) *Third Letter on a Regicide Peace*, p. 508.

(172) F・P・ロックは、バークが『イギリス史略』で、文明以前の社会における「自然的平等」の状態を暴力が支配するアナーキーであると捉えていたことから、「階層的階級構造は、原始的な形式からより洗練された形式へと進化するにつれて、（洋の東西を問わず）あらゆる社会に特徴的なものになると信じていた」と指摘している（Lock, *Burke's*

*Reflections on the Revolution in France*, p. 19.)。つまり、バークの思想においては、文明化（近代化）と階層制化とはパラレルの関係にあったと言うのであるが、本書の観点からすると興味深い指摘である。

(173) モンテスキューに倣って、バークは、「古代の共和国を形作った立法者たち」が、「生まれ、教育、職業、年齢、都市に住んでいるか田舎に住んでいるか、財産の獲得方法や保有方法、財産そのものの質といったものによって、人々の間に多様な差異（many diversities）が生み出される」ことを理解し、その多様性に従って市民を階層制化したことを評価している（R: 162 下 92-93）。反対に、市民の多様性を無視して、「人間一般（men in general）」というカテゴリーで市民を捉えるフランスの「近代の立法者たち」による一元的な水平化を批判するのだが、興味深いのは、ここにはバークが階層制秩序を擁護するというときの階層化の基準のようなものが列記されているという点である。この点から、「真の自然的貴族」の議論にも見られたように、限定的ながら生まれのみで階級や地位が決まるべきではないと考えていたこと、そして、職業が項目に挙がっているように、彼の階層制秩序論が職分的・分業社会的な意味をも含むものであったということが分かる。無論、バークも、現実の君主政国家では古代の立法者たちによる入念な階層分けとは異なって、「粗雑で非人為的（unartificial）な配置」となっていることを認めていたが、専制の防波堤になるという意味では「そのような階層分け（classification）全ては、適切に秩序付けられるならば、あらゆる形態の統治においてもよいものである」（R: 163 下 95）としていた。また、バークは君主政国家では共和制ほど階層化の重要性は高くないと述べているが、これは共和制の方が専制化しやすいということを含意していたのであろう。キャナバン曰く、「バークの貴族政擁護論の背後には、さまざまな階級や団体の配列構造としての社会という概念がある。……彼は貴族政をこの秩序の主な防波堤と考えたから、貴族政を擁護したのである」（Canavan, *The Political Reason of Edmund Burke*, p. 99.）。

反対に、シェイエスは「人間を分かつのは、職業や富、知識の違いではなく、利益の違いなのである。……そして、第三身分の全ての階層は、特権による抑圧に対して共通の利益で結ばれている」と述べ、職分や才能の上での差異を放擲し、貴族を除く第三身分を「一個の完全な国民」として、均質的なものであると考えていた（シィエス『第三身分とは何か』四七頁）。ホントによれば、このシェイエス流の「完全な国民」という概念は、「働いていない貴族を除外した、働いている国民」を意味するものであり、「分業という相互性の中に含まれている功利的ないしは商業的な社交性を表現するもの」であった（Hont, *Jealousy of Trade*, p. 476.〔三四七―三四八頁〕）。すなわち、バークが、分業化と多様性を概念的に結び付けて、社会秩序を階層的に捉えていたのに対して、シェイエスは、分業化による第三身分の凝集化を政治的均質性の前提条件であると考え、それによって、社会秩序をフラットなものにしようと企図していたわけである。ただし、第一身分と第二身分に対する対抗理論としてのみ提起されたシェイエスの均質的な第三身分という概念は、第三身分の支配階級化に伴って、均質性を維持できなくなり、後に新たな「国民」として再編されざるをえなくなる。

(174) 田中秀夫はアダム・スミスの『天文学史』に「存在の偉大な連鎖」の議論を見ることができるとしている（田中秀夫『原点探訪アダム・スミスの足跡』法律文化社、二〇〇二年、一三七頁）。

(175) Smith, A., *Essays on Philosophical Subjects*, in *The Glasgow Edition of the Works and Correspondence of Adam Smith*, III, Clarendon Press, 1980, p. 45.〔佐々木健訳『哲学・技術・想像力——哲学論文集』勁草書房、一九九四年、二四頁〕『天文学史』と『国富論』の方法論的共通性については、只腰親和『「天文学史」とアダム・スミスの道徳哲学』（多賀出版、一九九五年、一二八—一二九頁）を参照。

(176) *Ibid.*, pp. 45-46.〔二四—二五頁〕

(177) I・S・ロスは、「倫理学における共感、経済学における分業」が「結合原理（a connecting principle）」に相当すると考えている（Ross, I.S., *The Life of Adam Smith*, Second Edition, Oxford U.P., 2010, p.xxiv.）。

(178) Smith, *Essays on Philosophical Subjects*, p. 44.〔二二—二三頁〕もちろん、ここでの描写は工場内分業を表したものとは断言しえない。

(179) Smith, *The Wealth of Nations*, p. 26.〔上・一九頁〕
無論、生まれによって環境や習慣のみならず教育までもが規定されてしまうような十八世紀イギリス社会において、後天的か先天的かの区別は理論的にはともかく、実質的にはさほど意味をもたないものであろう。またスミスは、明確に生まれによって規定される身分的階層制を、社会秩序の安定という観点からは支持していた。「自然は賢明にも、位階の区別や社会の平安と秩序が、智慧や美徳といった目に見えず、しばしばハッキリしない差異に基づくよりも、生まれと財産という明白で分かりやすい差異に基づく方がもっと安全であると判断した」（Smith, *The Theory of Moral Sentiments*, p. 332.〔四八〇頁〕）。ここにも階層制秩序を「自然」の秩序と見なす伝統的思考を垣間見ることができる。

(180) ただし、キャナダインによれば、バークのみが突出して保守的な秩序観を有していたのではなく、ヒュームやスミスといったスコットランド啓蒙派も伝統的な階層制秩序の思考様式を一定程度受容していたという。「スコットランド啓蒙の主要な著作家の多くは、エディンバラで発展してきた新たな商業社会の徳と危険に心を奪われていたが、本質的には精神の伝統的・ヒエラルキー的カーストがあると考え、この観点から自らの社会を観察し、秩序と地位という言葉を使ってそれを表現していた」（Cannadine, *The Rise and Fall of Class in Britain*, p. 41.〔六五頁〕）。

(181) スミスはバークよりも「名誉の殿堂」への間口を広くとっており、閑暇＝土地財産と政治的叡智とを単純には結び付けていなかったがゆえに、実力主義的に、「あらゆる政府において……、最高位の公職は……世間の中流および下流の位階の中で教育され、自らの勤勉さと能力によって出世してきた人々によって一般的には担われる」(Smith, *The Theory of Moral Sentiments*, p. 78.〔一四〇頁〕）と論じていた。バークが狭いながらも実力主義的要素を認めざるをえなかったのは、自らこそ、「真の自然的貴族」の如く実力によってのみのし上がってきた者であると自負していたからであろう。「私は、ベッドフォード閣下のように、布でくるまれ、揺り籠に揺られ、可愛がられて立法者になったのではない。『逆境ニ抗シテ進ム』が私のような者にとってのモットーである」(*Letter to a Noble Lord*, p. 299.〔『論集』八一九頁〕）。マクファーソンのように、自然的貴族の議論をブルジョア的実力主義の表明ととるかは別として、バークにおける近代性の精神的淵源を垣間見ることができる。

(182) Pocock, *Virtue, Commerce, and History*, p. 210.〔四〇〇頁〕

(183) Smith, *The Wealth of Nations*, p. 1002.〔下・三八〇頁〕
スコットランド啓蒙派の文明社会論における「『階級』社会的、『分業』社会的性格」については、佐々木武「『スコットランド学派』における『文明社会』論の構成（一）―― 'natural history of civil society' の一考察」（『国家学会雑誌』八五巻七―八号、一九七二年、第二章第三節）を参照。

(184) 第二章でも論及したように、多角的な才能を要する統治者の業務は、才能が偏ってしまう分業化された文明社会の労働者には務まらないというのがバークの考えであった。よって、基本的には恒産と教養を有する地主貴族が統治者に相応しいのであり、労働者は統治者に向かないというのであるが、文明社会を維持するためには、この不憫な労働者の存在が不可欠だというところにバークの苦悩があった。そのような分業の否定的側面への言及にバークのシヴィック的視座を見ることは可能であろう。逆に、レーニンは『国家と革命』で「監督と経理の機能」への政治の「簡単化」（＝脱専門職化）を提起したが、それこそが有閑階級のみがもつ総合的な政治的叡智を不要にし、労働者全てが政治（管理）に参与しうるための基礎条件だと気付いていたわけである(Lenin, V. I., *The State and Revolution*, translated by Robert Service, Penguin Books, 1992.〔角田安正訳『国家と革命』ちくま学芸文庫、二〇〇一年〕）。

(185) クラムニックが指摘しているように、バークが保持していた古典古代、中世以来の「神聖なる存在の連鎖」という階層制観念も、「ブルジョア自由主義の世界観を究極的には拒否するもの」であったことは言うまでもない(Kramnick, *The Rage of Edmund Burke*, p. 34.）。ただし、反階層制的・動態的「ブルジョア自由主義」の拒否と、資本主義や経済的自由主義の拒否とが同義ではないという点に留意が必要である。

(186) *Thoughts and Details on Scarcity*, p. 252.

(187) *Thoughts on French Affairs*, p. 16.〔『論集』七〇三頁〕

バークと同時代人であったギボンはバークとは正反対に、「我が国の最も高貴な家系であっても会計事務所を見下さないし、商店ですらも見下さない。よって、彼らの名前はロンドンの同業組合に登録されており、イタリアの諸国家と同じくイギリスでも、伝令官は、上流階級が商取引に従事しても降格されないと宣言せざるをえなくなった」と述べている（Gibbon, *The Autobiography*, p. 7.〔二一一―二一二頁〕）。ジェントルマン資本主義論で高名なケインとホプキンズも指摘するように、十八世紀イギリスにおいて実態としては「土地と貨幣の同盟」はかなり進んでいたのであろうが、思想としては、商業と貴族の融合を批判したジョン・ロックの考えは消え去ったわけではなく、ケインとホプキンズも『イギリス帝国主義 ―― 一六八八―二〇〇〇』で、急速に商業で富裕化した新興階級は、上流社会に完全には受け入れられておらず、その傍証としてバークのネイボブ（インド成金）批判を挙げていた（Cain, P. J. and Hopkins, A. G., *British Imperialism: 1688–2000*, Second Edition, Routledge, 2013, pp. 44–45.）。スミスも、商人という職業は「疑いもなく非常に尊敬すべきものではあるが、世界中のどの国でも、自然に人々を威圧するような権威を伴っておらず、力なしには人々を進んで服属させることはできない」（Smith, *The Wealth of Nations*, p. 810.〔下・二二七頁〕）と述べて、貴族の「権威の原理」を欠く商人は、自由社会の統治者には向かないと考えていた。そうであるならば、統治者階級たる貴族と商業階級たる商人とは、バークと同じく、スミスにおいても厳然と社会的に区別されていたと言うこともできる。十八世紀末という時代は、ちょうど貴族と商人との混淆が進むその思想的端境期となっていたのであろう。

(188) トクヴィルは、バークとは逆に、十七世紀以降のイギリスではむしろ中産階級と貴族階級の境目がはっきりしないと指摘しており、それが階層制秩序の調和を生み出しているとする（Tocqueville, *The Ancien Régime and the French Revolution*, p. 86.〔二三二頁〕）。中産階級が貴族化しうるというよりも、いつ貴族化したか分からないと言うのであるが、そうであればこそ逆に、貴族が資本家にいつの間にか転化しているということもありうるわけで、「ジェントルマン資本主義」の議論を鑑みると興味深い指摘だと言えよう。「古い名称の内実を見て、旧態依然とした形式を外してみれば、イギリスでは封建制が十七世紀までに実質的に廃止されていたことが分かるだろう。諸階級は混淆し、貴族階級は消滅し、上流階級は門戸を開き、富は権力となった。法の前の平等があり、税負担の平等、出版の自由、討論の公開があった。これらはすべて、中世社会が知らなかった新しい原則である。さらに、これらの新しいものが少しずつ巧みに導入されたからこそ、この古い社会体は解体することなく蘇り、古い形式を残しつつも新たな息吹を吹き込むことに成功したのである。一七世紀のイギリスは、既に完全なる近代国家になっていた……」(*Ibid.*, p. 25.〔一二二一一二三頁〕)。

(189) *Thoughts and Details on Scarcity*, pp. 256–257.

(190) 坂本義和『国際政治と保守思想』七六頁

もちろん、バークが中世的な表現様式や思考様式で論じていたからと言って、その内実も中世的であったわけではない。坂本曰く、「バークにおける自然秩序は、このように中世的な形式で表象されると同時に、その実態の性質上、内容の点では近代的とならざるをえない」のであった(同書七六頁)。

(191) 十八世紀イギリスで一般的となっていた「『一つの連鎖』の中で繋ぎ合わされた階層化された社会というイメージ……には、秩序付けられ、不易で『教条的に認められた』伝統的な農業社会の因習的なヒエラルキーがあったのである」とキャナダインは指摘しているが(Cannadine, *The Rise and Fall of Class in Britain*, p. 28.〔四九頁〕)、そうであるとするならば、「存在の連鎖」に基づく階層制的社会秩序観を保持していたバークが、その秩序観をアリストテレスと同様の農本主義的イメージで語っていたとしても不思議ではあるまい。

(192) ブルンナー『ヨーロッパ』二八七頁

(193) Strauss, *Natural Right and History*, p. 303.〔三一三頁〕

(194) バークは、「貴国の圧政者たちの大目標は紳士階級(the gentlemen)の破壊である」と論じ、そのためにジャコバン派は、ルソーの『新エロイーズ』に依拠して、「社会生活の規律を形成する家族内の信頼と忠義心の原理を堕落させようと」し、「あらゆる使用人が主人を裏切るのは、義務ではないにせよ、少なくとも自らの特権であると思わせるような原理を吹聴している」と批判していた(*Letter to a Member of the National Assembly*, p. 311.〔『論集』五五九頁〕)。臣下に裏切られた王妃の描写によってその喪失が象徴的に示された「紳士の精神(the spirit of a gentleman)」ないしは騎士道が、「忠誠」を中核とする階層制観念でもあったということを踏まえれば、紳士階級の破壊が家長を裏切るよう吹聴する腐敗した原理によって達せられるとバークが論じたロジックも容易に理解されよう。ここで重要なのは、『穀物不足論』と同じく、社会的階層制秩序における支配—服従の原理が、家政の支配—服従の原理と当然の如く重ね合わされているバークの思考様式である。

もっとも、バークは、アリストテレスの如く、「コモンウェルスは家族から成る」(*Discontents*, p. 423.〔『論集』七八頁〕)と考え、アメリカは「家族から共同体へ、村落から国家へと拡大」(*Speech on Conciliation with America*, p. 24.〔『論集』一七五頁〕)したと論じ、『省察』(R: 173 下 114)では家族愛から郷土愛へ、そして祖国愛へと繋がってゆくという連続性の観念を提起していたのであるから、国家社会の原理と家族の原理とは当然ながらリンクしていた。そもそも、相続財産としての自由という考えに示されていたように、バークは自覚的に、「我が国の国制を最も愛おしい我々の家族内の紐帯で結び付け、……血縁関係のイメージを政体の枠組みに与えていた」(R: 30 上 66) のである。

(195) 正確には、アリストテレスは『政治学』で、精神による肉体の支配は主奴間の専制的関係(オイコス)であり、理性による欲求の支配は統治者と市民の間の国家的関係(ポリス)であるとしているが、本文でも指摘するように、アリストテレスが主眼としていたのは、この支配─服従関係はいずれも自然的かつ有益なものであり、この関係を水平化させたり逆転させたりすることは「有害」であるということである(Aristotle, *Politics*, p. 16.〔一七頁〕)。バークも、ここでのオイコス的「服従の連鎖」を、支配─服従関係の自然性という観点から描き、政治的な支配─服従関係とともに、本来(naturally)あるべき「自然的秩序」であると強調しているわけである。

(196) ブルンナー『ヨーロッパ』一六五─一六六頁

(197) 同書、一六三頁

(198) 同書、一六七頁

(199) *Thoughts on French Affairs*, p. 15.〔『論集』七〇一頁〕

(200) バークの農本的思考からの金融資本批判の部分はアリストテレスにも見られ、バークのシヴィック的要素の一つであると言ってよかろう(バークの政治家像におけるシヴィック的要素については、中澤信彦『イギリス保守主義の政治経済学』第五章を参照)。アリストテレスは、「貨幣そのものから財を得ている」貨殖術は「自然に反するもの」だと批判し、バークも『省察』で、「古来の土地貴族階級と新興の貨幣階級との間の、常に知覚されないが現実にある闘い」(R: 96 上 201) と表現し、公債を掌握する貨幣階級(*monied interests*)の浮遊性を、地主階級の安定性と比較して批判している。『弑逆者政府との講和』の第三信では端的に、「その種の財産[土地財産]は、本性的にあらゆる安定的な統治の確固たる基盤なのである。とりわけ農業階級は最も扇動的になりにくいと看取した、かのスタゲイロス人[アリストテレス]の時代から、あらゆる最も賢明な古代の哲学者たちによっても、そう考えられてきたのである」(*Third Letter on a Regicide Peace*, p. 540.) とアリストテレスの名を実際に挙げて述べている。ただし、『省察』では、フランスのアシニア紙幣に対比させる形で、イギリスの紙券信用の方は確固とした経済力に基づいていると擁護せざるをえなくなる(R: 204 下 174)。よって、バークの金融資本に対する姿勢は両義的であり、佐藤光は『リベラリズムの再構築』で、ジェントルマン資本主義論の文脈でバークにおける貴族主義と経済的自由主義との結び付きを読み解こうとしているが、更なる研究が求められるテーマである。

(201) *Thoughts on French Affairs*, p. 35.〔『論集』七一九―七二〇頁〕

(202) *Letter to a Member of the National Assembly*, p. 293.〔『論集』五四二頁〕

(203) Tocqueville, *The Ancien Régime and the French Revolution*, p. 157.〔三六二頁〕したがって、トクヴィルは、民衆を寛容に扱おうとする制度改革が行われるときほど、むしろ革命が起きやすいと指摘している。

(204) *Thoughts on French Affairs*, p. 15.〔『論集』七〇一頁〕

(205) Hume, *A Treatise of Human Nature*, pp. 598–599.〔第四巻、二一八―二一九頁〕

(206) Tocqueville, *The Ancien Régime and the French Revolution*, p. 153.〔三五五頁〕

(207) シィエス『第三身分とは何か』一三頁

(208) Tocqueville, *The Ancien Régime and the French Revolution*, p. 165.〔三七七頁〕

(209) *Thoughts and Details on Scarcity*, p. 252.

(210) マルクスは、この「労働する貧民」の問題を民衆の賃金労働者化の問題であると読み解き、この語を批判したバークの「善意」を評価すべきであると皮肉的に論じている（マルクス『資本論』第一巻第二分冊、九九一―九九二頁）。バークの『穀物不足論』はピットに対して捧げられているが、その後、ピットは、最低賃金裁定法案をめぐって、下院議員ウィットブレッドと論争しており、ウィットブレッドが依拠していたのがプライスの統計理論であった。プライスは賃金の上昇が食糧価格の上昇に追い付かず、よって労働貧民の境遇は悪く、人口が増えないと論じていた。そして、バークと袂を分かった論敵フォックスは、ウィットブレッドを支持していたのである。ピットは、労働の価格を治安判事の裁定に委ねるべきとするウィットブレッドに対して、労働の価格は市場メカニズムに委ねられるべきであると反論したが、この議論は確かにバークが「実際、賃金率は［食糧の］価格と直接には関係していない。労働は、他のあらゆるものと同じく、一つの商品であり、需要に応じて上下する」(*Thoughts and Details on Scarcity*, p. 254.) と述べていたことを彷彿とさせる。ピットは下院で、食糧問題について「最良の情報源 (the best sources)」から情報を収集していると述べていたが、ウィンチはこの「最良の情報源」の一つがバークであったと推測している (Winch, *Riches and Poverty*, pp. 200–205.)。もちろん、バークとピットでは経済政策思想が異なる点も多いが、ある意味では、ピットとウィットブレッドの論争はバークとプライスの闘争を一定程度反映した代理戦争でもあったのである。最低賃金裁定法案をめぐる論争については、深貝保則「最低賃金裁定法案と政治算術1795–96年――ウィットブレッド対ピット論争とハウレット」（『経済学史研究』第四七巻第二号、二〇〇五年一二月）を参照のこと。

(211) *Thoughts and Details on Scarcity*, p. 253.

ハーシュマンが指摘しているように、急進的革命なしで社会が改善するという希望を民衆の中に醸成することがバークの反革命戦略にとって極めて重要なことであったとするならば、歴史的に貧民の境遇が改善されてきたというバークの歴史的評価は、絶対に譲ることができない論点であっただろう。急進派にとっては逆に、このままでは困窮する一方だという「破局妄想（fracasomania）」を民衆の中に醸成することこそが急務となる。まさしく「バークの［フランス革命に対する］批判の妥当性は、民衆が自らの境遇について、どのように理解し、どのようにイメージしていたのかに大いに左右される」のである（Hirschman, *The Rhetoric of Reaction*, p. 162.〔一八三頁〕）。

(212) *Third Letter on a Regicide Peace*, p. 519.

中澤は『イギリス保守主義の政治経済学』の第二章で、このバークにおける「労働する貧民」の批判は、労働が可能な貧民も労働が不可能な貧民も一律に「貧民」と呼んで救済の対象とすることに対する批判であると解する。また、バークの経済思想に関する卓越した前掲論文「エドマンド・バークにおける市場と統治」で、同じ個所を引用している立川潔は、経済的自由主義の立場からの財の分配に対する批判であると解する。私見では、一七九〇年代の論考は、反革命的な意図が陰に陽に含まれていると考えるべきだと思うが、もちろん、この「労働する貧民」という呼称に対するバークの批判は、多義的な要素を含んでいたと思われる。

(213) 民衆の「不満」が秩序に与えるマイナスの影響についてバークは一貫して警鐘を鳴らしていた。初期作品の『カトリック刑罰法論』では、「……あらゆる国家にとって実際に危険なことは、まさにその臣民に不満を抱かせることである。変化なきことが人々のためになりうるという確固たる意見が人々の中で確立していることほど……人々の安全にとって効果的な秘訣はない」と述べられていた（*Tract on the Popery Laws*, p. 284.）。一七九五年のラングリッシュ卿への第二書簡でも、不満分子は「ジャコバン主義というクロアカ・マクシマ」へと流れ込んでしまうので、「不満やその原因は取り除かれるべきであり、賢明かつ寛大な施策が激しい手段よりも優先されねばならない」と指摘していた（Burke, *Second Letter to Sir Hercules Langrishe* (1795), in W-5, p. 299.）。バークは若い頃から、秩序の維持という観点からすれば、法や刑罰といった物理的な手段に頼るよりも、服従心や忠誠心などの精神的な要素を喚起することの方が、効果は大きいと考えていた。だからこそ、人心を掌握する統治体制というものは、アイルランドにおけるカトリック抑圧政策に見られるような、人々を抑圧する制度ではなく、「恩恵の制度」でなくてはならないとしたのである。バークの宗教的寛容に、こうした秩序志向的な側面があることは忘れられるべきではない。

(214) *Observations on the Conduct of the Minority*, p. 175.

(215) Wollstonecraft, *A Vindication of the Rights of Men*, p. 49.

(216) *Thoughts and Details on Scarcity*, p. 253.
バークが宗教を秩序志向的に捉えていたことが、この一節に窺われるが、キャナダインも指摘するように、十八世紀において「宗教は、社会的野心ないしは社会的流動性よりも『位階、地位、義務、そして礼節』を教えた」からであろう（Cannadine, *The Rise and Fall of Class in Britain*, p. 49.〔七四頁〕）。

(217) *Letter to William Smith*, p. 291.

(218) *Ibid.*, p. 291.

(219) *Ibid.*, p. 293.

(220) *Ibid.*, p. 295.

(221) *Observations on the Conduct of the Minority*, p. 175.

(222) Cannadine, *The Rise and Fall of Class in Britain*, p. 70.〔一一四頁〕
キャナダインは、バークのヒエラルキー的社会秩序観に対して、ペインは二極的社会秩序観を提起したとし、両者の対立を社会モデル観の対立としても描く（*Ibid.*, p. 63.〔一〇六頁〕）。キャナダインによると、十八世紀のイギリスにおいては、ヒエラルキーを叙述する言葉として「階級（class）」が使われはじめるが、「集合的な社会カテゴリーないしは共有された集団アイデンティティ」を意味するものでもなかったし、まして「根深い社会的対立」を意味するものでもなかった（*Ibid.*, p. 28.〔四九頁〕）。それというのも、実際はともかく、十八世紀の階層制秩序が調和的な表象を纏っていたからであり、バークはそれがフランス革命によって破壊されることを危惧したのである。

(223) ゲンツ「『フランス革命についての省察』への序文」一七七頁

(224) Ferguson, *An Essay on the History of Civil Society*, p. 174.〔三五六頁〕

(225) *Thoughts and Details on Scarcity*, p. 277.

(226) *Ibid*. p. 256.
一七九一年には債務者が投獄されると債権者への返済が不可能となってしまうため、債務者と債権者は一心同体の「一人の人格」のようなもので、利害は一致していると全く同じ論法で述べていた（Lock, *Edmund Burke*, II, p. 518n.）。

(227) 丸山眞男『増補版・現代政治の思想と行動』（未来社、一九六四年）四一四頁

(228) Lock, *Burke's Reflections on the Revolution in France*, p. 18.

(229) *Thoughts and Details on Scarcity*, p. 277.
(230) Rothschild, E., Adam Smith and Conservative Economics, in *The Economic History Review New Series*, Vol. 45, No. 1 (Feb., 1992), p. 87.
(231) Ross, *The Life of Adam Smith*, p. 376.
スミスとバークの関係については本書の【資料】の「解題」を参照。
(232) W. Windham to Burke (15 September 1789), in C–6, p. 21.
(233) Burke to W. Windham (27 September 1789), in C–6, p. 25.
(234) Furniss, *Edmund Burke's Aesthetic Ideology*, p. 175.
(235) *Letter to William Smith*, p. 292.
この「誰か」とはイギリス国王ジョージ一世ではないかとされている（WS–9, p. 662n.）。
(236) O'Neill, *The Burke-Wollstonecraft Debate*, p. 135.
(237) *An Abridgment of English History*, pp. 565–566.
(238) *Ibid.*, p. 570.
(239) *Ibid.*, p. 566.
タキトゥスの『ゲルマニア』第十三章におけるゲルマン人の戦士叙任の記述にヨーロッパの騎士道の起源を求めるのは現在においては通説であろう（クランシャン『騎士道』第一章、および新倉俊一「騎士道」などを参照）。もっとも、ポーコックがバークの騎士道論に影響を与えたと考えているジョン・ミラーの『階級区分の起源』（一七七一年）でも、同じようにゲルマン戦士の習俗が騎士道の起源であるとされていたのであるから（田中秀夫『啓蒙と改革』第二章参照）、十八世紀においては既に一般的なものであったと思われる。
(240) *Ibid.*, p. 565.
C・P・コートニによれば、「バークは……国制起源論をモンテスキューに依拠して書いた最初のイギリスの歴史家であるように思われる」（Courtney, C. P., *Montesquieu and Burke*, Basil Blackwell, 1963, p. 52.）。
(241) *Ibid.*, p. 568.
(242) *First Letter on a Regicide Peace*, p. 399.〔『論集』九一四頁〕
(243) O'Neill, *The Burke-Wollstonecraft Debate*, p. 146.
(244) McCue, Edmund Burke and the British Constitution, p. 172.

（245）Dowling, *Burke and the Age of Chivalry*, pp. 114–115, 120.
ダウリングは、騎士道によって強き者が弱き者と共存し、さらに弱き者を守るようになったとして、そこから騎士道は社会的紐帯となるに至ったのだと論じているが、バークの場合、それはマリー・アントワネットという女性性と高位性のシンボルを前提としてはじめて意味をもつものであって、基本的には「忠誠」を中軸とする階層制秩序のエートスとして騎士道が捉えられていたと考えるべきであろう。騎士道が階層制秩序を自由の発現として自発的に受け入れるエートスであったからこそ、それは自由な社会統合を可能にするとバークは考えていたのである。その意味では、ウルストンクラフトが騎士道のようなゴシック的な作法を「王の直臣の謙遜であって、自由人の礼節ではない」と批判したのは一面的であって（Wollstonecraft, *A Vindication of the Rights of Men*, p. 16.）、確かに階層制秩序のエートスとしては、騎士道は「王の直臣の謙遜」であったが、それが自由をもたらすとすれば、「自由人の礼節」でもあったわけである。ウルストンクラフトは相対的に自由平等な社会秩序を理想としたから、「王の直臣の謙遜」と「自由人の礼節」とを相反的に考えていたが、バークは、社会秩序は階層的であらざるをえないと考えていたがゆえに、この二つを表裏一体のものとして捉えていた。両者の視点の違いは、一面では背後にある社会秩序観の違いに起因するものであったと言えよう。

（246）*Appeal*, p. 417.〔『論集』六五五頁〕

（247）*Ibid.*, p. 419.〔『論集』六五七頁〕

（248）経営学者P・F・ドラッカーも、『産業人の未来』（一九四二年）で、各人に位置付けと役割が付与されていることを自由社会の一つの条件だとしているが、明確にバークの秩序思想が影響している。社会が機能するためには「個人に地位と役割を与え、その権力が正統なものとして受け入れられていなければならない」とし、その意味でカースト制度も評価するドラッカーは、「本書のキー概念である地位と役割（status and function）は、基本的に保守主義の語彙である。エドマンド・バークやジェームズ・マディソンの語彙であって、ジョン・ロックの語彙ではない。ましてフランス革命やカール・マルクスの語彙ではない」（Drucker, P. F., *The Future of Industrial Man* (1942), Transaction, 1995, p. 9.〔上田惇生訳『産業人の未来』ダイヤモンド社、一九九八年、iii頁〕）と述べている。各人の役割と位置付けを付与された社会は水平的ではなく、当然多元的な秩序を有するが、その点についても「イギリスのエドマンド・バーク、十八世紀に長くイギリスの首相を務めたロバート・ウォルポール、ウィンストン・チャーチル、ベンジャミン・ディズレーリや、アメリカのジョージ・ワシントン、エイブラハム・リンカーンにとって、社会は多元的（multidimensional）であった」（*Ibid.*, p. 10.〔v頁〕）と正しく指摘している。

(249) Cannadine, *The Rise and Fall of Class in Britain*, p. 63.〔一〇五頁〕

(250) Burke, *A Letter to William Elliot* (1795), in W-5, pp. 241–242.

(251) 無論、バークは秩序的観点からのみならず、精神的慰藉としても、道徳の源泉としても、宗教が重要であることに気付いていた。バーク曰く、宗教は「この浮世をめぐる自分たちの短くも退屈な旅路にある我々のような死すべき存在にとって、偉大な慰藉の淵源の一つ」であるとし、だからこそ、信仰から追い出されると、「精神の中には恐るべき空疎感が残され、酷いショックが道徳に加えられる」(*Letter to Richard Burke*, pp. 310–311.) と述べたのである。したがって、人間を「宗教的動物」(R: 80 上 167) と考えたバークは、貧者のみならず、富者にとっての慰藉としても宗教の役割を捉えていた。「何もすることがない人々の耐え難い倦怠感や過度の無気力さを和らげる何らかのもの、金で買われた全ての快楽に付きもののうんざりするような飽満感にあって、彼らの生存への欲求を喚起させる何らかのものが必要なのである……」(R: 89–90 上 187–188)。これは、稀少性という経済問題の解決後に来る「閑暇・豊富の時代」を、恐怖をもって描いたケインズの危惧とも通底する興味深い洞察である (Keynes, J. M., Economic Possibilities for Our Grandchildren (1930), in *The Collected Writings of John Maynard Keynes*, vol. 9., Macmillan, 1972.〔宮崎義一訳『ケインズ全集Ⅸ／説得論集』東洋経済新報社、一九八一年〕)。

(252) Laski, *Political Thought in England*, p. 178.〔一五七頁〕

(253) *Thoughts and Details on Scarcity*, p. 253.
既にバークは学生時代に書いた『改革者』第七号(一七四八年)で、故郷アイルランドの巨大な貧富の格差を嘆きつつ、「国家の豊かさとは、ジェントリーの見た目の華やかさや、贅沢な暮らしぶりによって評価されるべきではなく、人々の中に広がったムラのない富裕さであり、最も卑しい者も最も偉大な者も等しく与りうる富裕さであり、それこそが彼らを幸せにし、国家を強化するものなのである」(The Reformer, no. 7, p. 96.) と述べ、その身分の高低を問わず、人々全体の生活向上と財産の保護こそが統治者の考慮すべきことであると論じていた。こうした若き頃の考えは、おそらく政界進出後のアイルランドとの貿易制限緩和などの政策思想へと繋がっていったのであろうが、まさしく最も卑しい人々までも絶対的に豊かにする近代文明社会の恩恵の保持は、バークにとって、統治者の考慮すべき第一のものであったと思われたのであろう。

(254) Burke, *Speech on the Acts of Uniformity* (1772), in W-5, p. 342.

(255) 興味深くもF・P・ロックが指摘しているように、労働者の生活向上がひいては階層制秩序を否定すること——大衆社会の出現——に繋がるという事態への洞察は、バークには欠けていたと言える。「バークは自分の生きている間に起きた物質的進歩の度合いについては知っていたが、その過程が加速度的に継続してゆくと、社会的階層制や服従の政治学への問題提起となり、ひいてはそれを掘り崩すことになるということを予想していなかった」(Lock, *Burke's Reflections on the Revolution in France*, pp. 17–18.)。バークは、民衆が豊かさと恩恵を享受し続ける限り、社会秩序への懐疑は生じないと考えていた。だからこそ、民衆の政治的参与という統治の形式的正当性よりも、民衆の福利の維持という統治の実質的正当性の方を優先させていたのである。しかし、その後の歴史において、豊かさを実現した民衆ほど政治的参与を要求するようになるとはバークも夢想だにしなかったであろう。

(256) Ferguson, *An Essay on the History of Civil Society*, p. 174.〔三五六頁〕

(257) Laski, *Political Thought in England*, p. 179.〔一五八頁〕

(258) *A Vindication of Natural Society*, p. 10.〔三五七頁〕
ヒュームですら宗教の「健全な目的」について以下のように指摘している。「宗教が本来果たすべき役割は、人間の生き方を改善することや、心を浄めること、あらゆる道徳的責務を課すこと、法や世俗的指導者への忠誠を確保することにある」(「ヒューム『イングランド史』抄訳(2)」池田・犬塚・壽里訳『関西大学経済論集』第五五巻第一号、二〇〇五年、一八二頁)。

(259) Macpherson, *Burke*, p. 62.〔一〇〇頁〕
宗教のイデオロギー的効用に冷徹に気付いていたということが、バークの宗教論に教義学が欠落している一因であるように思われる。

(260) 勝田吉太郎『現代社会と自由の運命』(木鐸社、一九七八年)二二一頁

(261) *Speeches on the Impeachment of Warren Hastings* (First Day of Reply: 28 May 1794), p. 65.

(262) Smith, A., *Lectures on Jurisprudence* (1763), Liberty Fund, 1982, p. 401.〔水田洋訳『法学講義』岩波文庫、二〇〇五年、三二一頁〕

(263) スミスが二つの文明社会の構成原理として、統治者階級との関係性に依存しない無条件的な服従の原理である「権威の原理」とともに、統治者階級が社会的に福利をもたらすか否かを自覚的に認識して服従する「効用の原理」をも提起していたことを想起されたい。確かに「権威の原理」のみでは、ウルストンクラフトが批判するように、財産や地位のある者は、財産や地位を得ただけで「才能や美徳に対して与えられるべき尊敬をも獲得してしまう」がために、他者を「抑圧」するようになるかもしれないが(Wollstonecraft, *A Vindication of the Rights of Woman*, p. 230.〔二六八頁〕)、スミスにとっても、バークにとっても、貴族的な統治者階級は服従されなければならないのと同時に、効用の

点で、服従されるに値する者、服従したくなる者でなくてはならなかったのである。

(264) *Speech on American Taxation*, p. 455.〔『論集』一一〇頁〕同様にアメリカ植民地人に向けた演説では、「君たちも我々も、再び不快な権力がさらに行使されると懸念することがなかった幸せなときには、国制の慎重な沈黙の下、君たちは最も進んで黙従していた (had acquiesced most cheerfully) ……」と述べ、本国政府が植民地に過度に介入せず、寛容をもって統治していたときには、植民地人は何の疑問ももつことなく進んで黙従していたと指摘している (Burke, *Address to the British Colonists in North America* (1777), in W-5, pp. 159-160.)。ここでの「進んで黙従」するという「矛盾語法」にも注意されたい。

(265) 『崇高と美』における「崇高―恐怖―権力」と「美―愛―社交」との関係性は、政治論における権力と親愛原理との関係に発展的に応用されていると考えるが、この点については別稿を期したい。最近の関連文献として、土井美徳「初期バークにおける政治的保守主義の形成（上）」を挙げておく。

(266) バークにとって、いわゆる政治的国家と市民社会とは未分化のものであり、文明社会とはそれらの総体を指す概念であった。政治的国家と市民社会を分離するのはヘーゲル以降の近代的思惟からである（M・リーデル、河上倫逸・常俊宗三郎編訳『市民社会の概念史』以文社、一九九〇年）。バークも「国家（*State*）」の多義性については指摘している (*Letter to Sir Hercules Langrishe*, p. 485.〔『論集』七四四頁〕)。よって、統治者層への愛と文明社会や秩序への愛というのも未分化なのであるが、だからこそバークは自然状態を「貴族階級を必然的に生み出す文明社会の状態」と定義していたわけである (*Appeal*, p. 425.〔『論集』六六三頁〕)。

(267) ファーガスンが『市民社会史論』で既に以下のように指摘していたことにも留意されたい。「社会の利益とその構成員の利益とは容易に両立する。……国家がその構成員に最大の恩恵を与えることによって、その構成員は、国家に愛情の絆で結び付けられる。それこそが最も幸福な国家であり、臣民から最も愛される国家なのである」(Ferguson, *An Essay on the History of Civil Society*, p. 59.〔一一二頁〕)。

(268) *Speech on American Taxation*, p. 490.〔『論集』一四六頁〕

(269) *A Letter to the Sheriffs of Bristol*, p. 100.〔『論集』二五一頁〕

(270) バークは後に、親子愛とは「社会の第一形態であり、最重要の絆である。それはどんな法律よりも強い。なぜなら、それは、自然の法であり、神の法だからである。養うことができるのに我が子を売りとばすような人間など存在しない」とまで述べている (Burke, *Speeches on the Impeachment of Warren Hastings* (Fourth Day of Reply: 5 June 1794) in W-8, p. 228.)。バークは本国と植民地の関係も親子愛と同様の強い絆によって維持されていなくてはならないと考えていたのである。

(271) *Speech on American Taxation*, p. 452.〔『論集』一〇七頁〕

(272) *Speech on Conciliation with America*, pp. 80–81.〔『論集』二三二―二三三頁〕

(273) *Ibid*., p. 81.〔『論集』二三三頁〕

(274) 親愛原理と自由経済との関係性については近年、「社交資本（Social Capital）」として実証的な研究が進んでいる。社会哲学的視座からの社交資本論としては、拙稿「市場的交換の観念体系」（『社会思想史研究』第二九号、二〇〇五年）を参照。また、人間を「社会的動物」として捉え、その社交関係の中からルールや慣行が生み出され、制度が形成されると考えていたという点で、バークの思想には「社交資本」の考え方が含まれていると指摘しているのはJ・ノーマンである（Norman, J., *Edmund Burke: The First Conservative*, Basic Books, 2013, p. 208.）。

(275) *Speech on Conciliation with America*, p. 81.〔『論集』二三三頁〕

(276) *Ibid*., p. 81.〔『論集』二三三頁〕

(277) まさしく丸山眞男が喝破したように、鞭によってのみ被治者を従わせるような支配関係では、「権力機構は徒らに巨大」になり、ますます統治のコストと圧政の度合いが増大してゆくだけである。「労働の生産性という点では、奴隷労働ほど非能率なものはない」。よって、実際の統治は、強制力によってのみでは維持されえず、何らかの形で「政治的服従の精神的自発性」を必要とするのだが（丸山眞男『増補版・現代政治の思想と行動』四一七―四一八頁）、バークはこの点に明確に気付いていたと言えよう。

(278) Stanlis, P. J., *Edmund Burke: The Enlightenment and Revolution*, Transaction, 1991, p. 27.

(279) 階層制秩序と経済的自由主義（小さな政府論）との結び付きはバークのみならず、キャナダインによれば、バーク主義的ヒエラルキーを信奉していたマーガレット・サッチャーにも見られるものであった。サッチャーは「秩序付けられた階層制を信じ続けていたし、『過去へ遡り、将来へと広がる人々の偉大なる連鎖』に対してほとんどバーク的な敬愛の念を感じていた。……彼女は社会を『あらゆるレベルでの格差』をもった梯子として見ていたし、それを掘り崩したり、水平化したり、破壊したり、取り除こうとしたりするいかなる政府の干渉にも強く反対していた」（Cannadine, *The Rise and Fall of Class in Britain*, pp. 177–178.〔二八五―二八六頁〕）。つまるところ、階層制秩序論と小さな政府論とは容易に結び付きうるのである。

(280) *Letter to Sir Hercules Langrishe*, p. 487.〔『論集』七四五頁〕
　バークの均衡国制観について論じた第二章で見たように、バークは、民主政的部分も含むイギリス国制においては、統治階級としての貴族と経済階級としての平民をしっかりと峻別しているヴェネツィアほど、「全面的に（*wholly*）貴族政的」ではないと論じている（*Ibid*., p. 488.〔『論集』七四六頁〕）。だからこそアイルランドのカトリックにも政治的権利を付与すべきであるというのがバークの真意なのであるが、この「全面的に（*wholly*）」というバークの強調が示唆するように、ブリテンにおいても、統治階級としての貴族と経済階級としての平民の区別は基本的には存在するとバークが考えていたのは言うまでもない。実際、「イギリス史においては、貴族が商業階級から、あるいは通商で新規に創設された家系から輩出されたことはまずないし、高貴な家系が会計事務所に入所したこともまずない」（*Thoughts on French Affairs*, p. 16.〔『論集』七〇三頁〕）と断言していた。ただし、これによって「特権身分の人間は、収入も多く、名誉にもなる地位ばかりを独占している」とシェイエスが批判していたように、貴族による名誉の独占こそが市民の妬嫉の的となり、革命の一因ともなりうることは確かであろう。シェイエスは、第三身分を「全て」であるとし、封建社会は「労働をすると身分を落とされる社会」であると批判することで、労働者全体の地位を底上げし、労働者そのままで栄誉ある地位、統治者であるとした（シィエス『第三身分とは何か』一一、八一頁）。それに対して、バークは、第二章で述べたように政治的叡智は実践知であると考え、さらに、「多様な市民から成る全ての社会では、一部の人々が必ず高位を占めねばならない」（R: 43 上 92）と述べ、結局は労働者全てが統治者になることは絶対にありえないと考えていた。そして、一部しか栄誉ある統治者の地位に就けないのであれば、階層制観念を破壊した水平化は結局、大多数の人々が従事せざるをえない地道な労働の貶価をもたらすだけであろうと考えたのである。もっとも、シェイエスも、公的関心と教養を併せもつ裕福な第三身分である「自適の階層」や、公的な経験と知識が豊富な上位二身分における第三身分支持派を高く評価しており、エリート主義的要素を一部内包していた（シィエス『第三身分とは何か』四七―四八、六九頁）。

(281) フランス革命を「感情、作法と道徳的観念における革命」（R: 70 上 147）と呼んだバークは、フランス革命が階層制秩序を流動化させる外面的な変革であるのみならず、人々の封建的な習俗を破壊する内面的な変革でもあったことを明確に認識していた。それゆえ、革命を民衆全体によって行われたものと考えるマッキントッシュらとは異なり、流動性を体現する金融資本家と内面的な変革のための手段たるメディアを握った文人たち、つまり「こうした貨幣と情報を流通させる人々」（*Thoughts on French Affairs*, p. 15.〔『論集』七〇一頁〕）の革命的役割がクローズアップされることになる。実際、バークは、「騎士道精神」が「財政の貪欲な投機と下劣かつ堕落した哲学の間違った学識によって」破壊されようとしていると述べており（Burke to Philip Francis (20 February 1790), p. 91.）、金融資本家と啓蒙的知識を振り撒く急進派を伝統的習俗の破壊をもたらす元凶と捉えていた。

(282) バークの考えでは、民衆から愛される「恩恵の制度」であることが歴史的に継続されれば、その体制は起源の善悪を問わずして時効によって正当性を獲得するようになるというのであるが、これによって、ウィンチが指摘している通り、スミスが提起していた既存の制度を畏敬する「権威の原理」と公的福利を志向する「効用の原理」とが見事に融和していることに留意されたい（Winch, *Riches and Poverty*, p. 196.）。

(283) *An Abridgment of English History*, p. 567.

(284) Ullmann, *The Individual and Society in the Middle Ages*, pp. 63-64.〔一一三頁〕よって、ウルマンによれば、マグナカルタが成立しえたのも、ジョン王が国王であると同時に、封建的な領主でもあったからである（*Ibid.*, p. 70.〔一二四—一二五頁〕）。

(285) *Ibid.*, p.66.〔一一六頁〕

トクヴィルも旧体制下では臣下は貴族に献身せねばならず、貴族は臣下を守らねばならないと考えていたとし、それを「相互的義務」と呼んでいた。重要な点は、「人々は、人間を助けねばならないと考えていたのではなく、臣下あるいは主君を助けねばならないと考えていたのである。封建制は、特定の人々の苦しみに対する感受性を喚起したが、全人類の悲惨に対する感受性を喚起することはなかった」と見抜いていたことである（Tocqueville, *Democracy in America*, p. 650.〔第二巻、下・一五頁〕）。バークがこうした封建的思考を前提としていた以上、人間の権利を否定し、イギリス人の権利を擁護したのも当然ではあろう。

(286) エティエンヌ・ド・ラ・ボエシ『自発的隷従論』（西谷修監修・山上浩嗣訳、ちくま学芸文庫、二〇一三年）を参照。

(287) Winch, *Riches and Poverty*, p. 213.

(288) *Tract on the Popery Laws*, p. 254.

(289) *Ibid.*, p. 263.

(290) *Speech on American Taxation*, p. 458.〔『論集』一一三頁〕

(291) *Ibid.*, p. 459.〔『論集』一一四頁〕

(292) *Letter to Sir Hercules Langrishe*, pp. 484-485.〔『論集』七四三頁〕

(293) 強制の伴わぬ「自然的服従の原理」には、統治者の側の寛容的な徳性が必要であるというバークの信念は、彼の宗教的寛容政策とも結び付いていた。実際、カトリックの抑圧を批判した若き頃の『カトリック刑罰法論』では、「反乱は寛容によって生じるのではなく、迫害によって生じるのであり、正しくかつ温和な統治から生じるのではなく、最も比類なき抑圧から生じるのである」（*Tract on the Popery Laws*, p. 283.）と述べていたし、プロテスタント系のアメリカ植民地が反英的であったとき、最後まで本国への忠誠を維持したのがカトリック系のカナダであったが、それは本国によるカトリック寛容政策があったためであると一七九二年にバークは述懐していた（*Letter to Sir Hercules Langrishe*, p. 529.〔『論集』七八四―七八五頁〕）。つまり、宗教的寛容は、秩序の面からも求められるべき重要な政治的叡智なのであった。

この点に関して、支配者の側のヘゲモニーが被支配者の側の同意ないしは許容を必要とするものであったとするならば、一方的なカトリック抑圧に対するバークの批判は、アイルランドにおける「『支配権』としての確固たるヘゲモニーの樹立」を求めるものであったという真嶋の指摘は興味深い（真嶋正己「バークのプロテスタント・アセンダンシー批判」『社会情報学研究』第一七巻、二〇一一年、五七頁）。

(294) Burke, *Speeches on the Impeachment of Warren Hastings* (Third Day: 15 February 1788), in W-7, p. 28.

(295) Arendt, *On Revolution*, p. 45.〔六三頁〕

# 終章　文明社会を《保守》するために

これまでの各章の議論を振り返ってみよう。

我々は第一章において、米仏革命期を通じて繰り広げられてきたプライスとバークの思想的闘争を分析し、フランス革命期の対立点が既にアメリカ革命期において一部表出しており、フランス革命期の論争がアメリカ革命期の論争の延長線上にあったことを見てきた。プライスの自己決定としての自由論を貫徹すれば——プライスの意図とは別に——、君主政・貴族政・民主政の混合政体たるイギリス国制（British Constitution）の否定に行き着かざるをえず、それを察知したバークは、繁栄をもたらし、時効的に正当性を付与されたイギリス国制を現に受容しているイギリス国民の即自的自然感情をこそ重視し、イギリス国制に対する対自的討究そのものを回避させようとしていた。イギリス国制の対自的討究によってその非民主的暗部が暴露され、それを嫌悪する「啓蒙」された国民によって、国制が全面的に否認されることになれば、急進的な革命が惹起され、繁栄と豊かさの中のイギリス文明社会は破滅させられるであろう。「全体の一般的理性（the general reason of the whole)」たらんとした政治家バークは、そうした危険で不確実な革命を否定して、安定と秩序の中での漸進的な改革の必要性を訴えたのである。

そして第二章では、一貫してバークが保守せんとしたそのイギリス国制の構造と利点をバークの言説から再構成し、バークのイギリス国制観を粗描した。「彼の描いたイギリス国制は、それを書いた当時でさえ事実からかけ離れていた[1]」とラスキが評していたように、バークの君主政や貴族政に対する評価はいささか理想的過ぎるきらいがあるが、その章では階層制秩序がバークの中で一定の合理性を有していたことを明らかにした。

第三章では、その階層制秩序を擁護するためのバークのイデオロギー戦略について分析した。フランス革命が目指した「水平化」は、バークにとっては合理性を有するイギリスの階層制秩序を根底から動揺させる異常事態として捉えられていたが、資本主義の勃興に伴う金融資本家や民衆の上昇圧力がそこに伏在していることをバークは逸早く理解していた。そこで、階層制秩序への服従や私的情念の抑制を自由とする騎士道と宗教の精神を、階層制秩序の維持のために、ひいては自由経済と分業が高度に発達した文明社会の保持のために、絶対に必要なエートスであると考えたのである。

したがって、バークにおける政治的封建性と経済的近代性との並存をいかに解釈するかという点が現在の「バーク問題」の一つとなっていることは序章において既述したが、その「バーク問題」に対する本書の結論は、端的に言えば、バークは自由経済を擁護したがゆえに、封建的な習俗や作法を必要としたということになろう。クラムニックのように、「バーク問題」を中世と近代との混在期という十八世紀末の時代状況を反照したバークの精神分裂的言説として捉えるのでもなく、マクファーソンのように、バークの封建的言説の意味を放擲して単なる近代資本主義擁護論として簡単に読み解いてしまうのでもない。バークにおいては、封建的エートスというものは、多様な意味において――そしてそれらは相互に関係し合っているのだが――、自由な商業社会や文明社会を根底において支えている精神的基盤であると捉えられていたのである。

封建的エートスとしての騎士道と宗教の精神に関する主要な論点について振り返っておけば、一つは、キリスト教と騎士道は、人間の洗練ないしは文明化を促進する不可欠の原動力であり、その歴史的な成果でもあったということである。既述したように、キリスト教によって「彼ら［サクソン人］の野蛮さは大いに和らげられ、もっと温和に、もっと社交的になり、彼らの法は作法（manners）の柔和さを帯びはじめた」[2]と述べ、また、騎士道こそが「高慢と権力の激しさを抑え込み、主権者たちを社会的尊敬なる柔らかい首輪（the soft collar of social esteem）に服させ、苛烈な権威をも優雅さに服させることで、諸法の征服者に、作法（manners）によって抑制された支配を与えた」（R: 67 上 141）と論じ、マリー・アントワネットの陵辱シーンに続いて騎士道の終焉を嘆いたバークは、明らかにキリスト教と騎士道を、野蛮さに対置されるべき文明性、人間の剥き出しの欲望を抑え込む時効的な規範の一つとして捉えていた。したがって、バークにおけるキリスト教や騎士道という一見封建的に見える諸観念は、急進派が批判したような封建的野蛮性を肯定するレトリックなどではなく、むしろ文明性、洗練、温和さを象徴する近代的内実を伴った概念であったと言ってよい。

しかし、この論点こそ、バークの論敵の一人であったウルストンクラフトによって執拗に批判されていたポイントでもあったのであり、荒々しい剥き出しの欲望を抑え込む洗練された規範としての騎士道というバークの考えは、ウルストンクラフトにとっては、「悪徳の上に感傷的なニスを塗りつけ[3]」ただけの偽善に他ならず、真に重要なのは、「誤ることなき理性（unerring *reason*）」による美徳や知性の涵養であった。つまり、人間に求められているのは、人間の「悪徳」を壅蔽する「感傷的なニス」としての騎士道的作法などではなく、そうしたものを必要としなくなるような、理性による人間性そのものの変革なのであった。反対に、ウルストンクラフトの如き人間本性に対する理性主義的楽観主義を共有しなかったバークは、半澤孝麿も指摘しているように[4]、人間の根源的な《悪》を見ていたのであり、人間の《悪》が容易には変えられない根源的なものであるからこそ、それを抑え込むような礼節の作法、洗練された道徳的規範の自生的生成を、文明化ないしは近代化の一側面であるとして高く評価していたのである。(5)

よって、バークは、マンデヴィルやヒューム、スミスらとともに一貫して自由経済を肯定し、その意味で明らかにスコットランド啓蒙派の系譜に立脚していたけれども、その通俗的なスミス理解にあるような、欲望（私悪）の全面的肯定を自由と呼ぶのではなく、キリスト教や騎士道といった作法（manners）による欲望（私悪）の抑制こそを文明社会に相応しい自由（「文明的自由」）であると考えていた。(6) つまり、人間が根源的に《悪》であるとするならば、「社会は意志と欲望への抑制力がどこかに存在しないと存続できない」のである。そして、「自らの欲望に道徳的な鉄鎖を加える傾向に正確に比例して、つまり、正義への愛が強欲心を越えるにつれて、また、彼らの知性の健全さと冷静さが虚栄心と思い上がりを越えるにつれて……人々は市民的［文明的］自由に相応しくなる」(7) と考えたバークは、そうした温和な情念と抑制された欲望を有する文明人をこそ、自由社会の住人に相応しいと考えたのである。(8) バークは「［法は］商業や社交によって改善され高められる」(9) と述べ、モンテスキューのように商業が習俗を文明化させ、温和化させると考える一方、文明的自由、つまり温和な習俗や作法を身につけた文明人ないしは紳士こそが自由な商業社会の主役でなければならないと考えた。この規範論の観点から言えば、何故、自由経済にはキリスト教や騎士道といった封建的なエートスが不可欠であるとされていたのかという先述の「バーク問題」の設定自体がはじめからいささか不適切であったと言える。つまり、機能的な面から見れば、バークにおけるキリスト教や騎士道という封建的なレトリックは、実は近代化された規範概念でもあったのであり、そうした粗野な欲望を温和化させる文明的な規範が自由社会には不可欠であるという意味では、ヒュームやスミスはもちろんのこと、ハイエクら現代自由主義者の議論とも通底しうる極めて常識的な議論であったのである。

加えて第二に、バークが敢えて使用したキリスト教や騎士道という封建的なレトリックにもそれなりの合理的な理由があったのも事実である。確かに文明社会の自由には情念の穏当さが不可欠であるという議論は、「公平な観察者」による適切な水準への情念の自生的統御というスミスの周知の理論の如く、中立的な概念装置を使用しても充分表現できたと思われるが、バークは敢えてキリスト教と騎士道という封建的なエートスによる文明社会の自由と秩序の保持を企図した。それは何故か。

無論、そこにはこれまで繰り返し論じてきたように、キリスト教と騎士道が歴史的に人々の欲望や習俗の粗野さを温和化してきたという時効的な実績があったという理由もあろう。革命派の提示する市民宗教などの思弁的な代替的新企画は何らの実績もないものであり、その適用に際して発生する社会的影響を完全に予測することが不可能である以上、キリスト教と騎士道という実績のある具体的かつ実際的な制度・規範の安定的かつ漸進的な改革を志向する立場にバークが立脚したのも、実際的政治家としての責任倫理から考えて至極当然である。しかし、それだけの理由であろうか。

資本主義の勃興に伴い、「金融家、商人、主要な小売業者、文人たち」に扇動された民衆が、固定的な封建的階層制秩序を流動化させ、貴族政や君主政を打倒して政治的にも上昇しようとする試みとしてフランス革命を捉えたバークは、一つのジレンマに直面していた。流動化し、誰もが栄光の統治者階級になる可能性をもつような社会では、陽の当たらない地道かつ長期的な労苦を伴う不可欠の職業が卑賤なものに見えてきてしまう。バークによれば、流動的な社会構造という希望に満ちあふれたイメージの出現は、「ゆっくりだが着実で、継続的な、変わりばえのしない全ての職業や、長い労働の末に見えてくる豊かとはいえない凡庸な見通しといったものを、極めて停滞した活気のないものだと思わせてしまう」[10]のである。問題は、統治者階級の栄光に誰もが達しうるという幻想を抱かせる流動的な社会においては、長期的で地道な労働というものの価値が相対的に低く見られてしまうために、そうした職業に就く人々は常に社会秩序に対する不満を抱き続け、不安定要因たりつづけるという点にある。当然、長期的かつ地道な労働は、どんなに発展した文明社会においても必要不可欠であるにもかかわらずである。

それまで労働者は、階層制秩序を自明視する封建的な階層制観念によってかろうじて上昇欲求を抑制され、何らの疑問も抱くことなく自らの生来の職務に就いて精励していた。そのことによって、旧体制下のフランスやイギリス社会に一定の秩序性が付与されていたにもかかわらず、革命後のフランス社会の如く万人に栄光ある統治者への道が開かれているとすると、労働者は、他の革命主導者らと同じく「彼らの地位に相応しい自然的な精神(the natural spirit of their situation)」を失い、自らを統治者に相応しいと錯誤し、労働者としての地位に常に不満を抱くようになるだろう。バーク曰く、「今後一切、これらの人々[統治者に押し上げられた民衆]は、平凡な仕事に大人しく就くことはないだろうし、彼らを全くの私的な状態へと、ないしは堅実的かつ平和的だが目立たずつまらない勤労へと押し戻すいかなる計画にも従うことはないだろう」[11]。バークは、そうした民衆を統治するためにはいずれ軍事的な圧政が要請されざるをえないであろうと予測したが、そのことは、結局、分業の発展した多元的で自由な文明社会の崩壊をもたらさざるをえまい。問題は、発展した分業体系と自由経済を基底とする文明社会には、依然として長期的で地道な労働の存在が不可欠であるということにあった。バークによれば、そうした労働に従事する人々は、「隷従的でない形で従順かつ忠実でなければならない」(R: 215 下 194)。革命前のフランスでも、イギリス社会でも、民衆は、社会の封建的階層制秩序の陽の当たらぬ一角を占めることに何の疑問も感じておらず、各人は自らの社会的位置付けを自明視していた。そうした封建的階層制観念によってそれまで苦痛に感じてこなかった労働者としての地位を——革命によってそうした封建的階層制観念を破壊されることによって——不満に感じざるをえなくなった民衆もある意味では不幸であろう[12]。

二十世紀において、エーリッヒ・フロムはこうした封建的階層制観念の崩壊にファシズムへと通じる人間の疎外の一端を見たわけであるが、その意味では、まさしくバークは、近代の入り口にあって全面的な労働者の疎外という新たな状況に直面した最初期の優れた精神分析家でもあった。フロムの捉えたような、近代において解放されたアトム的個人の疎外という事態は、確かに、宗教を失って社会が「個人性という塵や粉末へとバラバラにされ」(R: 84 上 176)、中世的な階層制秩序を破壊する革命派が「人々をバラバラの算盤玉に還元した」(R: 162 下 94) と批判していたバークの問題意識とも相通ずるものがあったと言えるのである。

近代的な意味での自由はなかったが、中世の人間は孤独ではなく、孤立してはいなかった。生まれたときからすでに明確な固定した地位をもち、人間は全体の構造の中に根をおろしていた。こうして、人生の意味は疑う余地のない、また疑う必要もないものであった。人間はその社会的役割と一致していた。かれは百姓であり、職人であり、騎士であって、偶然そのような職業を持つことになった個人とは考えられなかった。社会的秩序は自然的秩序と考えられ、社会的秩序のなかではっきりした役割を果せば、安定感と帰属感とがあたえられた。……いろいろな生活様式をあれこれと自由に選ぶという、近代的な意味での個人主義(しかしこの選択の自由は非常に抽象的なものであるが)は存在しなかったが、実際生活における具体的な個人主義は大いに存在していた。……[資本主義の勃興によって] 中世的社会組織は崩壊し、それとともに、中世的社会組織があたえていた、固定性と比較的な安定性も破壊された。いまや資本主義の発達にともなって、社会のすべての階級が動きはじめた。経済的秩序のなかには、もはや自然の、疑う余地がないと考えられるような、固定した場所は存在しなくなった。個人は独りぼっちにされた。すべてはみずからの努力にかかっており、伝統的な地位の安定にかかっているのではない。(13)

フロムが二十世紀のファシズムに見た近代の問題点を、既にバークは十八世紀のフランス革命において萌芽的に見ていたと言ってよい[14]。バークは、逸早くフランス革命を「感情、作法と道徳的観念における革命」(R: 70上147)として捉え、単なる制度的問題ではなく、人間の精神構造の問題にまで至る革命的な事件であると見抜いていた点で、フランス革命という封建制の崩壊に反対した凡百の反動的な中世回帰主義者とは全く次元を異にしていた。彼は単に近代を否定して中世を懐古したのではない。近代の疎外に直面し、言わば、近代を擁護したがゆえにこそ、封建的エートスを死守せんとしたのである。社会の階層制秩序を自明視し、「人生の意味は疑う余地のない、また疑う必要もない」と考えていた下層労働者たちの「安定感と帰属感」をフランス革命派は破壊し、職分や階級を流動化させ、栄光ある統治者への可能性を開いた。誰もが現実的に、輝かしい統治者になれるのであればそれでもよかろう。しかし、繰り返し述べているように、高度な文明社会においては圧倒的多数の人々は、陽の当たらぬ労働者でしかありえず、必ず「名誉の殿堂」(R: 44上95)は一定の限定された者にしか開かれていないし、統治の技芸(art)が実践知であった以上、万人に開かれるべきでもない[15]。しかし、その名誉に与れない人々の疎外はいかにして精神的に救済されるのかについては、階層制観念の破壊しか考えていないフランス革命派の人々に示せるはずもないのである。

もちろん、経済発展によってある程度の労働者の苦難に満ちた境遇は改善されるであろう。「全ての繁栄した共同体では、生産者を直接養う以上のものが生産されている」(R: 140下49–50)と考えたバークは、文明社会における余剰部分は直接には地主が獲得するとしても、「流通の大車輪」たる経済循環によって労働者へもある程度還元されてゆくと考えていた。しかし、経済発展に伴って労働者の境遇がいかに良好になったとしても、統治者の栄光と比較した上での長期的かつ地道な労働に対する相対的な貶価と労働者の不満の鬱積とが、社会的不安定化要因となり続けることには変わりがなかったのである。だからこそ、バークは情念を抑制し、階層制秩序への服従を誇りとする人倫的な騎士道、自己否定と謙虚さを自発的に生み出す宗教を、自由経済と分業体系を基底とする近代文明社会のエートスとして反時代的に擁護したのである。こうした騎士道や宗教などの封建的観念体系のもつ多彩な意味を踏まえなければ、フランスが「古代および近代の忠誠と名誉の精神を保持しつつ、古代の特権を回復しようと決意」し、イギリスを範として旧体制の革命ではなく、改革をしていたならば、「保護され、満足し、勤勉で、従順な民衆」(R: 32 上 70–71) をもったであろうとバークが嘆いた理由も理解しえまい。民衆が、実際に豊かさをもたらしてきたイギリス文明社会の恩恵に浴し続けるためには、各人が自らの位置付けに満足しつつ精励恪勤することが何としても必要なのであるが、そのために要請された精神的基盤こそ、服従に誇りを感じ (proud submission)、隷属の中にあっても自由の精神を活き活きと保持 (kept alive, even in servitude itself, the spirit of an exalted freedom) させた封建的階層制観念としての「古代および近代の忠誠と名誉の精神」たる《騎士道》であったわけである。階層制秩序と分業体系の陽の当たらぬ一角を占めるだけの労働者が、抑圧なく服従することによってはじめて、文明社会が維持されるというのであれば、服従や自己否定を自由や誇りと見なす人倫的な騎士道と宗教の精神が、彼らによって保持されることが何としても必要となる。騎士道や宗教の精神を否定した上で、階層制秩序と分業体系の陽の当たらぬ一角を占めることに最早満足しない民衆に、服従を求めるとするならば、抑圧的権力をもって服従させるしかなく、フランス革命体制がいずれ圧政に堕するであろうとバークが予見しえたのもそのためであった。

無論、言うまでもなく、ここにはホイッグ寡頭制を死守せんとするバークのリアリスティックなイデオロギー戦略の要素も多分に含まれているだろう。これは、下からの強力な上昇圧力に直面した支配層たるバークの反応としては自然なものである。キャナバンが指摘するように、確かに「バークが階級的偏見や利己心から免れていたと言い張ることは愚か[16]」であるに違いない。また、その戦略がどれほどの現実性と訴求力を有していたのかについても、おそらくは否定的な評価を下さざるをえまい。その点は充分に留意しておく必要があるが、ただ、ここで繰り返し論じておかねばならないことは、民衆に服従を求める統治者にも、騎士道と宗教の精神はその地位に相応しい高い徳を要求するものであったということである。位階に付随する義務という考えは封建的階層制観念の中核概念の一つであったが、バークはそれを民衆に求めると同時に貴族や聖職者にも求めたのであり、貴族的な統治者階級が民衆に対して優位に立つとしても、「より善き本性が支配すべきであれば、人々の上に位置付けられた人間は、……可能な限りの完徳に近づくべきである」(R: 81 上 170) と述べたのもバークであった。既述したように、騎士道と宗教の精神は、自己否定を自己肯定とする人倫的なエートスであり、貴族や聖職者ら統治者階級が第一に体得せねばならない「高貴なる者の義務 (noblesse oblige)」の淵源の一つでもあった。騎士道の喪失によって「安価な国防」(R: 67 上 140) が失われると論じたバークは、明らかに名誉をかけて祖国を守る、命を賭した騎士道的気概を貴族に要求していたし、地代などの「収入の一部を慈善のための信託物」(R: 143 下 55) だと考えねばならないとして、貧民救済の義務を聖職者や地主貴族にも課していた。「疑いなく、貧民に対する慈善は、全キリスト教徒に負わされた直接の不可避の義務である」[17]と述べ、弱者のために奉仕することに誇りを感ずるキリスト教精神によって、小さな政府ないしは自由経済と両立する形で、社会的セーフティネットが構築されることを期待していたのである。

こうした統治者の側での寛容と慈善は民衆における秩序への愛を涵養し[18]、彼らの政治的疎外を緩和する。また、民衆の側も進んで秩序に服することで、統治者は民衆に自由を付与することができる。この統治者と民衆の道徳的関係性が堅固であるような幸福な状態こそが、自由な文明社会の本来の基盤なのである。したがって、人間社会が絶対に廃棄しえない支配—服従関係を自由なものとするのは、まさしく信頼関係に他ならないことをバークは熟知していたと言ってよい。それと反対に、合理主義的なフランス革命派は、武力と強権によって物理的に支配―服従関係を維持しようとして圧政に堕してしまう。J・ノーマンなどのように、バークの自生的な社会制度論に今日の社会理論で言うところの「社交資本（social capital）」[19]の議論を見る研究者も現れてきているが、ここでの相互的な信頼関係こそ、まさしく「社交資本」に他なるまい。この自由な支配―服従関係の結節点となるのが統治者の側で言えば寛容と慈善であったし、民衆の側で言えば「自然的服従の原理」なのであったが、それら双方に関わる道徳的基礎として、騎士道と宗教の精神が位置付けられていたのである。

そのように考えれば、バークが自由社会の根底に騎士道と宗教の精神を据えたというのも、全くの不合理かつ時代錯誤的なものであるとは言い切れなくなるであろう。「商業の法則は自然の法則であり、したがって神の法則である」[20]と述べ、経済的自由主義の系譜に立ちつつ、バークが騎士道と宗教という封建的エートスを擁護し続けたのも、こうした多元的な含意があったのである。L・スティーヴンなどバークに好意的な論者ですら、バークの騎士道と宗教への愛惜を単なる感傷主義だと片付ける傾向が強いが、バークの騎士道と宗教への愛惜を単なる時代錯誤の感傷として片付けるのは早計に過ぎるというものである。それは、今日の我々から見れば「反動（reaction）」的な言説で表現されたものかもしれないが、その実、近代がはじめて直面する政治経済的疎外に対して示された一つの重大な「反応（reaction）」でもあったのである。

よって、バークにおけるキリスト教と騎士道の擁護という論点は、極めて多面的に考察されるべき対象であったと言えよう。それらのエートスは、文明的な作法（manners）として習俗を温和化させ、人々の粗野な情念を抑制することで、イギリス経済社会の発展を支えてきたのと同時に、封建的階層制観念としてイギリスの階層制秩序を精神的に支え、イギリス社会に安定性と秩序性を付与してきたのである。また、キリスト教と騎士道は国教会と貴族政という具体的制度に結晶し、均衡国制の一角として民主政や君主政の暴走を抑制して、文明社会の「調整された自由（regulated liberty）」を保持するとともに、慈善や公的献身を名誉とする公共精神の母体として、小さな政府、ひいては経済的な自由をも確保してきたのである。そしてバークは、そうした多様な役割を有するキリスト教と騎士道のエートスによってはじめて精妙な文明社会の自由は支えられるのであり、イギリス社会では実際にこれまで支えられてきたのだと考えたのである。

無論、ここにはバークの理想化されたイギリス国制観、貴族観、宗教観が伏在していることは言うまでもない。しかし、バークのこうした特異な思想には、後にジェントルマン資本主義論などによって明らかにされたように、十八世紀末の中世から近代への過渡期にあって、封建社会から近代資本主義社会に大きな革命的混乱を経ることなくスムーズに移行することに成功したイギリス資本主義社会の歴史的特異性がまさに反映されていたように思われる。よって、バークにおける政治的封建性と経済的近代性の並存という「バーク問題」は、それはそのまま「イギリス問題」という側面にも直結しうるものであろう。バークの政治経済哲学の奥深さ、豊穣さは、彼自身がイギリスそのものを体現していたということに起因すると言えるのではないだろうか。その意味では、まだまだ本書で充分に論じられていない論点もあまりに多いと言えようが、その点での考察は今後の研究課題とせねばならない。

## 注

（1）Laski, *Political Thought in England*, p. 169.〔一四八―一四九頁〕

（2）*An Abridgment of English History*, p. 533.

（3）Wollstonecraft, *A Vindication of the Rights of Men*, p. 24.
　こうしたバークの作法論を偽善的な「不誠実さ（insincerity）」であると見なしたウルストンクラフトの思想的闘争については、Davidson, *Hypocrisy and the Politics of Politeness.* の第三章を参照。J・ダヴィッドソンは、このバークにおける偽善性をスコットランド啓蒙派の道徳哲学に帰している。「近代ヨーロッパの政治的特徴を騎士道の影響に帰し、バークは、スコットランド啓蒙の影響力のある議論を再定式化している。D・ヒューム、W・ロバートソン、A・ファーガスンの語彙を用いて、騎士道は、作法の体系のみならず、権力が礼儀正しさで上手く偽装した政治の一様式をも表現している。それらの著作家に従って、バークは、騎士道的作法が政治的暴力を和らげるのに必要不可欠だと論じたのである」(*Ibid.*, p. 81.)。

(4) 半澤孝麿「解説」(『新装版フランス革命の省察』所収、みすず書房、一九九七年)四〇二頁

(5) 人間の根源的な《悪》を見ていたバークは、作法のみならず、イギリス国制、統治体制をも、人間の悪を抑え込む文明的な制度として非常に重視していた。「統治の大きな役割は、抑制物としての役割である」(*Thoughts and Details on Scarcity*, p. 251.)というわけであるが、それに加えて、洗練された文明的な作法が人々の荒々しい情念を温和化させるというのであれば、バークが「我々の美徳で完成されるべき本性を我々に与え給うた神は、またその完成に必要な手段をも欲し給い、それゆえに国家を欲し給うたのである」(R: 86 上 180)と述べて、文明(政治)社会においてのみ人間は文明的で道徳的な存在になりうると考えたのも理解できよう。

反対に、人間を善とすることは、バークとは逆に、政治的なるものの否定を帰結することになる。「善なるものは正理平治なり」(荀子)というのが真であれば、カール・シュミットが述べたように、「国家を敵視する過激主義は、人間の本性が、徹底的に善であることを信じる度合いに応じて増大する」のである(カール・シュミット『政治的なものの概念』田中浩・原田武雄訳、未来社、一九七〇年、七三頁)。

(6) 私悪すなわち公益というマンデヴィルのテーゼをバークがヘースティングズ弾劾においてネガティヴに使用していたことは留意さるべきであろう。バークは、大使が賄賂を厭わずに王室のために貢献しようとしているように、ヘースティングズも、東インド会社や国家のために賄賂を受け取っているに過ぎないのだという考えを批判する。こうした「私的な横領を公共善へと転化」させる論理を、いわゆる「私悪すなわち公益(private vices are public benefits)」であるとバークは揶揄するのだが、バークにしてみれば、私悪を無媒介に公益とするマンデヴィル的な思想は、社会秩序の観点から見れば、自己抑制ないしは克己を必要とする「文明的自由」を弛緩させるものと映ったことであろう(Burke, *Speeches on the Impeachment of Warren Hastings* (Fifth Day: 17 February 1788), in W-7, pp. 184–185. WS版(WS-6, p. 396.)では少し表現が異なり、日付も 18 February 1788 に訂正されている)。

(7) *Letter to a Member of the National Assembly*, p. 326.〔『論集』五七三頁〕

(8) 例えば弾劾裁判における、ヘースティングズは欲望をむき出しにした作法(manners)なき非文明人であるという

批判の論法も、バークの文明人観を物語るものであろう。アーメドによれば、バークはヘースティングズを「感性の欠如、感覚の欠如、礼節の欠如……適宜性の感情をもたず、生命の関係性に対する感覚もなく、人間事象の情況にも適合しない」と口を極めて罵ったが、これはヘースティングズと東インド会社が文明的でなく、野蛮であることを印象付けるためであった。社会関係や共感が生み出す適宜性の感覚をスミスが文明社会の道徳的基盤の一つに据えたように、適宜性の感覚や礼節というものは、基本的には野蛮な欲望を統御する文明的な作法(manners)であって、それを欠いたヘースティングズは欲望に任せて文明性を破壊する野蛮人であると見なされたのであった。つまり、文明的な作法は野蛮な自我を包み込んでくれる「マスク」であったが、それを失ったヘースティングズや東インド会社の社員たちは野蛮な自我が剥き出しにされてしまっているのである。無論、その背後にあるメッセージは、文明的な「作法(manners)」はあくまでもマスクに過ぎず、誰しもその下は野蛮でしかないという反啓蒙主義的諦念である(Ahmed, S., The Theater of the Civilized Self: Edmund Burke and the East India Trials, in *Representations*, vol. 78., Spring 2002, p. 32.)。バークは、公衆の文明的な共感によって、悲惨なインド民衆への憐れみの感情が喚起されることを期待したが、それがヘースティングズの無罪判決という形で最終的に裏切られ、「ああ無情なる公衆よ！」と叫んだとき、バークは文明全体の腐敗と退廃を感じたことであろう(Ibid., p. 43.)。

(9) *An Abridgment of English History*, p. 716.

(10) *Letter to a Member of the National Assembly*, p. 293.〔『論集』五四二頁〕

(11) *Thoughts on French Affairs*, p. 35.〔『論集』七一九—七二〇頁〕

(12) 封建的階層制秩序の特徴の一つである、各人が自らの「所《ショ》」を占めることで疎外を克服しようとする思考は、ドラッカーが明確にバークを援用して現代的に提示していることは既に指摘したが、おそらくリベラリズムの「遊離した自己」を批判するコミュニタリアンの思考にも一部通底するものがあろう。封建的な文脈から離れて、人々に自らの「所」を与えることによって疎外を克服しようとすることは、一つの有力な手段である。

(13) エーリッヒ・フロム『自由からの逃走』(日高六郎訳、東京創元社、一九六五年)五三、六八頁

(14) 無論、このことは、フロムとバークが完全に思想的に一致している、ということを意味するものではない。宗教や階層制秩序を破壊することによって、中世を否定した近代は(フロムはルネサンスや宗教改革、バークはフランス革命にそれを決定的に見たのだが)、人々を解放すると同時にアトム化したという時代判断においては共通していても、バークはフロムほどの強い自律的個人を措定し、肯定することがなかった。フロムは自発的自由の追求に近代の疎外に対する活路を見出すのだが、それはプライスの自己決定的自由とも通底し、ある種の近代の徹底化を意味するもの

であったとも言えよう。その自発的な強い個人の前提は、必然的に社会をも人間の自発性の下に置き、自己決定してゆくべきだという思想に結び付き、プライスにおいては民選君主政論やフランス革命への支持に、フロムにおいては計画経済への支持（「民主主義的社会主義」）に繋がってゆく。逆にバークは、個人の力は限定的であるというところから、宗教、歴史的叡智の結晶たる偏見、階層制秩序の擁護と、社会への国家の介入の不可能性に基づく自由市場主義を唱えたのである。

（15）分業の発展した文明社会における人民のエネルギーを生産力として全面的に解放しながら、統治においては人民を被治者のままに留めようとしたスコットランド啓蒙派の「ディレンマ」に対する佐々木武の指摘は鋭い（佐々木武「『スコットランド学派』における『文明社会』論の構成（四・完）」四五頁）。バークもこのスコットランド啓蒙派の「ディレンマ」に悩み抜いていたと言えよう。

（16）Canavan, *The Political Reason of Edmund Burke*, p. 95.

（17）*Thoughts and Details on Scarcity*, p. 261.

（18）逆に言えば、この統治者階級からの寛容や慈善は階層制秩序の維持に寄与するのであり、無論、バークはその効果を狙っていたのだが、水平化を希求する急進派はその危険性を見事に理解し、上からの慈善を批判していた。ウルストンクラフト曰く、「真の幸福は、平等な者たち（equals）によってのみ享受されうる友好関係と親密な関係とから生じる。慈善は、恩着せがましい施し物の分配ではなく、正義と人道に対する尊敬に基づいた善き親切、相互的な恩恵のやり取りなのである」（Wollstonecraft, *A Vindication of the Rights of Men*, p. 9.）。だからこそ、ウルストンクラフトにとって、身分の不平等は道徳の腐敗を生み出すのであった。「位階の不平等は美徳の成長を常に阻害するに違いない」（*Ibid.*, p. 48.）。

（19）Norman, *Edmund Burke*, p. 208.

（20）*Thoughts and Details on Scarcity*, p. 270.

アイルランド（ダブリン）のトリニティカレッジにあるバーク像

Edmund Burke, by John Henry Foley, 1868, copper electrotype, Trinity College Dublin Art Collections
Reproduced by kind permission from The Board of The University of Dublin, Trinity College Dublin, Ireland

# 補論I　バークのインド論——伝統文化主義の新地平

## はじめに

エドマンド・バークの政治的な活動範囲は、議会政治問題、アメリカ独立問題、財政改革問題、アイルランドのカトリック問題、フランス革命問題など多岐にわたっているが、中でもヘースティングズ弾劾を中心とする東インド会社の改革問題こそ——最終的にはヘースティングズの無罪という形で終結するものの——、バークが晩年に最も傾注した仕事であった。実際、『一貴族への手紙』(一七九六年)で、インド問題こそ「私が自ら最も誇りとするもの」[1]であると自負していた。しかし、日本においては、バークのインド論についての邦訳がほとんど未整備のままであり、なおかつ先行研究も少ない。[2]その原因としては、インド問題という日本人にとって馴染みの薄いテーマであるということと、弾劾裁判という他者の情動を一層喚起させねばならない舞台設定上、その時の演説にはバーク特有のレトリックが随所に散りばめられていて、バークの真意を汲み取ることが比較的困難だということが考えられよう。

しかし、スレーリをはじめ、海外ではバークのインド論がオリエンタリズムへの批判を含むものであったことが近年再評価されつつある。スレーリはバークのインド論を、「インドがいまだ西洋によって読まれていない諸文化・諸社会を包含している可能性をはっきり述べた最初の声の一つである」[3]として評価し、オリエンタリストがインドの徹底的調査による知的掌握を目指したのに対して、バークはインドの複雑さ、深遠さ、スレーリの表現を用いれば、「インドの難解さ」を対置させてそれを阻もうとしたと解釈する。バークによるインドの差異化戦略を「十八世紀のオリエンタリズムへの持続的な批判」だと高く評価するスレーリのバーク解釈はそれ自体有意義なものではあるが、むしろ、インドの差異性を認知していながらも、バークはイギリス帝国の統合性の存在を自明のものとしていたのであり、私見では、翻ってバークの偉大さは、この差異性と統合性との両立、つまりその多元的な社会秩序構想にあったと思われる。普遍主義の終焉でもあった冷戦崩壊後に生起した民族主義的な差異化運動は、相互の対話の不在とテロリズム化を引き起こし、今日の国際問題の多くを生み出しているという事実を鑑みれば、差異性と統合性との融合というバークの社会秩序構想は、現代社会にとっても有意義なものとなるはずである。

この補論Ⅰは、ヘースティングズ弾劾裁判での演説を中心とするバークのインド論を差異性と統合性とを両立させる多元的な社会秩序構想の試みとして読み解き、その現代的意義を明らかにしようとする一試論である。

## 一、バークにおける多元主義と普遍主義

晩年のバークが東インド会社の腐敗を糾弾することに全精力を傾けていたことは既述したが、それほど当時のイギリス東インド会社の腐敗と暴虐は酷いものであり、スミスやマルクスもその点については指摘している通りである[4]。これに敢然と立ち向かったバークは、ラスキの述べるが如く、「被支配民族の問題に関する道徳上の重要性を完全に理解した第一級のイギリスの政治家[5]」であったと言える。東インド会社とその総督たるヘースティングズの腐敗を告発せんとしたバークが、まず論破せねばならないと考えた標的の一つは、そうしたインドへの圧政を正当化しかねない、ヨーロッパ人に根強いインドに対するオリエンタリズム的差別意識であった[6]。実際、モンテスキューの思想的影響を強く受け、彼を「この時代を啓発した最も偉大な天才」と激賞したバークであったが、モンテスキューの『法の精神』における「東洋的専制」というオリエンタリズム的概念は断固受容せず、弾劾裁判における『再訴答演説』(一七九四年)では、「モンテスキューが怠惰で無分別な旅行者から得たあらゆる証言は完全に間違っている[7]」とすら断言していた。ヘースティングズが自らの暴政を正当化する際の理論的根拠として援用していたのも、ヨーロッパに広く受け入れられ、マルクスも規定されていた、この「東洋的専制」の概念であった。

彼[ヘースティングズ]曰く、「私は行使すべき専制権力を有し、それを行使した。私は[インドの]民衆が奴隷であることを知った。……彼らは本質的に奴隷なのである。……専制権力は私にとって不快なものではあったが、それを行使した。他の権力は、その国では行使されえないのである」。……彼の言い訳とは、自分が、

恣意的で専制的な、彼が考えているような東洋的原理（oriental principles）に基づいて、インドを統治していたということなのである。[8]

よって、ヘースティングズの専制を弾劾するには、まずヘースティングズが自己正当化に利用した「東洋的専制」というオリエンタリズム的概念を打破する必要があった。バークによれば、「アジアの諸政府のいずれも未だかつて専制権力を有したことはない」[9]のであり、逆に「アジアの最大部分はイスラム教政府の下にあるが、イスラム教政府と言えば、法治政府を指す」[10]とすら述べ、宗教法に君主が強力に規定されるアジアは、その意味で専制的ではなく、法の支配が貫徹されているとし、君主が恣意的に統治する「東洋的専制」という概念を完全に否定する。そしてバークは、「……私は東洋を公平に評価せねばならない。彼らの道徳性は我々の道徳性と同等である」[11]と断言するに至るが、バークの興味深い点は、経済的にも文化的にもインドがヨーロッパに匹敵すると考えていた点である。

［インドの人々は］長きにわたって文明化され洗練された人々であり、我々がまだ森の中にいたときに、上品なあらゆる生活技芸によって洗練されていた。……［インドには］人口と通商の点でヨーロッパの第一級の都市に見劣りしない無数の都市がある。また、［インドには］商人や銀行家がおり、彼らの個人商店はかつて資本においてイングランド銀行に匹敵し、その信用力はしばしば揺らぐ国家を支えていた……。そして無数の独創的な製造業者や職工がおり、無数の最も勤勉で極めて聡明な土地耕作者がいた。[12]

無論、この発言が、産業革命が本格的に進展する以前のことであり、バークのレトリックでもあるということは考慮せねばならないが、その点を差し引いても、経済力、文明度の点でヨーロッパに比肩しうるインドというイメージを聴衆に突きつけたバークの先駆的な試みは評価しうるものであり、そのことは、インドをドイツの諸領邦に例えて説明するとき最も明確に示される。『フォックスのインド法案演説』（一七八四年）でバークは、インドの比較対象として「ドイツの帝国」を挙げ、アウド太守をプロシア王に例え、アルコット太守をザクセン選帝侯に例えるなど、インドの諸王がヨーロッパの大貴族たちと比肩しうることを力説する。そして、ドイツとインドを比較した理由を以下のように述べている。

> この広大で、複雑な本性をもち、威厳と重要性をもつ帝国を、私がドイツやドイツ政府と比較したのは、完全に類似していたからではなく、一種の中間項としてなのである。これによって、インドが我々の理解力に近づき、できれば我々の感情に近づくようになればと思ったのである。……私が懸念するのは、この非常に離れた対象［インド］を誤り濁った媒介を通じて見る限り、我々は不幸な現地民への共感のようなものを一切抱くことができないのだということである。(13)

つまり、バークは、インドとドイツを比較可能な対象として結び付けることで、(14)オリエントは「我々の西洋世界における普通の愛着、感情、価値とは懸け離れたどこか別の世界のことであるという公然たる認識(15)」が存在していた西洋社会において、イギリス人とインド人との共感関係を構築しようと努めていたのである。統治者と被治者の間に共感関係が存在しないと、権力の腐敗、つまりは統治者による被治者への圧政が生じる。実際、東インド会社の官吏たちは、インド統治を致富の手段としてのみ捉え、治下のインド人への共感を全くもっていなかったが、バークはこのことを「若い人たち（ほとんど少年）が交流も現地民との共感関係もなくそこを統治する(16)」として批判していた。この共感関係の欠如が圧政に堕するのは、東インド会社の官吏たちがインド民衆の苦痛に共感することなくインドを搾取して致富に邁進するために、「彼らは原理において成熟するずっと前に財産において成熟しきるので、彼らの未熟な権力が過度になるのを矯正すべく本性や理性が発揮される機会は全く存在しない」[17]からであった。統治者と被治者との間の共感関係こそが権力の専制化を抑制するのに[18]、東インド会社の官吏たちは現地民との共感関係を一切有せず、結果として、先のヘースティングズの弁にあったように、現地の「東洋的専制」の伝統と彼らが解したオリエンタリズム的原理に則って専制権力を行使していた。バークが批判したのは、ヨーロッパにおいては専制権力は不法であるが、東洋的専制の原理が通用するアジアにおいては専制権力を合法的に行使しうるとする、この「地理的道徳性（Geographical morality）」の概念であった。弾劾裁判の『冒頭陳述』（一七八八年）でバークは以下のように述べる。

彼［ヘースティングズ］は、諸卿に対して、自分の弁明の中において、アジアにおける行動は、ヨーロッパにおける同様の行動が帯びるのと同じ道徳的性質を帯びることはないと述べた。……それらの紳士は地理的道徳性（*Geographical morality*）という考えを作り上げたのだ。それによれば、人間の義務は、公的立場にあれ私的立場にあれ、宇宙の偉大な統治者との関係ないしは人類との関係によって規定されるのではなく、風土や経度の程度によって……規定されるということである。……この地理的道徳性に我々は断固反対する。……道徳性の法はどこでも同一である。イギリスにおいて、強奪、横領、賄賂、抑圧の行為として認められている行為はない。ヨーロッパ、アジア、アフリカ、そして世界のどこでも、強奪、横領、賄賂、抑圧の行為は認められないのである。[19]

ここでバークは、万人が服する普遍的な「一つの偉大な不変的、先在的な法」たる神の道徳的自然法の概念を用いて、ヨーロッパやインドを貫く普遍的な道徳律を唱えるのだが、これは先述の如くインドをヨーロッパに文明的に比肩しうるとした場合、極めて自然に導出される発想であり、インドとヨーロッパの共感関係の基盤的前提となる議論であったことは言うまでもない。しかし、この道徳的自然法の強調は、逆に言えば、インドとヨーロッパに越えられぬ壁を設けて差別化したオリエンタリストとは異なり、インドとヨーロッパの差異性を軽視するという別の普遍主義的な問題を生み出すことになりかねない。しかし、バークは一方で、以下のようにも述べているのである。

我々が、その国［インド］の住民の統治を引き受けるならば、彼ら自身の原理と格率に基づいて彼らを統治せねばならず、我々の原理と格率に基づいて統治してはならないのである。我々は、彼らを、我々の狭い観念の中に押し込めようと考えてはならず、彼らの意見や慣例の体系を理解すべく我々の観念の方を広くせねばならない（extend ours）のである……[20]。

インド文明がヨーロッパ文明に比肩しているとバークが考えていた以上、インド統治は現地の地域的伝統を尊重する形で行われねばならず、ヘースティングズのように、イギリス側のオリエンタリスト的な「東洋的専制」の思想に則って一方的に統治してはならない。それどころか、インドの地域的伝統に直面した場合、イギリスの観念の方が変容を被らねばならないとすら述べているのである。ヨーロッパがまだ「森の中」にいたときに既に洗練されていたという先述の「古さ（antiquity）」をもつインド文明は、歴史的変遷に耐え抜いて長く継続したことに人知を超えた正当性の根拠を見出すバークの「時効（prescription）」概念によっても正当化されうるのであり、その意味で、イギリスの価値観や制度がインドにおいても正当である理由はどこにも存在しない。「ある国民がその下で長く存在し繁栄していたということが、未経験の計画に反対して既存の統治制度を擁護する根拠である[21]」と述べ、イギリス国制を、「時効的国制（a prescriptive constitution）」と呼んで擁護していたように、バークにとって「時効」とは、歴史や伝統によって、既存の国制や宗教制度を正当化するための根本原理であり、それゆえに、「身体に自らを適合させる衣服（a vestment, which accommodates itself to the body）」[22]という象徴的な言葉で国制を表現していたように、統治制度をその地域の長きにわたる風習や伝統と完全に調和した非普遍的なものと見なす論理を内包していた。これは、言わばイギリス国制を、イギリスの歴史と国柄にぴったりとなったテイラーメイドの「衣服」と見なすということであり、このレトリックを踏まえることによって、シェイエスらの如き「分析的立法者や国制販売業者」の合理主義的憲法（国制）論を「レディメイドの国制（constitutions ready made）」[23]として批判できるようになったのである。無論、こうした時効的国制論は歴史的に継続してきた古い制度の無条件的肯定ではなく、その制度が長く受容され、状況に完全に調和し、結果としてそれによって「繁栄」が維持されていなければ、その制度は時効的には正当化されえない[24]。イギリス国制の確立によってイギリスは繁栄を享受してきたのだと考えたバークは、それゆえにこそイギリス国制を「時効的国制」として正当化していたのだが、同様に、「ヒンドゥー教が確立されたところでは、その国は繁栄してきた[25]」と述べているように、バークにとって、地域的伝統に根差し、それによって繁栄したという帰結主義的正当性をも有する古来のヒンドゥー教は、まさしくキリスト教と同じく「時効的宗教（*prescriptive religions*）」に他ならないものであった。よって、バークの時効概念からは、イギリス文明が、それ以上の伝統を有するインド文明に優越するという論理が必然的には導かれえない。だからこそ、インドはインドの伝統に適合した統治形態で治められねばならず、それは現地の伝統文化の尊重、ひいては現地の伝統文化に根本的に規定された統治形態をイギリスに要求するものとなったのである。

つまるところ、バークにとって、良き法や制度というものは伝統文化に規定されたものでなければならず、ファーニスが「バークは、マルクス主義的な下部─上部構造のモデルを拒絶していた[26]」と指摘しているように、マルクス主義的な発想とは正反対に、言わば〝文化的下部構造論〟の立場に立っていたと言ってよい。この立場は、『省察』で、抽象的かつ普遍的な人権ではなく、伝統的かつ具体的な「イギリス人の権利」を擁護していたことにも表わされていたし、『再訴答演説』ではヒュームの如く、道徳的側面から見たとき、人間は「偏見をもつ生物——意見をもつ生物——慣習をもつ生物であり、それらから生じる感情をもつ生物」であるとし、「それらの属性は、神が我々を配し給うた国や社会の住人や成員としての我々の第二の本性（our second nature）を形成する」[27]と述べ、人間存在を地域的な伝統や慣行の中で練成された伝統文化的存在として措定していたことにも端的に示されていた。バークは、この人間の道徳的本性に触れる攻撃は、肉体的本性に対する攻撃よりも長期的かつ広汎な悲惨をもたらすと述べるのであるが、伝統文化的存在としての具体的な人間存在にとって、道徳的本性の本質たる伝統文化の破壊がいかに現地民の人間的な否定に繋がるかということをバークは熟知していた。それゆえ、インド統治は地域的な伝統文化の最大限の保持をもって当たらねばならなかったのである。実際、バークは、東インド会社はイギリスのみならず、ムガール帝国からの特許状によっても権力を得ているのであるから、「ムガール帝国が健在であれば、その責任の下、彼らは現地民の法、権利、しきたり、慣行を遵守し、常に現地民の利益を追求するよう義務付けられていたことであろう。なぜなら、この義務は、彼らが引き受けた職務の性質、その制度、その目的に本来付随するものであったからである」[28]と論じ、統治する者の本来の義務として、伝統文化の尊重と「恩恵の制度」としての公益の追求を明示していた。

こうしたバークの地域的伝統の尊重という視座は、ヘースティングズ弾劾においてのみならず、アメリカ革命期においても一貫して見られるものであり、『「現在の国情」考』（一七六九年）では、「民衆は彼らの気質と性向に合った仕方で統治されねばならない」[29]とされ、また、『ブリストル執政官への手紙』（一七七七年）では、「この広大で奇妙にも多様化された集団を構成している各々の国民の性格や状況に我々の統治を適合させることが……我々の義務であった」[30]と述べられ、インドとヴァージニアの統治手法は自ずと異なると指摘されていた。

つまるところ、アメリカ植民地の反抗を招いた理由の一つが、帝国の多元性を尊重しない政府の無思慮にあるとバークは考えていたのであり、その教訓はヘースティングズ弾劾においても遺憾なく発揮されていた。バークに内在しているこうした伝統文化主義的概念は、インドの地域的伝統を否定する論理をもたなかったがゆえに、帝国の多元化を要求する論理に結び付き、現地の法治主義的伝統を破壊する東インド会社の伝統破壊的圧政を批判する強力な武器になりえたのである。

こうした現地の伝統文化を最大限尊重すべしという賢明な統治手法の認識は、実はバークの実地経験のみならず、若き頃の歴史研究の賜物でもあったという点は指摘しておいてよかろう。実際、バークが政界進出前に執筆していた『イギリス史略』でもそうした地域的な伝統文化を尊重する統治手法をとった偉人たちが賞揚されていたのである。特に『イギリス史略』で「この人物に征服されたのはブリテン人にとっての幸福であった」[31]とまで絶賛される古代ローマのブリタニア総督アグリコラの統治手法は、まさしく現地の習俗、伝統、文化を尊重するものであったと言ってよい。アグリコラは、「被征服民の境遇を憐れみ、彼らの偏見を尊重した」のであり、そのおかげで、「全てのブリテン国民が……ローマの統治に我が身を委ねたほどであった」[32]とされ、支配者の寛容かつ現地の習俗に配慮した統治が、被征服民の自発的な服従――「自然的服従の原理」――をもたらすことにバークは確かに気付いていた。「征服された地域の服従を確実にするためのあらゆる手立ては、最大限の配慮をもって行われたのである」[33]。そして、「[アグリコラ]の行動は、粗野で自由な民衆を支配するという、不幸だが時には必要な仕事に従事する人々のための最も完璧なモデルである」[34]とされ、こうしたアグリコラの慎慮ある統治手法こそ、植民地統治のための「最も完璧なモデル」であるとバークは明確に認識していたのである。ここから学び取った統治に対する寛容な姿勢は、後年のバークにおけるインド論でも、そしてアメリカ論やアイルランド論でも、一貫して維持されていたと言ってよい。

この伝統文化の地域的多元性を重んずるバークの視角が、一つには、モンテスキューに由来するものであるということは容易に推察できよう。モンテスキューは『法の精神』で、「多くのことが人間を支配している。気候、宗教、法、統治の格率、過去の事例、習俗、作法。その結果として一般精神が形成される」と述べ、後のバークと同じく、風土や慣習に規定される伝統文化的存在として人間を捉えていた。そうした論理から、重要なことにモンテスキューは、「我々が自由に、そして我々の自然の天分に従って成すこと以上によいことを成すことはない」と指摘し、それゆえ、立法者は僭越にも人々の一般精神を恣意的に歪曲しようとしてはならず、むしろ「立法者が国民の精神に従わねばならない」[35]と論じていたのである。F・P・ロックが指摘するように、「社会秩序が、(自然に進化して)気候、慣習、作法、宗教のような文化的変数を反映するものでなくてはならないという意味では『事物の自然』の一部である、と考えていた点で、バークはまたもモンテスキューに倣っていた」[36]のである。モンテスキューの風土論を受容していたバークが、モンテスキューと同様の政策的結論、つまり、インドにはインドに適合した伝統文化や習俗があり、イギリスはそれを最大限考慮に入れて統治しなくてはならないという結論に至ったのは当然であった。

## 二、バークの多元的社会秩序思想

しかし、坂本義和も提起しているように、ここで、この地域的伝統を重んずるバークの多元主義的議論と、普遍的自然法論やヘースティングズの地理的道徳性批判に見られるような普遍主義的議論との論理整合性が問われねばなるまい。坂本は、バークにおける普遍主義的な自然法論は、「実はイギリスの体制の基本価値の普遍化であり、もう一つの一見文化相対主義的なインド文化の尊重は、実は植民地支配をいかに賢明に行うかにかかわる手段価値の主張であると考えるならば、この二つは矛盾しない[37]」と述べ、「イギリス帝国の保持」という一点において、両者は整合的であるとする。つまり、「普遍的な原理がイギリスの原理と等置可能であり[38]」、この自然法と等置されたイギリスの特殊的価値を普遍化させるために、インド文化の尊重が政策的に求められたのだとして、バークにおける多元主義的外見と帝国主義的普遍性とを整合させる。しかし、既述の通り、バークにとって、長い歴史を有する優れたインド文化の尊重が、単なる「手段価値」に還元されえないことは明白であり、そこには被抑圧民族への強い共感やインド文明それ自体への深い畏敬の念が確かに存在していた。バークにおける普遍主義と多元主義との論理整合性を真に理解するためには、さらに踏み込んで、自然法とイギリスの法、そしてインドの法や伝統といった、多様な次元に属する諸規範間の関係性が明らかにされなければならないだろう。この点を考える場合、バークの『再訴答演説』での以下の発言には極めて重要な内容が含まれていると思われる。

諸卿、我々はヘースティングズ氏が自由裁量的権力を与えられていたということは認めている。しかし、我々が主張しているのは、彼が政治的道徳性、人間性、そして衡平性という確固たる原則に従って、その権力を行使する義務があったということなのである。外国に関わる全ての問題について言えば、彼は、……自然法の下で、そして万民法の下で行動する義務があった。この国[イギリス]と彼の関係について言えば、彼は……大ブリテンの法と制定法に従って行動する義務があった。そして、我々は断言するが、インドの民衆と彼の関係について言えば、彼は、インドの民衆の法、権利、しきたり、制度、良き慣行を最も寛大に最もリベラルに解釈(construction)し、それらに従って行動する義務があった[39]。

その直後にヘースティングズは東インド会社の取締役会（the court of directors）にも従う義務を有していたとバークは付言するのだが、原理的な言及について言えば、バークは、インドの伝統的規範、大ブリテンの法、自然法という三つの規範的次元でイギリスのインド統治を考察していたことが分かる。[40] ヘースティングズは、国際的な観点から見れば、自然法ないしは万民法に従うべきだとされ、これは『冒頭陳述』における神の自然法への言及と符合する。ここで留意すべきは、この自然法の規定が、先に引用したように、「強奪、横領、賄賂、抑圧」の禁止という極めて消極的な、つまるところスミスの「正義」に属するような一般的な規範であったということである。[41] 自然法は最低限の規範的な拘束をかけるのみであり、それによって、その下におけるより特殊具体的な規範の自由が確保される。イギリスの総督という立場からヘースティングズを見れば、大ブリテンの法に従う義務を有していたのであるが、この場合、「マグナカルタは権力を抑制し、独占を破壊する特許状である」[42] と述べていたように、大ブリテンの法は、ヘースティングズの専制批判の文脈で主に用いられており、イギリスのインド統治者層の権力を拘束するものであって、インドの現地民に対して道徳的に積極的な規定を付与するものではなかった。つまり、バークにおいては、この場合、自然法および大ブリテンの法は専制や略奪の禁止という極めて消極的な規定を有するに過ぎず、インドの地域的伝統を圧殺するどころか、それを保護し、それと調和し合うものであった。したがって、主眼はインドの地域的伝統や慣行の重視にあり、ヘースティングズといえどもインドの伝統や法に従わねばならないとされたのである。確かに、バークは、地域的なインドの法と普遍的な自然法との齟齬が生じている場合、自然法を教化すべく「イギリスの総督を派遣するだろう」[43] と述べ、神の自然法の優位と大ブリテンの法の揺るぎない正当性が前提されていたが、同じ箇所で「この点ではアジアはヨーロッパと同様に啓発されている」としており、バークの中では、この規範のトリアーデは相反することなく調和し合っていた。「……万民法とは、ヨーロッパの法であることはもちろん、インドの法でもある。なぜなら、それは、道徳性、公共善、自然的衡平性の純粋な源泉から引き出され、学識者たちの努力によって認定され体系的に整理された、理性の法、自然の法だからである」[44]。よって、インドを教化すべくイギリスの総督を派遣するという場合、バークはイギリスの特殊的価値の普遍化を企図していたのではなく、大ブリテンの法そのものが自然法的普遍価値の具現態に他ならず、つまりは、消極的規定を有する自然法的普遍価値の貫徹を意味していたに過ぎない。バーク曰く、「この偉大な法［神の自然法］は、我々の協定や契約から生じるのではない。逆である。それが……我々の協定や契約に一切の強制力や拘束力を与えるのである」[45]。ここで断言されているように、バークにおいては、イギリスという特殊的価値から自然法という普遍的価値が導出されるのではない。その逆なのである。イギリスの法には自然法の普遍的価値が共有されているのであり、その限りにおいてのみイギリスの法は強制力を有する。実際、バークは、「人間の知性の誇りである法学」を「始源的正義の原理を人事の無限の多様性と結び付ける、幾時代もの理性の集積」(R: 83 上 175) と呼び、イギリスの法を、歴史的過程を経て「始源的正義の原理」を内蔵するに至ったものとして捉えていた。スタンリスが的確に指摘しているように、「バークにとって、自然法の精神は、イギリスのコモン・ローの基準となる衡平性のルールの中に具象化されていたのであり、それは法的な判例や時効を通じて伝達されてゆくものであった」[46]のである。

ここでの自然法と大ブリテンの法との関係は、『フォックスのインド法案演説』での表現を用いれば、普遍的な「人間の自然的権利 (the natural rights of mankind)」と、その特殊イギリス化された「憲章化された人間の権利 (the *chartered rights of men*)」[47] との関係に照応するものであろう。大ブリテンの法が、世界を規定する普遍的な道徳的自然法の具現態であるとするならば、バークが『省察』でイギリス国制（憲法 British Constitution）の真髄を「多様性の中の統一 (an unity in so great a diversity of its parts)」であると喝破したとき、それはそのま

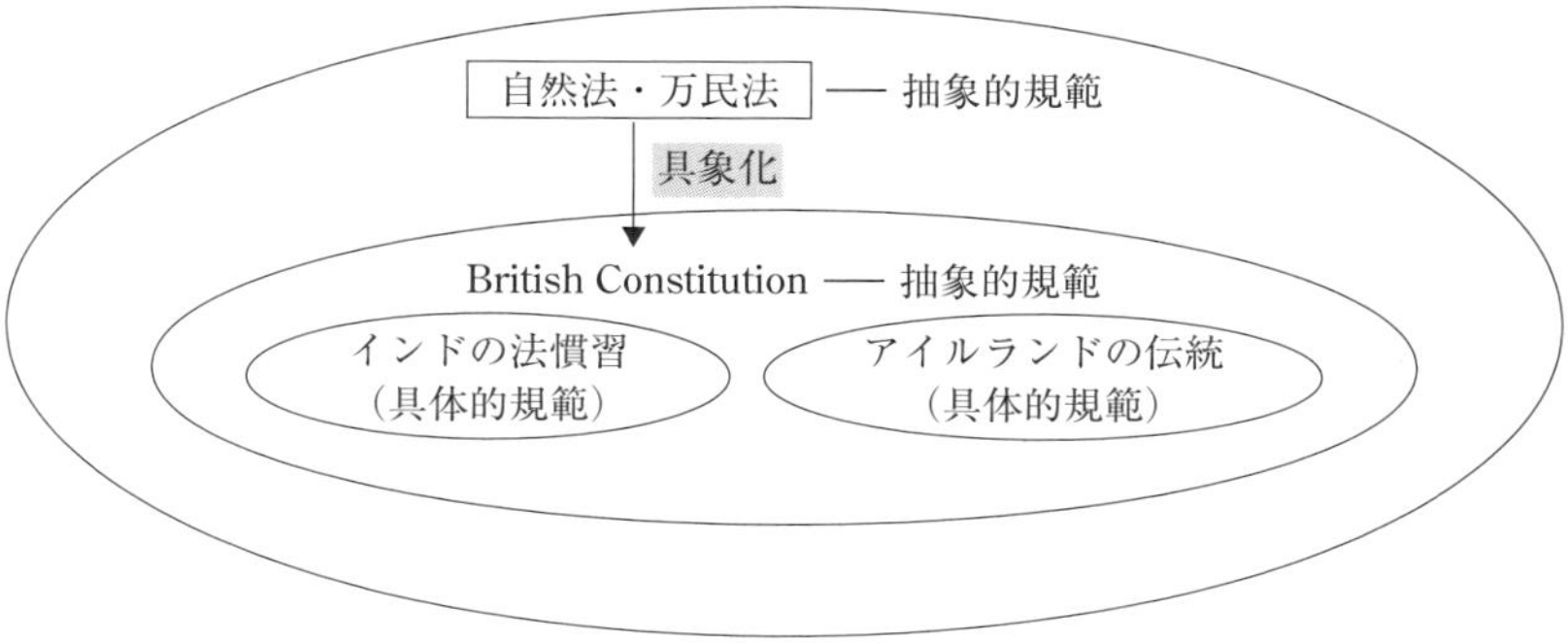


図A　バークの多元的社会秩序思想 ── 普遍主義と多元主義の融合

ま、バークの普遍的な世界秩序観にも直結するものであったと言ってよい。図Aのように、多様な伝統文化を包括しつつも統一性を保持している多元的なイギリス帝国こそ、バークの理想とした帝国観であった。バークのヘースティングズ批判に見られるのは、まさしくヘースティングズによるインドの法や伝統に対する誤認と破壊行為に抗して、インドの法や伝統の特殊性を最大限保持して帝国の多元性を確保しようとした帝国改革の旗手としてのバークの姿勢なのである。

　であるならば、バークは、イギリスの特殊的な「基本価値」を自然法と等置させ、それを普遍化させるべく、インドの地域的伝統を「手段価値」として尊重していたに過ぎないとする坂本の解釈は、まさに論理が逆なのではあるまいか。

　バークの中で普遍的自然法とイギリス国制（憲法）の基本価値とは確かに一致していたが、その論理は、イギリス的基本価値を普遍化させたものが普遍的自然法だというのではなく、自然法の普遍的価値の個別的具象態こそが、イギリス国制であるという論理であったように思われる。だからこそ、イギリス国制は「反省抜きで反省を越えた叡知である、自然に追随した幸福な結果」(R: 29 上 65) であり、人為的な設計主義からは隔絶されていたのである。薄い普遍的価値たる自然法と両立する限りで、イギリス国制は、「身体に自らを適合させる衣服」

として具体的な状況や習俗の変化を受け入れるのであり、それは、イギリス帝国が他者を容れるにつれて、国制（憲法）が抽象化・温和化されてゆくことを意味していた。「……自然法や万民法（常にイギリスの法の一部である）が奨励されるにつれて、また、帝国が増大するにつれて、そして、事物の新たな見方や結び付きが切り開かれるにつれて、この［イギリスの法の］古来の厳格さと過酷な激しさは人事の便宜性に譲歩するようになった[48]」。つまり、イギリスの基本価値たる〝British Constitution〟は、自然法や異質的他者との相互作用の中で寛容化、一般化すべく変容を被ってきたのであり、そのようにして、イギリス国制は自然法の一般的正義を内在化させ、それと知らず知らずのうちに自生的に一致するようになったのである。そこには、イギリス国制と自然法との同一視による特殊イギリス的な価値の帝国主義的普遍化という論理は存在しない。

ただ、イギリスの総督は現地の法に従うべきだという場合でも、先の引用に見られるように、現地の法や慣行をリベラルに「解釈」してというとき、バークもオリエンタリスト的な「解釈する西洋」―「解釈される東洋」という構図に囚われていたことは否めまい。この問題は、坂本も鋭く指摘しているように、バークが決してイギリスによるインド支配、つまりはイギリス帝国体制自体を疑問視することがなかったというところに起因するものである。バークは、イギリス政府が現地の伝統や慣習を尊重しつつ、「住民の福利」を第一に考えることで、イギリスによる統治がインドの民衆の福利にも繋がると考えていた。その意味で、キャナバンが述べるように、「バークは啓蒙的帝国主義者（an enlightened imperialist）であり、ブリテン帝国はその全ての構成国にとっての天恵でありうるし、そうあらねばならないと考えていた[49]」のである。実際、バークは『再訴答演説』において、ヘースティングズが着任したことによって、インドにおける「イギリス人階級がその国にとっての祝福（a blessing）であったかどうか[50]」を判断せねばならないと論じていた。また、帝国を全否定するのではなく、帝国の改革からはじめるバークのリアリスティックな姿勢は、「良き愛国者や真の政治家は常に、いかに自国の既存の材料を最大限に活用するかを熟慮する。保存する気質と改良する能力の統合こそ、私にとっての政治家の基準である」（R: 138 下 45）とした保守的改革の理念に由来するものであり、バークならば、確立していたイギリス帝国体制を全否定して抽象的理想に訴えることは、政治家たる「行動する哲学者」に相応しからぬ無責任な態度だと考えたであろう。実際的政治家であったバークは、現存の体制の枠内で、多様な地域的伝統を最大限保持した上での統合体の形成、つまるところ、イギリス帝国内の多元性の極大化という最大限の改革を企図していたのである。

# おわりに

スレーリが指摘するように、[51]「東洋的専制」という概念を拒否した点でバークのインド観はオリエンタリズム批判の要素を含んでいたと言えようが、先述の通り、このことはバーク自身がオリエンタリズムから完全に自由であったことを意味しない。しかし、十八世紀の思想家でオリエンタリズムから完全に遊離した思想家が果たして存在しえたのかという疑問も生じるのであり、バークにおけるオリエンタリズム的要素がバークのインド論の価値を無にするとは思われない。重要なのはバークのインド論から我々が何を学び取るかである。その意味で極めて注目すべきなのは、バークのインド論における伝統文化主義の要素であり、その点で、いわゆるマルクスらの「資本の文明化作用」の論理を否定するものであったということである。

周知のようにサイードは、マルクスの論文『イギリスのインド支配』（一八五三年）の中に、《アジアに対する「メシア的（messianic）」な役割を担うべき西洋産業文明》という思惟様式を見出し、マルクスにおけるこうした「ロマン主義的オリエンタリズム」[52]を批判した。無論、マルクスが、「抵抗しないし、変化もしない社会」としてインドを描き、インドの「半野蛮・半文明的な小共同体」を「東洋的専制（Oriental despotism）の堅固な基盤」[53]であったと批判する点はオリエンタリスト的ではあるが、マルクスの主眼はそうした前近代的社会体制が「イギリスの蒸気力とイギリスの自由貿易の作用（the working of English steam and English free trade）を通じて……大部分解体され、消滅しつつある」という事態に向けられていたのであり、イギリスの資本制的産業文明が人々を解放し、インドに「唯一の社会革命」をもたらすという点に彼は注目していた。マルクスにとって「自由の王国」の前提条件たる、希少性の廃絶をもたらす巨大な生産力と、地域的共同体に拘泥されぬ普遍的主体としてのプロレタリアートの生成という社会的な基盤整備のためには、「イギリスの蒸気力とイギリスの自由貿易の作用」が不可欠であり、こうした「新世界の物質的基礎」を確立する限りにおいて、イギリスのインド支配は肯定されたのである。

　しかし、エンゲルスがマルクスと同様の論理で「蒸気はオーストリアの野蛮をずたずたに[54]」引き裂いたと述べているように、オーストリアの封建制を近代産業文明が打破してゆくという「資本の文明化作用」を西洋自身にも適用していたことを鑑みれば、マルクスやエンゲルスのアジア認識をオリエンタリズムの言説からのみ批判的に解釈するのは一面的ではあろう[55]。「西洋」と「東洋」という枠組みではなく、「資本」と「資本に先行する生産諸段階」という枠組みでマルクスやエンゲルスは思考していたと言った方が正確である[56]。この発想の基底にあるのは、イギリスの蒸気力と世界交通の文明化作用によって地域的伝統性が破壊され、それによって「ノン・トポス」[57]としての普遍的な革命主体＝プロレタリアートが形成せられるという世界史的視座であり、西洋的産業文明の資本制的生産力の強さに対する確信である。この「西ヨーロッパ文明による諸民族の世界史的結合」[58]というマルクスの企図は、「古来のアジア社会を全滅させることと、アジアに西洋社会の物質的基礎を敷くこと」をインドにおけるイギリスの「二重の使命[59]」だと呼んだことに端的に示されていよう。「ブルジョアジーは、自分の姿に似せて一つの世界をつくりだす[60]」のであり、イギリスによってもたらされた「資本の文明化作用」は、インドの多様な地域的伝統を破壊して、一様に「西洋」化させる「悪魔の碾き臼」（K・ポランニー）であったにもかかわらず、これこそが来るべき未来社会の普遍的経済条件を整備することになるのであると、ある意味で黙認されたのである。「資本の文明化作用」によって、多様な文化は一つの普遍的な文化――「一つの世界文学（eine Weltliteratur）[61]」――へと収斂してゆくのであって、理論的には文化的多元主義の余地はそこには存在しえない。少なくとも、一八五〇年前後までのマルクスはそう考えていた[62]。このことは、本質主義を否定したマルクスが人間存在を伝統文化的存在としては捉えていなかったことを意味しており、逆に社会経済条件の変革こそがひいては人間存在の変革にも繋がると考えていたのである。

　しかし、バークは逆に、人間存在や良き制度を具体的な伝統文化に規定されたものとして見る〝文化的下部構造論〟の立場に立ったがゆえに、ヘースティングズによる伝統破壊的行為を断固否定し、多様な地域的伝統の織り成す多元主義的な帝国観を構想することができた。既に指摘したように、バークは『省察』においても、ヨーロッパ文明の二つの基盤たる「紳士の精神と宗教の精神」という伝統的な「作法が商業自体の発達の前提条件をなす[63]」と論じており、商工業自体が伝統的習俗を基礎にしなければ健全に発展しえないと考えていた。よってバークは、「民衆には商工業が欠如しているが、貴族と宗教の精神が残っているようなところでは、情緒が……それらの空虚を埋めてくれる」（R: 69 上: 146）とすら断言している。このことから明らかなように、バークには商工業の発達を伝統的習俗の破壊に優先させるような産業主義的・開発主義的な論理が存在しえず、逆に伝統的習俗を失えば、商工業自体存立しえないと考えていた。ファーニスが「バークは、マルクス主義的な下部―上部構造のモデルを拒絶していた」と考えていたのも一理あるのである。この発想の根底には、人間は

「偏見をもつ生物――意見をもつ生物――慣習をもつ生物」であり、伝統的習俗は人間存在の重要な構成要素であるとする先述の伝統文化主義的人間観が存在していた。

例えば、バークにとって、人間の有する伝習的な「偏見（prejudice）」の筆頭は「宗教」であるが、「人間は本質的に宗教的動物」（R: 80 上 167）である以上、いかなる者にとっても宗教は必要不可欠な慰藉であると言う。ここで興味深いのは、特に富者にとって、宗教は「より一層重要（more consequence）である」（R: 89 上 187）としている点である。いかに経済的に豊かな者であっても、「彼らはこの［宗教という］至高の慰籍を、彼らの辛い心配や不安感のゆえに必要とする」（R: 89 上 187）のであり、経済的豊かさによってもたらされる疎外は、伝統的習俗たる宗教によってのみ和らげられると考えていた(64)。

それらのしばしば非常に不幸な我が同胞たち［富者］には、この地上では希望も不安も何も感じない彼らの心に巣くう憂鬱な空疎感を満たすために、何らかの慈悲深い施しが必要なのである。つまり、何もすることがない人々の耐え難い倦怠感や過度の無気力さを和らげる何らかのもの、金で買われた全ての快楽に付きもののうんざりするような飽満感にあって、彼らの生存への欲求を喚起させる何らかのものが必要なのである（R: 89–90 上 187–188）。

ここに、バークが宗教という伝統文化的「偏見」を経済的なるものよりも優先させていた一つの理由を垣間見ることができよう。人間が「本質的に宗教的動物」であり、宗教なしでは「精神が決して空疎感（a void）には耐えられない」（R: 80 上 167）以上、伝習的な宗教観念を犠牲にした経済的な豊かさというものは、バークにとって非人間的なものでしかなかった。「商工業が欠如して」いても、「貴族と宗教の精神が残っているようなところでは、情緒が……それらの代わりを」(R: 69 上 146) してくれるが、反対に、宗教という伝習観念を失うことで激化する精神的な「空疎感」は、商工業や経済的な豊かさによっては満たされることがない。だからこそ、宗教は、常に人間存在そのものにとって必要不可欠な習俗なのであって、[65] それがヒンドゥー教であれ、キリスト教であれ、イスラム教であれ、そうした伝統文化がそこに住む人々の精神の欠かせぬ一部を形成している以上、大切に尊重されねばならず、絶対に西洋的産業文明の普遍化の名の下に犠牲にされてはならないものなのであった。それは、現地民の心を強権的に踏みにじることでアメリカの植民地を失わんとしていた一七七七年に、「全てが強制されるところでは、全てが論争される。たとえその偏見の基礎が間違っていたり、おかしなものであったりしても、あらゆる国民の偏見に合わせる」のが我々の「義務と政策[66]」であるとイギリス国王に進言しようとし、対米講和を模索していたときにも見られた、バークの一貫した統治の技芸 (art) ないしは実践知であった。[67] 巨大な帝国の統治には、被治者の多様な偏見や習俗と合致した伝統文化親和的な多元主義的政策が求められるのであり、そうした政策思想は、アメリカ革命論、フランス革命論、インド論、アイルランド論を通じてバークの中で揺れることなく基本的には貫かれたのである。

したがって、当然ながら、バークは産業についても、普遍化とは逆に、伝統文化に根差した地域特性こそが重要だと考えていた。下院のベンガル問題を調査する特別委員会の『第九報告書』(一七八三年) でバークは、東インド会社がベンガル地方の徴税権を獲得し、その一帯を強権的に支配するようになる一七六五年以前には、英印間貿易は相補的かつ互恵的であったと論じ、多様な伝統文化や地場産業が生み出す多様な商品があってはじめて「商業循環」が完結し、自由貿易が相補的かつ互恵的になると示唆していた。バーク曰く、一七六五年までイギリスは、インド市場で需要が見出されるヨーロッパの諸商品を輸出し、ヨーロッパ市場で需要が見出されるインドの諸商品を輸入するという「商業の一般原則に基づいて」対印貿易を行い、銀の輸出超過とはなったものの、その莫大な銀はインドを豊かにし、結果として「東インドの諸商品は、他の全ての貿易部門を活性化させ、商業循環（the commercial circle）を完結させるのにとても重要なものとなったので、あらゆる国々が非常に熱心に争うようにそれを求めていた。イギリス企業はかなり長い間、何年にもわたってこの輸出のおかげで繁栄をしてきたのである」[68]。帝国内が多元的であることが、帝国内貿易を互恵的なものにし、イギリスにとっての恩恵ともなる[69]。ヨーロッパとインドの産業や商品が相補的な差異性を有するということこそが、この互恵的貿易関係において、一つの重要なファクターとなっていたのである。しかし、バークによれば、東インド会社の独占と圧政によって、インドは荒廃し、この互恵関係は失われ、イギリスは名誉すらも失うことになる。マルクスは、世界市場が「産業の足もとから国民的な基盤をとりさって」、「古来の民族的な諸産業[70]」を滅ぼしてゆくことを、未来社会のための社会経済条件の普遍的な整備であるとして評価し、「この革命的意義においてのみ、諸君、私は自由貿易に賛成するのである[71]」と断言したが、バークはむしろ「産業の足もと」に伏在する伝統文化に根差した「国民的な基盤」の差異性こそが自由貿易を行う英印双方にとっての利益の基礎であると考えていた。つまり、自由貿易支持の論理が普遍主義的なマルクスと多元主義的なバークとではまさに正反対なのである。

しかし、それにもかかわらず、バークが単なる文化的多元主義に堕することがなかったのは、やはり、バークの根幹に神学的な自然法思想が存在していたからであろう。互恵関係を生み出す帝国内部の多元化を希求しつつも、自然法と大ブリテンの法という消極的かつ普遍的な規範の優越性と統合性とを大前提にしていたがゆえに、ポスト・モダン的な、通俗的な意味での「神々の闘争」として帰結しやすい世界の多文化主義的解体をも回避することができた。この観点から、近年、キムリッカ[72]などの多文化主義者が前近代の自由主義的帝国の再評価を行っているが、バークの帝国観はその先駆的な要素を――より倫理的・神学的な形で、ではあるが——含んでいたと言えよう。グローバリズムやイラク戦争に端的に示される非多元主義的な一元化が進む現代に残された我々の課題とは、「多様性の中の統一」というバークの多極共存的世界秩序構想を——無論、イギリス帝国の文脈から離れてではあるが——、いかにして構築しうるかということにあると思われるのである。

## 注

(1) *Letter to a Noble Lord*, p. 298.〔『論集』八一八頁〕

(2) 日本では、中野好之「エドマンド・バークとインド問題——その政治哲学理論の一側面」(『國學院雑誌』七七巻一一号、一九七六年)、野田福雄「イギリス政治思想とインド統治——バーク、ミル父子、J・A・ホブスン」(『帝京法学』九巻二号、一九七八年)、岸本広司「インド問題とヘースティングズ弾劾」(『バーク政治思想の展開』第七章)、角田俊男「コモン・ローと東インド会社総督ヘースティングズ弾劾」(『成城大学経済研究』一五九巻、二〇〇三年)および「越えがたい懸隔と永遠の分離——バークと東インド会社の帝国統治 1778-95年」(『成城大学経済研究所研究報告No.62』二〇一三年)、坂本義和「ヨーロッパ体制」(『国際政治と保守思想』第四章)、苅谷千尋「バークとブリテン領インドの司法行政——法の運用と権力のありかたをめぐって」(『政策科学』第一六巻一号、二〇〇八年)が主な先行研究として挙げられる。海外でも、バークのインド論を主題としためぼしい単著としては、Whelan, F. G., *Edmund Burke and India: Political Morality and Empire*, University of Pittsburgh Press, 1996. があるぐらいであろう。また、邦訳されたバークのインド論は、「フォックスのインド法案についての演説」(『論集』所収)のみである。

(3) Suleri, S., *The Rhetoric of English India*, p. 46.〔八一頁〕

(4) スミスは『国富論』で、東インド会社の社員はインドを致富の手段としてしか見ていないので、自分の全財産を抱えて逃げ出せるのであれば、「その国全体が地震で壊滅したとしても完全に無関心」であるとまで述べている(Smith, *The Wealth of Nations*, p. 814.〔下・二二九頁〕)。マルクスも『資本論』で、実際にヘースティングズ弾劾の記録を参照しつつ、インドの腐敗と圧政について指摘しており、その蓄財の凄まじさを一日で膨れ上がる「キノコ」のようだと評していた（マルクス『資本論』第一巻第二分冊、九八二頁）。

（5） Laski, *Political Thought in England*, p. 153.〔一三三頁〕

（6） ヘースティングズが現実に専制的であったかは議論の余地があろう。実際、ヘースティングズ擁護のパンフレットも多く当時刊行されている（浅田實『イギリス東インド会社とインド成り金』ミネルヴァ書房、二〇〇一年、参照）。しかし、ここではそうした実情とは別に、バークが行ったヘースティングズ批判に見られるバークの社会秩序思想を明らかにすることを目的としているため、ヘースティングズの歴史的評価については論じない。

（7） *Speeches on the Impeachment of Warren Hastings* (First Day of Reply: 28 May 1794), p. 50.

一七九〇年の書簡でバークは、モンテスキューを「しばしば曖昧で、時々、方法において誤っているけれども、総じて、学識があって独創的な著作家であり、時によると非常に深遠な思想家」であったと評している（Burke to Unknown (January 1790), p. 81.）。

（8） *Speeches on the Impeachment of Warren Hastings* (Fourth Day: 16 February 1788), pp. 110–111.

（9） *Ibid.*, p. 122.

（10） *Ibid.*, p. 123.

バークは、政治的・司法的・軍事的階級としてのイスラム教徒階級、そして、イスラム教が経済活動について消極的であるため、経済的階級として発達したヒンドゥー教徒階級、最後に、それら全体を支配する東インド会社の官吏などの「イギリス人階級（the English interest）」の三つの部分からインド社会は構成されていると考えており、インドをイスラム教国としてもヒンドゥー教国としても描く（*Speeches on the Impeachment of Warren Hastings* (Seventh Day of Reply: 12 June 1794), pp. 418–420）。よって、法や政治に関する問題ではイスラム教国としてのインドに関する発言が頻出し、繁栄や福利に関する問題ではヒンドゥー教国としてのインドに関する発言が多くなる。

（11） *Speeches on the Impeachment of Warren Hastings* (Fourth Day: 16 February 1788), p. 133.

（12） Burke, *Speech on the East India Bill* (1783) in W-2, pp. 300–301.〔『論集』四六七頁〕

（13） *Ibid.*, pp. 301–302.〔『論集』四六八頁〕

（14） ウィランは、このインドとヨーロッパの類比をバークによるインドの「脱異国化（de-exoticize）」の試みとして読んでいるが、オリエンタリズムとバークの関係を考えるとき、非常に興味深い指摘となろう。「インドの地理学的な外形や風景をヨーロッパのものと比較することでインドを認識しうるものにしようとしたバークの試みは、インドが聴衆にとって異質なものであり未知なるものであったという［オリエンタリズム的な］背後の状況に抗して行われたものであった」(Whelan, Burke, India, and Orientalism, p. 141.)。

(15) Said, E. W., *Orientalism*, Vintage Books, 1994, p. 190.〔板垣雄三・杉田英明監修、今沢紀子訳『オリエンタリズム』上巻、平凡社ライブラリー、一九九三年、四三四頁〕

(16) *Speech on the East India Bill*, p. 314.〔『論集』四八一頁〕

(17) *Ibid.*, p. 315.〔『論集』四八二頁〕

バークが最も危惧していたのは、この腐敗しきった若い官吏たちが不正な財産を蓄えて帰国し、本国の公共的領域を汚染させることであった。「今日、大ブリテンの下院はインドの義務不履行者たちを訴追しているが、明日には、インドの義務不履行者たちが大ブリテンの下院にいるかもしれないのだ」(Burke, *Speech on the Sixth Charge* (7 May 1789) in W-7, p. 519.)。「貴卿らが、次の世代も次の世代も、そうした嫌悪感を催す悪徳に汚染され、そうした忌まわしい原理を公言してゆくような人間たちの集団を我々の中に解き放つならば、大ブリテンの全ての人々が、汚染され、堕落させられるに違いないだろう。それゆえ、我々が貴卿らの法廷にこの男［ヘースティングズ］を連れてきたのも、大ブリテンの下院の清廉さと名誉を保持するためなのである」(*Speeches on the Impeachment of Warren Hastings* (First Day of Reply: 28 May 1794), p. 45.)。東インド会社の特権は不正蓄財のためのものではなく、神聖な一つの「信託」であり、信託された特権が悪用される場合、その信託は解消されるとバークは考えていた。ここにジョン・ロックの「信託理論」の影響を見ることもできよう（岸本広司『バーク政治思想の展開』四五二―四五三頁)。

(18) 統治者と被治者の共感関係が大切だというのは、バークの政治思想の要諦の一つである「実質的代表制 (virtual representation)」の議論とも結び付いていたのであろう。「実質的代表制とは、あらゆる種類の人々の名のもとに行動する者たちと、彼らがその名に基づいて行動している民衆との間に、共同の利益や要望・感覚の共有が、実際にはその受託者たちが彼らによって選出されていないのに、存在していることである。これが実質的代表制である。そのような代表制は、多くの場合、現実的［代表制］よりましであるとさえ思う」(*Letter to Sir Hercules Langrishe*, p. 521.〔『論集』七七七頁〕)。

(19) *Speeches on the Impeachment of Warren Hastings* (Fourth Day: 16 February 1788), p. 110.

(20) *Speeches on the Impeachment of Warren Hastings* (Third Day: 15 February 1788), p. 52.

(21) *Speech on Reform of the Representation*, p. 405.〔『論集』四四七頁〕

(22) *Ibid.*, p. 405.〔『論集』四四七頁〕

バークの『省察』を独語訳した反革命派のゲンツは、むしろ、衣服と国家体制は違うのだと論じ、「衣服を着たり脱いだりするのと同じように、国家体制を導入したり廃止したりする」ことを批判していた（ゲンツ「『フランス革命についての省察』への序文」一七四頁）。バークの戦略の中では、国制を衣服に例えることで、自国の国制が地域的な伝統や国民性にぴったりとした非普遍的なものであるということを示すと同時に、取り換えのきかないものであるという反革命的なイメージを喚起する効果も有していたのである。

（23）*Letter to a Noble Lord*, p. 318.〔『論集』八三九頁〕
シェイエスは確かに「イギリスの憲法体制が百年来続き、さらに何世紀も続きそうだというだけで、それがより優れていると結論するのは間違いだろう」と時効的国制の概念を否定していたが、時効概念の要諦の一つである帰結主義的要素は取り入れたため、イギリスの方がフランスよりも結果的に繁栄している以上、イギリスは「よりよいものを持っている」と言わざるをえなくなる。ただし、これが貴族政をも含むイギリス国制全体への正当化を意味してしまうことを避けるべく、国制がよいのではなく、イギリスの陪審員制度がよいのだとする。「イギリス国民は、良い憲法を持たないで自由でありうる唯一の国民なのである」（シィエス『第三身分とは何か』九五―九六頁）。

（24）既に指摘したことであるが、この功利主義的視座と先述の道徳的自然法論とは、キケロの「自然と合致した功利」という概念に賛意を表したバークにおいては、矛盾なく併存していたと言ってよい。実際、『カトリック刑罰法論』では法の二つの基礎として「公平と功利」を挙げていた（*Tract on the Popery Laws*, p. 256.）。

（25）*Speeches on the Impeachment of Warren Hastings* (Third Day: 15 February 1788), p. 56.

（26）Furniss, *Edmund Burke's Aesthetic Ideology*, p. 183.

（27）*Speeches on the Impeachment of Warren Hastings* (Seventh Day of Reply: 12 June 1794), p. 381.

（28）*Speeches on the Impeachment of Warren Hastings* (Third Day: 15 February 1788), pp. 25–26.

（29）*Observations on a Late State of the Nation*, p. 315.

（30）*A Letter to the Sheriffs of Bristol*, p. 119.〔『論集』二七一頁〕

（31）*An Abridgment of English History*, p. 487.
岸本広司『バーク政治思想の形成』第六章も参照。

（32）*Ibid*., p. 487.

（33）*Ibid*., p. 489.

（34）*Ibid*., p. 489.

（35）Montesquieu, *The Spirit of the Laws*, p. 310.〔中巻、一五八―一五九頁〕

（36）　Lock, *Burke's Reflections on the Revolution in France*, p. 16.
バークは『弑逆者政府との講和』の第一信（一七九六年）で、「作法は法よりもずっと重要である。作法にこそ法は大いに依拠しているのである。……作法は我々の生活に全ての形式と特色を与える」と論じていた（*First Letter on a Regicide Peace*, p. 392.〔『論集』九〇八頁〕）。ヒュームも、モンテスキューに全面的には賛成しなくても、法・政策はその地域の伝統文化に規定されていなければならないという考えには同意していた。「法は、それぞれの社会の統治構造、作法、気候、宗教、商業、立地条件に常に関係しているし、関係していなくてはならない。学識があり才能もある最近のある著作家［モンテスキュー］はこのテーマを全体的に討究していた」（Hume, D., *An Enquiry concerning the Principles of Morals* (1751), Oxford U. P., 1998, p. 22.〔渡部峻明訳『道徳原理の研究』哲書房、一九九三年、三六頁〕）。また、バークもフランス革命批判の文脈において、しばしば革命の原因をフランス人の国民性に帰するなど、政体に関する「文化的・人種的・風土的理論」に訴えることがあった（Hirschman, *The Rhetoric of Reaction*, p. 106.〔一二三頁〕）。十八世紀イギリスにおけるモンテスキューの広範な影響力をここに看取することができよう。

（37）　坂本義和『国際政治と保守思想』一九八頁

（38）　同書、一九四―一九五頁

（39）　*Speeches on the Impeachment of Warren Hastings* (First Day of Reply: 28 May 1794), p. 40.

（40）　後日の『再訴答演説』でも、ヘースティングズは、専制権力をふるったことに対する弁明を、「万民法、本国の法、そして彼が統治すべく遣わされた国の法」に対してせねばならないと論じており、バークが主として三つの規範的次元でインド統治について考察していたことが分かる（*Speeches on the Impeachment of Warren Hastings* (Seventh Day of Reply: 12 June 1794), p. 421.）。

（41）　ヘースティングズの強奪行為を批判するバークのこうした自然法観は、自然法ないしは万民法は「他者のものを奪うことによって我々自身の財産、富、所有物を増やすことを禁じている」としたキケロの『義務論』における自然法観を髣髴とさせるものであろう（Cicero, *On Obligations*, p. 92.〔一五二頁〕）。実際、バーク自身、キケロの『義務論』を「完全無欠の作品（a blameless piece）」と呼んで絶賛しており、このヘースティングズ弾劾も、略奪の限りを尽したシチリア総督ヴェレスを弾劾したキケロの「ヴェレス弾劾」に範をとるなど、キケロからは多大なる影響を受けていた（Marshall, P. J., Burke and India, in *The Enduring Edmund Burke: Bicentennial Essays*, edited by Ian Crowe, Intercollegiate Studies Institute, 1997, pp. 42-43.）。バークの強力な論敵であったウルストンクラフトも「貴卿は長年、下院のキケロだった」と証言している（Wollstonecraft, *A Vindication of the Rights of Men*, p. 45.）。ただし、キケロらが唱えた万民が服する自然法という考え方は、人間の基本的平等という思想とも結び付いたのであり、それはフランス革命の思想的淵源の一つともなった（ダントレーヴ『自然法』二四—二六頁）。

(42) *Speech on the East India Bill*, p. 295.〔『論集』四六二頁〕

(43) *Speeches on the Impeachment of Warren Hastings* (Fourth Day: 16 February 1788), p. 141.

(44) *Speeches on the Impeachment of Warren Hastings* (Second Day of Reply: 30 May 1794), p. 78.

(45) *Speeches on the Impeachment of Warren Hastings* (Fourth Day: 16 February 1788), p. 116.

(46) Stanlis, *Edmund Burke and the Natural Law*, p. 38.

(47) *Speech on the East India Bill*, pp. 294-295.〔『論集』四六一頁〕

このバークの人権理論がフランス革命派のものとは全く異なるものであることは言うまでもない。むしろ、トマス主義的な「人間的人格の諸権」に近いと言うことさえできよう。トマス主義的「人間的人格の諸権」とは、「常に客観的な正義の基準の存在を基礎とするもの」であり、「個人からではなく、宇宙から、秩序や位階のよろしきを得た世界の概念、自然法によって表現される世界の概念」に由来するものであった（ダントレーヴ『自然法』六五—六六頁）。

(48) Burke, *Report from the Committee of the House of Commons* (30 April 1794) in W-7, p. 583.

(49) Canavan, *The Political Economy of Edmund Burke*, p. 119.

逆に言えば、本国が天恵たる限りで、植民地は本国に服さねばならないのであるが、これは言うまでもなく、恩恵を付与すべく奉仕する統治者と、その限りで自発的に服従する被治者という、これまで論じてきた関係性と同じ構図である。

(50) *Speeches on the Impeachment of Warren Hastings* (Seventh Day of Reply: 12 June 1794), p. 420.

(51) Suleri, *The Rhetoric of English India*, p. 46.〔八一頁〕

(52) Said, *Orientalism*, p. 154.〔上巻・三五三頁〕

(53) Marx, K, The British Rule in India (1853), in *MEGA*, I/12, Dietz Verlag, S. 172.

(54) エンゲルス「オーストリアの終焉のはじまり（一八四八年）」（『マルクス・エンゲルス全集』第四巻所収、大月書店、一九六〇年）五二三頁

(55) マルクスやエンゲルスは、一八六〇年を境として、ヨーロッパ的な資本制の世界的文明化作用への単純な信仰を放棄し、「資本主義的世界市場を構成する諸民族社会の質的独自性という観点」を取り入れるようになる（山之内靖『マ

ルクス・エンゲルスの世界史像』未来社、一九六九年、三六〇頁）。未来社会への多様な筋道を構想した「ヴェ・イ・ザスーリチへの手紙」の一連の草稿に見られるように、マルクスにも多元主義的要素は存在していたのであり、サイードの西洋中心主義的普遍主義者としてのマルクスという解釈はやはり限定的だと言わざるをえない。しかし、後の通俗的なマルクス主義者たちによる進歩主義的近代化論や開発主義的思考に繋がってしまう要素がマルクスに一定程度伏在していたのは事実であり、サイードが、後の近代化論者に一面的に引き継がれてゆくことになる、マルクスにおける近代主義的な一側面を鋭く指摘したという意義は当然あろう。マルクスを西洋中心主義的普遍主義者として解釈することに批判的なK・B・アンダーソンですら、サイードの批判が「一八五三年におけるマルクスの無批判的な近代主義的視座」に対するものとしては有効だと認めている（Anderson, K. B., *Marx at the Margins: On Nationalism, Ethnicity, and Non-Western Societies*, The University of Chicago Press, 2010, p. 20.〔平子友長監訳『周縁のマルクス――ナショナリズム、エスニシティおよび非西洋社会について』社会評論社、二〇一五年、五一頁〕）。

（56）植村邦彦『マルクスを読む』青土社、二〇〇一年、六三頁

（57）今村仁司「マルクス――神話的幻想を超えて」（『現代思想の源流――マルクス・ニーチェ・フロイト・フッサール』所収、講談社、一九九六年）八一頁

（58）山之内靖『マルクス・エンゲルスの世界史像』二〇頁

（59）Marx, K., The Future Results of British Rule in India (1853), in *MEGA*, I/12, Dietz Verlag, S. 248.

（60）マルクス・エンゲルス「共産党宣言」（『マルクス・エンゲルス全集』第四巻所収、大月書店、一九六〇年）四八〇頁

（61）同書、四七九頁

（62）一八五〇年代から見られるマルクスの非西洋社会に対する認識の変化については、Anderson, *Marx at the Margins*. を参照。マルクスの世界史認識に関しては、今日まで多様な議論がなされているが、この補論Iの範囲と能力を超えてしまうために、この論点については十全に述べることができない。ここでは、アンダーソンとは異なり、『共産党宣言』も『経済学批判要綱』も『経済学批判』序文も『資本論』第一版初版序文も全て、世界の同質化傾向を理論的に提示したものであるとする見解として、太田仁樹「マルクス主義理論史研究の課題（XIII）――植村邦彦著『マルクスを読む』によせて」『岡山大学経済学会雑誌』（三四巻四号、二〇〇三年）を挙げておく。

（63）Pocock, *Virtue, Commerce, and History*, p. 189.〔三五〇頁〕

キャナバンのレトリカルな表現を再度引用しておこう。「バークが示唆したのは、［紳士の精神と宗教の精神］が土

台（the base）であり、経済はそれらの上部構造（the superstructure）であるということであった」（Canavan, *The Political Economy of Edmund Burke*, p. 82.）。

同様に、文明化の力を支える非経済的基盤として「作法（manners）」を捉えていたバークの文明社会史観については既に初期の『イギリス史略』や『植民地概説』（一七五七年）において一部展開されていた。オニール曰く、「ヨーロッパ史の流れの上に、生来の『道徳』が、文明化された『作法』へと洗練され、変容してゆくための非経済的基盤（the noneconomic bases）」について論じたのが、『イギリス史略』であった（O'Neill, *The Burke-Wollstonecraft Debate*, p. 14. 特に第二章参照）。

（64）ここでバークが指摘していた経済的疎外を克服するものとしての伝習観念（偏見）という視座は、一九〇四年にバークに関する論文を書いていたケインズの伝統主義にも通底するものがあったと言える。ケインズは、生存のための「経済問題」が解決されるとき、人々は「閑暇」を得るかわりに、目的を失い、ある種の疎外に陥ると指摘しているが、これはバークの伝統主義の問題意識と通底する視座である。「余暇の時代、豊かな時代を、不安感を抱くことなしに期待できるというような国もなければ国民もないと、私は考えている。なぜならば、我々はあまりに長いこと楽しむようにではなく、懸命に努力するように訓練されてきているからである。自らの身を処するということは、特別の才能をもたない普通の人間にとって恐るべき問題である。特に彼が伝統的な社会の土壌や習慣や愛すべきしきたりに根をもっていないとなれば、なおさらそうである」（Keynes, Economic Possibilities for Our Grandchildren, p. 328.〔三九五―三九六頁〕）。

（65）したがってバークは、宗教的寛容を重視しつつも、無神論は許容しなかった。さまざまな宗教には「全て理に適った礼拝がある」と述べる一方、「文明社会に加えられうる最も恐ろしく、最も悲惨な攻撃は、無神論を通じてのものである。……彼らは絶対に、絶対に支持されるべきでもないし、寛容されるべきでもない」と強く主張していた（Burke, *Speech on a Bill for the Relief of Protestant Dissenters* (1773), in W-5, p. 365.）。また、フランス革命体制も「無神論の体制」であると厳しく批判されていた（*First Letter on a Regicide Peace*, p. 392.〔『論集』九〇八頁〕）。

（66）Burke, *Address to the King* (1777), in W-5, pp. 135–136.

（67）オッテソンが指摘しているように、スミスも『道徳感情論』の第六版で、バークと同様の偏見重視の政策論を展開している（Otteson, J. R., *Adam Smith*, Bloomsbury Academic, 2013, p. 84.）。「公共精神が人間愛と仁愛によって全く促進されている人は……理性と説得によって人々に根付いている偏見を征服できないときは、力によって彼らを支配しようとはしないであろう……。彼はできるかぎり上手く、人々の根強い慣行や偏見に公共政策を適応させるであろう」

(Smith, *The Theory of Moral Sentiments*, p. 342.〔四九三頁〕)。

(68) Burke, *Ninth Report from the Select Committee* (25 June 1783), in W-6, pp. 35-36.

(69) この帝国内交易の在り方に関するバークの思想にも、第三章で述べたような、アリストテレス以来の《等しからざる諸部分が織り成す調和態》としての「有機的全体」という社会観が一定程度伏在していたように思われる。ホントによれば、多様な人々の間の多様な必要物の相互交換という交易観は、アリストテレスを引照していたグロティウスやプーフェンドルフを通じて十八世紀に広く受容されていた。プーフェンドルフの「商業概念のルーツは、異なる地域や地方の間での生産物の交換というアリストテレスの遠隔地貿易の理論にある。これは、『必要は全てを結合させる』というアリストテレスの有名な格言の基礎にある考え方であった。十七、十八世紀においては、ある地域の特産物の交換に基づく国際貿易は非常に有益で、神意の一部であると考えられていた」(Hont, *Jealousy of Trade*, pp. 51-52.〔三八頁〕)。ヒュームも、「自然」が与えた多様な地域特性を商業的結合の基礎であると捉えていた。「自然は、才能や気候や土壌の多様性を異なる諸国民に与えることによって、彼らが皆勤勉で文明的であり続ける限り、相互に交流し、商業を営むことを保証した」(Hume, D., Of the Jealousy of Trade, in *Essays, Moral, Political, and Literary*, Revised Edition, Liberty Fund, 1994, p. 329.)。

(70) マルクス・エンゲルス「共産党宣言」四七九頁

(71) マルクス「自由貿易問題についての演説」(『マルクス・エンゲルス全集』第四巻所収、大月書店、一九六〇年)四七一頁

(72) Kymlicka, W., *Multicultural Citizenship: A Liberal Theory of Minority Rights*, Oxford U. P., 1995.〔角田猛之他訳『多文化時代の市民権 —— マイノリティの権利と自由主義』晃洋書房、一九九八年〕

# 補論Ⅱ　バークとハイエクの社会経済思想——伝統・市場・規範性

## はじめに

F・A・ハイエク（F. A. Hayek, 1899–1992）[1]は二十世紀最大の自由主義思想家の一人であるが、その自由主義思想は極めて特異なものである。ハイエクにおける伝統主義的要素はむしろ自由主義的というよりは保守主義的であり、その晩年の集団淘汰論的要素は、多くの経済的自由主義者がとる方法論的個人主義[2]とは齟齬をきたすとも考えられよう。ハイエクの社会哲学は、他の偉大な思想家たちの社会哲学と同様に、単純なレッテル付けには馴染まない複雑なものであるが、『自由の条件』（一九六〇年）の追論「私は何故保守主義者ではないのか」（以下、「追論」）で自らを「旧ホイッグ」主義者だと自己規定したことがある。この「旧ホイッグ」とは、イギリス国制（憲法）を擁護する旧ホイッグと、フランス革命体制を擁護する新ホイッグとの党内分裂を原理的に論じたバークの『新ホイッグから旧ホイッグへの訴え（*An Appeal from the New to the Old Whigs*）』（一七九一年）を意識したものであることは明らかであろう。[3] 実際、「追論」第七節は「旧ホイッグへの新たな訴え（A new appeal to the Old Whigs）」と題されている。確かにハイエクはまとまったバーク論を展開していないが、このことに象徴的に示されているように、その思考様式の多くを共有していたように思われる。

しかし、バークが今日、近代保守主義の父とされているのに対して、ハイエクが「追論」で自らを保守主義者ではないと述べているのは、一見奇異に映る。ただ、このことが同時に、ハイエクがバーク主義者ではないということを意味しないのは「追論」での以下の記述から明らかであろう。[4]

> またエドマンド・バークでさえ、最後まで旧ホイッグ（an Old Whig）のままであったし、トーリーと見なされていると考えただけでぞっとしたであろう。……思想の発展について学べば学ぶほど、私は自分がはっきりと、頑として旧ホイッグ――「旧」を強調して――であることにますます気付くようになった（C: 401, 409）。

また、ハイエクはインタビューでも「私は今、バーク主義的ホイッグになりつつある[5]」と語っており、ハイエクは自らを一貫してバークに連なる旧ホイッグだと明確に位置付けていた。[6] しかし、ハイエクのまとまったバーク論がないために、バークとハイエクの思想的関係性についてははっきりせず、ハイエクがバーク主義的旧ホイッグだと自己規定したにもかかわらず、両者の関係性については研究が立ち遅れることになってしまった。この点に関しては、ハイエク研究の水準が内外で非常に高度になっている今日ですら事情はあまり変わっていない。ハイエクに関する研究書でバークについて少し触れられることはあるが、管見の限り、正面からハイエクとバークを比較思想的に論じたものは、海外でもL・C・レーダーの研究[7]ぐらいしかなく、国内ではほぼ皆無である。[8]

海外におけるバークとハイエクの比較思想の核となるのは、主としてバークの神学性とハイエクの世俗性をめぐるものであると言ってよい。先述のL・C・レーダーもバークとハイエクの大きな差異としてその点を挙げていたし、バークの神学的要素をM・ポランニーの普遍的真理性と類比させ、ニヒリズムへの対抗力として、世俗的なハイエクの社会哲学よりも高く評価したR・T・アレン(9)もそうであった。この観点からの比較は欧米研究者の好む論点であり、ハイエク研究者にもバーク研究者にも常識の部類に属すると言える。

この補論Ⅱの目的は、制度進化論や市場論におけるバークとハイエクの類似性を指摘し、伝統と市場との関係性における両者の異同を明らかにすることにある。ハイエクの社会哲学の中心的論点の一つである伝統と市場との関係性については、バークも深く考えたテーマの一つであった。よって補論Ⅱでは、神学性と世俗性という周知の対立軸ではなく、伝統と市場をいかに捉えようとしていたのかという新たな視座からバークとハイエクを比較し、その相違点から両者の思想の現代的な可能性を見出したいと考えている。無論、バークとハイエクの類似性を指摘したとしても、バークがハイエクの思想的淵源であると断定するものではないということは言うまでもない。しかし、ハイエクは明らかにバークの中に、自らの思考様式とのある種の類似性を見ていたのであり、その点を明らかにすることが、ここでの目的の一つである。

## 一、バークとハイエクの法・制度進化論

ハイエクは、バークと同じく伝統や慣習の重要性を唱えていたが、その伝統主義は知識論および進化論と結び付いている。ハイエクにとって、伝統とは、数世代の蓄積された経験であり、歴史の風雪に耐え抜いてきたという一点によって、環境の変化に適応するための叡智が練り込まれていることを実証したものであった。ハ

イエクによれば、その伝統内在的な叡智は、知的限界を有する我々には客観的に捉えきることはできないものである。よって、環境の変化に適応するためには、我々はこの伝統に半ば盲目的に従うことが必要となる。

人間が成功するのは、自分が実際に守っているルールを何故守るべきなのかを知っているからでも、あるいはそれらのルールを全て言葉で言明できるからでもなく、人間の思考や行動が、彼の住んでいる社会の中で淘汰の過程を通じて進化を遂げ、かくして、数世代の経験の所産となっているルールによって、支配されているからである。……環境への適応は、……因果関係の洞察のみから成るのではなく、我々が住む種類の世界に、すなわち我々が気付かぬままに我々の成功する行為のパターンを決定している諸事情に、適応してゆくルールに支配されている我々の行為からも成っているのである（L-1: 11-12）。

つまるところ、ハイエクにとって伝統とは環境適応のための実践的な智慧そのものであり、具体的には、その共同体における伝統的な社会制度へとこの智慧は結晶化されている。逆に言えば、「我々の意識的な目的を上手く追求するための必須条件である多くの社会制度は、実際に、慣習、習慣、あるいは実践の結果」（L-1: 11）なのである。ハイエクによれば、この社会制度の一つがコモン・ロー体系であった。ハイエクに知識論的な基礎を与えた一人であるM・ポランニーは、智慧の蓄積としての伝統に従うことが、同時に、伝統の結晶としてのコモン・ロー体系に従うことであり、英米流の「法の支配」と密接に結び付いていることを指摘していた。ポランニーによれば、実践的な判例の蓄積としてのコモン・ロー体系は、「あらゆる伝統主義の原理――すなわち、実際的叡智は、活動の規則によりも活動によりよく体現されているという原理」[10]に基づいている。ハイエクが恣意的な政治を嫌悪し、一般的な法の支配を唱えたことは周知の通りであるが、ポランニーと同じく、その法の支配の擁護論が知識論的基礎をも有していたことは留意さるべきであろう。個々の事例へ実践的に適用された判断の蓄積としての判例法は、言わば「実生活の法学（a jurisprudence of actualities）」[11]なのであり、先人の経験的な智慧が内包されているのである。その意味で、ポランニーとハイエクは「経験（practice）の優位というテーゼ[12]」を共有していたが、それゆえ、ともにコモン・ロー体系を経験的知識の集積として重視していたのである。そして、ハイエクは、ヒュームやスミスと並んでバークも「コモン・ローの法理に根付いた伝統」（C: 55–56）に属していると指摘する。

政界進出前の『カトリック刑罰法論』（一七六五年）でホッブズ的法実証主義を批判したバークも確かに、後にコークらを引き合いに出しつつ、イギリス法は、国王という「最高権力の権威」によって支えられているのではなく、「何かの折に法廷から与えられる判例や判決理由によって支持される[13]」ことによって権威を有すると論じていたように、判例法体系としてのコモン・ロー主義を支持していた[14]。そして、そのコモン・ロー的思考から、「人間の知性の誇りである法学」を、「打破された古い誤謬の集塊として、始源的正義の原理を人事の無限の多様性と結び付ける、幾時代もの理性の集積（the collected reason of ages）」（R: 83 上 175）と呼んでいたバークは、ハイエクやポランニーの如く、イギリス国制（憲法 British Constitution）そのものを先人の経験的叡智の集積、つまり「幾時代もの理性の集積」であると考えていた。

> 古い制度はその結果によって判断される。……我々は、善が生み出される事物を善だと結論する。古い制度の中には、理論から逸脱したときの多くの矯正策が見出されてきた。実際、これらはさまざまな必要や便宜の産物である。……経験が教える手段の方が、当初の計画で考えられていた手段よりも政治目的に一層適合するかもしれない。……私は、このことは全てイギリス国制［憲法］の中に興味深くも例示されていると考える。最悪でも、判断上の全ての誤謬や逸脱が発見され算定されて、船は自らのコースを進む（R: 151 下 72–

73)。

バークによれば、イギリス国制（憲法）は、幾世代もの先人の経験的な試行錯誤ないしは修正過程を経て練成（進化）してきた「反省抜きで反省を超えた叡智」（R: 29 上 65）に他ならず、[15] ポランニーやハイエク同様、「経験の優位というテーゼ」を共有していた。一世代の人間が有する理性が過少な「各人の蓄え」だとすれば、幾世代もの経験たる実践的叡智を内包したイギリスの諸制度や伝統は、言わば潤沢な「諸国民と諸時代の共同の銀行と資本」（R: 76 上 160）であると言えよう。バークにとっての「制度」とは、一世代の人間理性には把捉しえない智慧の体系であるから、「漸進的にほとんど目に見えない形で、長い時間の中で[16]」生成されるものである。よって、バークは、「大衆は瞬間的には愚かであるが……、時間が与えられるならば、種としての大衆はほとんど常に正しい行動をする[17]」と述べ、制度として見た場合、歴史的総体としての民衆は賢明であると論じていた。L・C・レーダーは、ハイエクの自生的秩序論とはこのバークの至言を科学的に精緻化したものに過ぎないとまで述べているが、[18] ハイエクも、人間の相互行為の経験的蓄積が意図せざる結果として、自生的に、賢明な智慧としての慣習や制度をもたらすことに気付いていたのであり、この観点は、同じく意図せざる結果として正しい行為が導出されてゆく市場過程とも親和的なものであったことは言うまでもない。この市場観は社会主義経済計算論争のときから晩年までハイエクの中で一貫していた。J・シェーマーによれば、ミーゼスの社会主義批判は非常に合理主義的ではあったが、「我々が気付かない仕方で望ましい目的を達成するメカニズム」への洞察こそがミーゼスによる社会主義批判の要点であると解釈したハイエクは、ミーゼスを介してバーク的な、市場の自生的秩序観に接近したとする。つまり、「経済計算に関するミーゼスの議論によって、ハイエクは、ほとんどバーク主義的な性質をもつ態度を好むようになった[19]」というのである。人間行為の意図せざる結果として望ましいものが自生的に生成するという発想は、市場過程にも制度進化過程にも通底する視座である。確かに、先述のように、社会的調整過程をくぐり抜けてきた慣習には、政府当局が把捉しうる以上の叡智が内包されているのであり、「多くの名もなき諸状況から生じた利害、慣行、暗黙の慣習は、法や行政官が全く統御できなかったものを難なく統御するような臨機応変の才（*a tact*）を生み出す[20]」と考えたバークには、後のハイエクによる知識論的な統制経済批判の萌芽が明確に読み取れる。その意味で、個人の相互行為が生み出す意図せざる結果としての伝統や制度を、「理性を含んだ偏見（the prejudices, with the reason involved）」として、そこに内包された歴史的叡智を、「この啓蒙された時代において」（R: 76 上 160–161）敢えて擁護したバークの反啓蒙主義的な思考様式は、社会哲学のみならず経済学をも含むハイエクの広大な思想体系と非常に親和的なものであったことは疑いない[21]。

　また、上記引用文中の「我々は、善が生み出される事物を善だと結論する」というバークの帰結主義的な観点は、「伝統は何か不変のものではなく、それは、理性ではなく成功によって導かれる淘汰の過程の産物である」（L-3: 166）とする後期ハイエクの規範的ないしは制度的な進化論を先取りしている[22]。特にバークが『省察』において、「どの国でも統治の結果を評価するときの諸基準の一つとして、その人口の状態こそ信頼しうる基準だと私は思う」（R: 112 上 231）と述べ、さらに、「一国の富は、統治が保護的か破壊的かを我々が判断するときのもう一つの重要な基準となる」（R: 113 上 234）と論じ、「人口と富（the population and wealth）」の増大をその国制が正当化される判断基準だとして、旧体制下のフランスの人口増や経済的繁栄を、革命下のフランスの人口減や財政破綻と比較して論証しようとした点は、ある法・制度を受容した集団の人口増や経済的繁栄をその集団の法・制度を肯定するための判断基準だとした『致命的な思い上がり』（一九八八年）でのハイエクの制度進化論と完全に一致している。ハイエクによれば、伝統やルールそのものは、人間理性によってア・プリオリに正当化されうるものではなく、その伝統やルールを受容した集団が他の伝統やルールを受容した集団よりも繁栄することによってのみ、つまり、「人口と富の相対的増加（the comparative increase of population and wealth）」[23]を実証することによってのみ、帰結主義的に正当化されうるとする。その成功因は限定的な人知には理解されえないが、その伝統やルールを受容した集団が人口や富を増やして成功したということは実証されているのであるから、その伝統やルールにはより優れた環境適応のための智慧が内包されていると蓋然的に推測することができる。無論、そのハイエクの考えには、不適な伝統やルールはより環境に適応した伝統やルールによって淘汰されるというダーウィン流の適者生存説が伏在している[24]。しかしハイエクは、自らの法・制度進化論がダーウィンからというよりも、ダーウィンがその進化論的着想を引き出した十八世紀イギリスの思想的潮流に淵源を有すると考えていた。ハイエクによれば、マンデヴィル、ヒューム、スミス、そしてバークは、その意味で「ダーウィン以前のダーウィン主義者たち」なのであった。

> マンデヴィルが創始した伝統はエドマンド・バークも含んでいるし、主にバークを通じて、全ての「歴史学派」を含んでいる。この歴史学派は……ダーウィンより遥か以前に進化の観念を十九世紀の社会科学の一つの常識にした。そしてチャールズ・ダーウィンがついに進化の観念を生物有機体に体系的に適用したのであるが、それは「ダーウィン以前のダーウィン主義者たち」が、より有効である習慣と慣行が優位に立つのだという言い方でずっと考えてきた、社会研究における進化思想のこうした雰囲気の中においてであった[25]。

よって、ハイエクの法・制度進化論は、マンデヴィルを始祖とし、ヒュームやバークによって発展させられた十八世紀イギリスの進化論的社会理論を基礎にしているのであるが、そのマンデヴィルやヒュームの解釈の当否は別にしても[26]、私見では、ハイエクの法・制度進化論は、少なくともバークの法・制度進化論とはかなりの親和性をもつと考えられる。実際、ハイエクは「追論」で、バークを誤って継承した反動的な保守主義者たちを批判しつつも、「成長してきた制度の価値に関する保守主義者の愛すべき立派な研究」(C: 399) に対しては多くを負っていると述べているが、それも、バークを嚆矢とする近代保守主義哲学に底流的に存在していた制度進化論をハイエクが看取していたからであろう。このことを鑑みても、ハイエクの法・制度進化論におけるバークの影響は、ヒュームやスミス、ファーガスンらと並んで極めて大きいものであったと思われる。

## 二、バークとハイエクの知識論的市場論

ハイエクの社会理論には、法や制度に結晶化された実践的叡智としての一般的な伝統論とともに、現場での経験といった形で存在する実践的叡智としての非一般的(局所的)な伝統論も存在する。ハイエクの市場擁護論の一つの軸は、この局所的な伝統主義的知識論にあると言ってもよいのであるが、この場合のハイエクの言う「知識」とは、一般均衡論のように「与件 (data)」として完全体でア・プリオリに前提されているものではなく、「全ての個々別々の個人がもっている不完全で、しばしば相反的な知識の切れ切れの断片としてのみ存在する」(IE: 77) ような知識のことである。ハイエクは、この個々人に散在する知識を「ある時間と場所における特定の状況についての知識 (knowledge of the particular circumstances of time and place)」であるとか「実際的な知識 (factual knowledge)」と呼んでいるが、これは、その人が長年の経験を積むことによって体得された独自の知識であり、その人個人がもっている地域特性についての知識や、人脈などといった、経済行為にとって極めて有利ではあるが、他者とは容易には共有化されえない個別的な知識のことである。[27] よって、オークショッ

トは、同様の知識を端的に「実践知」ないしは「伝統知」と呼んでいる。そして重要なことは、この伝統知によって日々の経済活動は主として営まれているということであり、むしろ、この伝統知が個別的であることこそが、情報差（gap）を生み出し、経済活動を活性化させているということなのである。この伝統知は個別的であるがゆえに集約的に統計化されえず、中央当局には完全には伝達されえない。これは当然、分権化、つまり「最終的な決定は、これらの状況をよく知っている人々に、関連する諸変化とこれらの諸変化に対応するために直ちに利用しうる資源について直接知っている人々に、任せられなければならない」（IE: 83-84）という反集権化を要求する論理となり、ハイエクの集産主義批判の強力な論拠の一つとなっていた。局所的な知識を有し、なおかつ局所的にしか知識を有しえない構造的な知的限界性を負荷されている人間存在は、市場における価格メカニズムのシグナルによってのみ相互に調整され、それによってのみ大社会から必要な知識を獲得することができる[28]。ハイエクの例示によれば、錫の利用者は、錫鉱山の閉山などで錫価格が高騰すれば、その価格の変化を知るだけで、遠隔の錫鉱山の状態を知りえずとも、錫を節約すべく正しい行動をとることができる。価格という「一種のシンボル（symbol）によって、最も本質的な情報のみが、そしてそれに関係のある人だけに次々伝達されるのである」（IE: 86）。つまり、「価格」には、社会状態に関する膨大な情報が集約されているのである。

ハイエクはスミスの分業論を、この「価格の抽象的シグナル（the abstract signals of the prices）[29]」に関する先駆的業績だとしているが、「スミスが、事前に交流せずとも、経済問題について厳密に自分と同じ様に考えている、自分の知る限りでは唯一の人だと述べた[30]」（IE: 4）とされるバークとの関係で言えば、基本的には資源の効率的配分の観点から市場を擁護していたバークの経済理論[31]においても、不充分ながらハイエク流の知識論的な市場理論の萌芽が見られる。例えば『穀物不足論』（一七九五年）で、「一七九四年の小麦収穫量が、質はよくても、量が足りなかったとしたら、大麦収穫量は、質は平年並みでも、量が不充分であった。このことはすぐに麦芽価格に作用した」[32]と述べ、社会現象の変動が市場価格に集約的に反照されることを指摘している。肉やバターの価格が高価なのは、小麦生産の不足のゆえではないとする一議員に反論し、バークは、複雑な社会では、「大地の全生産物は相互に連関して」[33]おり、小麦からなる乾草価格が「六ポンド」するということは、乾草不足に違いない、「乾草が希少であるとき、牛肉、子牛肉、羊肉、バター、ミルク、チーズの価格は高騰するに違いない」と論じ、乾草の価格シグナルが、乾草と直接結び付かない商品の情報すらも含めた、広汎な情報の集約体であることを不明確ながらも理解していた。つまり、完全情報を前提とする新古典派的見解とは異なり、人々の不完全な情報が価格シグナルの変動を見ることによって補完されると考えたのである。N・バリーも指摘しているように、「実際、バークは、価格システムのシグナル（the signals of the price system）によって統御され、正義の伝統的ルールの拘束に従う、経済過程に関与する者の多様な努力の間には、究極的には調和が存在するという私利の社会的帰結に関するスミスの（かなり和らげられた）見解を保持していた」[34]。そして、このバークの知識論的市場理論の根底にあるのは、社会に分散した知識を集約しうるのは市場機構のみであり、統治者には不可能だという、ハイエクに通底する人間の知的限界への洞察であるように思われる。バークは、治安判事が徴税のために恣意的に労使間の契約に介入しようとすることを批判して以下のように述べている。

> この恣意的な課税方式に生じる問題は、以下のようなことである。全取引を……契約内容について相互に関心のある人々に完全に委ねるのがよいか、それとも、それに全くないしはほんの僅かしか関心がなく、そのことについてほとんどないしは全く知識のない人々の手に契約を任せるのがよいか、という問題である。[35]

ここに前提されているのは、治安判事は契約当事者以上に当該契約については知りえないという、ハイエクが後に「人間の知識と関心の構造的な限界性」（IE: 14）として定式化することになる、バークの基本的な知識論的視座である。経済活動で主に用いられる知識が局所的であるということは、社会的知識を政治的知識がカバーしえないということをも意味しており、社会に対する政府の集権的干渉を批判する論理に結び付く。バークによれば、「国家は、国家そのものないしは国家が作ったものに関することに自らを局限すべき」であり、政府は、地方や家族や個人などに関する「より低次の職務をこなすことはできない（*cannot*）」のである[36]。このバークの議論が、局所的知識論から中央政府の社会的情報の集計不可能性を導出して集産主義経済を批判したハイエクの視座と通底するものであることは言うまでもない。ハイエクにおいては、バークより進んで、「現場の人間（"man on the spot"）」（IE: 83）は、その局所的な知識によるのみでは自らの行動を決定できないために、先述したように、市場が伝達する情報をも活用せねばならないとされ、情報伝達システムとしての市場論と、局所的知識論を基底とする分権化論とが、知識論を媒介として密接に結び付けられていた。

L・C・レーダーも「バークの市場論は、ハイエクが後に非常にはっきりと強調したこと、つまり、市場が解決する知識の問題にバークが気付いていたことを示唆している[37]」と指摘しているように、バークは、ハイエクほど体系的にではないにせよ、局所的知識論の観点から経済活動の分権化を擁護し、市場価格が広汎な社会情報の集約体であることを不明確ながらも把捉していた。バークによれば、「消費と生産の均衡が価格を形成する」のであれば、市場とは消費者と生産者が「互いの欲求を相互に発見する（discover）[38]」場に他ならず、ハイエク同様、発見過程として市場を捉えていた。つまり、市場過程の結果として必要な情報が「発見」されるのであって、完全情報の仮定の如く、情報が市場過程の前提に置かれるのではない[39]。

こうした発想から帰結する自由な市場機構への信仰は、「商業の法則は自然の法則であり、したがって神の法則である[40]」とバークをして言わしめるに至るが、これは完全なる市場の自由放任を意味してはいない。それはハイエク同様、「伝統」による枠付けを必要としていた。バークによれば、「法に属するものと作法（manners）

のみが規制しうるもの」とを区別せねばならず、市場は後者に属する領域であり、偉大な政治家はそれに「傾向（a leaning）」[41]を与えうるに過ぎないとする。この伝統的な習俗・作法と市場の関係性については、後述するように、バークの経済思想における重要な論点の一つなのであるが、興味深いことに、ハイエクも一貫して市場における伝統の重要性については指摘していた。この自由社会と伝統的規範との関係性こそが、バークとハイエクを論ずる上での看過しえぬ重大な結節点の一つとなる、ということは言うまでもない。この自由市場と伝統の関係性について、バークとハイエクはいかに考えていたのか、節を改めて論じよう。

## 三、ハイエクの伝統文化基底的市場論

ハイエクは、バーク同様、市場社会（大社会）を擁護したが、それは利己心や欲望の解放を意味してはいなかった。この点についてハイエクは、「自らの欲望に道徳的な鉄鎖を加える傾向に正確に比例して、つまり、正義への愛が強欲心を越えるにつれて、また、彼らの知性の健全さと冷静さが虚栄心と思い上がりを越えるにつれて……人々は市民的［文明的］自由に相応しくなる」というバークの『国民議会議員への手紙』（一七九一年）での言葉を直接引用し、「道徳的ルールの強さ（the strength of moral rules）」が、「自由な社会が可能であるためのいかに本質的な条件であったか」（IE: 24, 23n）を想起すべきであると述べていたように、バークと同じく、利己心の抑制こそが自由社会存立の前提条件であると考えていた。このハイエクの「道徳的ルール」とは、「伝統」として伏在している共同体内在的な規範であり、この伝統的な規範こそ、相互行為の中で、諸個人の欲望間の衝突を調整しつつ自生的に練成（進化）してきたルールなのである。諸個人の荒々しい欲望を抑え、その

行為に一定の枠組みを与えることで行為の予測可能性を高め、相互行為を非強制的に調整するというこの「伝統」的ルールの役割は、先述の実践的知識の集積としての伝統の意義と並ぶ、ハイエクが極めて重視した「伝統」のもう一つの意義である。ハイエク曰く、「社会的交流の非強制的慣習は、人間社会の秩序ある働きを維持する上で本質的な要素と考えられるのである」(IE: 22)。しかし、この慣習の非強制的調整機能を理解できない合理主義者は、国家に調整機能を委ねるために、強権的な国家を招来してしまう。よって、ハイエクは以下のように述べるのである。

> ある人々の集団の中に共通の慣習や伝統が存在することで、その人々は、そのような共通の背景をもたない集団よりも、ずっと少ない規則的な組織や強制をもって、円滑に能率よく協働することができるだろう……(IE: 23–24)。

ここでの「伝統」が「共通の背景」をもつある一つの「集団」における伝統であるとハイエクが指摘している点は興味深い。ハイエクによれば、自由社会はある種の伝統文化共同体（共有体）を前提とするものであり、伝統文化（ルール）を共有しない共同体間では自由社会は成立しえないという。このハイエクにおける伝統文化的共同体主義の側面は、彼の社会認識論においても垣間見られる。ハイエクは、「社会科学における事実」とは客観的なものではなく、「事物とは人々がそれらがそうだと考えるものなのである」(IE: 60) と述べ、共同主観に属するものであるとする。例えば、貨幣とは皆が貨幣だと思うがゆえに貨幣なのであり、つまるところ、貨幣はその共同体の成員の共同主観によってのみ支えられているのであり、換言すれば、貨幣は共同体の基底に伏在する共有された認識枠組みを象徴しているのである。

このことはコミュニケーションについても言えるだろう。他人の行為を理解するときには、「我々はいつも彼らの行為を、我々自身の考え方から類推することによって解釈する」(IE: 63)のであり、思考や行動のパターンが前提として共有されており、それに当てはめることで互いの行動の意味を解釈する。したがってハイエクは、パターンを共有しない者同士では「考え方について語ることには全く意味がない」(IE: 66)とすら述べている。つまり、共通の文化的コードがないところではコミュニケーションは不可能であり、したがって、文化的コードを共有しない者同士では、行為を解釈し合ったり、相互に調整したりするための思考や行動のパターン自体が異なっているために、ある共同体の伝統は、その伝統を共有している領域を越えたところでの行為の相互調整役としては機能しえないのである。この発想は、共感(sympathy)と同胞感情(fellow-feeling)を結び付けたスミスのコミュニケーション理論とも通底するものであろう。(42) ハイエクが、多数の異質的他者を包含する大社会において適用される規範は、より広汎に合意されうるように一般的・抽象的なものでなければならないとしつつも、その規範の法源としての伝統を、極めて具体的なイメージで語っているのも、こうした共同体の具体的な伝統文化と、自由社会の抽象的規範とを結び付けていることに一因がある。重要な論点なので、この点についてのハイエクの発言を少し長くなるが引用しておこう。

我々は、そこに住む人々を以前に見たことがないのに、彼らの話し方、人相のタイプ、建築様式、土地の耕し方、行動様式、道徳的・美学的価値に親しみを感じるだろう。……そのような伝統が具体的なシンボル――史跡、国旗、象徴的な寺院、君主ないしは指導者の個性――によって表象されているようなところでさえ、これらのシンボルは、その社会で何がなされ何がなされないかを定める抽象的ルールとしてしか述べることのできない、一般的概念を「象徴している」。

> 人々を同じ文明をもつ構成員にし、彼らが平和裏にともに生活し働くことを可能にしているものは、彼らの個人的な目的を追求する際に、彼らの努力を具体的結果に向かわせる特定の金銭的な衝動（monetary impulses）が同じ抽象的ルールによって導かれ、抑制されていることである（L-2: 11-12）。

ここでハイエクが述べているように、人々が大規模な文明社会において平和裏に共存してゆくためには、「金銭的な衝動」たる経済的な利己心が抽象的ルールによって教導され、抑制されていなければならず、その抽象的ルールの法源としての伝統文化は、話し方や建築様式などの形で共同体の具体的な様式に象徴的に示されているとする。であるならば、こうした伝統文化は、コミュニケーションの基盤としての認識枠組みであることはもちろん、経済的領域の基盤でもあるということになろう。伝統文化を体現する諸形式は、「人々の行動と知覚（the actions and the perceptions）を統御するルールの現れ」（L-2: 12）に他ならないのである。伝統文化によって人々の荒々しい欲望が抑制されることで平和裏に市場社会が維持されうるとするならば、健全なる市場社会の基底には、それを規定する伝統文化共同体が存在していなければならず、理論的には、これは伝統文化を破壊する一元的なグローバリズムへの対抗的な視座を提供するものとなろう。ハイエクの自由市場論が、アトミスティックな近代経済学的市場論とは正反対に、このような伝統文化共同体を基底的に保持するものであったということは、その今日的意義を考える際、極めて重要な論点となる。

しかし、ここで留意すべきは、この伝統文化共同体が市場との相互作用によって変容を被ることをハイエクが大幅に認めていたということである。市場の基底に存在する伝統文化共同体が「部族社会」と異なるのは、第一にその点である。「[部族社会たる]小集団から[大社会＝市場たる]もっと大きな共同体（ever larger communities）への平和な共同秩序の漸進的な拡大には、共通の可視的目的に基づく分派的正義の要求と、見知らぬ者にも集団の成員にも等しく適用可能な普遍的正義の要求との間の継続的な衝突（constant clashes）が含まれていた」（L-2: 143）と述べ、K・ポランニーの二重運動論を彷彿とさせるかのように、ハイエクは、共同体原理と市場化との摩擦を看取しており、この「不断の闘争の中で」、部族社会の具体的な規範は大社会の抽象的な規範へと希薄化されていったと考える。よって、福祉国家や社会主義など、具体的ルールを求める反市場化の試みを「部族倫理の再主張」とハイエクは呼ぶのだが、これは人間の本能に根差すものである。その意味では「私たちは感情的には皆『社会主義者』」[43]なのである。これに対して、先述した市場の基底に存在する伝統文化共同体とは、そのような具体的規範を共有した部族社会を志向する人間の本能を抑え込むような、市場の規範抽象化作用によって希薄化された伝統文化的規範の共有体であり、市場と親和的なものに「進化」している。そうであるとするならば、伝統文化共同体と市場との関係性は、どちらが基底的なものなのかは卵と鶏の関係の如く一義的には決定しえないものとなろう。だからこそ、自己矛盾に陥ることなく、ハイエクは次のように言うこともできたのである。

……経済と文化の葛藤というものを考えますと、「ヨーロッパでは」やはりそういう葛藤というようなものはなかったと思うのです。経済的な組織はむしろ文化の基礎になるものだと思うのです。経済の上にはじめて文化という建物が建つのではないでしょうか。経済という方法を使って社会の価値というものが生まれてくるのではないでしょうか。自由な文化の発達を促すためには、しっかりとした経済基盤がなければいけません。経済基盤というものは、自由な市場、フリー・マーケット、あるいはプライス・システムのなかからしか生まれてきません。[44]

対談という舞台設定上、ハイエクの内心が率直に吐露されており、大変興味深い発言が現れている。ここでは経済活動によって伝統文化が変容するのであって、そこには葛藤は存在しないと述べられ、ハイエク自身が建築的比喩をしているように、経済組織を土台として伝統文化を上部構造とする立場に立ったと言ってよい。つまり、ハイエクが伝統文化基底的な市場社会像を理論的には提示しえたとしても、ハイエクの価値判断としては、市場に適するように伝統文化が変容するのであって、それはハイエクがダーウィニズムの適者生存説的進化論を集団淘汰として読み直して受容し、市場化こそがその集団に発展をもたらすと信じていた以上、当然の帰結ではあった。伝統による本能の抑制という場合も、それは反市場的部族倫理としての本能を伝統によって抑制するという意味であり、伝統と市場化との対立は想定されていない。ハイエクにとって、伝統文化のために市場化を抑制しようとすることは自由社会の自殺行為に他ならず、実際、『隷従への道』で、「伝統的な風景を保存し、既に産業によって汚染されてしまっている部分をきれいにすべきだと考えている田園愛好者」[45]を、自由社会を破滅させる計画主義者の一種として批判している。交通ルールなどの市場秩序を円滑化させる一義的な規制によって経済活動の自由を一定程度抑えることはハイエクも無論認めるのであるが、西山千明との対談で、ポルノの氾濫に対して「私自身は、そういう風潮を激しくきらっていると、告白しなければなりません。しかし、では政府がこれも禁止もしくは規制すべきであるかということになると、問題は極めてむずかしい」[46]と発言しているように、高度に文化的な規制に対しては、ハイエクは消極的にならざるをえなくなるのである。伝統文化は自生的に成長した叡智であるがゆえに、人為的に破壊されるべきではないが —— その意味で伝統文化は尊重されている ——、しかし、市場が自生的に伝統文化を変容ないしは破壊することは、受容すべき「進化」ないしは「変化」として認められねばならないのである。ハイエクによれば、伝統文化を保存するための文化的な市場規制は結局のところ、計画主義的発想の一種でしかない。ハイエクの市場論は、伝統文化共同体と市場社会とが調和している幸福な状態を前提とするものであり、グローバル化した市場と伝統文化との対立が激化している今日の我々の諸問題を解決するには充分ではない。あくまでハイエクの伝統文化基底的な市場論という場合、幾時代もの風雪に耐え抜いたその伝統文化は市場適合的になっているはずであり——そうでないとその伝統文化共同体（共有体）は生き残れない——、伝統文化と市場は常に相互促進的な関係に置かれているのであって、伝統に規定される市場と言っても、市場に規定される伝統と言っても、ハイエクの心情的には同じなのである。しかし、以下で述べるように、ハイエク同様、伝統文化と市場との関係性について考察していたバークは、アシニア紙幣による金融勢力の破壊的な浮動性が伝統文化共同体の実体的な部分をまさに飲み込みつつあった場面に直面していたのであり、このように「社会」（K・ポランニー）と市場との対立関係を目の当たりにしていたバークは、保守すべき具体的な価値として伝統を捉え、伝統文化基底的な市場社会像をより徹底させることになる。次節では、バークが伝統文化と市場の関係性についていかに考えていたのかを見ることにしよう。

## 四、バークの伝統文化基底的市場論

バークは、自由経済が伝統的な習俗なしには存立しえないと考えていたという点で、自由主義者というよりも明確に保守主義者であった。バークによれば、ヨーロッパ文明は「紳士の精神と宗教の精神（the spirit of a gentleman, and the spirit of religion）」を基盤として発展してきたのであり、「商業、貿易、製造業さえも……恐らくそれ自体、我々が大切にすることにしている第一原因（first causes）の単なる結果、単なる産物に過ぎない」（R: 69 上 145）と述べ、ヨーロッパの伝統的な「紳士の精神」たる騎士道と「宗教の精神」こそ、商業社会、市場社会の基底的要素(「第一原因」)であるとする。[47] バークは、「貴族と聖職者は、一方は職務によって、他方は庇護によって、学芸を保持してきた」と述べ、この貴族階級と聖職者階級を伝統文化の担い手として捉えていたが、商工業も「学問が繁栄したのと同じ日よけの下で拡大してきた」と述べ、貴族階級と聖職者階級の保護の下、商工業も発達してきたと論ずる(R: 69 上 145–146)。

無論、この貴族や聖職者によって商工業が発達したという発想には、マンデヴィルの如く、貴族や聖職者の芸術や学芸への奢侈的投資が多くの職人を雇用することで経済循環を完成させてきたという含意があるが、[48] やはりバークの農本的思考にも一因があると思われる。バークは、フランス革命政府が教会の土地を収奪して、それを担保にアシニア紙幣を発行し、土地の商品化を実際に断行したことを批判し、それによって急成長した金融勢力の浮動性と、旧来の土地貴族の不動性とを対置させ、その構図からフランス革命を捉える。

この古来の土地貴族階級と新興の金融勢力との間の、常に知覚されないが現実にある戦闘状態において、最強の戦力は……後者の手中にあった。金融勢力はその本性上、いかなる冒険的なことでも行おうとする……。それゆえ変化を望む全ての人は、その種の富にこそ訴えるのである(R: 96 上 201–202)。

旧来の地主たる貴族や聖職者が破れて、金融勢力が優位に立つことで「偉大な王国から一大賭博台(playtable)へと」変貌したフランスでは、全ての価値が浮動的となり、そうした、「朝受け取ったものが夜には違う価値になっている」ようなところでは、勤勉さや節倹の美徳は完全に失われるとする(R: 169–170 下 107–108)。バークによれば、金融勢力に支配された投機的な社会では、情報をもたない「多数者はそれらの投機機構を操る少数者の餌食となるに違いない」(R: 170 下 109)のであり、減価を恐れる農民たちに強制的に農作物を拠出させるべく、最終的には寡頭制的強権政治が招来されざるをえないだろうと予見する。

興味深いことに、バークは、こうした土地貴族と金融勢力の対立を、情報の集積地としての大都市の集権的な原理と、地方農村の分権的な原理の対立としても描いている。金融の要たる情報はパリを中心とする大都市に集積するため、「都会人（The townsman）はその日その日計算ができ」、相互の情報流通が密なために集団化し易く、反対に、地方の地主階級ジェントリーは独立性が高いために団結し難く、かくて、「この革命によって獲得された全権力は、都市民と彼らを導く金融支配者たちが群がる都市（the towns）の中に落ち着くことになる」（R: 170–171 下 109）。地方では、「田園生活（a country life）の本性や土地財産（landed property）の本性そのものによって、……地方の人々の間で結束したり申し合わせたりするのがある意味で不可能となる」のであるが、反対に、「都市部では、地方郷紳（the country gentleman）に敵対せんと共謀するもの全てが、金融運用者や金融支配者たちに与して結束することは明らかである」（R: 171 下 111）。情報と金融を一手に引き受ける大都市パリは、必然的に権力をも集中させ、集権的体制を構築するだろう。「まさしく今や金融取引の中心地域ないしは集中地域となったパリの権力を通じて、この党派［革命派］の指導者たちは、立法府と行政府の全てを管理している、いや指令していると言った方がよい」（R: 172 下 113）。そして、「我が国の区画が、権威による突然の捻じ曲げによるのではなく、慣習によって形成されている」（R: 173 下 114）のとは対照的に、フランスでは全体を見晴るかすこのパリの司令塔から全土が人工的に区画割りされ[49]、自然的な郷土は引き裂かれ、郷土愛は民衆の心から消え去るだろうとバークは論難する[50]。「真四角に測量されたものに対して、誇りや深い愛情、心からの愛着の感覚によって愛おしさを感じるような者がいたためしはない。人は第七一区画ないしは他の区画票に属しているということに誇りを感じることはないだろう」（R: 173 下 114–115）。このようにして、バークは、金融勢力の支配がひいては必然的に抑圧的なパリの一極集中的な強権体制を招来することになるだろうと予測するのだが、ここまでのバークの二項対立的図式を一旦整理すれば、金融勢力＝都市＝人為（設計主義）＝独裁的集権体制（全体主義性）が結び合わされて批判され、それに対置される形で、土地貴族＝田園＝農業＝学芸＝慣習（自生的）＝分権性（独立性）が結び付けられて擁護される。

無論、バークは金融そのものを不要としていたわけではない。ただ、バークが擁護していたのは、金融などの「シンボル経済」（P・F・ドラッカー）が優位に立つ社会ではなく、それが象徴すべき実体経済――バークにとっては主に土地・農業だが――が優位に立つ社会であったということである。実際、バークは、フランスの破滅的な信用力に比して、イギリスの紙券信用の安定性は、「我々の商業の繁栄した状態と我々の信用力の確かさ、商取引全てから権力のあらゆる考えを排除すること」（R: 204 下 174）によって支えられているのであり、自由主義的政策と確固たる実体経済によって裏付けられていると論じていた。つまりバークは、「投機の渦巻き（whirlpool of speculation）」（J・M・ケインズ）に実体経済が飲み込まれることを危惧していたのであり、こうした「シンボル経済」は実体経済に確固として基づくときにのみ健全たりうると考えていたのである。そのようなバークの基本的な視座は、以下の発言にも端的に表わされる。

> 職業的財政家のあまりに多くが、歳入の中に、銀行、通貨、生涯年金、トンティン年金、永久地代……しか見ようとしていない。……それらは……その安定した秩序の成果を体現し、それを基礎としているときにのみよいものなのである（R: 215 下 195）。

金融経済が実体経済面での安定的秩序を前提にしているというこのバークの発想は、土地を「本性的にあらゆる安定的な統治の確固たる基盤[51]」であるとし、土地貴族の安定性を、金融勢力の浮動性よりも重視したバークの農本的発想とも通底するものである。バークによれば、農業は「王国の全関心事のうちの第一のものであり、他の全てのことにおける王国の繁栄の基礎となるもの[52]」である。バークにとって、自然環境・田園・農業といったものは、人間の本性的な慰藉となりうるが、浮動性や変革というものを体現する金融の原理は、現代的に言えば、そのエコロジカルな農本的原理とは完全に相反するものであった[53]。

> 恐らく彼ら［金融勢力］の未熟で多感な想像力は、最初は田園生活の無心で利益抜きの喜びに掻き立てられようが、すぐに、農業は彼らが放棄した仕事よりも格段に労多くして儲からない仕事だと気付くだろう。農業へ賛辞を送った後、彼らはそれに背を向けることになろう……（R: 169 下 106）。

このことは、スミスが『国富論』で、「田園の美しさ、田園生活の楽しみ、それが約束する心の平静、そして、人間の法律の不正義によって乱されないならばいつでもそれが実際に与える独立性は、多かれ少なかれ全ての人々を引き付ける魅力をもっている[54]」と論じていたことを髣髴とさせる。これにはスミスの農本的な価値判断が多分に含まれているが、バークは、田園・自然環境・農業といったものが人間にとって本性的な領域であることをスミスと同じく認め、先述のように、それを保護し、農業や土地の安定性を体現した地主貴族や郷紳、地方農民を、人間的なものを破壊する、価値の浮動性や不自然さを体現した金融勢力や都市民に対置させていた。バークが、金融の必要性は認めつつも、農業や田園、学芸を保護する地主貴族や聖職者の優位をあくまでも唱えたのは、田園や学芸や伝統文化を保護するには貴族や聖職者の保護者的な存在（its natural protectors and guardians）が不可欠であり、それは全面的な市場化に優先されねばならないと考えていたからであろう。つまり、新興の金融勢力と旧来の地主貴族との対立は、K・ポランニー的に言えば、「自己調整的市場」化と「社会」との対立なのである。そしてバークが、地主階級たる貴族や聖職者の安定性こそが、金融勢力の浮動性よりも優越せねばならないと考えていたとするならば、そこには全ての価値が変転する全面的な市場化に抗して、伝統文化たる田園や学芸の保護を優先させるゲマインシャフト的な論理が暗黙裡に内包されていたと言えよう。

よってバークは、政治的能力主義の余地をある程度認めつつも、金融などの流動的要素が、不動的要素たる地主貴族や聖職者を侵食するようになることは最後まで頑として拒否したのである。

王権、宮廷、騎士と世襲貴族という立派な階級が存在するところ、そして……堅固で恒久的な地主ジェントリーが存在するところ、……さらに宗教と国家の利益と結び付いた利益を学問と才能に与える国教会が存在するところでは……、獲得において新しく、持続において不安定な富は第一の位階にはなりえないし、それに近づくこともできない、というのが事物の自然な作用なのである。(55)

浮動的な金融勢力は、安定的な地主階級に接木される形で成長すべきであり、フランス革命の如く、地主階級の除去の上に成立してはならないとバークは確信していた。フランス革命は田園や伝統文化を保全する貴族・聖職者を打倒したが、その意味で、まさしくフランスの「革命が破壊しつつあるのは、ヨーロッパの文明の構造」(56)そのものであり、バークが述べた貴族階級や聖職者に基づく商工業とは、学芸・伝統文化・自然・田園・農業といったものに基づいた形での商工業であったとも言えるのである。

*

その意味で、バークは決定的に伝統文化基底的な商業社会・市場社会を擁護していた。政治思想史家J・G・A・ポーコックによれば、バークは、同時代の歴史家W・ロバートソンらの文明化論――騎士道は野蛮さを抑えて女性や弱者に対する洗練された物腰を身につけるという意味での文明的な作法(manners)であり、教会法は聖職者の財産権を擁護するものであり、つまり、騎士道と宗教は、野蛮人を文明化させて「商業的な洗練された社会、およびそれに伴う文化的な諸特徴の方向への大きな一歩」(57)となるものであったと解する歴史観——を受容していたとする。騎士道と宗教は、人間が野蛮さを和らげ、文明化してきた過程を含む文化的な習俗ないしは作法の歴史的集積であり、バークからすれば、それを破壊したフランス革命は野蛮な状態への退行であり、だからこそ「彼らの人間性は野蛮で残忍」(R: 70 上 146)であると論じたのである。そしてポーコックは、商業が作法を変容させると考えた自由主義者のヒュームやスミス(そしてハイエク)に対して、バークは逆に、「教会と貴族の存在が作法の発達に不可欠であり、作法が商業自体の発達の前提条件をなす」[58]と考えていたと論じる。確かに、ポーコックの言う通り、その点ではスミス(そしてハイエク)の思想系譜とバークの思想とは好対照であろう。

実際、バークの強力な論敵の一人であったジェームズ・マッキントッシュは、『フランスの擁護』(一七九〇年)で、バークと対照的であるスコットランド啓蒙派の商業による作法の洗練という言説を応用して、バークにおける商業を規定する作法としての騎士道という言説を批判していた[59]。マッキントッシュは、騎士道が「ヨーロッパを洗練させ、温和化させるのに貢献した」とし、「知識の普及と商業の拡大を容易にした」と認めたが、騎士道がもたらした知識の普及と商業の拡大はむしろ、社会が進歩するにつれて、それを生み出した騎士道や宗教を逆に破壊するようになると指摘した。つまり、「統治においては、商業は『封建的で騎士道的な体系』を廃止」し、「宗教においては、学識が……迷信を破壊する」というのであるが、それというのも、騎士道が「それらを生み出した状況」によって規定されていたからであって、「商業を認め、知識の成長を促進する程度にまで中世の野蛮さを柔和にした」騎士道も、社会が進歩すれば、「平穏と洗練によってほとんど消し去られる[60]」ようにならざるをえない。騎士道は野蛮さがあってはじめて有用であったのであり、洗練された文明社会においては、商業や知識の普及によって封建的なエートスは否定されてゆかざるをえないというのがマッキントッシュによるバーク騎士道論批判の要点であった。バークとは正反対に、「商業的ないしは貨幣的階級」を、地主よりも偏見に捉われにくく、自由を強く愛する「啓蒙された階級（this enlightened class of men）」[61]であると高く評価していたマッキントッシュは、商業と知識の普及こそが「文明化され慈愛心に富んだ作法を安定させるための幅広い基礎を提供する」[62]と考えていた。これはまさしくポーコックが指摘した、スコットランド啓蒙派による商業を通じた作法の洗練史という歴史観に近い立場から、逆に、封建的な作法を商業社会の基礎として捉えていたバークを批判するものであったと言ってよい。

しかし、バークは一方で、モンテスキューの風土論・習俗論を受容し[63]、若き頃の『イギリス法史論断片』（一七五七年）では、法は「商業や社交によって改善され高められる」[64]と述べていたのであり、さらにその論考で、イギリス法が、古来の国制（憲法）から変化することなく継続してきたとか、外国法の影響を受けることなくイギリスに特有のものになったなどという法律家たちの国粋主義的謬見を批判し、「真相は、我々の法の現在の体系は、我々の言語や学問と同じく、非常に混淆した雑多な集まりなのである」と述べ、自前の部分もあれば、外国由来の部分もあり、「人々の作法、宗教、商業がそれぞれの時代で求めてきたさまざまな必要性に応じて、構成され、改変され、さまざまに修正されてきた」[65]のだと論じ、法が、作法や宗教、そして商業との相互作用の中で、歴史的に変化してゆく進化過程の産物であることを明確に理解していた。これは、先述したバークにおけるハイエク流の制度進化論的要素とも符合するものである。

確かにバークも、ハイエクと同様、騎士道と宗教という文明的コード体系を人間の荒々しい欲望を抑える伝統文化的規範として捉えており、それこそが、商業社会の近代的社交関係を円滑に維持させるための伝統文化的な基盤であると考えていた。しかし、騎士道や宗教という作法ないしは伝統文化を商業社会の基礎だとしたバークは、商業社会による伝統文化の変容をある程度認容しつつも、ある時点で伝統文化の変容を拒否したという点で、ハイエクと決別し、保守主義者としての側面が明確になるのである。よってバークは、ポーコックの指摘するように「近代の商業社会は作法の最終的な開花（the ultimate efflorescence）である」[66]と考えていたのであり、ハイエクならば、それを「最終的な開花」などとは決して考えなかったであろう。なぜなら、伝統文化基底的な市場社会において、伝統的習俗の変容が認められない「最終的」なある時点が存在するとしてしまうと、市場化過程にメタレベルの価値判断的歯止めをかけることになり、市場と伝統とを相互促進的なものと捉えていたハイエクの思想とは齟齬をきたしてしまうからである。その意味ではハイエクはある種の進歩主義者であった。一方、バークは、伝統と商業の相互促進的な関係をある程度認めつつも、市場化がある時点で伝統を逆に掘り崩してゆくことを看取していた。そのある時点とは、おそらくシンボル経済が実体経済よりも優位に立ち、逆に実体経済を破壊するものへと変貌したときであったと思われる。

　バークは、フランス革命政府の施策によって、商業社会が実体経済と遊離した「賭博場」と化し、そしてそれが、貴族や聖職者に体現された伝統文化や田園の破壊を帰結する現実を目の当たりにしたとき、商業と伝統文化との相互促進的な蜜月関係は終焉し、金融勢力が主役となった商業が伝統文化を破壊するところに来たことを確信していた。伝統文化としての「騎士道の時代は過ぎ去り、詭弁家、経済家、計算者の時代が続いた」（R: 66上140）という『省察』の名言には、経済的なるものと伝統文化的なるものとの対立が明確に象徴させられている[67]。実際、『省察』の草稿を読んだP・フランシスへの返信でバークは、「長年、ヨーロッパの名誉と光彩を添えてきたそうした作法の偉大な源泉」である「騎士道精神」が「財政の貪欲な投機と下劣かつ堕落した哲学の間違った学識によって[68]」破壊されようとしていると述べており、騎士道という伝統文化的な作法が、急進的啓蒙主義者（「詭弁家」）の哲学原理のみならず、投機家ないしは金融家（「経済家」）の経済原理によっても破壊されつつあることを明確に認識していた。フランス革命勃発までは、貴族や聖職者の優位の下、つまるところ彼らに体現された伝統文化を基礎として、商業は繁栄していたのにもかかわらずである。

疑いもなく、全体的にヨーロッパは、君たちの革命が完遂されたときには繁栄の状態にあった。その繁栄の状態のうちのどれぐらいが我々の旧来の作法（manners）と観念の精神［騎士道と宗教の精神］に負っていたのかは断定し難いが、そのような諸原因が大して作用していないということはありえない以上、我々は、全体としてはそれらの作用が有益であったと推定せねばならない（R: 69 上 144）。

バークの基本構図では、イギリスの如く伝統文化を基底とした商業社会は繁栄し、フランスの如く文明の基盤たるべき伝統文化を破壊する商業社会は破産する。農業や田園を世襲原理によって安定化させ、人々の情念を抑制する伝統的な作法（manners）や習俗を保全している貴族階級は、商業社会の実体的部分を安定化させ、その着実な発展を保証する。この意味で、ハイエクの如く、伝統文化と親和的な市場社会観をバークも共有していたと言えようが、決して市場社会が伝統文化の土台にあるとは考えなかった。むしろ、「民衆には商工業が欠如しているが、貴族と宗教の精神が残っているようなところでは、情緒が……それらの代わりをする」（R: 69 上 146）とすら述べ、伝統文化の保全を商業的発展よりも優先させていたのである。無論、ここにはバークのロマン主義的社会観が伏在しているが、それがバークの経済思想を特異なものにし、今日の我々にとって一層示唆に富むものにしている。貴族、教会、伝統文化、田園、農業、自然といった封建的要素は、商業社会の犠牲になるべきではなく、その基盤であるという信念を保持していたバークは、その意味で、ハイエク以上に、伝統文化基底的な市場社会像を徹底させていたと言うことができよう。

# おわりに

ハイエクは、実践的知識論や制度進化論、自由市場論などの根幹的な部分でバークと多くの共通点があり、自らをバークに連なる「旧ホイッグ」だと自任したのも首肯しうるものであった。しかしその反面、バークとハイエクの重大な差異についても留意せねばならない。例えば、バークの社会哲学における固定的な階層制秩序論や神学的要素などはハイエクの社会哲学とは相容れないものと思われる。しかし、本章で着目しておきたいのは、伝統文化と融和的な市場を構想した二人の独特な市場観なのである。[69] ハイエクは、伝統と市場を親和的に捉えていたが、その場合の伝統とは進化の過程で市場適合的になっており、事実上、市場による変容を全面的に受け入れるものであった。人口と富を増大させる伝統文化が進化過程で生き残るのであれば、大規模な社会を生み出し、巨大な人口と富を維持させてくれる市場原理を阻害するような伝統文化は淘汰されてゆかざるをえない。よって、ハイエクにとって伝統とは、市場化を促進させるものでしかなく、市場化に伴って市場適合的にいかようにも変容してゆく内容無規定的な概念であった。市場と伝統文化とは相互促進的な関係に置かれているのであって、保守すべき伝統文化という概念は存在しえないのである。

しかし、バークは、伝統文化を基礎として自由経済が発展してきたと考え、伝統文化と自由経済を同じく親和的に捉えていたが、あくまで自由経済は伝統文化の上に開花すべきであると考えていた。既に述べたように、バークと交流のあったW・ロバートソンは、宗教や聖職者の発展が教会法を生み出し、財産権を確定させてきたと論じ、彼の歴史観を受容していたバークも、これまでのヨーロッパ史においては、伝統文化の発展こそが自由経済の基礎を形作ってきたのであり、その逆ではないと考えていた。よって、ハイエクとは異なり、バークにとって伝統文化とは、極めて具体的な騎士道とキリスト教という内容規定的な概念として現れたのである。もちろん、ここで述べた騎士道と宗教という概念には、田園、農村、安定、分権、土地財産といった封建的な諸価値が象徴させられていた。こうした守るべき価値という立脚点を獲得したがゆえに、バークは、その伝統文化の破壊という観点から、金融勢力が優位に立った市場の暴走を批判することが可能となったのである。バークにとって金融とは、実体経済を反映する場合にのみ健全なものであったにもかかわらず、教会の土地財産を収奪し、それを担保とした紙券信用の浮動性が、田園や農業、土地財産といった実体的な部分を逆規定し、破壊するに至って、「騎士道の時代は過ぎ去り、詭弁家、経済家、計算者の時代」になったことをバークは悲しくも痛感せざるをえなくなった。その意味で、バークの経済思想は確かに、伝統文化と自由経済を親和的に捉えるものであったが、その関係は相互促進的なものではなく、あくまで伝統文化に自由経済は基づくべきだという徹底的に伝統文化基底的な自由経済論となったのである。

したがって、端的に述べれば、ハイエクとバークの伝統論における最大の相違は、それが内容無規定的であるか内容規定的であるかということにあると言えるであろう。これは、その現代的意義を考える際、大変重要なポイントとなる。例えば、市場による伝統文化の全面的変容を認めるか否かという問題は、現在、景観保存問題などで最も鋭く表面化しつつあるが、ハイエクの内容無規定的な伝統論は、市場による景観文化の変容を全面的に認容しうるために、それに対する批判的視座を全くもちえない。それは既述したように、ハイエクの文化的規制に対する嫌悪からも明らかである。景観保存問題は、保守すべき具体的価値を包含する伝統文化を措定しない限り解決しえないものであろう。その意味で、保守すべき価値を措定する内容規定的な伝統論を保持しつつ、自由経済を終生擁護し続けたバークの保守的自由主義には、景観保存と自由経済といった問題に関しても、未だ可能性が秘められていると思われるのである。彼らの特異な社会経済思想が今日の我々に投げ掛けているメッセージというものは、非常に重い課題を突き付けるものであったと言わねばなるまい。

## 注

（1）以下、頻出するハイエクのテクストからの引用については、略記号を用い、本文中に記す。Hayek, F. A., *Individualism and Economic Order*, Routledge & K. Paul, 1949.（略記号ⅠE）: Hayek, F. A., *The Constitution of Liberty*, The University of Chicago Press, 1960.（略記号C）: Hayek, F. A., *Law, Legislation and Liberty*, 3vols, Routledge & K. Paul, 1973–1979.（略記号Lとし、巻号を付す）

邦訳に西山千明・矢島鈞次監訳『新装版ハイエク全集』（春秋社、一九九七―一九九八年）があるが、それには原著頁数も併記されているので、この補論Ⅱでは邦訳頁数は省略する。

（2）ハイエクの方法論的個人主義については、渡辺幹雄『ハイエクと現代リベラリズム――「アンチ合理主義リベラリズム」の諸相』（春秋社、二〇〇六年）、森田雅憲『ハイエクの社会理論――自生的秩序論の構造』（日本経済評論社、二〇〇九年）を参照。

（3）この『訴え』の簡潔な内容紹介については、岸本広司『バーク政治思想の展開』（六五四―六六六頁）を参照。

（4）バークがハイエクにとっての「保守主義」者ではないということは以下の記述でより明確になろう。ハイエクは、「論じられた伝統が、バークからフランスの反動家やドイツのロマン主義者たちによって引き継がれた後、それは反合理主義的立場から不合理主義的信仰に変わった」（C: 437）とする。つまり、バークは、不合理主義的な保守主義とは区別されるとともに、その思想は保守主義に一定程度引き継がれているということである。この点を鑑みれば、後に述べるように、制度進化への理解を「保守主義」に多く負っていると述べたハイエクの真意を理解できよう。

（5）Hayek, F. A., *Hayek on Hayek: An Autobiographical Dialogue*, edited by Stephen Kresge and Leif Wenar, Routledge, 1994, p. 141.〔嶋津格訳『ハイエク、ハイエクを語る』名古屋大学出版会、二〇〇〇年、一八〇頁〕

（6）Yamanaka, M., Hayek as an Old Whig: its implication for us, in *Social Welfare Review of Kogakkan University*, No. 3, 2000. は、ハイエクの「旧ホイッグ」の現代的意義を問う稀有なものであるが、何故かこの「旧」ホイッグ――「旧」を強調して（C: 409）――の淵源がバークであることについての言及がない。

(7) Raeder, L. C., The Liberalism/Conservatism of Edmund Burke and F. A. Hayek: A Critical Comparison (1997), in *The Legacy of Friedrich von Hayek*, I, edited by P. J. Boettke, Edward Elgar Publishing, 1999.

(8) 最近、ハイエクのバーク理解についての研究としては、中澤信彦「ハイエクの保守主義――ハイエクはバークをどのように読んだのか」(桂木隆夫編『ハイエクを読む』ナカニシヤ出版、二〇一四年)が発表された。

(9) Allen, R. T., *Beyond Liberalism: The Political Philosophy of F. A. Hayek and Michael Polanyi*, Transaction, 1998.

(10) Polanyi, *Personal Knowledge*, p. 54.〔五〇頁〕

(11) Ullmann, *The Individual and Society in the Middle Ages*, p. 85.〔一四八頁〕

ダントレーヴも同様に、「イギリス海峡の此方における法律学は常識なる堅実な中核を保持している。そしてこれによってその法律学は過度の抽象化の危険から守られてきているのである」と述べている(ダントレーヴ『自然法』一六三頁)。

(12) Gray, J., *Hayek on Liberty*, 2nd ed., B. Blackwell, 1986, p. 14.〔照屋佳男・古賀勝次郎訳『増補版ハイエクの自由論』行人社、一九八九年、三四頁〕

(13) *Report from the Committee of the House of Commons* (30 April 1794), p. 556.

(14) R・ハモウィーは、バークの自生的制度進化論が、「イギリス国制〔憲法〕は理性の産物ではなく慣習の産物」だとするヘイルなどの十七世紀のコモン・ローヤーに由来すると指摘している(Hamowy, R., *The Scottish Enlightenment and the Theory of Spontaneous Order*, Southern Illinois U. P., 1987, p. 50.)。確かに局所的判断の蓄積が、意図せざる結果として歴史的に社会制度に織り込まれ、法・制度的変容をもたらしてゆくという意味では、バークやハイエクの自生的制度進化論の一つの典型はコモン・ローということになろう(後期のハイエクになると他の共同体との規範間の淘汰過程という視座も入ってくる)。スタンリスもバークの自然法思想とコモン・ロー的思考との関係性について指摘している。再度引用しておけば、「バークにとって、自然法の精神は、イギリスのコモン・ローの基準となる衡平性のルールの中に具象化されていたのであり、それは法的な判例や時効を通じて伝達されてゆくものであった」(Stanlis, *Edmund Burke and the Natural Law*, p. 38.)。

(15) 実際、急進派は、イギリス国制の欠陥がこうした「反省抜き」の非設計主義的な構造にあると批判していた。マッキントッシュは、「世界で現存する全ての政府は(アメリカ合衆国を除いて)偶発的に形成されてきた。それらは偶然の産物であり、人為の作品ではない」とし、フランス革命政府こそ「人為の政府、立法的知性の作品」であると賞揚していた(Mackintosh, *Vindiciae Gallicae*, pp. 51-52.)。また、シェイエスは「イギリスの憲法体制が人知によるというよりはむしろ偶然や状況の産物であることを、われわれは認めることになるだろう」とし、よってイギリス国制は「真の政治秩序に関わる諸原理に基づく公正な吟味には」耐えられないと論じていた（シィエス『第三身分とは何か』九三頁）。イギリス国制には「良き秩序の簡明さではなく、むしろ、無秩序に対する予防策の積み重ねがあるだけだ」（同書九四頁）と考え、旧体制を「趣向もなく計画もなく雑然と立てられた支柱によって、つまりは小手先の処置によりかろうじて支えられているにすぎない」家に比し、「この家を建て直さなければならない」（同書一三四頁）と論ずるシェイエスの思考は、ハイエクが設計主義の代表の一人として挙げるデカルトの「一人の建築家が請け負って作りあげた建物は、何人もの建築家が、もともと別の目的で建てられていた古い壁を生かしながら修復につとめた建物よりも、壮麗で整然としている」と述べた発想に近い（デカルト『方法序説』谷川多佳子訳、岩波文庫、一九九七年、二〇頁）。それに対して、バークは全く逆に「単純な統治は根本的に欠陥品である」（R: 54 上 114）と考えていた。バークが何故そのように考えたのかと言えば、「人間の本性は複雑であり、社会の諸目的も最も複雑でありうるから、権力の単純な配置もしくは方向付けは、人間本性にも、人間に関わる事柄の性質にも適合しえない」（R: 54 上 114）と見抜いていたからであった。

(16) *Letter to a Member of the National Assembly*, p. 325.〔『論集』五七一頁〕

(17) *Speech on Reform of the Representation*, p. 405.〔『論集』四四七頁〕
アダム・ファーガスンは『市民社会史論』で、「人類においては、種は個人と同様、進歩する。彼らは、後の時代において、以前に打ち立てられた基礎の上に自らを形成してゆく。そして年月が経って、自らの能力の適用において完成に至る。それには長い経験の助けが必要であるし、多くの世代の努力が結び合わされねばならない」と述べ、バークと同じように、経験的叡智の蓄積としての「種」の進化という考えを披歴している（Ferguson, *An Essay on the History of Civil Society*, p. 10.〔一〇頁〕）。この点については、O'Neill, *The Burke-Wollstonecraft Debate*, p. 44. も参照のこと。先述のようにバークが『市民社会史論』を読んでいたことを鑑みると、全面的にではないにせよ、ファーガスンからの知的影響も推測しうる。

(18) Raeder, The Liberalism/Conservatism of Edmund Burke and F. A. Hayek, p. 348.

(19) Shearmur, J., *Hayek and After: Hayekian Liberalism as a Research Programme*, Routledge, 1996, p. 42.

(20) *Thoughts and Details on Scarcity*, p. 261.

(21) ただ、シェーマーは、初期のハイエクの思想とバーク的保守主義との相違点を二点挙げている。一つは、ハイエクは歴史的・経験的産物を盲目的には信奉しておらず、あくまで経済学という理論的な観点から論じていたということ、もう一つは、それゆえに、市場社会システムをよりよく機能させるために既存の制度を「急進的に改革すること（radical reform）」を認めていたということである。その意味で、ハイエクは、バーク主義者と言うよりも「機能主義者（functionalist）」であると言うのであるが、後述するように、バークも経済事象を極めて機能主義的に見ており、そうした経済事象への深い洞察をもとに、『穀物不足論』（一七九五年）で小さな政府を唱えたのである。確かに、シェーマーも指摘していることだが、ハイエクの如く理想的な議会制度改革案を全面的に設計しなかったという点では、バークは、ハイエクよりも現実主義者であったということは言えるであろう。バークがいかに「行動する哲学者」を自任していたとしても、あくまで実際的な政治家であったとするならば、ハイエクは、自らも認めていたように、「考えられる中でも最も純粋なタイプの学者」（Hayek, *Hayek on Hayek*, p. 137.〔一七四頁〕）であった。ただ、ハイエクは、自らの制度設計案を提案する場合でも、それを「ユートピア」だと認め、「社会を大きく乱すことのない穏やかな改造と刷新」によって漸進的に理想的な制度に近づけるべきだと論じたヒュームをしっかり引用していたことにも留意すべきであろう（ハイエク『新自由主義とは何か —— あすを語る』西山千明編、東京新聞出版局、一九七六年、一八三頁）。その意味では、ハイエクは、あくまでバークの漸進的な改革主義の立場に近いものであった。

(22) バークを帰結主義的功利主義者として説得的に解釈するものに Dinwiddy, *Radicalism and Reform in Britain: 1780 to 1850*. があり、特に第十二章を参照。

(23) Hayek, F. A., *The Fatal Conceit: The Errors of Socialism*, edited by W. W. Bartley III, Routledge, 1988, p. 6.

(24) ダーウィン批判をしていたハイエクをダーウィン的だとするのは違和感があろう。しかし、そもそもハイエクのダーウィン評価は両義的である。ダーウィン理論の遺伝学的要素には否定的であったが、ハイエクをダーウィン主義者だと断じる今西錦司に対して、ハイエクは「ダーウィンのほうは進歩がある、進展がある」と一定の理解を示していた（ハイエク・今西錦司『自然・人類・文明』NHKブックス、一九七九年、一〇二頁）。

(25) Hayek, F. A., *The Trend of Economic Thinking*, edited by W. W. Bartley III and Stephen Kresge, Routledge, 1991, pp. 96-97.〔田中真晴・田中秀夫編訳『市場・知識・自由』ミネルヴァ書房、一九八六年、一二四頁〕

(26) ハイエクによるマンデヴィル、ヒューム、スミス解釈に対する疑義は、Petsoulas, C., *Hayek's Liberalism and Its Origins: His Idea of Spontaneous Order and the Scottish Enlightenment*, Routledge, 2001. を参照。

(27) 厳密に言えば、M・ポランニーの暗黙知とハイエクの局所的知識は完全なイコールではない。ハイエクの局所的知識は、まさしく「局所的」な知識、つまり中央当局に集約化されえない知識を指すのであって、それには職人技のような暗黙的な形態でしか存在しえないものも含まれているが、例えば各町工場の生産管理マニュアルや上客リストなど、局所的ではあるが、暗黙的な形態で存在しているわけではないものも含んでいる。よって、ポランニーの暗黙知のカテゴリーは、ハイエクの局所的知識のカテゴリーよりも狭いと言えよう。より正確に言えば、狭いというよりも次元を異にするものであって、ポランニーの知識論は、神学的ですらある普遍的な真理性に基づいているが、ハイエクはその点でより世俗的である（Allen, *Beyond Liberalism.* を参照）。バークの知識論として挙げられる「偏見」について言えば、これは社会的な伝習観念であり、局所的なものではないために、ハイエクの局所的知識論とは全く異なる概念である。例えばバークは偏見の最たるものは宗教であると論じている。その意味で、アレンや岸本が指摘するように、ポランニーの暗黙知に近い。

(28) ハイエクのシンボル価格論は、実体経済と価格が遊離していない場合にのみ成立するものであるが、ここにもハイエクの市場に対する楽観主義が垣間見られよう。後述するように、ハイエクの問題点の一つは、今日のようにグローバル化した市場が伝統文化や実体経済を破壊的に逆規定する場合がありうるということに気付いていなかった点にある。ハイエクのシンボル価格論をグローバリズム批判として読み解いたものに、拙稿「市場と共同性の経済思想――初期マルクスとハイエクの社会哲学を中心として」『経済社会学会年報』（第二七号、二〇〇五年）がある。

(29) Hayek, *The Trend of Economic Thinking*, p. 120.

(30) スミスがこのようにバークを評価したというビゼットの『バーク伝』における記述は今日では疑わしいとされている。その点については、水田洋「イギリス保守主義の意義」（『世界の名著㊶／バーク・マルサス』所収、中公バックス、一九八〇年）一八頁、中澤信彦『イギリス保守主義の政治経済学』第二章、Canavan, *The Political Economy of Edmund Burke*, pp. 116–117. などを参照。ただ、このビゼットの記述を事実として引用したということそのものが、ハイエクがバークとスミスの経済思想上の相似性について信じていたという証拠となろう。バークとスミスの思想的類似性について論じたものに、Dunn, W. C., Adam Smith and Edmund Burke: Complementary Contemporaries, in *Southern Economic Journal*, Vol. 7, No. 3 (January 1941). がある。逆にバークの経済的自由主義とスミスの経済的自由主義との差異については、Winch, D., The Burke-Smith problem and late Eighteenth-Century Political and Economic Thought, in *The Historical Journal*, Vol. 28, No. 1 (Mar., 1985). を参照。

(31) Barry, The Political Economy of Edmund Burke, p. 108.

(32) *Thoughts and Details on Scarcity*, p. 273.

(33) *Ibid.*, p. 275.

(34) Barry, The Political Economy of Edmund Burke, pp. 105–106.

（35） *Thoughts and Details on Scarcity*, p. 254.

（36） *Ibid.*, p. 278.

ここで極めて興味深いことは、この局所的知識論を応用する形で、バーク最大の論敵であるペインが君主政を批判していたという点である。「一個人が、どんな広さの領土であれ、統治を立憲的に設立するときに求められる諸原理の体系を制定することは可能ではある。……しかし、一国民の多様で数多い諸状況——その農業、工業、貿易、商業等々——にそれらの諸原理を実際に適用する場合、社会のさまざまな部分からのみ得られるような別の種類の知識が必要となる。それは、いかなる個人であってももちえない実践的知識の集積（an assemblage of practical knowledge）である。それゆえ君主政の形態は、効果的に運用する場合、知識の無能性（the incompetency of knowledge）から制限を受けるのである……」（Paine, *Rights of Man*, Part II, pp. 422–423.〔二三七頁〕）。つまり、ペインによれば、立憲的統治を一人で行うために必要とされる、社会の諸状況に対応した多種多様な実際的知識を、君主は一身に集めることができないために、君主政形態は弊害が大きいと言うのである。したがって、規模が大きい近代国家に最適な政治的分権化の形態として、代議制を提唱するのだが、代議制において「各部分と全体のさまざまな利益に不可欠な知識が集約される」と考えるペインの確信とは裏腹に、実際に代議制によって知識論的問題が解決するかは別問題であろう。無論、第二章でも論じたように、バークの君主政擁護論への批判として見た場合、これはいささか的外れであり、それというのも、バークは実質的施政者として君主を捉えておらず、多様な実際的知識を一身に集める必要はなかったからである。ただ、人間の「知識の無能性」というペインの論理に関しては、ハイエクの知識論的統制経済批判と通底するものがあると言えよう。実際、ペインは、小さな政府、社会の自生的秩序性、経済的自由主義などを強く擁護していた。

こうした知識論的君主政批判の論点は、初期マルクスの『ヘーゲル国法論批判』（一八四三年）における君主政批判などにも見られるものであるが、世襲制を「動物的体制」とし、「統治の任務（the *business* of a government）」と「統治の形式（a *form* of government）」とを峻別しようとしたなどの点でもペインと初期マルクスは酷似している。ただし、同じ知識論的結論を共有したマルクスは、代議制に止まらず、さらなる徹底的な政治的分権化として「真の民主態」を提起することになる。この論点としては、拙稿「マルクスにおける政治否定のロジック——初期マルクス法・政治思想の新地平」（『政治思想研究』第四号、二〇〇四年）を参照。もっとも、既に孔子は、「君子は小知すべからずして、大受すべし。小人は大受すべからずして、小知すべし」と述べ、人の上に立つものは細部のことを関知することはできないと論じていた（金谷治訳注『論語』ワイド版岩波文庫、一九九一年、二一二頁）。

(37) Raeder, The Liberalism/Conservatism of Edmund Burke and F. A. Hayek, p. 351.
(38) *Thoughts and Details on Scarcity*, p. 266.
(39) ハイエクは一般均衡論の非現実的前提を批判し、経済学を「常識的な意味（common-sense meaning）」（IE: 56）に戻そうとして、完全情報批判などを行っているため、むしろスミスやバークらのモラル・サイエンスとしての経済学と親和的となるのは当然ではあろう。実際、ハイエクの市場論は、資本家や労働者、企業といったカテゴリーがあまり重視されず、むしろ独立小生産者型の市場に近く、その意味でもスミスやバークなどの初期近代の経済観に接近する。
(40) *Thoughts and Details on Scarcity*, p. 270.
(41) *Ibid*., p. 278.
(42) よって、スミスは、戦後啓蒙による市民社会派的解釈とは別に、井上和雄『資本主義と人間らしさ――アダム・スミスの場合』（日本経済評論社、一九八八年）のように、共同体論的解釈も可能である。
(43) ハイエク・今西錦司『自然・人類・文明』九三頁
(44) 同書、一七三頁
(45) Hayek, F. A., *The Road to Serfdom* (1944), The University of Chicago Press, 1994, p. 61.〔西山千明訳『隷属への道』春秋社、一九九二年、六六頁〕
(46) ハイエク『新自由主義とは何か』三七頁
(47) 騎士道と宗教の精神の自由経済的・社会秩序論的意義については、本書第三章を参照。
(48) この経済循環の観点からバークの経済思想を論じたものに、中澤信彦『イギリス保守主義の政治経済学』第十章がある。
(49) トクヴィルは、首都の集権化は専制をもたらすに違いないとバークと同じように危惧していたが（Tocqueville, *Democracy in America*, pp. 324-325.〔第一巻、下・一九四―一九五頁〕）、『旧体制と革命』において、こうしたパリへの集権化や国土の区画割りといった事態は、革命の結果ではなく、旧体制下においても進行していたと論じており、革命の前後における断絶を強調するバークに批判的な一面があった。国土の区画割りを批判したバークに対して、トクヴィルは、「彼には、生きたまま身体を引き裂いたように見えたかもしれないが、実は死体をばらばらにしたに過ぎなかったのである」と論じている（Tocqueville, *The Ancien Régime and the French Revolution*, p. 73.〔二一〇頁〕）。ブルンナーもこの近代国家の集権性について、「そこにいたる道を準備したのは絶対主義王権であり、それを完成したのは大革命である」としている。さらにブルンナーは、唯一の国家の正当性の根源とされる人民主権の原理によって、近代国民国家のみが正当な権力を独占しうると見なされ、権力が各地方の領主などに分有されていた封建国家が否定されるようになったと指摘している（ブルンナー『ヨーロッパ』二〇一頁）。バークは、民主主義がもたらす集権性を感知し、それに対して、こうした封建制における分権性を自由の保障と捉えていたのである。

(50) バークは「我が子に対する親の愛情の次に、自然的にも道徳的にも、人間の中に存する最強の本能は祖国愛である」とし、野獣すらも自らの生まれ育った場所に愛着すると論じている（*Speeches on the Impeachment of Warren Hastings* (Fourth Day of Reply: 5 June 1794), p. 228.）。郷土への愛を区画割りによって引き裂くフランス革命政府、という『省察』における描写は、革命派の反自然性、反道徳性、反人間性を強調するレトリックでもあった。

(51) *Third Letter on a Regicide Peace*, p. 540.

(52) *Thoughts and Details on Scarcity*, p. 255.

(53) 玉野井芳郎『エコノミーとエコロジー――広義の経済学への道』（みすず書房、一九七八年）は、従来批判されてきたスミスにおける重農主義的要素を、エコロジカルな視点から再評価している。このバークの地主的・重農主義的要素も、エコロジカルな視点から読み直すことも可能であろう。また、バークの農本的思考の現代的意義を考える場合、バークを柳田国男と比較した佐藤光『柳田国男の政治経済学』も参考になる。

(54) Smith, *The Wealth of Nations*, p. 483.〔上・三九一頁〕

(55) *Thoughts on French Affairs*, p. 16.〔『論集』七〇二―七〇三頁〕

(56) Pocock, *Virtue, Commerce, and History*, p. 199.〔三八一頁〕

(57) *Ibid.*, p. 198.〔三七八頁〕

(58) *Ibid.*, p. 189.〔三五〇頁〕

(59) マッキントッシュのバーク批判の概要については、真嶋正己「急進主義者によるバーク批判（Ⅱ）――J・マッキントッシュの『フランスの擁護』を中心に」（『広島女子商短期大学紀要』第九号、一九九八年）を参照。マッキントッシュは後に『フランスの擁護』での自説を撤回するようになる。

(60) Mackintosh, *Vindiciae Gallicae*, p. 87.

(61) *Ibid.*, p. 61.

(62) *Ibid.*, p. 88.

(63) マイネッケ曰く、制度の洗練過程として文明史を捉える点で「ヒュームもバークも共にモンテスキューの著しい影響をうけたことはたしかである」（マイネッケ『歴史主義の成立』菊盛英夫・麻生建訳、上巻、筑摩書房、一九六七年、二六一頁）。コートニは端的に「バークはイギリスにおける最初期のモンテスキューの弟子の一人であろう」と述べている（Courtney, *Montesquieu and Burke*, p. 55.）。

(64) *An Abridgment of English History*, p. 716.

(65) *Ibid.*, p. 719.

(66) Pocock, *Virtue, Commerce, and History*, p. 188.〔三五〇頁〕

(67) 無論、バークは政治学を算術的に考察する革命派――「政治学の会計士たち（the book-keepers of politics）」――の「政治算術の方法」を批判していたから（R: 71上149–150）、この「計算者」という言葉には、そうした設計主義的・統計主義的思考への批判を含む多様な意味もあるのであろう。また、政治学者としては認めなかったが、統計学者としては（皮肉たっぷりではあるが）評価していたプライス（R: 112上232）への当て付けの意味も含まれていたと推測することもできる。既に、スミスは一七八五年一二月二二日付のG・チャーマーズ宛書簡で、プライスを「最も浅薄な哲学者であり、決して有能な計算者（calculator）ではない」と批判していた。

(68) Burke to Philip Francis (20 February 1790), p. 91.

(69) ドイツやオーストリアのファシズムが伝統文化に基づいた経済を志向したのは周知の通りであるが、ファシズムが統制経済を帰結したのに対して、バークやハイエクは自由経済を志向したという点で、言うまでもないが大きな差異がある。むしろバークは政府の役割をスミス以上に局限していたし、ハイエクに至っては、「政治の廃位（dethronement of politics）」すら論じたのである。もちろん、ハイエクは無政府主義者であったわけではない。ただ、政策の余地をハイエクが認めたとしても、それは市場を有効化させたり、市場外の公共財を供給するためのものであって、市場に一定の歯止めをかけるためのものではありえなかった。「政府が競争のために計画する場合や、競争がその仕事をすることができない場所に踏み込む限りは問題はないが、他のすべての形態の政府活動は大いに危険である」（Hayek, *The Road to Serfdom*, p. 123.〔一五一頁〕）。

付言すれば、ハイエクの「政治の廃位」とはまさしくバークのいう政治的「慎慮（prudence）」の領域の廃棄でもあったと言える。ハイエクとバークの相違点の一つはそこにある。ハイエクは、政治的判断の領域を、特定利益集団が食い込む恣意性の領域として批判的に見ており、市場や大社会を支える法や慣習の非恣意性に対立するものとして捉えていた。興味深いことにこうした視座は、現実の政治的国家は、特定利益集団のための利益代表機関でしかなく、全人民の利益代表機関たりえていないと批判し、経理と監督の機能へと縮減された公共的業務の「慣行」（ルーティン）化によって政治の恣意性を廃棄し、それによって「国家の死滅」を実現せしめようとしたレーニンの国家死滅論と通底する視座であると言える。レーニンは、政治のルーティン化によって政治的叡智を廃棄することで、貴族的エリート層の統治者的意義をも廃棄し、労働者の平等な政治（管理）参加への道筋をつけたわけであるが、ハイエクは、法を「発見」する実践知としての立法的叡智は要求したために、エリート主義的側面が強く押し出されることになる。『法・立法・自由』第三巻（一九七九年）で描かれた理想的統治者としての「独立の公共人（independent public figures）」はその典型であるが、これはあくまで共同体内在的規範を「発見」して実定法化させるための「立法者」であり、そこには、恣意的判断の余地が理論上は存在しない。「一律」の最低所得保障などハイエク理論において許容される政府の役割は全て、予見可能な局限的かつ羈束行為的なものであり、恣意性を含みやすい状況判断を極力不要とするものであった。ここには、政府の広汎な裁量行為は恣意性を含み、特定利益集団の食い物にされるだけだというハイエクの政治への不信感がある。それに対して、バークが描いた理想的統治者としての「自然的貴族（natural aristocracy）」とは、刻々と変化する政治状況に対して適切な判断を下す多分に恣意性を伴った政治的判断主体のことでもあり、ここには多様な政治的事象は法の具体的想定を容易に超えてしまうという現実的政治家としてのバークの実地経験が根底にあったように思われる。実際、バークは、政治における「慎慮」を「裁量」と同義で用いているが、この点については、土井美徳「時効の政治学としての『古来の国制』論」（注55）が大いに参考になる。ただし、バークは、一般的な法の枠内におけるその具体的な政治的判断の恣意性の領域が、統治者としての「実践的叡智（practical wisdom）」によって裏付けられていなければならないと考えていた。だからこそバークにおいては、「自然的貴族」というものが、現実の統治者階級としての貴族と事実上等置されていたのである。このバークとハイエクの相違を踏まえれば、一九〇四年に『エドマンド・バークの政治学説（*The Political Doctrines of Edmund Burke*）』（京都大学マイクロフィルム版 p. 36.）を著して、バークのこうした便宜主義（expediency）を高く評価していたケインズを、後のハイエク（IE: 20）が短期主義ないしは状況主義だとして批判したのもよく理解できる。ケインズとバークの影響関係については、浅野栄一『ケインズの経済思考革命——思想・理論・政策のパラダイム転換』（勁草書房、二〇〇五年）を参照。

# 【資料】バークのスミス宛書簡およびスミス『道徳感情論』書評

## 一、解題

以下で訳出したものは *On Moral Sentiments: Contemporary Responses to Adam Smith*, edited and introduced by John Reeder, Thoemmes, 1997. の中の Letter from Edmund Burke, 10 September 1759. および［Review of］The Theory of Moral Sentiments, by Adam Smith［Purportedly by Edmund Burke］である。

近代保守主義の父たるエドマンド・バークと同時代人で近代経済学の父たるアダム・スミスとの関係は、経済学史的に見ても極めて興味深い研究テーマの一つである。両者の交流の端緒は一七五九年のスミス著『道徳感情論』刊行にまでさかのぼる。スミスの『道徳感情論』を、「懇意」にしてもらっていたヒュームから受け取ったバークは、それにいたく感動し、ヒュームからスミスの住所を聞き出すと、書簡をその年の九月一〇日付でスミス宛に送った。さらにバークは、自らが責任編集者となっていた『年鑑』の第二号（一七五九年版）の書評欄でもスミスの『道徳感情論』を激賞している。[1] そのときのスミス宛書簡と『道徳感情論』書評が、ここで訳出されたものである。無論、スミスの方もバークを終生敬愛しており、「この二人の間には意味のある知的な親近性（significant intellectual affinities）[2]」が存在していた。

二人の関係については、スミスがバークの論文『崇高と美』を高く評価し、グラスゴー大学の教授になってほしいと考えていたとか、[3] 事前の意見交換なしに経済問題について意見が一致しうるのはバークのみだとスミスが述べたとか、[4] 多くの話が伝えられている。経済学史的な関心をひく話としては、バークは晩年の『一貴族への手紙』（一七九六年）で、経済学研究の意義について論じた後、「偉大な知識人たちは、私が経済学研究を完全に放棄してはいないと考えていたので、時々彼らの不滅の業績の特定部分について私とやり取りしようとしてくれていた[5]」と述べており、ひょっとしたらこの「偉大な知識人たち」の一人がスミスなのではないかという憶測も流れた。[6] キャナバンなどはこの点についても否定的であるが、[7] バークの『国富論』への影響が全くなかったとは言い難い。例えば、自由貿易論者のスミスは、バークも支持した穀物輸出奨励金を維持する法案を『国富論』初版で批判していたが、これに対してバークは、「幾何学に基づく体系をモデル化しようとする理論家としてのスミスの役割と……議会を通じて立法しようとする実践的な人間としての自分の役割とをはっきり区別[8]」し、漸進的な保守的改革の立場からスミスの急進的な奨励金撤廃案に反論した。バークの反論を真摯に受け止めたスミスは、『国富論』第二版で「それ自体は最善のものではないが、その時代の利害、偏見、そして思潮が許容しうるかぎりでは最善のもの[9]」だとして、バークの支持した奨励金法案に漸進主義的な立場から一定の理解を示すようになった。バークの偉大さは「普遍化的能力と具体的事実への顧慮との驚嘆すべき結合」にあるとしたL・スティーヴンの指摘を待つまでもなく、スミスは、バークからその思想的エッセンスたる理論と実践の優れたバランス感覚を謙虚に学びとったのである。そして、これは有名な一七九〇年版の『道徳感情論』に出てくる「体系の人（man of system）」批判で明示されたスミスのバーク主義的漸進主義の一側面へと結実してゆくのであろうが[10]、こうした「行動する哲学者」としてのバークの漸進主義を受容しえたスミスが、フランス革命についてのバークの議論を ― 無論、スミスはバークのロマン主義的、神学的表現には馴染めなかったであろうが ― 全く受け入れなかったとは到底考えられない。想像の域を出ないが、おそらく全てとは言えないまでも、かなりの程度バークに賛同したことであろう。抵抗権などの考えを「理性と哲学の学説」であると批判し、高位者への服従を「自然［本性］の学説」であると擁護する点、自分の階級への愛着こそ「危険な革新の精神」を阻止して秩序を安定させるとする点等々、フランス革命への直接的な言及がなくとも、ウィンチが指摘するように、「注意深い読者ならば、［スミスの著作から］急進的な国制の変革ないしは実験に対する支持を読み取ることはほとんど不可能[11]」であると言ってよい。実際、それまでも、プライスの『市民的自由』における党派的な急進主義を嫌ったり[12]、ロッキンガム内閣やノース＝フォックス連立内閣を支持したり、フォックスのインド法案に対して一定程度評価したりと、スミスの「一般的立場は元々ロッキンガムに追随したホイッグの立場であり、バークへの賞賛を指導原理とするものであったから、政治行動においては、特にその行動が広い支持を集めるように見えた場合には、バークあるいはバーク主義を推奨した[13]」のである。

無論、スミスとバークには大きな差異が存在することも看過してはなるまい。例えばスミスは、バークの擁護した大土地所有制、長子相続制、限嗣相続制に対しては経済発展を阻害するとして否定的であったし、国教制を擁護したバークに対して、多数の教派間の競争こそが穏健で理性的な宗教を生み出すと論じていた[14]。また、労使間の利害の一致を信じたバークの経済思想は、労使間の利害の相反性を看取していたスミスの経済思想とは大きく異なるものであり、バークはスミスよりも強く社会の自生的な調整作用を信奉していた。このスミスの階級対立的視座は後のマルクスに結び付くことになるのだが、その意味でバークはスミス以上に過激な経済的自由主義者であったとも言えるのである。[15] しかし、労使間の非対立を論ずることによって、バークは調和した階層制的社会秩序と経済的自由主義とを結び付けようとしていたのであり、ここに日本的な市民社会派的発想とは全く異なるバークの自由主義的経済思想の独自性が存在している。

この貴族主義的な階層制秩序擁護論と経済的自由主義との結び付きは、マーシャルの「経済騎士道」論やジェントルマン資本主義論などを生み出したイギリスの社会的・知的風土からすれば、さほど珍奇な発想ではないと思われる。[16] 実際、十八世紀当時の大歴史家ギボンは、「我が国の最も高貴な家系であっても会計事務所を見下さないし、商店ですらも見下さない。よって、彼らの名前はロンドンの同業組合に登録されており、イタリアの諸国家と同じくイギリスでも、伝令官は、上流階級が商取引に従事しても降格されないと宣言せざるをえなくなった[17]」と記しており、スミスやバークが活躍した時代のイギリスにおいては既に、貴族と商人の間での社会的混淆はかなり進んでいたと言ってよいだろう。[18] 旧来の貴族的部分と新興の商業的部分は、イギリスにおいては実質的に融和しつつあったのであるが、それを思想的にどう捉えるのかは大問題であった。スミスですら、利害が公益と結び付き、理論上は社会を誤導し難い土地貴族の原理を、私利のみを追求する商工業者の原理とは峻別していた。「貿易商人と主権者の性格ほど、矛盾し合う二つの性格はないのである[19]」。

若き頃にバークは、「良き紳士」の性格においては「怠惰は、有力な要素」であり、「勤勉、経済性、倹約、そして将来の報酬といったものはビジネスマンの美徳」に過ぎず、「良き紳士における不変の栄光で光り輝く永続的な華やかさや安楽さと両立しない[20]」と述べており、第三章でも論じたように、フランス革命に直面した後年のバークも、「イギリス史においては、貴族が商業階級から、あるいは通商で新規に創設された家系から輩出されたことはまずないし、高貴な家系が会計事務所に入所したこともまずない[21]」と断言し、依然として土地貴族と商人との階級的差異の撤廃については断固として認めようとはしなかった。つまり、バークは、貴族的部分を基礎としてのみ商業的部分は繁栄すると考えていたのであって、それらの混淆的融合を是とすることはなかったのである。ここに一貫してバークに伏在する古典古代的ないしは中世的とも言える貴族主義的な保守性を垣間見ることができようが、それがフランス革命の水平化のイデオロギーに対抗する階層制秩序擁護論のための思想的基盤を提供してきたということは、本書でも繰り返し論じてきたところでもある。

＊

バークとスミスの経済理論上の関係については比較的多くの研究文献が存在しているが、スミスの『道徳感情論』とバークの関係については海外でもあまり研究の蓄積はない。ここで訳出したバークの『道徳感情論』書評で興味深いのは、バークが社会的な「最も普通で最も広く認められた情念」を道徳的規準であるとしたスミスの理論を基本的には受け入れているということである。スミスの間主観的規範論をバークが受け入れていたとすれば、次にバークがいかにこのスミスの間主観的規範論を自らの理論に取り込んでいたのかという問題が当然生じるが、そこは興味深い論点となるであろう。論文「エドマンド・バーク、習俗（マナーズ）と政治権力――名声・社会的関係・洗練の政治学」（一九九七年）で犬塚元は、バークが、「名声」という社会的な評価によって、それを重んずる国王や貴族の情念の暴発を抑制し、専制を防ごうとしていたと論じ、「名声のネットワーク」という社会的な間主観的規範論がバークにも一貫して存在していたことを論証している。スミスの想像上の立場の交換が生み出す間主観的な自生的規範（＝「公平な観察者」）の議論をバークが全面的に受容していたとすれば、犬塚の所論はその思想的連関性を論じる際に大変興味深いものとなるであろう。

また、他者への共感という『道徳感情論』の論点が、バークのヘースティングズ弾劾におけるインド論に適用されていたと考えるのは、角田俊男の論文「越えがたい懸隔と永久の分離――バークと東インド会社の帝国統治1778–95年」（二〇一三年）である。ヘースティングズのインドにおける暴政を告発しようとしていたバークは、イギリス議会の聴衆が遠隔地のインド人に馴染みがなく、彼らの苦しみにいま一つ共感できていないことを問題視していた。よって、バークは、インドの高位の女性が凌辱されていることを聴衆に対し訴えるなど、[22]インドとイギリスとの間に何としても「共感」を創り出そうと努め、それによって、この両地域の懸隔を克服し、インドを救済しようと考えていた。東インド会社の社員たちはインドを離れると、大地震がインドで起きても無関心であると非難していたスミスも、[23]その意味ではインドの苦難への共感をイギリス人に求めていたのであり、さまざまな差異はあれども基本的には「スミスの共感の道徳理論をバークはインド問題に展開したと見ることができる」[24]とする。インドへの共感をもっていなかったイギリスの支配層に対して、インドへの共感を力技でもち込もうとしていたバークは、帝国の解体を引き起こしかねないラディカルさを有していたのであり、角田の論考は、バークのアクチュアルな一面を提起したという点で極めて意義深いものであったと言えよう。

本書の議論との関連では、最近、バークのモノグラフではないものの、A・プラサートが『スコットランド啓蒙とフランス革命』（二〇一五年）を著して、スミスやヒュームの提起した人間の「社交性（sociability）」をめぐる「人間の科学」が、十八世紀イギリスの知識人たちのフランス革命観に大きな影響を与えており、バークもその影響を受けた一人であったと論じている。「スミス、ヒューム、ロバ!トソンのように、バークは、人間の作法や社会的交流のメカニズムを普遍的な人間本性の反映として捉え、そして、長期的進化の例証となる記録を提供するものとして歴史を見ていた。民主政を道徳感情の深刻な変容と結び付いた『野蛮』の再来と捉えるバークの見方や、フランス革命は潜在的に文明社会が崩壊する前触れとなるだろうという彼の警告は、それゆえ、主としてスコットランド啓蒙派の哲学によって発展させられた議論に基づいて構築されていたのであった」[25]。スコットランド啓蒙派は、フランス革命を単なる政治制度の変革として捉えていたのではなく、「習俗（*moeurs*）」の変革としても捉えていたのであり、フランス革命による民主政と結び付いたナショナリズムが、「スミス的近代性（Smithian modernity）のまさに根幹を成していた商業的社交性（the commercial sociability）を破壊する可能性[26]」に恐れおののいていたとする。フランス革命を、封建制を打倒した近代化の革命として通念的に捉えるのではなく、近代化そのものを「礼節と文明によって特徴付けられる商業的社交性に向かっての道徳的進歩[27]」であると捉える別の「近代」観――「スミス的近代性」の観点から見れば、フランス革命をある種の反近代的、反啓蒙的、野蛮的な破壊活動として捉えることも可能であろう。そうしたスコットランド啓蒙派の近代性の思考系譜にバークも一定程度立脚していたということは言うまでもない。

このように、バークの政治的思考とスミスの『道徳感情論』との共鳴関係を探るというのは、非常に興味深い研究テーマなのではあるが、ドゥーガルド・ステュアートによれば、一七八四年にバークは『国富論』を激賞しつつも「『道徳感情論』については冷やか（coldly）に語っていた[28]」らしく、政界入り後のバークに対するスミスの道徳哲学上の影響力は限定的であったとも考えられる。浩瀚な最新のバーク伝を書いたF・P・ロックは、「おそらく二十五年間の政治生活によって共感に基づく理論への信仰が薄れたのではないか[29]」と推測しているが、『道徳感情論』のどこが気に食わなかったのかは判然としないため、二人の道徳哲学上の思想的関係性については何とも断定し難い。よって当然ながら、二人の共感理論の差異に着目する研究も現れはじめている。例えば、L・ギボンズの『エドマンド・バークとアイルランド』（二〇〇三年）は、その題名の通り植民地問題を主要テーマとするものであるが、その中でギボンズはスミスの共感理論における「観察者的無関心」を批判し、「公平な観察者」や「内なる見知らぬ人」に自らを合わせるという自己抑制的な議論が、「文化的政治的主体性の喪失」を生み出し、マコーリーがスミスの『道徳感情論』をインドの学校カリキュラムに採用したことに端的に示されていたように、帝国支配のイデオロギーに転化させられたと指摘する。スミスの意図とは別に、「『公平な（'impartial'）』観察者は容易に『帝国主義的な（'imperial'）』観察者へと進化した[30]」というのである。そこでギボンズはそうしたスミスの「無関心さ」や「冷淡さ」を否定するバークの情緒主義的な「干渉の美学（an aesthetics of intervention）」を評価するのであるが、ギボンズの議論の当否は別としても、バークの共感論とスミスの共感論との差異に着目し、それをバークの政治哲学研究に応用してゆくというアプローチは斬新であり、その本格的かつ先駆的な業績としてギボンズは評価さるべきであろう。

＊

以上、スミスの『道徳感情論』とバークをめぐる諸論点について述べてきたが、スミスとバークの関係性を考察する上での基礎資料として、今回、一七五九年のバークによるスミス宛書簡と『道徳感情論』書評の拙訳を付すことにした。『道徳感情論』の書評には、『道徳感情論』そのものからの引用が長々とあるが、その引用箇所はバークがスミスの「根本原理」と考えたところであり、バークのスミス理解にとって重要であると判断したため、掲載しておく。研究者以外の方にも向けて、日本語としての分かり易さを翻訳の際に何よりも重視し、訳語の杓子定規的な統一も避け、かなりの意訳を加えた箇所もあるが、研究者の方であれば原文を参照されるであろうから、その点はご寛恕いただきたいと思う。何分にも不充分な試訳なので、誤訳等があれば、ご教示いただけると幸いである。

## 二、バークのスミス宛書簡

### バークからスミスへ（一七五九年九月一〇日付）

私があなたにはじめてしたためるこの光栄ある最初の手紙で、私の行為を謝らねばならないとは本当にお恥ずかしいことです。私があなたの非常に素晴らしい有益な御著書から受けた満足に対して、感謝の言葉でもって手紙をはじめるべきなのですが、その前に、もっと早くそうしなかったことについて弁明させてください。(31)私が『道徳感情論』をヒューム氏からいただいたとき、私はそれを異常な熱意をもって通読しました。その後すぐ急いで町を出て、それ以来ずっとさまざまな雑事に追われてしまいました。そこで私は、御著書をそれに相応しい配慮をもって読むまで、私の感謝の言葉をお伝えするのは後に延ばそうと決めたのです。このようなとても考え抜かれた作品をそのように扱うのは、むしろ非常に正しいことだと思います。私は細心の注意を払って読みましたが、充分それに応えてくれるものでした。私は貴説の独創性を喜ぶのみならず、その堅実さ、正しさをも確信するものです。私は、自分が今まで知らなかったこんなにも多くのことを、これほどすんなりと認めることができるとは思いませんでした。私はこれまで、古い道徳体系があまりにも狭隘で、この学問は人間本性全体よりも狭い基礎の上には成立しえないと考えてきました。あなたより以前にこのテーマについて論じた著作家は全員、大きな円天井を一本の細い柱で支えようとする悪い癖のあるゴシック様式の建築家のようなものでした。つまり、それには技芸があり、疑いもなく、ある程度の巧妙さもあるのですが、それは現実的ではありませんし、長く魅力的でありつづけることもできません。常に移りゆく人間の意見に基づいた理論は忘れ去られるでしょうし、忘れ去られるに違いありませんけれども、常に同一である人間本性に基づく貴説のような理論は、色あせることはないでしょう。私は、私が知っているどんな本よりも御著書に遥かに多く含まれている、普通の生活や作法からの分かりやすく適切な実例に、特に満足しています。それらは確かに、我々の本性に関する学問全ての出発点たるべき精神の自然な運動を説明するのに最適なものです。しかし、ご存知の通り、すぐ我々の手の届くところにあるものほど、最も使われないものはありません。それゆえ哲学者たちは、非常にしばしば、無限の利益をもたらすかもしれない多くのものを見落としてしまうのです。もっとも、粗雑な田舎の若者は、日々自分のつぎはぎの靴でそれらを踏みつけているのですが。[32] 良きキリスト教徒になるのにはもちろん、良き哲学者になるのにも、何ものをも軽蔑しないあの小児のような素朴さが求められるように思います。御著書は非常に力強い推論を含んでいることに加え、習俗と情念の描写が非常に的確なので、その点でも大いに価値のあるものです。文体がどこも活き活きとしており的確で、そして、私はこの種の著作においては同じくらい重要だと考えていますが、それが非常にバラエティに富んでいるのです。それはしばしば抜群［崇高 sublime］でもあり、特に、その壮大な幻惑へといざなうあらゆる雄大さや壮観さで装飾された、御著書の第一部の末尾に向けてのストア哲学の素晴らしい描写は抜群です。私は、御著書における美点［美 Beauties］として私を感動させたものについて何かしら述べてきました。私は、自分にとってある種の欠点だと思われたものについても、それを言う無礼をお許し願いたいと思います。あなたは、いくらか少しの箇所で、ロック氏は彼の著作のほとんどの箇所でそうだったのですが、やや少し冗漫過ぎます。しかしながら、これは許容しうるたぐいの欠点であり、冴えない想像力の持ち主が陥りやすい無味乾燥で不毛な書き方よりはずっとマシなものです。あなたとは異なる、そういう無味乾燥で不毛な書き方をする人に対して無遠慮に聞こえたならば、私は謝らなければなりませんが。

私がこの好機にぐずぐずしていたので、あなたと親しくさせていただくことをお願いするのは失礼にあたるのではないかと恐縮しておりますが、そうお願いするための礼節を失わないよう充分心がけているつもりです。あなたが町へいらっしゃるときはいつでも、直接、拝顔の栄に浴したいと思っています。申し訳ないのですが、この役目を我々の友人であるヒューム氏にお願いしましょう。私はあなたの御著書を彼からいただいたので、私は彼に非常に感謝しているのです。あなたの業績と人柄に最も心から尊敬の念を抱きつつ、あなたに最も感謝している忠実なるしもべ(33)。

エドマンド・バーク

## 三、バークのスミス『道徳感情論』書評

**「アダム・スミス著『道徳感情論』」(『年鑑』第二号、一七五九年、四八四―四八九頁)**

我々が意図するところである簡潔さをしっかりと保ちつつ、この素晴らしい著作のもつ適切な観念を読者に伝えることは、不可能ではないにせよ、極めて難しいことである。その体系の下手な要約では、死んだ美女の骸骨を提示することで生前の彼女の容姿についての観念を伝えようとするよりも、ずっと不適切にその体系についての観念を伝えてしまうだけである。さらに、その著作は非常に順序だてられており、各部分は非常に自然にかつ優美に織り合わされているので、バラバラの分散した断片によって、その著作を表現しようとすることは、それに等しく不正をもたらすことになるだろう。常にこの種の仕事には大きな欠陥がつきものである。しかし、我々は、書評するその著書を読まずとも自分たちの解説を読んでおけばよいと読者に提示するようなまねは決してしない。もし、少しでもこのようなことが起きるだろうと我々が思えば、我々

は確実に、『年鑑』における本記事を全面的に削除せざるをえないと考えるだろう。なぜなら、それは我々の目的からは最も程遠い結末だからである。我々の目的とは、我が読者に配慮するに値すると思われる著作のいくつかを最も力強く推奨することである。我々は推奨できないものを選定しない。我々は、公平さと不偏さとをもって判断を下す。決して、我々の意見を教条的に公衆に対して押し付けようと狙ったことはないが、我々は、それぞれの著作家の思考法や表現法のいくつかのサンプルを不完全であっても提示することは、著者に対しても読者に対しても許されることであろうと考えている。我々は好奇心を満足させようとしているのではなく、それを喚起させようとしているのである。

最近、我々の道徳義務や道徳感覚について多くの本が書かれている。もう問題は論じ尽くされていると人は思うだろう。しかし、この著者は、このテーマについて、新しくて、なおかつ完全に自然な推論の筋道を作り出した。それが道徳以外のテーマについてならば、巧妙な斬新さのみでも賞賛されたかもしれない。しかし、道徳に関して言えば、これ以上に難しいテーマはないのである。我々が思うに、その理論は全てその本質的な部分において正当であり、真理と自然に基づくものである。著者は、我々の最も普通で最も広く認められた情念の中に、正しいもの、適切なもの、穏当なもの、適正なものの基礎を求めている。是認と否認を美徳と悪徳の試金石となし、それらが共感に基づくものであることを示して、彼は、この単純な真理から、おそらくこれまで現れた道徳理論の中でも最も美しい体系の一つを生み出している。その実例は豊富で適切であり、著者が非凡な観察者であることを示している。彼の言葉は簡潔で活き活きとしており、物事を読者の前に完全に明らかにしてみせている。それは文章というよりは絵である。我々は最初の章を掲載する。なぜなら、その箇所はスミスの理論の根本原理である共感に関するところであり、それ以外のいかなる箇所とも同じく、彼のスタイルと書き方について知ることができる箇所だからである。

## 【同感について(34)】

いかに人間が利己的であると思われようとも、明らかに彼の本性の中にはいくつかの根本的な性質があるのであって、それらの根本的な性質によって彼は、他者の運命に関心をもつようになり、他者の幸福を、それを見る喜び以外何も得られないにもかかわらず、自分にとって必要不可欠なものだと思うようになるのである。この種のものは哀れみないしは同情というものであって、我々が、他者の悲惨を目の当たりにしたり、もしくは非常に鮮明な形でそれを思い浮かべさせられたりしたとき、それに対して感じる情動である。我々が、しばしば他者の悲しみから、悲しみを引き出すことは、あまりにも明白であるから、それを例証する必要は全くない。というのも、この感情は、人間本性に元々存在する他の全ての情念と同じく、決して有徳で人情的な人々だけに限定されるものではないからである。ただ、有徳で人情的な人々はおそらく、最も鋭敏な感受性をもって、それを感じるということはあるかもしれない。最大の悪人、社会の法を最も常習的に破っている者でさえも、全くそれをもたないということはないのである。

我々は、他者が感じているものを直接には経験できないので、同じような状況に置かれたときに我々自身が何を感じるのかを考えることによってしか、他者がどのように心を動かされているのかについての観念を形成することができない。我々の兄弟が拷問台の上にいたとしても、我々自身が気楽にしている限り、彼の苦しみが我々の感覚によって伝わってくることはないだろう。我々の感覚は、我々自身の身体を超越して作用することは決してなかったし、そんなことはありうるはずもない。兄弟がどう感じたのかについての概念を我々が形成しうるのは、想像力によってのみである。もし我々が彼の境遇にあったら、我々自身はどう感じたであろうかということを、我々に想像させることによってのみ、その働きはこの点に関して我々の助けとなりうるのである。我々の想像力が写し取るのは、我々自身の感覚の印象だけであって、彼の感覚の印象ではない。想像力によって、我々は、彼の状況に我が身を置き、我々自身が全く同じ責苦を耐えていると思うのであり、言わば我々は彼の身体へと入っていき、ある程度彼と同化しているのである。そこから、彼の気持ちに関する観念を形成し、程度は弱いだろうが、彼の気持ちと全く違うというわけではないものを何か感じさえする。彼の苦しみがこうして我々自身に痛切に感じられたとき、そして我々が彼の苦しみを取り入れ、我々自身のものとしたとき、ついに我々の心を動かしはじめる。そして、そのとき我々は、彼が感じたものを思い、震え、おののくのである。なぜなら、いかなる苦痛や苦悩でも最も激しい悲しみを喚起するように、我々も、それらに苦しんでいると考えたり想像したりすることによって、その概念が活き活きとしているか、活き活きとしていないかの程度に応じて、同じような情動が喚起されるからである。

これが他者の悲惨に対する我々の同胞感情の源泉であるということ、そして我々が、受難者が感じたものを想像したり、それによって心を動かされたりするようになるのも、受難者と空想の中で立場を交換しているからだということは、それだけで充分明らかであるとは考えられなくとも、多くの明白な観察によって実証されうる。我々が、別の人の足や腕に狙いが定められ、そしてまさにそこに一撃が振り下ろされんとしているところを目撃するとき、我々は自然と身を縮め、我々自身の足や腕を引っ込める。そして一撃が振り下ろされたとき、我々はある程度はそれを感じ取り、受難者と同じように、それによって傷付く。群衆は、緩いロープの上にいるダンサーをじっと見つめるとき、彼がしているのを見たまま、そして自分自身が彼の状況においてはするに違いないと感じたまま、自然と身もだえ、のたうち回り、そして自分自身の身体のバランスをとるのである。気質が繊細で、身体も構造的に弱い人々は、路上の乞食が晒している傷や潰瘍を見ると、自分自身の身体の該当する箇所でもムズムズしたり、不快に感じたりしがちであると文句を言っている。そうした哀れな人々の悲惨に直面して彼らが思い描く恐怖は、他のどんな個所よりも、彼ら自身のその特定の個所に影響を与える。なぜなら、その恐怖は、彼らが実際に自分の目撃している哀れな人々であったとしたならば、そして、彼ら自身のその特定の箇所が実際に同じ悲惨な事態に見舞われたとするならば、彼ら自身はどんな苦しみを感じたであろうかということを思い描くことで発生するからである。彼らのか弱い身体構造であれば、文句の種となっているムズムズする感じや不快な感じを生み出すのに、まさしくこうした想像の力は充分なものであろう。最も逞しい身体構造をもっている人々でも、ズキズキ痛む目を見たとき、しばしば自分自身の中にも非常に知覚しうる痛みを感じることに気付く。それは同様の理由によるものである。最も屈強な人間においても、目という器官は、最も弱々しい人間の他のどんな身体の部分よりも繊細な部分なのである。

我々の同胞感情を喚起するのは、苦痛ないしは悲しみを作り出すそうした事情だけではない。何らかの対象から主な当事者の中に生み出される情念がどんなものであろうとも、彼の置かれた状況を考えると、それと類似した情動があらゆる思慮深い観察者の胸中にもわき起こってくる。我々が関心をもっている悲劇やロマンスの主人公たちが救われることに対する我々の喜びは、主人公たちの苦悩に対する我々の悲嘆と同じぐらい心からのものである。したがって、彼らの悲惨に対する我々の同胞感情が、彼らの幸福に対する我々の同胞感情よりも、よりリアルだというわけではない。我々は、困難の中にあっても主人公たちを見捨てなかった彼らの誠実な友人たちに対して感謝するようになっていくし、我々は、主人公たちを傷付け、見捨て、もしくは欺いた不誠実な裏切り者たちに対しては、そうした者たちに対する主人公たちの怒りに心から付いていく。人間の精神がもちうるあらゆる情念においても、傍観者の情動は、受難者の事情を傍観者自身がハッキリと把握することによって、受難者の感情はこうであるにちがいないと傍観者が想像するものに常に対応しているのである。

哀れみと同情は、他者の悲しみに対する我々の同胞感情を表わすのに割り当てられた言葉である。共感は、おそらく元々は同一の意味であったのであろうが、今や、大きな間違いとされることもなく、どんな情念に対してであれ、我々の同胞感情を表わすために使われている。

場合によっては、共感は、他者のある情動を見るだけで生ずるように見えるかもしれない。情念は、場合によっては、主な当事者の中にそれらの情念を喚起させたものが何なのかについて知る前に、ある人から別の人へと即座に伝達されるように見えるかもしれない。例えば、悲嘆と歓喜は、誰かの見た目や身振り手振りで強く表現されると、すぐにある程度同じような苦痛の情動ないしは快適な情動を伴って、観察者の心を動かす。笑顔は、それを見た誰にとっても、愉快な対象であるし、他方、同じように、悲しげな顔は憂鬱な対象であろう。

しかしながら、これは、あらゆる情念に関して普遍的に通用するものではない。その表情がいかなる共感も喚起せず、何がそれらの表情を引き起こすのかについて我々が知る前に、それに対してイライラしたり、むかついたりするようになる情念もいくつかある。怒った人の怒り狂った行動を見ると、彼の敵に対してよりも、彼自身に対して、我々は嫌悪感を抱きやすい。我々は彼の怒りの原因を知らないがゆえに、彼の事情を納得することができないし、そうした事情によって引き起こされた情念と同じようなものを思い浮かべることもできない。しかし、我々は、彼が憤怒の矛先を向けている人々の状況がどんなものであるのか、そして彼らがその非常に激怒している敵からどんな暴力を向けられうるのかについて、はっきりと理解する。それゆえ、我々は簡単に彼らの恐れや怒りに共感し、すぐに、彼らに大きな危険を与えているように見える人間に対抗する立場に立ちたいという気にさせられる。

もし、悲嘆と歓喜を見ることによって、我々にある程度は同じような情動が喚起されるとするならば、それは、それらを見ることによって、我々の観察している人物に降りかかった幸運ないしは不運に関する一般的な観念を我々が思い起こすからである。そして、そうした情念において、我々に多少の影響を及ぼすには、これで充分である。悲嘆と歓喜の効果はそれらの情動を感じる人物の中で完結しているのであって、怒りと同じく、悲嘆や歓喜の情動を表現しても、我々が関心をもっていて、さらにその人の利害関係とは正反対の利害関係をもっているような誰か他の人物の観念を我々に思い起こさせることはない。それゆえ、幸運ないしは不運に関する一般的な観念は、それに遭遇した人物への関心を引き起こすが、怒りの原因に関する一般的な観念は、それが原因で怒っている人の憤怒への共感を生み出すことはない。自然は、この情念に入り込むのを嫌うように、そして、その原因について熟知するまでは、むしろ、それに反対する立場に立ちたいと思うように、我々に教えているように思われる。

他人の悲嘆や歓喜への我々の共感でさえ、我々がその原因を熟知するまでは、常にひどく不完全なものである。受難者の苦悶しか表していない一般的な嘆きは、非常に実体的である現実的な共感を生み出すというよりも、そうした人に共感したいという気持ちと相まって、むしろ彼の状況についてもっと知りたいという好奇心を生み出す。我々が問う最初の質問は、何があなたに起こったのか?ということである。このことに答えが与えられるまで、我々は、彼の不幸に関する漠然とした観念しかないことから、そして、それ以上に、それが何であったのかについて推測することに我々が悩まされてしまうということから、不安にさいなまれる。しかし、その状態のままでは、我々の同胞感情は大したものにはならない。

それゆえ、共感は、情念を見ることから生じるというよりも、それを喚起する状況を見ることから生じるのである。我々は時々、他者に対して、彼自身が全く受け付けないであろうと思われるような情念を感じたりする。なぜなら、現実によって彼の胸の中にその情念が湧き上がってくるのではなく、我々が我々自身を彼の境遇に置くとき、想像力によってその情念が我々の胸の中に湧き上がってくるからである。我々は、他人の軽率さと粗暴さを、彼自身が自分の行動を不適切だとは思っていないように見えても、恥ずかしく思う。なぜなら、我々がそんな馬鹿げた行動をとれば、我々自身がどれだけ困惑するかを感じざるをえないからである。

死すべき運命にあるという条件によって人類に与えられたあらゆる災厄の中で、理性を失うことは、ほんのわずかの人間愛しかもっていない人々にとっても、断然最も恐ろしいことであると思われるのであり、彼らは、何よりも深い不憫の情をもって、人間の哀れさの最終段階を見るのである。その最終段階にある貧しく哀れな人々は、おそらく笑ったり歌ったりしていて、自分自身の悲惨さに全く気付いていないだろう。それゆえ、そのような場面を見たとき、人間愛が感じる苦悶は、受難者の感情を反映したものではありえない。観察者の同情は、観察者が同様の不幸せな状況に陥り、さらに同時に、おそらく不可能なことではあろうが、それを観察者の現在の理性と判断力で眺めたときに、自分自身何を感じるだろうかということを考えることによって生じるに違いない。

幼児が病気で苦しんでいる間、どのように感じているかを表現できないその子のうめき声を聞いたとき、母親の心痛はいかほどのものであろうか？　幼児の苦しみについて考える中で、彼女は、実際に助けてあげられないということと、その無力さを自分自身で自覚し、その病気がもたらす未だ見ぬ結末の恐ろしさとを結び付ける。それら全てから、悲惨と苦悩に関する最も完全なイメージが形成され、彼女自身の悲しみとなるのである。しかしながら、幼児は現時点での不安しか感じていないのであり、それは決して大きなものではありえない。将来に関して、幼児は完全に安心しきっているのであり、将来の見通しについて考えず、それがすっぽりと抜け落ちているので、恐れや懸念という人間の胸を大きく苦しめるものに対する対抗手段をもっているようなものである。幼児が一人前に育つと、理性と哲学がそうした苦しみからその子を守ろうとするが無駄なことであろう。

我々は死者に対してさえも共感する。そして死者が置かれた状況において本当に重要なものである、彼らを待ち受ける恐ろしい未来については考慮することはない。我々は、自分自身の感覚を刺激しはするものの、死者の幸福には一切影響を与ええないような事情によって主に影響されるのである。我々が思うに、光や楽しみを奪われること、つまり、生活と会話から締め出され、冷たい墓の中に横たえられて、腐敗と大地の虫けらたちの餌食となること、さらに、この世界の中でもう考慮に入れてもらうこともなく、短時間のうちに最愛の友人たちや親族たちの愛情から消え去り、彼らの記憶からもほぼ消え去るということは、悲惨なことである。確かに、我々が思うに、それほど非常に恐ろしい災厄に見舞われた人々を、我々はいくら思いやっても足りないくらいであろう。死者たちが皆に忘れ去られるという危機に瀕している今、我々の同胞感情に基づく賞賛は、彼らに二倍与えられるべきである。そして我々は、我々自身が悲惨であるがゆえに、彼らの思い出に無駄な名誉を捧げて、彼らの不幸についての我々の憂鬱な思い出を人為的に活き活きとしたものにし続けるべく努力しているのである。我々の共感が、死者にとっての何の慰めにもなっていないということは、彼らの災厄を増やすことになるように見える。そして、我々がなしうるのは役に立たないことばかりであり、他の全ての苦悩を緩和するもの――つまり、彼らの友人たちの後悔、愛、嘆きといったもの――が、彼らに安楽をもたらすことも一切ない。こうしたことは、彼らの悲惨に対する我々の感情を高ぶらせるのに役に立つだけである。しかしながら、確かに死者の幸福はそうした事情によっては全く左右されないであろうし、そうしたことを考えることによって、彼らの確固とした安らぎが乱されるということもなかろう。当然のように死者の状態に起因するものであると空想されている侘しさや終わりなき憂鬱といった観念は、彼らにもたらされた変化とその変化についての我々自身の認識とが結び合わされることから、そして、我々が我々自身を彼らの状況に置いてみることから、そして――そう言ってよければだが――我々自身の活きた魂を死んだ身体に宿すことから、そして、そこから我々の情動がこの境遇に置かれたならばどう感じるだろうかと考えたりすることから、全て生じるのである。自分自身の死の見通しを我々にとって非常に過酷なものにするのは、まさしく想像力によるこの幻想なのである。そして、我々が死んだときには、明らかに何の苦痛をも与えることができないはずのそうした事情についての観念が、我々が生きている間は、我々を悲惨にするのである。そして、そこから、人間本性の最重要原理の一つである死への恐怖が生まれたのであり、それは幸福に対する最大の障害ではあるが、人間の不正に課された最大の抑制でもあり、個々人を悩ませ、抑え込むと同時に、社会を保護し、守るのである。

## 注

（1）この点について、杉山忠平「同時代の書評について」（『「国富論」の成立』経済学史学会編、岩波書店、一九七六年）も参照。

（2）Ross, *The Life of Adam Smith*, p. 374.

（3）*Ibid.*, p. 268.; Rae, J., *Life of Adam Smith* (1895), A. M. Kelley, 1965, p. 47.〔大内兵衛・大内節子訳『アダム・スミス伝』岩波書店、一九七二年、五九頁〕

バークは一七八三年にグラスゴー大学名誉総長に推挙され、一七八四年に正式に就任しているが、一七八七年にはスミスが同じ職に就いている。レーによれば、一七八四年にはスミスの提議によって、バークは王立エディンバラ学士院のフェローにも選任されている（Rae, *Life of Adam Smith*, p. 393.〔四九三頁〕）。

（4）Ross, *The Life of Adam Smith*, p. 374.; Rae, *Life of Adam Smith*, pp. 387-388.〔四八六頁〕既に指摘したように、この真偽については怪しいとされている。

（5）*Letter to a Noble Lord*, p. 298.〔『論集』八一八頁〕

（6）Barrington, Edmund Burke as an Economist, pp. 254-255.

（7）Canavan, *The Political Economy of Edmund Burke*, p. 116.

（8）Ross, *The Life of Adam Smith*, p. 374.

（9）Smith, *The Wealth of Nations*, p. 687.〔下・一二六頁〕

（10）ロスは以下のように指摘している。「一七九〇年の『道徳感情論』の最終改訂版で、スミスは、美徳に関する新しい節に、『体系の人』の議論を盛り込んだが、穀物奨励金法案についてバークが提起した論点が、スミス自身の見解と密接な関係があることを明示している」（Ross, *The Life of Adam Smith*, p. 375.）。

　グラスゴー版スミス全集やW・エックシュタイン版の『道徳感情論』では、一七九〇年版の第六部における「体系の人」批判は、フランス革命を念頭に置いているとされ、長らく定説となっている。オッテソンも、この「体系の人」はロベスピエールのようだと論じているし（Otteson, *Adam Smith*, p. 85.）、プラサートも、これについてのスミスのコメントは「進行中の革命によって直接感化された」ものだとしているが（Plassart, *The Scottish Enlightenment and the French Revolution*, p. 56.）、実際のところ、この「体系の人」が誰を指していたのかは解釈が分かれている（この点については、篠原久「アダム・スミスにおける『体系』と『体系の人』」『経済学論究』第六三巻第三号、二〇〇九年も参照）。野沢敏治によれば、この「体系の人」批判はフランス革命批判のみならず、もっと一般的に、ロスも推定したルイ十四世やルイ十五世はもちろん、ルイ十六世にも当てはまるという（野沢敏治「スミス『道徳感情論』第6版とフランス革命」『千葉大学経済研究』第二九巻第四号、二〇一五年三月、二〇二—二〇三頁）。ハイエクが「体系の人」批判を設計主義批判の先駆としたことは周知であろうが（Hayek, *The Trend of Economic Thinking*, p. 121.）、スミスが、フランス革命も絶対王政もともに念頭に置きつつ、設計主義的であると批判していたのだとすれば、フランス革命前後の連続性を強調するトクヴィルのフランス革命論の先駆としてスミスを位置付けることも可能であろう。

　いずれにせよ、「体系の人」批判が、「一般原理を実践的に適用することについての慎重さ」（Stewart, D., Account of the Life and Writings of Adam Smith, LL. D.（1793）, in *The Glasgow Edition of the Works and Correspondence of Adam Smith*, vol. Ⅲ, Liberty Fund, 1982, p. 318.）を表すものであったとするならば、まさしく、エッジワースが抽象理論を

人間事象に適用するときの危うさを自覚していた点でマーシャルはバーク的であると評していたように（Edgeworth, Reminiscences, p. 66.）、スミスもある程度はバーク的であったと言いうるのではないかと思われる。

(11) Winch, *Riches and Poverty*, p. 175.

(12) *Ibid.*, p. 170.
スミスのプライスへの嫌悪は晩年も続いており、バークと同じく、スミスもプライスの『祖国愛論』を批判していたという見解もある。プラサートは、グラスゴー版スミス全集に倣って、「我々の祖国愛は人類愛から導き出されることはないように思われる」と述べた一七九〇年版『道徳感情論』に、プライスの『祖国愛論』への批判を読み込んでいる。その上で、プライスは国際的な商業関係が生み出す「コスモポリタンな人類愛」に、平和とその結果としての戦費減による公債問題の解決を期待したが、スミスはそうした不自然で抽象的な「コスモポリタンな楽観主義」に信を置いていなかったとする（Plassart, *The Scottish Enlightenment and the French Revolution*, pp. 39–40.）。

(13) Campbell, R. H. and Skinner, A. S., *Adam Smith*, Croom Helm, 1982, p. 208.〔久保芳和訳『アダム・スミス伝』東洋経済新報社、一九八四年、二六二頁〕

(14) バークとスミスの思想的異同についてはWinch, *Riches and Poverty*. の第七章、第八章を参照されたい。

(15) Winch, The Burke-Smith problem and late Eighteenth-Century Political and Economic Thought, pp. 231–247.

(16) バークの階層制秩序論と経済的自由主義については、中澤信彦『イギリス保守主義の政治経済学』第十章および本書第三章を参照。無論、土地貴族と金融資本の融合を絶対的に忌避したバークがジェントルマン資本主義論の思想的淵源だとは断言できないが、貴族政と経済的自由主義を結び付ける社会思想的風土がイギリスに連綿と存在していたということがむしろ重要であろう。

(17) Gibbon, *The Autobiography*, p. 7.〔二一―二二頁〕

(18) ジェントルマン資本主義論の中心的研究者であるケインとホプキンズによれば、貴族と商人の間での社会的混淆のみならず、十八世紀においては、貴族と金融家の間での社会的混淆も進みはじめていたという。「貨幣階級の勃興は十八世紀の主要な論争の一つのテーマであった。……しかし、その論争が続けられている間にも、それは解決されつつあった。十八世紀が進むにつれて、新しい金融制度やサービスは根付き、貨幣階級の指導的なメンバーは、政治的・社会的大物たちの内輪のサークルの中に受け入れられていった」（Cain, P. J. and Hopkins, A. G., *British Imperialism*, p. 72.）。それというのも、結局、国債は戦争に不可欠であり、金融は投資家たる上流階級にとっての利益となったからである。しかし、「論争」は続けられていたのであり、実態はともかくとして、十八世紀において思想的にそうした事態を肯定できるかは依然として大きな問題であった。

(19) Smith, *The Wealth of Nations*, p.1035.〔下・四〇七頁〕

(20) Burke, The Character of a Fine Gentleman, in WS-1, p. 63

(21) *Thoughts on French Affairs*, p. 16.〔『論集』七〇三頁〕

(22) 角田俊男「越えがたい懸隔と永遠の分離」三八頁
この高位の女性の苦難を共感の喚起に利用するバークの戦略は、角田も指摘するように、『省察』でのマリー・アントワネットの描写にも応用されていた。本書の第三章で、バークにおけるマリー・アントワネットの悲劇に関するレトリック分析を詳しく行っている。

(23) Smith, *The Wealth of Nations*, p. 814.〔下・二二九頁〕

(24) 角田俊男「越えがたい懸隔と永遠の分離」一八頁

(25) Plassart, *The Scottish Enlightenment and the French Revolution*, p. 22.

(26) *Ibid.*, p. 223.

(27) *Ibid.*, p. 40.

(28) Ross, *The Life of Adam Smith*, p. 376.

(29) Lock, *Edmund Burke*. I, p. 187.

(30) Gibbons, *Edmund Burke and Ireland*, p. 98.

(31) 〔訳注〕ヒュームはバークに、スミスからの献本だと言って『道徳感情論』を渡したために、ここでバークは返事の遅延について弁明したのであろう。一七五九年七月二八日のヒュームのスミス宛書簡には、ヒュームがスミスの名前でバークに献本をしたこと、そして、そのためにバークはスミスにお礼の手紙を送るだろうという旨が記されている。しかし実際には、スミスはそのような指示をしておらず、おそらくヒュームは、バークが『年鑑』編集者であると知っていて宣伝のために送付したのではないかと思われる。(Lock, *Edmund Burke*. I, p. 186. 中野好之『評伝バーク』一〇頁)。

(32) 〔訳注〕編者のJ・リーダーによれば、ミルトンのComus, II. 634-5. からの引用である。このフレーズはバークのお気に入りだったらしく、同じミルトンの言葉が和解演説でも援用されている(*Speech on Conciliation with America*, p. 60.〔『論集』二二一頁〕)。

(33) 〔訳注〕「しもべ」とあるが、よく利用される謙譲的な手紙の結語である。「敬具」程度と理解されたい。

(34)〔訳注〕以下では『道徳感情論』初版第一篇「共感(sympathy)について」からの引用が続く。ここでのバークによる引用とスミスの『道徳感情論』初版の原文との間には若干の異同があるが、ここでは逐一指摘することはしない。また、訳出に当たっては、初版に依拠した水田洋訳『道徳感情論』(岩波文庫、二〇〇三年、上巻、二三―三五頁)を参照した。

# あとがき

本書は、二〇一一年に大阪市立大学大学院経済学研究科に提出した学位論文『エドマンド・バークの政治経済思想 ── 文明社会擁護の一類型 ──』をもとに加筆修正を加えたものである。本書を構成する諸論文の初出は以下の通りである。基本的に論旨に関わる変更はない。

序　章　書下ろし
第一章　書下ろし
第二章「エドマンド・バークのイギリス均衡国制論の政治的意義」『政治哲学』（政治哲学研究会）第八号、二〇〇九年
第三章「エドマンド・バークにおける文明社会と経済秩序 ── 騎士道・宗教・親愛」『政治思想研究』（政治思想学会）第七号、二〇〇七年
「十八世紀イギリス思想における騎士道論の諸相 ── エドマンド・バークを中心として」『同志社商学』（同志社大学商学会）第六七巻二・三号、二〇一五年
補論Ⅰ「エドマンド・バークのインド論 ── 伝統文化主義の新地平」『経済社会学会年報』（経済社会学会）第二九号、二〇〇七年

補論Ⅱ　「伝統・市場・規範性——エドマンド・バークとF・A・ハイエク」『政治思想研究』（政治思想学会）第一一号、二〇一一年

資　料　「資料／エドマンド・バークのスミス宛書簡およびスミス『道徳感情論』書評」『大阪市大論集』（大阪市立大学大学院経済学研究会）第一一七号、二〇〇七年

学位論文の主査をしていただいた佐藤光先生、副査をしていただいた白銀久紀先生、中村健吾先生には心より感謝申し上げたい。そして、先達のバーク研究者として、ご多忙にもかかわらず、学位論文に対して多くの疑問点やコメントをよせていただいた岸本広司先生と中澤信彦先生にも心より感謝申し上げたい。自らの非力ゆえに、先生方からいただいた非常に深い多岐にわたるコメントに十全には応えることができなかったことが悔やまれる。また、バークとハイエクに関する報告を経済社会学会、経済学史学会、法理学研究会で行った際には、多くの先生方からコメントをいただくことができ、知的刺激を大いに受けることができた。研究者としてはもちろんのこと、教育者としても、人間としても尊敬できる素晴らしい先生方に出会えたことは、私の研究者人生においても大きな財産となった。

それまでマルクスやハイエクの研究をしていた私が、エドマンド・バークを集中的に討究するようになったのは、イギリス保守思想を敬愛しておられた佐藤光先生に研究テーマとしてお薦めいただいたからである。もちろん、ハイエクが高く評価していたこともあり、有名なバークの『省察』だけは読んでいたものの、本格的に取り組むことになろうとは露程も思ってはいなかった。ただ、ボズウェルの名作『サミュエル・ジョンソン伝』（一七九一年）で、オリヴァー・ゴールドスミスがバークを「蛇のように巧妙に問題の核心を掴む」と評し、あの十八世紀英文学界の巨人サミュエル・ジョンソンをして「この国の第一級の人物の一人になる」と断言さ

せ、同じくジョンソンが病気で臥せっているときに「あの男に対しては、私の全ての力を発揮せねばならない。今、私がバークに会ったら、殺されてしまうよ」とまで言わしめたバークという人物の思想が一体いかなるものであったのか、いつかは読み解いてみたいと思っていたのも事実である。マルクスやハイエクとは全く気色の異なるバークの思考や文体に戸惑いつつ、地道にテクストを読んでいったが、その格調高い名文（迷文、謎文？）には大いに悩まされると同時に、大いに魅せられ、本書でもバークのレトリック分析に数多く言及したのもその影響であったと思う。バークを読み進めるにつれて、マルクスやハイエクの思考様式と共鳴する部分がバークにもあるのではないかと思うようになり、それまでの研究とも頭の中で有機的に繋がるようになってきた。鋭敏な読者の方であれば、おそらく本書のバーク読解にも陰に陽にマルクスやハイエクの思考様式からの影響が散見されることと思う。

バークの幸運は、ケインズからもハイエクからも一定程度評価され、保守派はもちろん、マクファーソンやラスキといったマルクス主義的政治学者たちや、坂本義和先生をはじめとする最良の市民派からも、討究すべき第一級の思想家として認められることができたということにあろう。このことは、バークの思想が恐るべき「多面性」を有していたという証左でもある。もっとも、それはまさしく米仏両革命期を体験した激動の時代に、多面的な現実の政治経済問題に直面したバークならではの「多面性」でもあったと思う。ただ、そうした「多面性」は、バークの魅力であると同時に、研究上の困難を生み出す主な原因ともなったのであり、その意味でも、小松春雄先生、坂本義和先生、中野好之先生、岸本広司先生をはじめとする戦後日本のバーク研究を切り拓いてこられた先達の先生方の素晴らしいご業績は一条の光であった。ラスキの言うように、バークが政治家の「海図」であったとするならば、先達の先生方のバーク研究は私にとっての「海図」も同然であった。

本書がそうしたバークの豊かな「多面性」を描き切っているのかと問われれば、否と言う他ないであろう。

時々刻々と変化する時局のなかで思考し、行動していたバークの全体像を十全に描き切ることが果たして可能なのかという点はさておくとしても、本書はあくまで『省察』を軸として、彼の思考をある視点から討究してみたものに過ぎない。バークの政治経済哲学には美学的要素や宗教的要素、道徳的要素が多分に含まれており、機能的要素を重視した本書とは別の解釈も充分にありうるであろう。もっとも、多様な解釈に開かれているのが古典であるとするならば、バークのテクストは間違いなく古典中の古典と言えるものであり、本書もその多様な解釈の一端を担うものとして何がしかの小さな意義はあるのではないかと自らを慰めるしかないとも思っている。

本書が、学術出版に定評のある京都大学学術出版会から刊行させていただくことができたのは、ご多忙の中、学位論文をお読みいただき、本書の出版を推薦してくださった田中秀夫先生のお力添えがあったればこそである。十八世紀イギリス思想の研究者としてずっと敬愛してきた田中先生にご推薦いただいたことは、望外の喜びであり、記して感謝申し上げたい。田中先生から長い脚注を本文に組み込むようコメントをいただき、試行錯誤をしてみたものの、私の乏しい文章力から、不自然でない形で全てを組み込むことができなかった。自らの非力を恥じるとともに、心よりお詫び申し上げたい。

本書の完成は、私が奉職する同志社大学商学部の素晴らしい研究環境がなければ到底不可能であった。様々なご教示をいただいた森田雅憲先生、上田雅弘先生はもちろんのこと、現学部長・植田宏文先生をはじめ、この素晴らしい研究環境を守り育ててこられた同志社大学商学部の全ての先生方に心より感謝申し上げたい。本書の刊行に関しても、二〇一五年度同志社大学研究成果刊行助成の補助を受けることができた。関係各位にお礼を申し上げたい。

また、学術出版事情の厳しい折、本書の刊行や編集に尽力してくださった京都大学学術出版会の鈴木哲也氏と國方栄二氏には本当にお世話になった。鈴木氏は、読者のために基本事項と思われることについても説明を加筆すべきだとアドバイスしてくださり、学術書と学位論文との明確な違いをご教示くださった。研究者には基本事項と思われることでも説明を加えたが、まだまだ説明不足、認識不足の点もあるかもしれない。読者諸賢からのご叱正を賜りたいと思う。

後にキケロに比せられるべき雄弁家として名を馳せることになるバークが、一七六六年に議会で初めての演説をしてから、二〇一六年の今年でちょうど二五〇年になる。このいささか強引とも言える節目の年に、何とかバークに関する研究書を拙いながらも上梓することができたのは欣幸の至りであった。しかし、このように振り返ってみると、拙い本書であっても、どれだけ多くの方々に支えられて完成させることができたのかということに改めて驚かされる。自らの精神的・物質的生活がいかに他者の働きの上に成り立っているのかについて、一日に百回は自問していたと述べたのは確かアルベルト・アインシュタインであったと思うが、今なら私もその気持ちがよく分かるような気がする。一個人の理性でできることなど高が知れているというバークやハイエクの教えが本書を完成させる過程でこれほど身に沁みることはなかった。

最後に私事になるが、私の研究を陰ながら応援してくれている父・敏則に本書を捧げたい。私のわがままを許してくれた父がいなければ、本書が完成することはなかったからである。

二〇一六年一月　京都・今出川の研究室にて

小島秀信

# 人名索引

## ［ア］

アクィナス　Aquinas, T.　121, 163, 166, 193, 228–230
アグニュー　Agnew, J.C.　229
アリストテレス　Aristotle.　2, 13, 17, 119, 161, 163–164, 177–179, 193, 223, 227–231, 234, 239–240, 301
アレン　Allen, R.T.　305, 337
アレント　Arendt, H.　120, 207
アンダーソン　Anderson, K.B.　299
犬塚元　214–215, 221, 247, 347
今村仁司　117, 299
岩田靖夫　228
ウィラン　Whelan, F.G.　294
ウィンチ　Winch, D.　131, 143, 205, 210, 231, 241, 251, 345
上田辰之助　120, 171, 226, 228–229, 233–234, 245
ウェーバー　Weber, M.　45, 75, 163
ウルストンクラフト　Wollstonecraft, M.　54, 56, 58–59, 78, 81, 137–138, 183, 214, 220, 222, 245, 247, 255, 264, 267, 297
ウルマン　Ullmann, W.　204, 233–234, 251
エッジワース　Edgeworth, F.Y.　226, 363
エリアス　Elias, N.　118, 212–213, 218–219, 224
オークショット　Oakeshott, M.　51, 57, 78, 96, 311
オゴーマン　O'Gorman, F.　12
オニール　O'Neill, D.I.　4, 121, 189, 191, 212, 300
オブライエン　O'Brien, C.C.　217, 221

## ［カ］

勝田吉太郎　196, 247
カートライト　Cartwright, J.　33
キケロ　Cicero.　77, 296, 297
岸本広司　5, 9–10, 13, 66–68, 70, 81, 117, 210, 293, 295–296, 333, 337
ギボン　Gibbon, E.　79, 128–129, 131, 137, 148, 208, 238, 346
ギボンズ　Gibbons, L.　11, 349–350
キムリッカ　Kymlicka, W.　292
キャナダイン　Cannadine, D.　164, 171, 185, 193, 233–234, 236, 239, 243, 249
キャナバン　Canavan, F.P.　48, 85, 121, 208, 235, 261, 286, 299, 344
クラムニック　Kramnick, I.　3–4, 7, 137, 164–165, 237, 254
グレイ　Gray, J.　10, 334
桑島秀樹　11
ケイン　Cain, P.J.　238, 364
ケインズ　Keynes, J.M.　159, 226, 246, 300, 324, 342
ゲンツ　Gentz, F.　5, 13, 30, 65, 69–70, 82, 185, 228, 243, 295–296
孔子　338
ゴドウィン　Godwin, W.　54, 56, 62
小林昇　73–74, 75
小松春雄　5, 13, 112, 115

## ［サ］

サイード　Said, E.W.　287, 299
坂本義和　6, 13, 83, 88–89, 111, 113–114, 123, 142, 177, 216, 239, 281, 285–286, 293, 297
佐々木武　117, 217, 237, 267
佐藤光　6–7, 13, 50, 76, 77–78, 119, 218, 240, 340
サンデル　Sandel, M.　226
シェイエス（シィエス）　Sieyès, E.J.　28, 48, 56, 59, 70, 76, 79, 81, 91, 104, 108, 115, 117, 120, 122, 124, 149, 181, 219, 225, 235–236, 241, 250, 278, 296, 334–335

シェーマー　Shearmur, J.　308, 335
シュトラウス　Strauss, L.　25, 49–51, 56, 61, 76, 216
シュミット　Schmitt, C.　265
ジルアード　Girouard, M.　217–218
スキナー　Skinner, Q.　74
スタンリス　Stanlis, P.J.　2, 229, 284, 334
スティーヴン　Stephen, L.　2, 53, 263, 344
ステュアート　Stewart, D.　349
スミス　Smith, A.　4, 12–13, 27, 34, 46, 70–71, 80, 95, 117, 127, 129, 135–136, 151–153, 155–156, 159–160, 172–175, 186–187, 194, 197, 202, 208, 222, 227, 231, 234, 236–238, 244, 247, 251, 256–257, 266, 273, 283, 293, 300, 307, 310–313, 317, 325, 327, 336–337, 339–341, 343–351, 353–354, 362–365
スレーリ　Suleri, S.　272, 287

［タ］

ダヴィッドソン　Davidson, J.　210, 264
ダウリング　Dowling, W.C.　138, 192, 245
タッカー　Tucker, J.　40–43, 73–75, 95, 167, 230
立川潔　225, 242
田中秀夫　12, 14, 69, 71, 122, 212, 217, 231, 236, 244, 336
玉野井芳郎　340
ダントレーヴ　D' Entrèves, A.P.　227, 298, 334
土井美穂　71, 124, 210, 221, 233, 248, 342
角田俊男　77, 293, 347–348, 365
鶴田正治　5, 13, 113
ディキンスン　Dickinson, H.T.　34, 71, 119, 215
デカルト　Descartes, R.　335
デュモン　Dumont, L.　166
トクヴィル　Tocqueville, A.　52, 76, 78, 116, 158, 165, 179, 181, 212, 222–223, 226, 238, 241, 251, 339, 363
ドライヤー　Dreyer, F.　17, 29, 68, 142
ドラッカー　Drucker, P.F.　245, 266, 324

［ナ］

永井義雄　41, 66–67, 70, 73–74, 231
中澤信彦　7, 14, 71, 117, 164, 209, 225, 227, 231, 240, 242, 334, 337, 339, 364
中野好之　5, 10, 13, 68, 79–80, 113, 215, 222, 293, 365
ニスベット　Nisbet, R.　7, 164

［ハ］

ハイエク　Hayek, F.A.　8, 42, 51, 74, 76, 80, 98, 118, 164, 167, 224, 234, 256, 303–321, 327–339, 341–342, 363
ハーシュマン　Hirschman, A.O.　45, 75, 242
バジョット　Bagehot, W.　93, 113, 115–116
ハーバーマス　Habermas, J.　223
ハモウィー　Hamowy, R.　334
バリー　Barry, N.　142, 313
半澤孝麿　10, 74, 234, 255, 265
ヒューム　Hume, D.　4, 12, 34, 42, 64–65, 71, 103, 122, 127, 131, 137–143, 151, 180, 191, 212–215, 221, 231, 236, 247, 256, 265, 279, 297, 301, 307, 310–311, 327, 336, 340, 343, 348, 351, 353, 365
ファーガスン　Ferguson, A.　4, 69, 95, 117, 121, 130–132, 134, 137, 139, 141, 143, 148, 167–169, 185, 195, 211–213, 215, 230, 248, 265, 311, 335
ファーニス　Furniss, T.　5, 144, 152, 188, 203, 278, 289
フォークナー　Faulkner, J.　21–22
福田歓一　219, 227, 232–233
プライス　Price, R.　8, 15–26, 28–34, 36–44, 47–48, 52, 56, 61, 63, 66–67, 69–71, 73–75, 86, 90, 106–107, 112, 181, 211, 241, 253, 266–267, 319, 341, 345, 364
プラサート　Plassart, A.　75, 217, 348, 363–364
ブルンナー　Brunner, O.　119, 125, 177–178,

219, 239–240, 339–340
プレンダーガスト　Prendergast, R.　11
フロム　Fromm, E.　259–260, 266–267
ペイン　Paine, T.　10, 26, 29, 33, 41, 54, 56, 60, 64–65, 73, 87, 89–91, 108, 110, 112, 115, 123, 125, 136, 142, 145, 167, 212, 243, 338
ホイジンガ　Huizinga, J.　143, 145–148, 150, 170, 209, 216, 218
ポーコック　Pocock, J.G.A.　2–4, 12, 71, 74, 85, 124, 127–128, 131, 141, 143, 149, 174, 201, 210, 244, 326–328
ボズウェル　Boswell, J.　215, 222
ポーター　Porter, R.　86, 112, 211
ホプキンス　Hopkins, A.G.　238, 364
ポランニー　Polanyi, M.　78, 118, 305–308, 336–337
ボリングブルック　Bolingbroke, H.S.J.　61–63, 88, 113
ホント　Hont, I.　227, 235, 301

［マ］

マイネッケ　Meinecke, F.　340, 341
マクファーソン　Macpherson, C.B.　3–4, 196, 202–203, 237, 254
マコーリー　Macaulay, C.　139, 140, 214–215
真嶋正己　66–67, 70, 73, 78, 215, 252, 340
マーシャル　Marshall, A.　159, 226, 346, 363
マーシャル　Marshall, P.J.　297
マッキントッシュ　Mackintosh, J.　215, 217, 250, 327–328, 334, 340
丸山眞男　10, 186, 219, 243, 249
マルクス　Marx, K.　3, 11–12, 151, 160, 227, 241, 245, 273, 278, 287–289, 292–294, 298–299, 301, 337–338, 345
マンデヴィル　Mandeville, B.　99, 129, 149, 208, 220, 256, 265, 310, 322, 336
マンハイム　Mannheim, K.　116
水田洋　71, 247, 337, 366
ミラー　Millar, J.　4, 143, 210, 212, 216–217, 244
モーリィ　Morley, J.　2, 16, 83
モンテスキュー　Montesquieu, C.　12–13, 78–79, 86, 150–151, 156, 166, 190, 214–215, 220, 229, 235, 244, 256, 273, 281, 294, 297, 328, 340–341

［ヤ］

山之内靖　298–299

［ラ］

ラヴジョイ　Lovejoy, A.O.　164–165, 227, 230, 234
ラスキ　Laski, H.J.　5, 95, 111, 115, 194–195, 254, 273
ルイス　Lewis, V.B.　2, 229–230
ルソー　Rousseau, J.J.　35, 56, 61, 63, 74, 119, 148, 153, 166–167, 219, 222, 239
レー　Rae, J.　362
レーダー　Raeder, L.C.　304–305, 308, 314
レーニン　Lenin, V.I.　237, 342
ロス　Ross, I.S.　236, 363
ロック　Lock, F.P.　66, 69, 99, 118, 125, 142, 166, 221, 234, 246, 281, 349
ロック　Locke, J.　19, 40–43, 73–75, 86, 123, 162, 238, 245, 295, 352
ロバートソン　Robertson, W.　4, 131–134, 137–139, 141, 143, 145, 191, 212–213, 265, 326, 331, 334

# 【参考文献】

この参考文献表では本書で直接言及したものに限った。


Agnew, J. C., *Worlds Apart: The Market and the Theater in Anglo-American Thought, 1550–1750*, Cambridge U. P., 1986.〔中里壽明訳『市場と劇場 ── 資本主義・文化・表象の危機 1550–1750 年』平凡社，一九九五年〕

Ahmed, S., The Theater of the Civilized Self: Edmund Burke and the East India Trials, in *Representations*, vol. 78., Spring 2002.

Allen, R. T., *Beyond Liberalism: The Political Philosophy of F. A. Hayek and Michael Polanyi*, Transaction, 1998.

Anderson, K. B., *Marx at the Margins: On Nationalism, Ethnicity, and Non-Western Societies*, The University of Chicago Press, 2010.〔平子友長監訳『周縁のマルクス ── ナショナリズム、エスニシティおよび非西洋社会について』社会評論社、二〇一五年〕

Arendt, H., *On Revolution* (1963), Penguin Classics, 2006.〔志水速雄訳『革命について』ちくま学芸文庫，一九九五年〕

Aristotle, *Politics*, translated by E. Barker, Oxford U. P., 1995.〔牛田徳子訳『政治学』京都大学学術出版会，二〇〇一年〕

Bagehot, W., *The English Constitution* (1867), Oxford U. P., 2009.〔小松春雄訳「イギリス憲政論」『世界の名著⑫ / バジョット・ラスキ・マッキーヴァー』所収、中公バックス，一九八〇年〕

Barrington, D. P., Edmund Burke as an Economist, in *Economica*, New Series 21, 1954.

Barry, N., The Political Economy of Edmund Burke, in *The Enduring Edmund Burke: Bicentennial Essays*, edited by Ian Crowe, Intercollegiate Studies Institute, 1997.

Bevan, R. A., *Marx and Burke: A Revisionist View*, Open Court Pub., 1973.

Bolingbroke, H. S. J., *The Idea of a Patriot King* (1738) in *The Works of Lord Bolingbroke*, II, A. M. Kelley, 1967.

Boswell, J., *The Life of Samuel Johnson* (1791), Wordsworth Classics, 1999.〔中野好之訳『サミュエル・ジョンソン伝』全三巻，みすず書房，一九八一 ― 一九八三年〕

Botting, E. H., *Family Feuds: Wollstonecraft, Burke, and Rousseau on the Transformation of the Family*, State University of New York Press, 2006.

Browne, S. H., *Edmund Burke and the Discourse of Virtue*, University of Alabama Press,

1993.
Browning, R., The origin of Burke's ideas revisited, in *Eighteenth-Century Studies*, 18, 1984.
Burke, E., The Character of a Fine Gentleman, in WS–1.
Burke, E., The Reformer, no. 7 (10 March 1748), in WS–1.
Burke, E., *A Vindication of Natural Society* (1756), in W–1.〔水田珠枝訳「自然社会の擁護」『世界の名著㊶／バーク・マルサス』所収，中公バックス，一九八〇年〕
Burke, E., *A Philosophical Inquiry into the Origin of Our Ideas of the Sublime and Beautiful* (1757), in W–1.〔中野好之訳『崇高と美の観念の起源』みすず書房，一九九九年〕
Burke, E., *An Abridgment of English History* (1757–？), in W–5.
Burke, E., *Tract on the Popery Laws* (1765), in W–5.
Burke, E., *Speech on Declaratory Resolution* (1766), in WS–2.
Burke, E., *Observations on a Late State of the Nation* (1769), in W–1.
Burke, E., *Speech on Middlesex Election* (1769), in WS–2.
Burke, E., *Speech on Parliamentary Incapacitation* (1770), in WS–2.
Burke, E., *Thoughts on the Present Discontents* (1770) in W–1.〔「現代の不満の原因を論ず」『論集』所収〕
Burke, E., *Speech on the Acts of Uniformity* (1772), in W–5.
Burke, E., *Speech on a Bill for the Relief of Protestant Dissenters* (1773), in W–5.
Burke, E., *Speech on American Taxation* (1774), in W–1.〔「アメリカへの課税についての演説」『論集』所収〕
Burke, E., *Speech at the Conclusion of the Poll* (1774) in W–2.〔「ブリストル到着ならびに投票終了に際しての演説」『論集』所収〕
Burke, E., *Address to the King* (1777), in W–5.
Burke, E., *Address to the British Colonists in North America* (1777), in W–5.
Burke, E., *A Letter to the Sheriffs of Bristol* (1777), in W–2.〔「ブリストルの執行官への手紙」『論集』所収〕
Burke, E., *Two Letters to Gentlemen in Bristol* (1778), in W–2.〔「ブリストル市在住の紳士への手紙二通」『論集』所収〕
Burke, E., *Speech on Economical Reform* (1780) in W–2.〔「経済改革演説」『論集』所収〕
Burke, E., *Speech on the Duration of Parliaments* (1780) in W–5.〔「議会任期の短縮法案についての演説」『論集』所収〕
Burke, E., *Letter on the Duration of Parliament* (1780), in W–5.
Burke, E., *Speech at Bristol Previous to the Election* (1780), in W–2.〔「ブリストルの選挙に臨んでの演説」『論集』所収〕
Burke, E., *On a Bill for Repealing the Marriage Act* (1781), in W–5.

Burke, E., *Speech on Reform of the Representation of the Commons in Parliament* (1782) in W-5.〔「下院代表の状態を調整する委員会についての演説」『論集』所収〕
Burke, E., *Ninth Report from the Select Committee* (25 June 1783), in W-6.
Burke, E., *Speech on the East India Bill* (1783) in W-2.〔「フォックスのインド法案についての演説」『論集』所収〕
Burke, E., *Speeches on the Impeachment of Warren Hastings* (Third Day: 15 February 1788), in W-7.
Burke, E., *Speeches on the Impeachment of Warren Hastings* (Fourth Day: 16 February 1788), in W-7.
Burke, E., *Speeches on the Impeachment of Warren Hastings* (Fifth Day: 18 February 1788), in W-7.
Burke, E., *Speech on the Sixth Charge* (7 May 1789) in W-7.
Burke, E., *Speech on Army Estimates* (1790), in W-3.
Burke, E., *Letter to a Member of the National Assembly* (1791), in W-3.〔「フランス国民議会議員への手紙」『論集』所収〕
Burke, E., *An Appeal from the New to the Old Whigs* (1791), in W-3.〔「新ウィッグから旧ウィッグへの上訴」『論集』所収〕
Burke, E., *Thought on French Affairs* (1791), in W-4.〔「フランスの国情についての考察」『論集』所収〕
Burke, E., *Letter to Sir Hercules Langrishe* (1792) in W-3.〔「サー・ハーキュリズ・ラングリッシへの手紙」『論集』所収〕
Burke, E., *Letter to Richard Burke* (1792), in W-5.
Burke, E., *Observations on the Conduct of the Minority* (1793), in W-4.
Burke, E., *Report from the Committee of the House of Commons* (30 April 1794) in W-7.
Burke, E., *Speeches on the Impeachment of Warren Hastings* (First Day of Reply: 28 May 1794) in W-8.
Burke, E., *Speeches on the Impeachment of Warren Hastings* (Second Day of Reply: 30 May 1794) in W-8.
Burke, E., *Speeches on the Impeachment of Warren Hastings* (Fourth Day of Reply: 5 June 1794) in W-8.
Burke, E., *Speeches on the Impeachment of Warren Hastings* (Seventh Day of Reply: 12 June 1794) in W-8.
Burke, E., *Letter to William Smith* (1795), in W-5.
Burke, E., *A Letter to William Elliot* (1795), in W-5.
Burke, E., *Second Letter to Sir Hercules Langrishe* (1795), in W-5.
Burke, E., *Thoughts and Details on Scarcity* (1795), in W-4.
Burke, E., *Letter to a Noble Lord* (1796) in W-4.〔「一貴族への手紙」『論集』所収〕

Burke, E., *First Letter on a Regicide Peace* (1796) in W-4.〔「国王弑逆の総裁政府との講和」『論集』所収〕
Burke, E., *Third Letter on a Regicide Peace* (1797), in W-4.
Burke, E., To the Duke of Richmond (post 15 November 1772), in C-2.
Burke, E., To Champion (19 March 1776), in C-3.
Burke, E., To Charlemont (9 August 1789), in C-6.
Burke, E., To W. Windham (27 September 1789), in C-6.
Burke, E., To Depont (November 1789), in C-6.
Burke, E., To Unknown (January 1790), in C-6.
Burke, E., To Philip Francis (20 February 1790), in C-6.
Burke, E., To Captain Thomas Mercer (26 February 1790), in C-6.
Burke, E., To Richard Burke, Jr. (18 August 1791), in C-6.
Burke, E., To Richard Burke, Jr. (26 September 1791), in C-6.
Burke, E., To the Archbishop of Nisibis (14 December 1791), in C-6.
Burke, E., To Mrs. John Crewe (circa 23 March 1795), in C-8.
Cain, P. J. and Hopkins, A. G., *British Imperialism: 1688-2000*, Second Edition, Routledge, 2013.
Campbell, R. H. and Skinner, A. S., *Adam Smith*, Croom Helm, 1982.〔久保芳和訳『アダム・スミス伝』東洋経済新報社，一九八四年〕
Canavan, F. P., *The Political Reason of Edmund Burke*, Duke U. P., 1960.
Canavan, F. P. *The Political Economy of Edmund Burke: the Role of Property in His Thought*, Fordham U. P., 1995.
Cannadine, D., *The Rise and Fall of Class in Britain*, Columbia U. P., 1999.〔平田雅博・吉田正広訳『イギリスの階級社会』日本経済評論社，二〇〇八年〕
Cicero, *On Obligations*, translated by P. G. Walsh, Oxford U. P., 2000.〔泉井久之助訳『義務について』岩波文庫，一九六一年〕
Conniff, J., *The Useful Cobbler: Edmund Burke and the Politics of Progress*, State University of New York Press, 1994.
Courtney, C. P., *Montesquieu and Burke*, Basil Blackwell, 1963.
Davidson, J., *Hypocrisy and the Politics of Politeness: Manners and Morals from Locke to Austen*, Cambridge U. P., 2004.
Davies, P., *The Extreme Right in France, 1789 to the Present: From de Maistre to Le Pen*, Routledge, 2002.
Dickinson, H. T., *Liberty and Property: Political Ideology in Eighteenth-Century Britain*, Holmes and Meier Publishers, 1977.〔田中秀夫監訳『自由と所有 —— 英国の自由な国制はいかにして創出されたか』ナカニシヤ出版，二〇〇六年〕
Dinwiddy, J. R., *Radicalism and Reform in Britain: 1780 to 1850*, The Hambledon Press,

1992.

Dowling, W. C., Burke and the Age of Chivalry, in *The Yearbook of English Studies*, Vol. 12, Heroes and the Heroic Special Number, 1982.

Dreyer, F., The Genesis of Burke's *Reflections*, in *The Journal of Modern History*, Vol. 50, No. 3, Sep., 1978.

Drucker, P. F., *The Future of Industrial Man* (1942), Transaction, 1995.〔上田惇生訳『産業人の未来』ダイヤモンド社，一九九八年〕

Dumont, L., *Essays on Individualism: Modern Ideology in Anthropological Perspective*, University of Chicago Press, 1986.〔渡辺公三・浅野房一訳『個人主義論考 ── 近代イデオロギーについての人類学的展望』言叢社，一九九三年〕

Dunn, W. C., Adam Smith and Edmund Burke: Complementary Contemporaries, in *Southern Economic Journal*, Vol. 7 (3), January 1941.

Edgeworth, F. Y., Reminiscences, in *Memorials of Alfred Marshall*, edited by A. C. Pigou, A. M. Kelley, 1966.

Faulkner, J., Burke's First Encounter with Richard Price: The Chathamites and North America, in *An Imaginative Whig: Reassessing the Life and Thought of Edmund Burke*, edited by Ian Crowe, University of Missouri Press, 2005.

Ferguson, A., *An Essay on the History of Civil Society* (1767), Cambridge U. P., 1996.〔大道安次郎訳『市民社会史』全二巻，白日書院，一九四八年〕

Freeman, M., *Edmund Burke and the Critique of Political Radicalism*, The University of Chicago Press, 1980.

Furniss, T., *Edmund Burke's Aesthetic Ideology: Language, Gender and Political Economy in Revolution*, Cambridge U. P., 1993.

Gibbon, E., *The Decline and Fall of the Roman Empire*, 7vols., AMS Press, 1974.〔中野好夫他訳『ローマ帝国衰亡史』全十巻，ちくま学芸文庫，一九九五― 一九九六年〕

Gibbon, E., *The Autobiography* (1796), Dent, 1911.〔中野好之訳『ギボン自伝』ちくま学芸文庫，一九九九年〕

Gibbons, L., *Edmund Burke and Ireland: Aesthetics, Politics, and the Colonial Sublime*, Cambridge U. P., 2003.

Girouard, M., *The Return to Camelot: Chivalry and the English Gentleman*, Yale U. P., 1981.〔高宮利行・不破有理訳『騎士道とジェントルマン ── ヴィクトリア朝社会精神史』三省堂，一九八六年〕

Godwin, W., *Enquiry Concerning Political Justice* (1793), Oxford U. P., 2013.

Gray, J., *Hayek on Liberty*, 2nd ed., B. Blackwell, 1986.〔照屋佳男・古賀勝次郎訳『増補版ハイエクの自由論』行人社，一九八九年〕

Hamowy, R., *The Scottish Enlightenment and the Theory of Spontaneous Order*, Southern Illinois U. P., 1987.

Hayek, F. A., *The Road to Serfdom* (1944), The University of Chicago Press, 1994.〔西山千明訳『隷属への道』春秋社，一九九二年〕

Hayek, F. A., *Individualism and Economic Order*, Routledge & K. Paul, 1949.〔西山千明・矢島鈞次監訳『新装版ハイエク全集③』春秋社，一九九七年〕

Hayek, F. A., *Constitution of Liberty*, Routledge & Kegan Paul, 1960.〔西山千明・矢島鈞次監訳『新装版ハイエク全集⑤⑥⑦』春秋社，一九九七年〕

Hayek, F. A., *Law, Legislation and Liberty*, 3vols, Routledge & K. Paul, 1973–1979.〔西山千明・矢島鈞次監訳『新装版ハイエク全集⑧⑨⑩』春秋社，一九九八年〕

Hayek, F. A., *The Fatal Conceit: The Errors of Socialism*, edited by W. W. Bartley III, Routledge, 1988.

Hayek, F. A., *The Trend of Economic Thinking*, edited by W. W. Bartley III and Stephen Kresge, Routledge, 1991.

Hayek, F. A., *Hayek on Hayek: An Autobiographical Dialogue*, edited by Stephen Kresge and Leif Wenar, Routledge, 1994.〔嶋津格訳『ハイエク，ハイエクを語る』名古屋大学出版会，二〇〇〇年〕

Hindson, P. and Gray, T., *Burke's Dramatic Theory of Politics*, Gower Pub., 1988.

Hirschman, A. O., *The Rhetoric of Reaction: Perversity, Futility, Jeopardy*, Harvard U. P., 1991.〔岩崎稔訳『反動のレトリック —— 逆転・無益・危険性』法政大学出版局，一九九七年〕

Hirschman, A. O., *The Passions and the Interests: Political Arguments for Capitalism before Its Triumph*, Princeton Classics Edition, Princeton U. P., 2013.〔佐々木毅・旦祐介訳『情念の政治経済学』法政大学出版局，一九八五年〕

Hont, I., *Jealousy of Trade: International Competition and the Nation-State in Historical Perspective*, Belknap Press, 2005.〔田中秀夫監訳『貿易の嫉妬 —— 国際競争と国民国家の歴史的展望』昭和堂、二〇〇九年〕

Huizinga, J., *The Waning of the Middle Ages: A study of the forms of life, thought, and art in France and the Netherlands in the XIVth and XVth centuries*, Edward Arnold Publishers, 1924.〔堀越孝一訳「中世の秋」『世界の名著㊺ / ホイジンガ』所収，中央公論社，一九六七年〕

Huizinga, J., *Men and Ideas: History, the Middle Ages, the Renaissance*, translated by James S. Holmes and Hans van Marle, Princeton U. P., 1984.〔里見元一郎訳『新装版ホイジンガ選集』第四巻，河出書房新社，一九九〇年〕

Hume, D., *A Treatise of Human Nature* (1739–1740), Prometheus Books, 1992.〔大槻春彦訳『人性論』全四巻，岩波文庫，一九四八—一九五二年〕

Hume, D., *Essays, Moral, Political, and Literary*, Revised Edition, Liberty Fund, 1994.

Hume, D., *An Enquiry concerning the Principles of Morals* (1751), Oxford U. P., 1998.〔渡部峻明訳『道徳原理の研究』哲書房，一九九三年〕

Keynes, J. M., *The Political Doctrines of Edmund Burke*, 1904.（京都大学収蔵マイクロフィルム版）
Keynes, J. M., Economic Possibilities for Our Grandchildren (1930), in *The Collected Writings of John Maynard Keynes*, vol. 9., Macmillan, 1972.〔宮崎義一訳『ケインズ全集Ⅸ／説得論集』東洋経済新報社，一九八一年〕
Kramnick, I., *The Rage of Edmund Burke: Portrait of an Ambivalent Conservative*, Basic Books, 1977.
Kymlicka, W., *Multicultural Citizenship: A Liberal Theory of Minority Rights*, Oxford U. P., 1995.〔角田猛之他訳『多文化時代の市民権 ── マイノリティの権利と自由主義』晃洋書房，一九九八年〕
Laski, H. J., *Political Thought in England: Locke to Bentham*, Oxford U. P., 1920.〔堀豊彦・飯坂良明訳『イギリス政治思想Ⅱ』岩波書店，一九五八年〕
Lenin, V. I., *The State and Revolution*, translated by Robert Service, Penguin Books, 1992.〔角田安正訳『国家と革命』ちくま学芸文庫，二〇〇一年〕
Lewis, V. B., Introduction to *Edmund Burke and the Natural Law*, by P. J. Stanlis, Transaction, 2003.
Lock, F. P., *Burke's Reflections on the Revolution in France*, George Allen & Unwin, 1985.
Lock, F. P., Burke and Religion, in *An Imaginative Whig: Reassessing the Life and Thought of Edmund Burke*, edited by Ian Crowe, University of Missouri Press, 2005.
Lock, F. P., *Edmund Burke*, 2vols., Oxford U. P., 1998–2006.
Lovejoy, A. O., *The Great Chain of Being: A Study of the History of an Idea*, Harvard U. P., 1936.〔内藤健二訳『存在の大いなる連鎖』晶文社，一九七五年〕
Macaulay, C., *Observations on the Reflections of the Right Hon. Edmund Burke, on the revolution in France in a letter to the Right Hon. the Earl of Stanhope*, Printed at Boston: by I. Thomas and E. T. Andrews, 1791.
Mackintosh, J., *Vindiciae Gallicae: A Defence of the French Revolution and its English Admirers* (1791), Liberty Fund, 2006.
Macpherson, C. B., *Burke*, Oxford U. P., 1980.〔谷川昌幸訳『バーク ── 資本主義と保守主義』御茶の水書房，一九八八年〕
Mandeville, B., *The Fable of the Bees and Other Writings*, Hackett, 1997.〔泉谷治訳『蜂の寓話 ── 私悪すなわち公益』法政大学出版局，一九八五年〕
Marshall, A., The Future of the Working Classes (1873), in *Memorials of Alfred Marshall*, edited by A. C. Pigou, A. M. Kelley, 1966.〔永澤越郎訳『経済論文集』岩波ブックサービスセンター，一九九一年〕
Marshall, A., Social Possibilities of Economic Chivalry (1907), in *Memorials of Alfred Marshall*, edited by A. C. Pigou, A. M. Kelley, 1966.〔永澤越郎訳『経済論文集』岩波ブックサービスセンター，一九九一年〕

Marshall, P. J., Burke and India, in *The Enduring Edmund Burke: Bicentennial Essays*, edited by Ian Crowe, Intercollegiate Studies Institute, 1997.
Marx, K., The British Rule in India, in *MEGA*, I/12, Dietz Verlag, 1853.
Marx, K., The Future Results of British Rule in India, in *MEGA*, I/12, Dietz Verlag, 1853.
Mayer, A. J., *The Furies: Violence and Terror in the French and Russian Revolutions*, Princeton U. P., 2000.
McCue, J., Edmund Burke and the British Constitution, in *The Enduring Edmund Burke: Bicentennial Essays*, edited by Ian Crowe, Intercollegiate Studies Institute, 1997.
Millar, J., *The Origin of the Distinction of Ranks* (1771), Liberty Fund, 2006.
Montesquieu, *The Spirit of the Laws* (1748), translated by Anne M. Cohler, Basia C. Miller, Harold Stone, Cambridge U. P., 1989.〔野田良之他訳『法の精神』全三巻, 岩波文庫, 一九八九年〕
Morley J., *Burke* (1879), Kessinger, 2004.
Mossner, E. C., David Hume's "An Historical Essay on Chivalry and Modern Honour", in *Modern Philology*, Vol. 45, No. 1, Aug., 1947.
Nisbet, R., *Conservatism: Dream and Reality*, Open U. P., 1986.〔富沢克・谷川昌幸訳『保守主義 ── 夢と現実』昭和堂, 一九九〇年〕
Norman, J., *Edmund Burke: The First Conservative*, Basic Books, 2013.
Oakeshott, M., *Rationalism in Politics and Other Essays*, New and Expanded Edition, Liberty Fund, 1991.〔嶋津格・森村進他訳『増補版・政治における合理主義』勁草書房, 二〇一三年〕
O'Brien, C. C., *The Great Melody: A Thematic Biography of Edmund Burke*, University Of Chicago Press, 1992.
O'Gorman, F., *Edmund Burke: His Political Philosophy*, George Allen & Unwin Ltd, 2004.
O'Neill, D. I., *The Burke-Wollstonecraft Debate: Savagery, Civilization, and Democracy*, The Pennsylvania State U. P., 2012.
Otteson, J. R., *Adam Smith*, Bloomsbury Academic, 2013.
Paine, T., To Burke (17 January 1790), in C-6.
Paine, T., *Rights of Man*, Part I (1791), in *The Writings of Thomas Paine*, vol. 2, AMS Press, 1967.〔西川正身訳『人間の権利』岩波文庫, 一九七一年〕
Paine, T., *Rights of Man*, Part II (1792), *in The Writings of Thomas Paine*, vol. 2, AMS Press, 1967.〔西川正身訳『人間の権利』岩波文庫, 一九七一年〕
Pappin III, J., The Place of Laissez-Faire Economics in Edmund Burke's Politics of Order, in *The Austrian Scholars Conference VIII Proceedings*, 16 March 2002.
Pappin III, J., Edmund Burke and the Thomistic Foundations of Natural Law, in *An Imaginative Whig: Reassessing the Life and Thought of Edmund Burke*, edited by Ian Crowe, University of Missouri Press, 2005.

Patrides, C. A., Hierarchy and Order, in *Dictionary of the History of Ideas: Studies of Selected Pivotal Idea*, II, edited by Philip P. Wiener, Charles Scribner's Sons, 1973.〔村岡晋一訳「ヒエラルキーと秩序」『ヒストリー・オヴ・アイディアズ⑰/存在の連鎖』所収，平凡社，一九八七年〕

Petrella, F., Edmund Burke: A Liberal Practitioner of Economy, in *Modern Age*, 8, Winter 1963–4.

Petrella, F., Jr., The Empirical Basis of Edmund Burke's Classical Economic Liberalism, in *Duquesne Review* 10, 1965.

Petsoulas, C., *Hayek's Liberalism and Its Origins: His Idea of Spontaneous Order and the Scottish Enlightenment*, Routledge, 2001.

Plassart, A., *The Scottish Enlightenment and the French Revolution*, Cambridge U. P., 2015.

Pocock, J. G. A., *Machiavellian Moment: Florentine Political Thought and the Atlantic Republican Tradition*, Princeton U. P., 1975.〔田中秀夫・奥田敬・森岡邦泰訳『マキャヴェリアン・モーメント —— フィレンツェの政治思想と大西洋圏の共和主義の伝統』名古屋大学出版会，二〇〇八年〕

Pocock, J. G. A., *Virtue, Commerce, and History: Essays on Political Thought and History, Chiefly in the Eighteenth Century*, Cambridge U. P., 1985.〔田中秀夫抄訳『徳・商業・歴史』みすず書房，一九九三年〕

Pocock, J. G. A., Introduction to *Reflections on the Revolution in France*, by Edmund Burke, Hackett, 1987.

Pocock, J. G. A., *Politics, Language, and Time*, University of Chicago Press, 1989.

Pocock, J. G. A., Edmund Burke and the Redefinition of Enthusiasm, in *The French Revolution and the Creation of Modern Political Culture*, vol. 3., Pergamon Press, 1989.

Pocock, J. G. A., Conservative Enlightenment and Democratic Revolutions: The American and French Cases in British Perspective, in *Government and Opposition*, 24–1, 1989.〔福田有広訳「『保守的啓蒙』の視点 —— 英国の啓蒙と米・仏の革命」『思想』第七八二号所収，一九八九年〕

Pocock, J. G. A., *Barbarism and Religion: Vol. 3, The First Decline and Fall*, Cambridge U. P., 2005.

Polanyi, M., *Personal Knowledge: Towards a Post-critical Philosophy* (1958), Routledge, 1998.〔長尾史郎訳『個人的知識』ハーベスト社，一九八五年〕

Prendergast, R., The political economy of Edmund Burke, in *Contributions to the History of Economic Thought*, edited by Antonin E. Murphy and Renee Prendergast, Routledge, 2000.

Price, R., *Observations on the Nature of Civil Liberty* (1776), in *Two Tracts on Civil*

*Liberty*, Da Capo Press, 1972.〔永井義雄訳『市民的自由』未来社，一九六三年〕

Price, R., *Two Tracts on Civil Liberty: General Introduction* (1778), in *Political Writings*, Cambridge U. P., 1991.

Price, R., *A Discourse on the Love of our Country* (1789), in *Political Writings*, Cambridge U. P., 1991.〔永井義雄訳『祖国愛について』未来社，一九六六年〕

Price, R., Appendix, in *A Discourse on the Love of our Country*, 3rd. ed., Printed by George Stafford, for T. Cadell, 1790.

Rae, J., *Life of Adam Smith* (1895), A. M. Kelley, 1965.〔大内兵衛・大内節子訳『アダム・スミス伝』岩波書店，一九七二年〕

Raeder, L. C., The Liberalism/Conservatism of Edmund Burke and F. A. Hayek: A Critical Comparison (1997), in *The Legacy of Friedrich von Hayek*, I, edited by P. J. Boettke, Edward Elgar Publishing, 1999.

Robertson, W., *History of the Reign of Charles the Fifth* (1769), Routledge, 1857.

Robinson, N. K., *Edmund Burke: A Life in Caricature*, Yale U. P., 1996.

Ross, I. S., *The Life of Adam Smith*, Second Edition, Oxford U. P., 2010.

Rothschild, E., Adam Smith and Conservative Economics, in *The Economic History Review New Series*, Vol. 45, No. 1, Feb., 1992.

Rousseau, J. J., *Discourse on the Origin of Inequality* (1755), translated by Donald A. Cress, Hackett, 1992.〔小林善彦訳「人間不平等起源論」『世界の名著㊱／ルソー』所収，中公バックス，一九七八年〕

Said, E. W., *Orientalism*, Vintage Books, 1994.〔板垣雄三・杉田英明監修，今沢紀子訳『オリエンタリズム』全二巻，平凡社ライブラリー，一九九三年〕

Sandel, M., *Democracy's Discontent: America in Search of a Public Philosophy*, Harvard U. P., 1996.

Shearmur, J., *Hayek and After: Hayekian Liberalism as a Research Programme*, Routledge, 1996.

Skinner, Q., *Liberty Before Liberalism*, Cambridge U. P., 1998.〔梅津順一訳『自由主義に先立つ自由』聖学院大学出版会，二〇〇一年〕

Smith, A., *The Theory of Moral Sentiments* (1759), Prometheus Books, 2000.〔米林富男訳『道徳情操論』全二巻，未来社，一九六九年―一九七〇年。水田洋訳『道徳感情論』全二巻，岩波文庫，二〇〇三年〕

Smith, A., *Lectures on Jurisprudence* (1763), Liberty Fund, 1982.〔水田洋訳『法学講義』岩波文庫，二〇〇五年〕

Smith, A., *The Wealth of Nations* (1776), Bantam Classic, 2003.〔山岡洋一訳『国富論』全二巻，日本経済新聞出版社，二〇〇七年〕

Smith, A., *Essays on Philosophical Subjects*, in *The Glasgow Edition of the Works and Correspondence of Adam Smith*, III, Clarendon Press, 1980.〔佐々木健訳『哲学・技

術・想像力 —— 哲学論文集』勁草書房，一九九四年〕
Smith, R. J., *The Gothic Bequest: Medieval Institutions in British Thought, 1688–1863*, Cambridge U. P., 1987.
Stanlis, P. J., *Edmund Burke and the Natural Law* (1958), Transaction, 2003.
Stanlis, P. J., *Edmund Burke: The Enlightenment and Revolution*, Transaction, 1991.
Stephen, L., *History of English Thought in the Eighteenth Century*, 3rd ed., Smith, Elder & Co., 1902.〔中野好之訳『十八世紀イギリス思想史』全三巻，筑摩書房，一九六九—一九七〇年〕
Stewart, D., Account of the Life and Writings of Adam Smith, LL. D. (1793), in *The Glasgow Edition of the Works and Correspondence of Adam Smith*, vol. III, Liberty Fund, 1982.
Strauss, L., *What Is Political Philosophy: And Other Studies*, The Free Press, 1959.〔石崎嘉彦編訳『政治哲学とは何か —— レオ・シュトラウスの政治哲学論集』，昭和堂，一九九二年〕
Strauss, L., *Natural Right and History*, University of Chicago Press, 1971.〔塚崎智・石崎嘉彦訳『自然権と歴史』昭和堂，一九八八年〕
Suleri, S., *The Rhetoric of English India*, University of Chicago Press, 1992.〔川端康雄・吉村玲子訳『修辞の政治学 —— 植民地インドの表象をめぐって』平凡社，二〇〇〇年〕
Sutherland, D. M. G., *The French Revolution and Empire: The Quest for a Civic Order*, Blackwell, 2003.
Tocqueville, Alexis de., *Democracy in America*, translated by G. Bevan, Penguin Classics, 2003.〔松本礼二訳『アメリカのデモクラシー』第一巻，第二巻，岩波文庫，二〇〇五—二〇〇八年〕
Tocqueville, Alexis de., *The Ancien Régime and the French Revolution*, translated by Arthur Goldhammer, Cambridge U. P., 2011.〔小山勉訳『旧体制と大革命』ちくま学芸文庫，一九九八年〕
Tucker, J., *A Letter to Edmund Burke*, Printed by R. Raikes and sold by T. Cadell, 1775.
Tucker, J., *A Treatise Concerning Civil Government in Three Parts*, Printed for T. Cadell, 1781.
Ullmann, W., *The Individual and Society in the Middle Ages*, The Johns Hopkins Press, 1966.〔鈴木利章訳『中世における個人と社会』ミネルヴァ書房，一九七〇年〕
Ullmann, W., *The Growth of Papal Government in the Middle Ages: A Study in the Ideological Relation of Clerical to Lay Power* (1970), Routledge Library, 2010.
Weber, M., *The Vocation Lectures: Science as a Vocation, Politics as a Vocation*, edited and with an introduction by David Owen and Tracy B. Strong; translated by Rodney Livingstone, Hackett, 2004.〔出口勇蔵訳「職業としての学問」『世界の大思想 II

⑦／ウェーバー宗教・社会論集』所収，河出書房，一九六八年〕
Whelan, F. G., *Edmund Burke and India: Political Morality and Empire*, University of Pittsburgh Press, 1996.
Whelan, F. G., Burke, India, and Orientalism, in *An Imaginative Whig: Reassessing the Life and Thought of Edmund Burke*, edited by Ian Crowe, University of Missouri Press, 2005.
White, S., *Edmund Burke: Modernity, Politics, and Aesthetics*, Sage, 1994.
Winch, D., *Adam Smith's Politics: An Essay in Historiographic Revision*, Cambridge U. P., 1978.〔永井義雄・近藤加代子訳『アダム・スミスの政治学 ── 歴史方法論的改訂の試み』ミネルヴァ書房，一九八九年〕
Winch, D., The Burke-Smith problem and late Eighteenth-Century Political and Economic Thought, in *The Historical Journal*, Vol. 28, No. 1 (Mar., 1985).
Winch, D., *Riches and Poverty: An Intellectual History of Political Economy in Britain, 1750–1834*, Cambridge U. P., 1996.
Windham, W., To Burke (15 September 1789), in C–6.
Wollstonecraft, M., *A Vindication of the Rights of Men*, in *A Vindication of the Rights of Men with A Vindication of the Rights of Woman and Hints*, edited by S. Tomaselli, Cambridge U. P., 1995.
Wollstonecraft, M., *A Vindication of the Rights of Woman and Hints*, in *A Vindication of the Rights of Men with A Vindication of the Rights of Woman and Hints*, edited by S. Tomaselli, Cambridge U. P., 1995.〔白井堯子訳『女性の権利の擁護 ── 政治および道徳問題の批判をこめて』未来社，一九八〇年〕
Yamanaka, M., Hayek as an Old Whig: its implication for us, in *Social Welfare Review of Kogakkan University*, No. 3, 2000.
青木裕子『アダム・ファーガスンの国家と市民社会 ── 共和主義・愛国心・保守主義』(勁草書房，二〇一〇年)
アクィナス、T.『神学大全』(第二〇冊、稲垣良典訳、創文社、一九九四年／第二四冊、竹島幸一・田中峰雄訳、創文社、一九九六年)
浅田實『イギリス東インド会社とインド成り金』(ミネルヴァ書房，二〇〇一年)
浅野栄一『ケインズの経済思考革命 ── 思想・理論・政策のパラダイム転換』(勁草書房，二〇〇五年)
天羽康夫『ファーガスンとスコットランド啓蒙』(勁草書房，一九九三年)
池田潔『自由と規律』(岩波新書，一九四九年)
犬塚元「エドマンド・バーク，習俗（マナーズ）と政治権力」『国家学会雑誌』(一一〇巻七―八号，一九九七年)
犬塚元『デイヴィッド・ヒュームの政治学』(東京大学出版会，二〇〇四年)
井上和雄『資本主義と人間らしさ ── アダム・スミスの場合』(日本経済評論社，一

九八八年）
今村仁司「マルクス —— 神話的幻想を超えて」（『現代思想の源流 —— マルクス・ニーチェ・フロイト・フッサール』所収，講談社，一九九六年）
今村仁司『近代の労働観』（岩波新書，一九九八年）
岩田靖夫『アリストテレスの倫理思想』（岩波書店，一九八五年）
上田辰之助『上田辰之助著作集Ⅱ / トマス・アクィナス研究』（みすず書房，一九八七年）
上田辰之助『上田辰之助著作集Ⅲ / 西洋経済思想史』（みすず書房，一九八九年）
上田辰之助『上田辰之助著作集Ⅴ / 経済人の西・東』（みすず書房，一九八八年）
植村邦彦『マルクスを読む』（青土社，二〇〇一年）
エンゲルス，F.「オーストリアの終焉のはじまり」（中原稔生訳『マルクス・エンゲルス全集』第四巻所収，大月書店，一九六〇年）
太田仁樹「マルクス主義理論史研究の課題（XⅢ）—— 植村邦彦著『マルクスを読む』によせて」『岡山大学経済学会雑誌』（三四巻四号、二〇〇三年）
小田川大典「崇高と政治理論 —— バーク，リオタール，あるいはホワイト」『年報政治学』（Ⅱ-二〇〇六年）
勝田吉太郎『現代社会と自由の運命』（木鐸社，一九七八年）
苅谷千尋「バークとブリテン領インドの司法行政 —— 法の運用と権力のありかたをめぐって」『政策科学』（第一六巻一号，二〇〇八年）
川出良枝『貴族の徳，商業の精神 —— モンテスキューと専制批判の系譜』（東京大学出版会，一九九六年）
岸本広司『バーク政治思想の形成』（御茶の水書房，一九八九年）
岸本広司『バーク政治思想の展開』（御茶の水書房，二〇〇〇年）
クランシャン『騎士道』（川村克己・新倉俊一訳，白水社，一九六三年）
桑島秀樹『初期バークにおける美学思想の全貌 —— 18 世紀ロンドンに渡ったアイリッシュの詩魂』（大阪大学文学研究科博士学位論文，二〇〇四年）
桑島秀樹『崇高の美学』（講談社，二〇〇八年）
ゲンツ，F.「『フランス革命についての省察』への序文」（田畑雅英訳『ドイツ・ロマン派全集』第二〇巻所収，国書刊行会，一九九二年）
孔子『論語』（金谷治訳注，ワイド版岩波文庫，一九九一年）
小島秀信「マルクスにおける政治否定のロジック —— 初期マルクス法・政治思想の新地平」『政治思想研究』（第四号，二〇〇四年）
小島秀信「価格と倫理の根源的関係に関する一考察 —— アリストテレスとアダム・スミスを中心として」『経済社会学会年報』（第二六号，二〇〇四年）
小島秀信「市場的交換の観念体系」『社会思想史研究』（第二九号，二〇〇五年）
小島秀信「市場と共同性の経済思想 —— 初期マルクスとハイエクの社会哲学を中心として」『経済社会学会年報』（第二七号，二〇〇五年）

小島秀信「伝統主義と市場主義 —— バークとハイエク」『経済社会学会年報』(第三〇号, 二〇〇八年)
後藤浩子「ペイン的ラディカリズム対バーク, マルサス —— 市民社会における有用性と野蛮」(田中秀夫編『野蛮と啓蒙 —— 経済思想史からの接近』所収, 京都大学学術出版会, 二〇一四年)
小林昇「重商主義の解体 —— ジョサイア・タッカーと産業革命」(『小林昇経済学史著作集』第四巻所収, 未来社, 一九七七年)
小松春雄『イギリス保守主義史研究 —— エドマンド・バークの思想と行動』(御茶の水書房, 一九六一年)
小松春雄『イギリス政党史研究 —— エドマンド・バークの政党論を中心に』(中央大学出版部, 一九八三年)
坂本義和『坂本義和集Ⅰ / 国際政治と保守思想』(岩波書店, 二〇〇四年)
坂本義和『人間と国家(上)—— ある政治学徒の回想』(岩波新書, 二〇一一年)
佐々木武「『スコットランド学派』における『文明社会』論の構成(一)〜(四)—— 'natural history of civil society' の一考察」『国家学会雑誌』(八五巻七—八号, 九—一〇号, 一一—一二号, 八六巻一—二号, 一九七二—一九七三年)
佐藤光『柳田国男の政治経済学』(世界思想社, 二〇〇四年)
佐藤光『リベラリズムの再構築 ——「自由の積極的な保守」のために』(書籍工房早山, 二〇〇八年)
佐藤光『カール・ポランニーと金融危機以後の世界』(晃洋書房, 二〇一二年)
シィエス『第三身分とは何か』(稲本洋之助他訳, 岩波文庫, 二〇一一年)
篠原久「アダム・スミスにおける『体系』と『体系の人』」『経済学論究』(第六三巻第三号, 二〇〇九年)
柴田平三郎『トマス・アクィナスの政治思想』(岩波書店、二〇一四年)
シュミット, C.『政治的なものの概念』(田中浩・原田武雄訳, 未来社, 一九七〇年)
末冨浩『エドマンド・バーク —— 政治における原理とは何か』(昭和堂, 二〇一四年)
杉山忠平「同時代の書評について」(経済学史学会編『「国富論」の成立』所収, 岩波書店, 一九七六年)
『聖書』(新共同訳, 日本聖書協会, 一九八七年)
十河佑貞『フランス革命思想の研究 —— バーク・ゲンツ・ゲルレスをめぐって』(東海大学出版会, 一九七六年)
高田康成「バークとキケロ」(高松雄一編『想像力の変容』所収, 研究社出版, 一九九一年)
只腰親和『「天文学史」とアダム・スミスの道徳哲学』(多賀出版, 一九九五年)
立川潔「エドマンド・バークにおける市場と統治 —— 自然権思想批判としての『穀物不足に関する思索と詳論』」(『成城大学経済研究所研究報告 No. 67』, 二〇一四年三月)

田中秀夫『文明社会と公共精神 ── スコットランド啓蒙の地層』(昭和堂，一九九六年)
田中秀夫『啓蒙と改革 ── ジョン・ミラー研究』(名古屋大学出版会，一九九九年)
田中秀夫『原点探訪アダム・スミスの足跡』(法律文化社，二〇〇二年)
田中秀夫・村井路子「ディキンスン教授のリチャード・プライス研究」『経済論叢』(第一七六巻第五・六号，二〇〇五年)
玉野井芳郎『エコノミーとエコロジー ── 広義の経済学への道』(みすず書房，一九七八年)
ダントレーヴ，A. P.『自然法』(久保正幡訳，岩波モダンクラシックス，二〇〇六年)
角田俊男「コモン・ローと東インド会社総督ヘースティングズ弾劾」『成城大学経済研究』(一五九巻，二〇〇三年)
角田俊男「越えがたい懸隔と永遠の分離 ── バークと東インド会社の帝国統治 1778–95 年」(『成城大学経済研究所研究報告 No. 62』，二〇一三年)
鶴田正治『イギリス政党成立史研究』(亜紀書房，一九七七年)
デカルト『方法序説』(谷川多佳子訳，岩波文庫，一九九七年)
土井美徳『イギリス立憲政治の源流』(木鐸社，二〇〇六年)
土井美徳「エドマンド・バークの政治的保守主義 ── 神の摂理としての自然と『古来の国制』」『創価法学』(第四〇巻第一号，二〇一〇年)
土井美徳「時効の政治学としての『古来の国制』論 ── バークの保守主義とイギリス立憲主義」『創価法学』(第四〇巻第二号，二〇一〇年)
土井美徳「初期バークにおける政治的保守主義の形成(上・下) ── 自然的感情，古来の慣習，神の摂理」『創価法学』(第四三巻第二号，第三号，二〇一三—二〇一四年)
永井義雄『イギリス急進主義の研究』(御茶の水書房，一九六二年)
永井義雄『イギリス近代社会思想史研究』(未来社，一九九六年)
永井義雄『自由と調和を求めて ── ベンサム時代の政治・経済思想』ミネルヴァ書房，二〇〇〇年)
中澤信彦『イギリス保守主義の政治経済学 ── バークとマルサス』(ミネルヴァ書房，二〇〇九年)
中澤信彦「ハイエクの保守主義 ── ハイエクはバークをどのように読んだのか」(桂木隆夫編『ハイエクを読む』ナカニシヤ出版，二〇一四年)
中野好之「エドマンド・バークとインド問題 ── その政治哲学理論の一側面」『國學院雑誌』(第七七巻一一号，一九七六年)
中野好之『評伝バーク ── アメリカ独立戦争の時代』(みすず書房，一九七七年)
中野好之『バークの思想と現代日本人の歴史観 ── 保守改革の政治哲学と皇統継承の理念』(御茶の水書房，二〇〇二年)
新倉俊一「騎士道 ── 剣を振るうキリスト者」(堀米庸三編『西欧精神の探究 ── 革

新の十二世紀』所収，日本放送出版協会，一九七六年）
野沢敏治「スミス『道徳感情論』第6版とフランス革命」『千葉大学経済研究』（第二九巻第四号，二〇一五年）
野田福雄「イギリス政治思想とインド統治 ── バーク，ミル父子，J. A. ホブスン」『帝京法学』（第九巻二号，一九七八年）
ハイエク，F. A.『新自由主義とは何か ── あすを語る』（西山千明編，東京新聞出版局，一九七六年）
ハイエク・今西錦司『自然・人類・文明』（NHKブックス，一九七九年）
ハーバーマス，J.『公共性の構造転換 ── 市民社会の一カテゴリーについての探究（第2版）』（細谷貞雄・山田正行訳，未來社，一九九四年）
半澤孝麿「解説」（『新装版フランス革命の省察』所収，みすず書房，一九九七年）
半澤孝麿『ヨーロッパ思想史における〈政治〉の位相』（岩波書店，二〇〇三年）
ヒューム，D.「近代的名誉と騎士道に関する歴史的論考」（壽里竜訳『思想』一〇五二号所収，岩波書店，二〇一一年一二月号）
ヒューム，D.「ヒューム『イングランド史』抄訳（2）」（池田・犬塚・壽里訳『関西大学経済論集』第五五巻第一号，二〇〇五年）
深貝保則「最低賃金裁定法案と政治算術 1795–96 年：ウィットブレッド対ピット論争とハウレット」『経済学史研究』（第四七巻第二号，二〇〇五年一二月）
福田歓一「政治理論における『自然』の問題」（『近代政治原理成立史序説』所収，岩波書店，一九七一年）
福田歓一『政治学史』（東京大学出版会，一九八五年）
プラムナッツ，J.『近代政治思想の再検討』（藤原保信他訳，全五巻，早稲田大学出版部，一九七五─一九七八年）
ブルンナー，O.『ヨーロッパ ── その歴史と精神』（石井紫郎他訳，岩波書店，一九七四年）
フロム，E.『自由からの逃走』（日高六郎訳，東京創元社，一九六五年）
ポーター，R.『啓蒙主義』（見市雅俊訳，岩波書店，二〇〇四年）
マイネッケ，F.『歴史主義の成立』（菊盛英夫・麻生建訳，全二巻，筑摩書房，一九六七–一九六八年）
真嶋正己「バークとプライス ── フランス革命勃発をめぐって」『広島女子商短期大学紀要』（第六号，一九九五年）
真嶋正己「E. バークの名誉革命論［Ⅰ］［Ⅱ］」『広島女子商短期大学紀要』（第七号，一九九六年）
真嶋正己「急進主義者によるバーク批判（Ⅰ）── M・ウルストンクラフトとC・マコーリを中心に」『広島女子商短期大学紀要』（第八号，一九九七年）
真嶋正己「急進主義者によるバーク批判（Ⅱ）── J・マッキントッシュの『フランスの擁護』を中心に」『広島女子商短期大学紀要』（第九号，一九九八年）

真嶋正己「バークとアメリカ植民地問題：1766‒1770〔Ⅰ〕── 印紙法撤廃を中心に」『立志舘大学経営学会誌』（第一号，二〇〇二年）
真嶋正己「バークのプロテスタント・アセンダンシー批判」『社会情報学研究』（第一七巻，二〇一一年）
マルクス，K.『経済学・哲学草稿』（城塚登・田中吉六訳，岩波文庫，一九六四年）
マルクス，K.「自由貿易問題についての演説」（長洲一二訳『マルクス・エンゲルス全集』第四巻所収，大月書店，一九六〇年）
マルクス・エンゲルス「共産党宣言」（村田陽一訳『マルクス・エンゲルス全集』第四巻所収，大月書店，一九六〇年）
マルクス，K.『資本論』（全集刊行委員会訳，全五巻，大月書店，一九六七年）
丸山眞男「反動の概念」（『岩波講座・現代思想Ⅴ / 反動の思想』所収，岩波書店，一九五七年）
丸山眞男『増補版・現代政治の思想と行動』（未来社，一九六四年）
マンハイム，K.『保守主義的思考』（森博訳，ちくま学芸文庫，一九九七年）
水田洋「解説」（『世界大思想全集 / 社会・宗教・科学思想篇⑪』所収，河出書房，一九五七年）
水田洋「イギリス保守主義の意義」（『世界の名著㊶/ バーク・マルサス』所収，中公バックス，一九八〇年）
森田雅憲『ハイエクの社会理論 ── 自生的秩序論の構造』（日本経済評論社，二〇〇九年）
山之内靖『マルクス・エンゲルスの世界史像』（未来社，一九六九年）
ラ・ボエシ『自発的隷従論』（西谷修監修・山上浩嗣訳，ちくま学芸文庫，二〇一三年）
ラ・ロシュフーコー『箴言集』（二宮フサ訳，岩波文庫，一九八九年）
リーデル，M.『市民社会の概念史』（河上倫逸・常俊宗三郎編訳，以文社，一九九〇年）
渡辺幹雄『ハイエクと現代リベラリズム ──「アンチ合理主義リベラリズム」の諸相』（春秋社，二〇〇六年）

## 著者紹介

### 小島秀信（こじま　ひでのぶ）

同志社大学商学部助教．博士（経済学・大阪市立大学）．
社会経済学・社会哲学専攻．


主要論文
「市場と共同性の経済思想 ── 初期マルクスとハイエクの社会哲学を中心として」『経済社会学会年報』第27号，2005年
「市場的交換の観念体系」『社会思想史研究』第29号，2005年
「伝統主義と市場主義 ── バークとハイエク」『経済社会学会年報』第30号，2008年
「市場社会と遊戯論 ── ホイジンガの社会哲学を中心として」『同志社商学』第66巻第5号，2015年


伝統主義と文明社会
──エドマンド・バークの政治経済哲学



2016年2月29日　初版第一刷発行

著　者　小　島　秀　信
発行人　末　原　達　郎
発行所　京都大学学術出版会
京都市左京区吉田近衛町69番地
京都大学吉田南構内(〒606-8315)
電　話（075）761-6182
FAX（075）761-6190
URL　http://www.kyoto-up.or.jp
振　替　01000-8-64677

ISBN978-4-87698-947-8
Printed in Japan
印刷・製本　㈱クイックス
定価はカバーに表示してあります